Sprach-Spiel-Kunst

The Dynamics of Wordplay

Edited by
Esme Winter-Froemel

Editorial Board
Salvatore Attardo, Dirk Delabastita, Dirk Geeraerts, Raymond W. Gibbs,
Alain Rabatel, Monika Schmitz-Emans and Deirdre Wilson

Volume 8

Sprach-Spiel-Kunst

Ein Dialog zwischen Wissenschaft und Praxis

Herausgegeben von
Esme Winter-Froemel

DE GRUYTER

This book series was established in connection with the project "The Dynamics of Wordplay" funded by the German Research Foundation (DFG). Additional funding was provided by the University of Trier.

Cette collection de volumes a été créée dans le cadre du projet « La dynamique du jeu de mots », financé par la Deutsche Forschungsgemeinschaft (DFG). L'Université de Trèves a fourni un financement complémentaire.

ISBN 978-3-11-058676-3
e-ISBN (PDF) 978-3-11-058677-0
e-ISBN (EPUB) 978-3-11-058698-5

[CC BY-NC-ND]

This work is licensed under the Creative Commons Attribution-NonCommercial-NoDerivs 4.0 License. For details go to http://creativecommons.org/licenses/by-nc-nd/4.0/.

Library of Congress Control Number: 2018962428

Bibliographic information published by the Deutsche Nationalbibliothek
The Deutsche Nationalbibliothek lists this publication in the Deutsche Nationalbibliografie; detailed bibliographic data are available on the Internet at http://dnb.dnb.de.

© 2018 Esme Winter-Froemel, published by Walter de Gruyter GmbH, Berlin/Boston
Cover images: © bigSmile / © Motizova/iStock/Getty Images Plus
Printing: CPI books GmbH, Leck

www.degruyter.com

Inhalt

Esme Winter-Froemel
Sprach-Spiel-Kunst im Dialog —— 1

Yoko Tawada
Interview —— 17

Stefan Engelberg und Irene Rapp
Die Gräten einer Harfe. **Metaphorische Transformationen und ihre morphosyntaktische Grundlage** —— 31

Bas Böttcher
Interview —— 45

Joachim Knape
Grenzen des Sprachspiels im Dada —— 57

Klaus Cäsar Zehrer
Interview —— 67

Jochen Malmsheimer
Interview —— 75

Nicolas Potysch
Beredte Worte – Sprachspiele als Reflexionsfigur des eigenen Handelns —— 81

Peter Knopp
Bauchreden – das Spiel mit dem Sprechen —— 95

Christian Hirdes
Interview —— 105

Bodo Wartke
Interview —— 115

Esme Winter-Froemel
Das Spiel mit Wiederholung und Variation bei Bodo Wartke und Christian Hirdes – *durch müssen* **oder** *es einfach laufen lassen* —— 121

Christian Hirdes
Interview „Sprachkunst & Spracharbeit" —— 139

Hans-Martin Gauger
Elazar Benyoëtz – der Wortspieler —— 143

Michael Schönen
Interview —— 157

Maik Goth
Im Wortex —— 165

Philipp Scharrenberg
Interview —— 167

Carlotta Posth
Von Retourkutschen, die über Wortfelder fahren: Bedeutungspotenzierung im Wortspiel —— 177

Franz Hohler
Interview —— 185

Iris Schürmann-Mock
Interview —— 195

Angelika Braun
Willy Astors *Promi-WG*: Zur phonetischen Signalisierung von Wortspielen —— 205

Murmel Clausen
Interview —— 223

Jakob Nacken
Interview —— 231

Helge Thun
Versteckt-Entdeckt-Erweckt —— 241

Helge Thun
Interview —— 243

Esme Winter-Froemel
Horizontale und vertikale Wortspiele in der Sprecher-Hörer-Interaktion: Textuelle Signalisierung und Auffälligkeit von Wortspielen —— 247

Maik Goth
Typologie des Wortspiels. Ein Lehrgedicht *to go* —— 253

Robert Kirstein
Machtverhältnisse und Wortspiele. Yōko Tawada und Plinius der Jüngere —— 255

Martin Reinl
Interview —— 271

Esme Winter-Froemel
Deutungsspielräume – Ambiguität und Motivation sprachlicher Zeichen als Quellen des Wortspiels —— 285

Wiwaldis Wort zu Wortspielen —— 324

Esme Winter-Froemel
Sprach-Spiel-Kunst im Dialog

1 Wort- und Sprachspiel als seriöses Thema?

Verbreitung und Popularität von Wort- und Sprachspielen in der Alltagskommunikation können als unbestritten gelten: Sie erscheinen bei schlagfertigen Repliken in der Alltagskommunikation und sind ein wichtiges Gestaltungsmittel bei privaten Festreden. Kinder entdecken im Zuge des Spracherwerbs die Materialität von Sprache, spielen mit Klängen und Strukturen und erfreuen sich an der Manipulation und Verfremdung bekannter Wörter. Bereits auf dem Schulhof und bei Kindergeburtstagen versprechen das Erzählen von Witzen und der Austausch von Sprachspielen Unterhaltung und Anerkennung. Ebenso gewährt im Erwachsenenalter die Gewandtheit im sprachlichen Ausdruck einschließlich der souveränen Beherrschung spielerischer Verfahren und ihrem angemessenen Einsatz sozialen Erfolg. Die Liste von möglichen Begegnungsorten mit Wort- und Sprachspiel in privaten Kontexten ließe sich noch lange fortsetzen. Darüber hinaus sind Wort- und Sprachspiele auch ein Teil des öffentlichen Lebens. Sie sind in neuen Medien und in neu entstandenen Textsorten und Diskurstraditionen wie etwa Twitter, der Chatkommunikation oder Internet-Memes ein wichtiges Gestaltungsmittel, das virale Wirkung entfalten kann. Ebenso werden Wort- und Sprachspiele in der Werbung und Presse vielfach angetroffen, wo sie die Aufmerksamkeit von Leserinnen und Lesern, Zuhörerinnen und Zuhörern erregen und die Memorierung der Botschaften verbessern können. Neben klassischen Printmedien und elektronischen Medien ist die große Präsenz von Wortspielen in sprachlichen Landschaften[1] zu erwähnen, in denen Wortspiele – über Werbeplakate und andere Werbebotschaften (die Bäckertüte, ausliegende Flyer usw.) sowie andere Manifestationen von Schrift im öffentlichen Raum (etwa wortspielerische Graffitibotschaften) – allgegenwärtig sind. Ebenso kann an Werbung im Fernsehen und Radio gedacht werden, wo spielerische Verfahren darüber hinaus auch anderweitig anzutreffen sind (beispielsweise, um Botschaften wie Staunachrichten im Radio interessanter zu machen). Ein großer und sehr vielseitiger Bereich ist schließlich die Verwendung von Wortspielen in künstlerischen Kontexten – etwa in der Literatur im Allgemeinen, wo sie häufig als

---

1 Vgl. die neu entstandene Forschungsrichtung, die sich mit Manifestationen von Schrift im öffentlichen Raum – den Linguistic Landscapes – befasst (vgl. Landry und Bourhis 1997; Auer 2010).

Open Access. © 2018 Esme Winter-Froemel, publiziert von De Gruyter. Dieses Werk ist lizenziert unter der Creative Commons Attribution-NonCommercial-NoDerivatives 4.0 Lizenz.
https://doi.org/10.1515/9783110586770-001

Markenzeichen für bestimmte Autorinnen und Autoren gelten können, in der Kinderliteratur, bei Komikern, Stand-up Comedians, im Kabarett, in der politischen Satire usw. Die enorme Verbreitung von Wort- und Sprachspiel belegt also, dass es sich zweifelsfrei und ein relevantes Thema handelt, das eine umfassende Erörterung und wissenschaftliche Untersuchung verdient.

In der bisherigen sprach- und literaturwissenschaftlichen Forschung lassen sich durchaus zahlreiche Überlegungen zum Wort- und Sprachspiel ausfindig machen. Dennoch ist eine gewisse Randständigkeit des Themas festzustellen: Vielfach werden spielerische Aspekte nur am Rande anderweitiger Analysen thematisiert, und innerhalb der Veröffentlichungen einzelner Wissenschaftlerinnen und Wissenschaftler rangiert das Wortspiel meist nicht als genuines Forschungsthema, sondern findet sich nur in einzelnen Publikationen, häufig in besonderen Textsorten wie Beiträgen zu wissenschaftlichen Festschriften, wo eine unterhaltende Zwecksetzung mitschwingt und demnach die Auseinandersetzung mit diesem Thema zu legitimieren scheint. Hier lässt sich auch wieder ein Bogen zurück zur Alltagskommunikation schlagen, wo neben der Häufigkeit von Wort- und Sprachspiel unmittelbar auch die auffällig häufige negative Kommentierung und Bewertung derselben zu konstatieren ist, sei es durch begleitende Kommentare des Sprechers oder der Sprecherin oder durch Reaktionen der Kommunikationsteilnehmer wie Aufstöhnen, ironische Kommentare wie „ha, ha, sehr witzig!" oder durch Etikettierungen wie „schlechtes Wortspiel" (vgl. hierzu auch den „Tag der schlechten Wortspiele" am 12. November[2]), „blöder Wortwitz" usw. sowie den Begriff des *Kalauers* – im Duden definiert als „nicht sehr geistreicher, meist auf einem Wortspiel beruhender Witz".[3]

Die festgestellte Diskrepanz zwischen der großen Bedeutung von Wortspielen und dem Fehlen umfassender wissenschaftlicher Studien auf diesem Gebiet ist der Ansatzpunkt des seit 2013 geförderten Forschungsprojekts „Dynamik des Wortspiels: Sprachkontakt, sprachliche Innovation, Sprecher-Hörer-Interaktion"[4], in dessen Rahmen auch der vorliegende Band entstanden ist. Das Projekt beinhaltet eine Zusammenarbeit von 14 Wissenschaftlerinnen und Wissenschaft-

---

[2] Die genaue Entstehung dieses „Festtags" konnte nicht vollständig geklärt werden; häufig wird die Einführung dem Cartoonisten und Blogger Bastian Melnyk zugeschrieben und auf das Jahr 2009 datiert (vgl. https://www.kuriose-feiertage.de/tag-der-schlechten-wortspiele/, letzter Zugriff am 12.08.2018).

[3] Anzumerken ist, dass das französische Wort *calembour*, das die Ausgangsform des deutschen Wortes darstellt, keine entsprechende negativ-wertende Dimension aufweist.

[4] Wissenschaftliches Netzwerk WI 3826/1-1, vgl. wortspiel.uni-trier.de (letzter Zugriff am 12.08.2018). Das Projekt sieht als Arbeitssprachen neben dem Deutschen auch das Englische und Französische vor.

lern aus verschiedenen europäischen Ländern, die sich mit sprach- und literaturwissenschaftlichen Aspekten der Verwendung von Wortspielen in unterschiedlichen Sprachen und Epochen befassen. Ferner kooperiert das Netzwerk mit weiteren Wissenschaftlerinnen und Wissenschaftlern aus aller Welt. Darüber hinaus beinhalten das Projekt einen intensiven Austausch mit einem Praxisboard, d. h. mit „Praktikerinnen und Praktikern" des Wortspiels, die im Rahmen der Projektarbeit zu Tagungen, Workshops und Einzelauftritten eingeladen wurden und die im vorliegenden Band im Vordergrund stehen sollen. Im Rahmen des Projekts wurde die bei De Gruyter erscheinende Buchreihe „The Dynamics of Wordplay" ins Leben gerufen, in der in mittlerweile sieben Sammelbänden in über 90 Einzelbeiträgen zentrale Ergebnisse der Zusammenarbeit im Netzwerk sowie der veranstalteten Tagungen und Workshops veröffentlicht sind.

Zentrale Reflexionsachsen, die im Projekt „Dynamik des Wortspiels: Sprachkontakt, sprachliche Innovation, Sprecher-Hörer-Interaktion" verfolgt werden, betreffen die im Projekttitel genannten Schwerpunkte:

- das Verhältnis von Wortspiel und Phänomenen des Sprachkontakts: Wie zeigt sich die Dynamik des Wortspiels im Sprachkontakt? Wie wird an und mit Sprachgrenzen gespielt? Inwiefern sind Phänomene des Sprachkontakts ein bevorzugter Ort des Spielens mit Wörtern? Welche Formen von mehrsprachigen Sprachspielen lassen sich unterscheiden? Welche Funktionen haben mehrsprachige Wortspiele in einzelnen Texten? Wie werden mehrsprachige Wortspiele rezipiert? Wie können Wortspiele übersetzt werden? usw.
- das Verhältnis von Wortspiel und sprachlicher Innovation: Wie zeigt sich die Dynamik des Wortspiels in Bezug auf kreativen Umgang mit der Sprache? Wo gibt es Übergänge zwischen Wortspiel und „normaler" sprachlicher Innovation? Welche Bedeutung kommt spielerischen Innovationen für die Entwicklung des Wortschatzes einer Sprache zu? Wie lässt sich das Verhältnis von Wortspiel und Ambiguität sowie von Wortspiel und figurativem Sprechen konzipieren? Inwiefern beinhaltet das Wortspiel eine Reflexion über formale und semantische Beziehungen zwischen unterschiedlichen Wörtern einer Sprache? usw.
- das Wortspiel in der Sprecher-Hörer-Interaktion: Wie zeigt sich die Dynamik des Wortspiels in der Kommunikation? Welche Sprecherstrategien manifestieren sich im Wortspiel? Welche Rolle spielt die Wahrnehmung des Hörers, Lesers, Publikums bei der Verwendung von Wortspielen? Wie werden Wortspiele in der sozialen Interaktion eingesetzt? Welche Produktions- und Rezeptionssituationen liegen bei einzelnen Wortspielen vor? Welche situa-

tionellen Faktoren müssen bei der Untersuchung von Wortspielen mitberücksichtigt werden? usw.

In allen Bereichen zeigt sich eine große Komplexität und Dynamik des Wortspiels, die im Rahmen von Einzelstudien ausgelotet wird. Aufgrund der bewusst gewählten Vielseitigkeit der Perspektiven wird bei der Zusammenarbeit eine weite Definition des Wortspiels zugrunde gelegt; als ein zentrales Ergebnis des Austauschs im Projekt lässt sich festhalten, dass die inhaltliche Bestimmung des Wortspiels in verschiedenen Sprachen, Kulturen und Epochen stark variiert. So lässt sich zwar durchaus angeben, wodurch sich ein (proto-)typisches Wortspiel auszeichnet – eine mögliche Definition wäre die folgende: „Der Begriff 'W.[ortspiel]' umfaßt eine Gruppe rhetorischer Sinn- und Klangfiguren, bei denen 'spielerisch' die Bedeutungen lautähnlicher oder lautgleicher Wörter überraschend gegenübergestellt werden" (Winter-Froemel 2009: 1429, vgl. auch Winter-Froemel 2016: 37). Gleichzeitig wird aber deutlich, dass damit allenfalls Wortspiele in einem engen Sinn erfasst werden, es aber gerade auch wissenschaftlich interessant und lohnend ist, die Randbereiche des Wortspiels auszuloten und Übergänge zu verwandten Phänomenen wie etwa sprachlichen Innovationen im Allgemeinen zu diskutieren. Zur Diskussion entsprechender Fragen wurde im dritten Band der Buchreihe ein Diskussionsforum ins Leben gerufen (vgl. die Beiträge von Esme Winter-Froemel, Verena Thaler, Michelle Lecolle, Alexander Onysko und Sebastian Knospe; S. 9–94 in Knospe, Onysko, und Goth 2016). Wesentliches Ziel des Diskussionsforums ist es, zur weiteren Beschäftigung mit dem Thema und zu kontroversen Diskussionen einzuladen, und ein Teil davon soll durch die Beiträge des vorliegenden Bandes erfolgen, die – hoffentlich – die Leserinnen und Leser neue Facetten von Wort- und Sprachspielkunst entdecken lassen und zur weiteren Auseinandersetzung mit dem Thema anregen.

2 Zur Konzeption des vorliegenden Bandes

Anders als bei den bisherigen Bänden der Buchreihe (die im Übrigen auf Englisch und Französisch erscheinen) besteht das Hauptziel des vorliegenden Bandes nicht in einem interdisziplinären wissenschaftlichen Dialog, sondern im Austausch von Wissenschaft und Kunst. Im Mittelpunkt des Bandes steht demnach die Praxis von Sprachspiel und Sprachkunst, die anhand von Beiträgen von sowie zu Künstlerinnen und Künstlern aus unterschiedlichen Perspektiven beleuchtet wird. Der Band versammelt Beiträge von namhaften Vertreterinnen und Vertretern der Sprachspielkunst aus dem deutschen Sprachraum: Yoko Tawada,

Bas Böttcher, Klaus Cäsar Zehrer, Jochen Malmsheimer, Christian Hirdes, Bodo Wartke, Michael Schönen, Philipp Scharrenberg, Franz Hohler, Iris Schürmann-Mock, Murmel Clausen, Jakob Nacken, Helge Thun und Martin Reinl. Ergänzende Perspektiven liefern Kurzbeiträge aus unterschiedlichen wissenschaftlichen Disziplinen, die ihre jeweiligen Forschungsperspektiven auf Sprachspielkunst einbringen. Es wurde versucht, alle im Band näher besprochenen Sprach-Spielerinnen und -Spieler, Sprachkünstlerinnen und -künstler der Gegenwart, die zum und mit dem Deutschen arbeiten, für eine Mitwirkung am vorliegenden Band zu gewinnen.

Die Beiträge aus der Praxis entstammen dabei so unterschiedlichen Bereichen wie Kabarett, Kleinkunst, Comedy, Poetry Slam, Drehbücher, Literatur und Kinderliteratur. Die Ausgangsbedingungen und Formen der Realisierung der Sprachspielkunst sind damit sehr unterschiedlich: Eingeschlossen sind sowohl Texte, die im schriftlichen Medium konzipiert und rezipiert werden als auch in der Performanz dargebotene Texte; beispielsweise im Fall der Drehbücher kommen neben Autor und Rezipienten die Schauspielerinnen und Schauspieler als weitere Rezipienten der Wortspiele – und ggf. auch als weitere Produzenten – mit ins Spiel. Die Entstehung der sprachspielerischen Texte und Äußerungen kann dabei mit hohem Planungsgrad erfolgen (beispielsweise durch die Erstellung von Materialsammlungen mit Hilfe von Enzyklopädien, Wörterbüchern usw. – vgl. hierzu etwa Jochen Malmsheimers Arbeit mit dem Grimm'schen *Wörterbuch des Deutschen* bei der Abfassung von „ERMPFTSCHNUGGN TRØDÅ! Oder: Hinterm Staunen kauert die Frappanz") oder improvisiert sein (vgl. entsprechende Formate der Sprachspielkunst im Improvisationstheater). Ebenso umfasst die im vorliegenden Band besprochene Sprachspielkunst sehr unterschiedliche Rezeptionsbedingungen: private Lektüre, privater Konsum von Audiomaterial oder Fernsehfilmen und -sendungen, Besuch von Auftritten usw. In einigen Fällen kann auch eine interaktive Rezeption festgestellt werden, etwa wenn das Publikum unterschiedliche künstlerische Leistungen vergleichend bewertet wie bei Poetry Slam, oder wenn Sprachspielkunst in Onlinemedien kommentiert wird (vgl. etwa Live-Tweets zu Wortspielen während Ausstrahlungen des *Tatorts*).

Für die Beiträge aus der Praxis wurden in der Regel schriftliche Interviews der Herausgeberin mit den Künstlerinnen und Künstlern geführt, die sich mit dem persönlichen Umgang mit Sprache und Wortspiel sowie mit grundlegenden Fragen des Wortspiels befassen, die an die Thematiken der bisher erschienenen oder geplanten Bände der Reihe anknüpfen. Zur Veranschaulichung der Überlegungen werden dabei immer wieder eigene und fremde Texte zitiert und kommentiert. Darüber hinaus beinhaltet der Band auch Beiträge anderer Formate (vgl. den Beitrag „Versteckt-Entdeckt-Erweckt" von Helge Thun), und einige

Interviewantworten gehen in essayistische Texte über. Christian Hirdes hat im Sommersemester 2017 im Rahmen der romanistisch-germanistischen Lehrveranstaltung „Sprachkunst & Spracharbeit: Aktuelle und historische Perspektiven zum Deutschen und Französischen" (geleitet von Claudine Moulin und Esme Winter-Froemel) einen Workshop an der Universität Trier angeboten. In diesem Zusammenhang wurde von Studierenden des Seminars ein Interview mit Christian Hirdes geführt, das ebenfalls im vorliegenden Band veröffentlicht ist.

Für die schriftlichen Interviews wurde eine Vorlage verwendet, die sich in zwei Teile gliedert[5]: In einem ersten Teil geht es um den persönlichen Umgang mit Sprache und die Auffassungen der Künstlerinnen und Künstler bezüglich des Wort- und Sprachspiels mit Blick auf die eigenen Texte und Werke, um den sprachkünstlerischen Schaffensprozess und die Darbietung von Wort- und Sprachspielen, um prägende Vorbilder im Bereich der Sprachspielkunst und angrenzende Fragen.

Eine zweite Gruppe von Fragen ist sodann stärker theoretisch ausgerichtet. Die Fragen dieses Teils knüpfen an Schwerpunkte und Leitfragen an, die aus der Forschungsarbeit des wissenschaftlichen Netzwerks „Dynamik des Wortspiels: Sprachkontakt, sprachliche Innovation, Sprecher-Hörer-Interaktion" hervorgegangen sind. Die meisten der Fragen lassen sich gleichzeitig mit den bereits veröffentlichen Bänden der Buchreihe „The Dynamics of Wordplay" (DWP) in Verbindung bringen, in der auch der vorliegende Band erscheint. Allgemein widmet sich die Buchreihe dem Wortspiel als Schnittstellenphänomen zwischen Alltagssprache und Literatur sowie in unterschiedlichsten Verwendungskontexten. Ein besonderes Augenmerk liegt dabei auf dem dynamischen Potential des Wortspiels. Alle nachfolgend genannten DWP-Bände sind zusätzlich zu den Druckausgaben auch als Open Access-Publikation veröffentlicht, d. h. alle enthaltenen Beiträge sind über die Webseite des De Gruyter-Verlags frei zugänglich.[6]

Die Frage nach dem Zusammenhang zwischen Wortspiel und einem Nachdenken über grundlegende Eigenschaften von Sprache und Kommunikation verweist auf den Band DWP1 *Wordplay and Metalinguistic / Metadiscursive Reflection. Authors, Contexts, Techniques, and Meta-Reflection* (herausgegeben von Zirker und Winter-Froemel 2015), der das Wortspiel als Schnittstellenphänomen und seine metasprachliche Dimension in den Blick nimmt. Die Beiträge widmen sich aus unterschiedlichen – insbesondere sprach- und literaturwissenschaft-

---

[5] Hierbei ist anzumerken, dass die Interviewfragen nur als Vorschläge präsentiert wurden und es den Künstlerinnen und Künstlern überlassen blieb, auf welche Fragen sie in ihren Beiträgen eingehen wollten.
[6] https://www.degruyter.com/view/serial/455073 (letzter Zugriff am 12.08.2018).

lichen Perspektiven – den Erkenntnispotentialen, die das Wortspiel bereitstellt. Die im vorliegenden Band vertretenen Antworten der Künstlerinnen und Künstler zeigen hier ein sehr breites Spektrum an Haltungen auf: Während eine entsprechende metasprachliche Dimension des Wortspiels in einigen Fällen klar bejaht und als zentraler Aspekt der eigenen Texte analysiert wird, steht sie in anderen Fällen im Hintergrund. Dies zeigt unterschiedliche Herangehensweisen auf, die bewusst reflektierte Sprachkunst und konstruierte Spracharbeit – teilweise auch unterstützt durch Quellen wie Wörterbücher, Grammatiken usw. – einschließen, aber auch ein (Wieder-)Entdecken der Freude am Spiel mit Wörtern, Buchstaben und Lauten umfasst, das sich gerade nicht von vorhandenem Wissen bezüglich sprachlicher Regeln, Normen und Strukturen leiten und einschränken lassen möchte.

Die in den Interviews präsentierten Überlegungen der Künstlerinnen und Künstler bezüglich der bevorzugten Themenbereiche des Wortspiels sowie der Frage, ob dieses auch ernste Bereiche und Themen einschließen kann, verweisen sodann auf den Band DWP2 *Enjeux du jeux de mots. Perspectives linguistiques et littéraires* (herausgegeben von Winter-Froemel und Zirker 2015). Beide genannten Bände DWP1 und DWP2 versammeln gleichzeitig eine Auswahl von Beiträgen, die bei der von den Bandherausgeberinnen organisierten Tagung „Wordplay and Metalinguistic Reflection – New Interdisciplinary Perspectives / Les jeux de mots et la réflexion métalinguistique – nouvelles perspectives interdisciplinaires" (Eberhard Karls Universität Tübingen, März 2013) präsentiert wurden. Im Hinblick auf die zentrale Frage des Bandes DWP2 erscheint auffällig, dass die Künstlerinnen und Künstler insgesamt nur wenige konkrete Bereiche benennen, obwohl sich in ihren Texten einige bevorzugte Bereiche des Wort- und Sprachspiels klar abzeichnen, so etwa Wortspiele zu sexuellen oder anderweitig tabuisierten Themen sowie zu bestimmten Begriffen aus der Tierwelt (auffälligerweise finden sich in der deutschen Sprachspielkunst des 20. und 21. Jahrhunderts z. B. verschiedene sprachspielerische Texte zur Made – etwa Franz Hohlers „Made in Hongkong" und Heinz Erhardts „Die Made", vgl. hierzu auch das Interview von Philipp Scharrenberg – sowie zur Eintagsfliege Joe bei Willy Astor oder bei Christian Hirdes zu One-Night-Stands bei Eintagsfliegen – die Liste ließe sich noch lange fortsetzen).

Die Thematik des Bandes DWP3 *Crossing Languages to Play with Words. Multidisciplinary Perspectives* (herausgegeben von Sebastian Knospe, Alexander Onysko und Maik Goth 2016) wird in der dritten Interviewfrage aufgegriffen, in der es um die Rolle anderer Sprachen, von Mehrsprachigkeit, Sprachenvielfalt und Übersetzungsprozessen in den eigenen wortspielerischen Werken geht. Auch hier zeigen die Antworten der Künstlerinnen und Künstler, dass es sich um eine Dimension handelt, die für einige von zentraler Bedeutung ist, bei anderen hingegen nur eine sehr untergeordnete Rolle spielt oder überhaupt nicht als wesentlich wahrgenommen wird. Das Spiel mit Übersetzung und fremden Sprachen zeigt sich etwa bei Michael Schönen (vgl. z. B. „ich zeige heute Dékolleté, also einen Ausschnitt meiner Werke" und das Wortspiel „Afternoon": „Mensch gestern aß ich Curry-Huhn / davon brennt mir der After nun."); ebenso nimmt das Spiel mit fremdsprachlichem Material – aktuellen Kontaktsprachen sowie den sog. „gelehrten" Sprachen Griechisch und Latein – auch im Rahmen des Projekts „Bilden Sie mal einen Satz mit..." eine wichtige Rolle ein (vgl. die spielerischen Verfremdungen der Anglizismen „Airline, last minute" – „Ganz Airline verreis' ich nicht – / bitte last minute im Stich!" und von Formen griechischen oder lateinischen Ursprungs „Formaldehyd" – „Wie man an freien Versen sieht, / sind Versmaß und Formaldehyd.", „autogen" – „Die Fahrradtour war wirklich schön, / doch 's müsst auch mit dem autogen."; Gernhardt & Zehrer 2007: 16 / 9 / 19). Neben den unterschiedlichen biographischen Hintergründen einer individuellen Mehrsprachigkeit, die hier eine zentrale Rolle spielen können, ist auch von Interesse, an welches Zielpublikum sich die Texte und Darbietungen richten, die mit mehreren Sprachen spielen. Dies wird beispielsweise am Werk Yoko Tawadas besonders deutlich, das sowohl auf Deutsch als auch auf Japanisch verfasste Texte beinhaltet, aber auch weitere Sprachen einbezieht. Die Bedeutung des sprachlichen Hintergrunds und der Sprachkenntnisse der Zuschauer zeigt sich auch bei anderen Künstlerinnen und Künstlern, so etwa bei Bodo Wartkes „Liebeslied in allen Sprachen" (vgl. die Live-Aufnahme eines Auftritts in Berlin auf der CD *Achillesverse*, wo die Sprachkompetenzen des Berliner Publikums mit denen in Bad Schwartau verglichen werden).

Eine weitere grundlegende Frage, die im Rahmen des DFG-Forschungsprojekts intensiv diskutiert wurde, betrifft die kreative Dimension des Wortspiels und eventuelle Grenzen der Kreativität: Inwiefern stellt das Wortspiel eine kreative Leistung dar, die die bislang dagewesenen sprachlichen Strukturen überschreitet, inwiefern ist es auch an Regeln und Prinzipien gebunden, die die Kreativität einschränken – aber möglicherweise auch erst freisetzen? Diese Fragen werden auch in den Beiträgen zum Band DWP4 *Jeux de mots et créativité. Langue(s), discours et littérature* (herausgegeben von Bettina Full und Michelle Lecolle 2018) aus unterschiedlichen Blickwinkeln und für unterschiedliche Epochen thematisiert. Ein Beispiel für das Spiel mit der Klanglichkeit der Sprache liefert Iris Schürmann-Mocks *Sing, sang, Zwitscherklang* (2015); als ein Beispiel für das Spannungsfeld zwischen traditionell Vorgegebenem und einer Ausschöpfung des darin enthaltenen kreativen Potentials lassen sich z. B. spielerische Umdeutungen nennen, bei denen für gegebene Wortformen eine neue Pseudomotivation hergestellt wird (vgl. „Merke: Der Hippocampus ist keine Universität für Nilpferde", Scharri 2012: 21).

Hieran schließt auch die Thematik des Bandes DWP5 unmittelbar an, die in der fünften Interviewfrage aufgegriffen wird. In *Expanding the Lexicon. Linguistic Innovation, Morphological Productivity, and Ludicity* (herausgegeben von Sabine Arndt-Lappe, Angelika Braun, Claudine Moulin und Esme Winter-Froemel 2018) befassen sich die vorwiegend sprachwissenschaftlichen Beiträge mit dem Zusammenhang von Wortspiel und sprachlicher Innovation, der Frage der Produktivität sprachlicher Muster im Bereich des Wortschatzes sowie der Bedeutung spielerischer Verfahren für den Wortschatz. Die Antworten der im vorliegenden Band vertretenen Künstlerinnen und Künstler zeigen, dass die Texte in einigen Fällen (auch) darauf abzielen, die vorhandenen Ausdrucksmöglichkeiten der Sprache und des Wortschatzes auszuloten, zu hinterfragen und zu erweitern. Darüber hinaus gibt es aber auch ein breites Spektrum an Texten, für die diese Ausrichtung keine zentrale Rolle spielt, sondern bei denen das Spiel sich beispielsweise auf okkasionelle Grenzüberschreitungen durch Verformung vorhandener Ausdrücke oder das Spiel mit im Sprachsystem vorhandenen Mehrdeutigkeiten konzentriert.

Die Abschlusstagung des Forschungsprojekts fand 2016 an der Universität Trier statt; im Fokus stand hier die übergreifende Frage nach der Dynamik des Wortspiels. Die Tagungsakten wurden in zwei Bänden veröffentlicht, von denen der erste Beiträge zu *Cultures and Traditions of Wordplay and Wordplay Research* versammelt (DWP6, herausgegeben von Esme Winter-Froemel und Verena Thaler 2018). Die unterschiedlich starke Einbettung der wortspielerischen Texte der Künstlerinnen und Künstler in kulturelle und traditionelle Muster und Verfahren zeigt sich deutlich: Die Texte beinhalten klassische Techniken und Textsorten (etwa Alliterationen wie im Falle der von Helge Thun verfassten und von Jakob Nacken vorgetragenen *Jubiläumsrede mit J* sowie Helge Thuns *Wollte Waldemar wegen Wetter warnen*, Anagramme wie die SPRACHSPIELE von Franz Hohler, die in ARSCHPEPLISE, RASCHPEPISEL, CHASPERLISPE, SPACHPELSIRE, SPACHPERSILE, SPARCHSPEIEL überführt werden, Sonette wie im Beitrag von Maik Goth, Liedformen wie bei Bodo Wartke und Christian Hirdes oder die von Bas Böttcher besprochenen Mehrfachreime in der Rapkultur und beim Poetry-Slam), schaffen aber auch selbst neue Textmuster (vgl. etwa die von Robert Gernhardt gestellte Aufgabe „Bilden Sie mal einen Satz mit...", die in dem gemeinsam mit Klaus Cäsar Zehrer 2005 ausgerufenen „Dichterwettstreit" aufgegriffen und einem Höhepunkt zugeführt wurde, oder die Reihe der Titel der Tatort-Drehbücher von Murmel Clausen und Andreas Pflüger: *Die Fette Hoppe*,

Der Irre Iwan, Der treue Roy, Der scheidende Schupo, Der wüste Gobi, Der kalte Fritte, Die robuste Roswita).

Im zweiten Teil der Tagungsakten, veröffentlicht als DWP7 *Jeux de mots, textes et contextes* (herausgegeben von Esme Winter-Froemel und Alex Demeulenaere 2018), wird das Verhältnis von Wortspiel und Text/Kontext(en) in den Vordergrund gestellt. Die Bedeutung der textuellen Einbettung der Wortspiele zeigt sich beispielsweise, wenn durch einzelne Figuren wie das halbe Hähnchen oder die Grippe im Anzug bei Martin Reinl eine zusätzliche Interpretationsdimension angelegt wird, die dann bei allen Redebeiträgen im Dialog im Raum steht. Hierdurch wird für alle sprachlichen Einheiten, für die diese Dimension potentiell verfügbar ist, die entsprechende Interpretation aktiviert (etwa *die bessere Hälfte, nur mit halbem Ohr hinhören* usw., bzw. für den Bereich KRANKHEIT Ausdrücke wie *Zelle, Wirt, mit jeder Frau im Bett landen* usw.), und die Mehrdeutigkeit der Äußerungen wird maximiert und akzentuiert.

Ferner weisen die Interviewantworten der im vorliegenden Band vertretenen Künstlerinnen und Künstler einerseits auf ernste Kontexte hin, in denen Wortspiele als unangemessen empfunden werden können, andererseits wiederum auf die Bedeutung des konkreten Kommunikationszusammenhangs, in dem die wortspielerischen Texte präsentiert werden, und die Frage, welche Wortspiele ggf. wie dargeboten werden. In diesem Zusammenhang erscheint interessant, dass die Beiträge in DWP7 aufzeigen, dass sich Wortspiele durchaus auch in sehr ernsten Bereichen wie etwa der Trauerkommunikation von Eltern anlässlich des Todes eines Ungeborenen beobachten lassen.

Die letzte vorgeschlagene Interviewfrage nach der Existenz von schlechten Wortspielen verweist schließlich auf die normative Dimension, die beim Sprechen über Wort- und Sprachspiele sehr häufig anzutreffen ist (vgl. die obigen einleitenden Überlegungen) und die auch in den Beiträgen der genannten Bände DWP1 bis DWP7 immer wieder anklingt. Auch hier zeigen die Interviewantworten ein breites Spektrum an Perspektiven auf, wobei einerseits qualitative Aspekte und Kriterien diskutiert und andererseits die entsprechenden Wertungen zugrunde liegenden Haltungen diskutiert oder hinterfragt werden. Immer wieder wird dabei deutlich, dass Wortspiele ein auffälliges Phänomen darstellen, das sehr unterschiedliche – bis hin zu entgegengesetzten – Reaktionen und Bewertungen auslösen kann (vgl. hierzu etwa die Interviews von Murmel Clausen und Martin Reinl sowie Helge Thuns Beitrag „Versteckt-Entdeckt-Erweckt").

Am Ende der Interviews bestand schließlich die Möglichkeit, ergänzende eigene Gedanken einzubringen.

Insgesamt lässt sich aus den Antworten der Künstlerinnen und Künstler ablesen, dass sehr unterschiedliche Formen des Spielens mit Wörtern bzw. Worten und Sprache vorhanden sind, die sich in sehr unterschiedlichen Positionierungen widerspiegeln. Gleichzeitig zeigen sich vielfältige Verbindungslinien zwischen verschiedenen Beiträgen, die auch die Durchlässigkeit und die Anwendbarkeit der wortspielerischen Verfahren in sehr unterschiedlichen Verwendungskontexten aufzeigen. Die genannten Fragen können sicherlich nicht den Anspruch erheben, alle relevanten Aspekte aktueller deutscher Sprachspielkunst vollständig abzudecken; es ist jedoch erkennbar, dass damit grundlegende Dimensionen angerissen wurden, die unmittelbare Anknüpfungspunkte in den Texten der Künstlerinnen und Künstler – sowohl in ihren sprachspielerischen Texten als auch in den diese kommentierenden Interviews – aufweisen.

Ergänzend zu den Praxisbeiträgen beinhaltet der Band Kurzbeiträge aus wissenschaftlicher Perspektive. Diese nehmen in unterschiedlicher Form auf die im Band vertretenen Künstlerinnen und Künstler Bezug: durch Detailanalysen von (Lieblings-)Texten, Würdigungen einzelner Künstlerinnen und Künstler sowie durch Beiträge, die an bestimmten Begriffen und Ansätzen ausgerichtet sind und unterschiedliche Künstlerinnen und Künstler vergleichend einbeziehen. Die Kurzbeiträge geben dabei einen Einblick in wichtige Begrifflichkeiten und mögliche Herangehensweisen an die Analyse von Wortspielen aus dem Blickwinkel verschiedener Fächer: der Sprach- und Literaturwissenschaft, der Phonetik sowie der Rhetorik.

So nähert sich der Beitrag von Stefan Engelberg und Irene Rapp „Die Gräten einer Harfe. Metaphorische Transformationen und ihre morphosyntaktische Grundlage" dem Text „Transformation Richard III" von Yoko Tawada aus sprachwissenschaftlicher Perspektive. Im Zentrum der Überlegungen steht dabei die Frage, welche interpretatorischen Konflikte sich bei den metaphorischen Formen im Text beobachten lassen und wie diese gelöst werden können.

Der Beitrag des Rhetorikers Joachim Knape „Grenzen des Sprachspiels im Dada" zeigt, wie im Rahmen der dadaistischen Dekonstruktion ein ästhetisches Spielen und Experimentieren praktiziert wird, das die Textualität und Sprachlichkeit an eine Grenze führt. Damit deutet sich eine Grenze des Sprachspiels an, die zugleich zu neuen objektästhetischen Perspektiven der Betrachtung der entsprechenden Werke einlädt.

Nicolas Potyschs Beitrag „Beredte Worte – Sprachspiele als Reflexionsfigur des eigenen Handelns" untersucht das Sprachspiel in Jochen Malmsheimers „ERMPFTSCHNUGGN TRØDÅ! Oder: Hinterm Staunen kauert die Frappanz". Malmsheimers Text spielt dabei ausgehend von Fremdem und Unverständlichem verschiedene Interpretationsstrategien durch, bevor die Worte selbst zur Sprache kommen und durch das Vorführen ihres sprachlichen Agierens Haltungen und

Handlungen der Sprechergemeinschaft thematisiert und kritisch hinterfragt werden.

Einblicke in technische Aspekte der Sprachspielkunst liefert Peter Knopps Beitrag „Bauchreden – das Spiel mit dem Sprechen". Aus phonetischer Perspektive werden die artikulatorischen Herausforderungen betrachtet, die sich beim Bauchreden stellen, und es wird aufgezeigt, wie die Bauchrednerinnen und Bauchredner diesen begegnen.

Ein in sprachspielerischen Texten häufig anzutreffendes Element sind Redewendungen und idiomatisierte Ausdrücke. Am Beispiel zweier Liedtexte widmet sich der Beitrag von Esme Winter-Froemel „Das Spiel mit Wiederholung und Variation bei Bodo Wartke und Christian Hirdes – *durch müssen* oder *es einfach laufen lassen*" der Frage, wie durch Wiederholung und Variation – die Wiederholung der genannten Wendungen in neuen semantischen Kontexten oder in Verbindung mit formalen Abwandlungen – Komik erzeugt werden kann.

Die semantischen Analysen des Spiels mit bestimmten Einheiten des Wortschatzes werden erweitert in Hans-Martin Gaugers Beitrag „Elazar Benyoëtz – der Wortspieler". Bei der Kommentierung seiner Aphorismen werden vielfältige sprachliche Phänomene im Bereich des Lexikons vorgestellt, mit denen Benyoëtz' Texte spielen. Deren Prägnanz erweist sich dabei als ein wesentliches Merkmal der Aphorismen, die weit mehr beinhalten, als sie auf den ersten Blick zu erkennen geben.

Brückenschläge zwischen Wissenschaft und Praxis liefern die beiden Beiträge von Maik Goth „Im Wortex. Eine philologisch-kritische Würdigung der Dichtung Michael J. Schönens" (in Sonettform) sowie seine „Typologie des Wortspiels. Ein Lehrgedicht *to go*", in der zentrale Begriffe und Klassifikationsansätze aus der Wortspielforschung in Knittelversen präsentiert werden.

Die Vervielfältigung von Interpretationsoptionen steht auch in Carlotta Posths Beitrag „Von Retourkutschen, die über Wortfelder fahren: Bedeutungspotenzierung im Wortspiel" im Vordergrund. Die Analyse des Gedichts „Von dem Verb, das ein Nomen sein wollte" von Philipp Scharrenberg identifiziert die Ambiguität und das Oszillieren zwischen der Bedeutungsebene der Geschichte des (unglücklichen) Verbs und einer Geschichte über die Sprache selbst als zentrales Merkmal des Textaufbaus.

Der Beitrag von Angelika Braun „Willy Astors *Promi-WG*: Zur phonetischen Signalisierung von Wortspielen" widmet sich einer Detailanalyse einer Darbietung des genannten Texts mit Blick auf die Frage, welche Namensteile bei dem im Text praktizierten Spiel mit Eigennamen betroffen sind, welche Manipulationstechniken dabei zur Anwendung kommen und inwiefern sich aus Publikumsreaktionen Grenzen der Manipulation ableiten lassen, die die Grenze der Verstehbarkeit der Wortspiele markieren.

Weitere Aspekte der Signalisierung von Wortspielen werden im Beitrag „Horizontale und vertikale Wortspiele in der Sprecher-Hörer-Interaktion: Textuelle Signalisierung und Auffälligkeit von Wortspielen" von Esme Winter-Froemel kommentiert. Hierbei wird argumentiert, dass die Unterscheidung zwischen 'horizontalen' und 'vertikalen' Wortspielen, die in der Forschung als wichtige Unterkategorien des Wortspiels angesehen werden, mit einem unterschiedlichen Funktionieren der entsprechenden Wortspiele in der Sprecher-Hörer-Interaktion korreliert.

Eine ernste Dimension des Wortspiels untersucht der Beitrag von Robert Kirstein „Machtverhältnisse und Wortspiele. Yōko Tawada und Plinius der Jüngere". Der Beitrag zeigt auf, wie Wortspiele in literarischen Texten eingesetzt werden, in denen Machtverhältnisse zwischen den Kommunikationsteilnehmern auf dem Spiel stehen. Hierbei wird ausgehend von Yoko Tawadas „Von der Muttersprache zur Sprachmutter" ein weiter Bogen gespannt und aufgezeigt, dass bereits im antiken Briefwechsel Plinius des Jüngeren mit Kaiser Trajan vielschichtige strategische Verwendungen des Wortspiels beobachtbar sind.

Im Beitrag von Esme Winter-Froemel „Deutungsspielräume – Ambiguität und Motivation sprachlicher Zeichen als Quellen des Wortspiels" wird schließlich anhand von Beispielen verschiedener Künstlerinnen und Künstler erläutert, wie mit Deutungsmöglichkeiten gespielt wird. Im Wortspiel werden formale und semantische Beziehungen zu anderen Einheiten der Sprache hergestellt, die die jeweiligen Ausdrucksformen motivieren, oder es werden in der Sprachgeschichte liegende Motivationen der sprachlichen Zeichen wiederentdeckt – oder es werden ganz neue motivationelle Bezüge konstruiert. In vielen Fällen werden Interpretationsprobleme spielerisch thematisiert, die Phänomene auf allen Ebenen der Sprache einschließen, und oft bleibt dabei eine unaufgelöste Mehrdeutigkeit bestehen.

Ein zeichnerischer Gruß von Martin Reinl bzw. Wiwaldi rundet den Band ab.

Was die Anordnung der Beiträge im Band angeht, soll diese die Mischung an Beiträgen und Perspektiven widerspiegeln und immer wieder zu Perspektivwechseln einladen. Es wurde daher bewusst auf eine Gruppierung der Beiträge nach bestimmten Bereichen verzichtet, und es wurden lediglich die wissenschaftlichen Kurzbeiträge, die sich direkt mit einzelnen Künstlerinnen und Künstlern und ihren Texten beschäftigen, in der Regel nahe bei deren eigenen Beiträgen platziert. Ergänzend bieten der Personen- und der Sachindex am Ende des Bandes die Möglichkeit, sich den Beiträgen ausgehend von bestimmten Personen oder Kernbegriffen zu nähern und zu verfolgen, welche Querverbindungen sich hier zwischen verschiedenen Beiträgen ergeben. Darüber hinaus sind die Leserinnen und Leser eingeladen, selbst weitere Anknüpfungspunkte zu entdecken und Verbindungslinien auch zwischen zunächst scheinbar weit voneinander entfernten Beiträgen im wörtlichen und übertragenen Sinn zu ziehen.

3 Danksagungen

Der vorliegende Band konnte nur mit der Unterstützung der Deutschen Forschungsgemeinschaft (DFG) und der Universität Trier realisiert werden; beiden sei an dieser Stelle herzlich für die Unterstützung dieses ungewöhnlichen Projekts gedankt.

Ebenso möchte ich allen Mitgliedern des wissenschaftlichen Netzwerks „Dynamik des Wortspiels: Sprachkontakt, sprachliche Innovation, Sprecher-Hörer-Interaktion" für die Zusammenarbeit in den letzten Jahren und viele leidenschaftlich geführte, aber auch von großer Wortspiel-Begeisterung getragene Diskussionen danken, die in dieses Buch eingeflossen sind. Für geduldige und zuverlässige Unterstützung in allen administrativen Angelegenheiten sowie die genaue Transkription des Interviews von Martin Reinl danke ich Birgit Imade, für die unterstützende administrative Begleitung des Projekts Katharina Brodauf und der Universitätsleitung in Trier. Ebenso danke ich Angelika Braun für vielfache Hilfe in (nicht nur) tontechnischen Fragen und Andreas Gülden für die Unterstützung bei der Aufnahme des Interviews mit Martin Reinl. Ein ganz besonderer Dank geht an das großartige Team von Hilfskräften, das mich bei der Formatierung der Beiträge und der Erstellung der Druckvorlage des Bandes unterstützt hat: Sophia Fünfgeld, Helin Baglar, Carolin Halcour und Jeanette Hannibal. Alle haben mit wahrhaft unermüdlichem Einsatz, mit großer Genauigkeit und Zuverlässigkeit – und nicht zuletzt auch mit großer Begeisterung – an diesem Buch mitgearbeitet. Zu erwähnen sind hier auch die Hilfskräfte aus der Tübinger Anfangszeit des Projekts „Dynamik des Wortspiels", die dessen Vorbereitungen und ersten Schritte mitbegleitet haben, insbesondere Carlotta Posth und Nora Menzel, darüber hinaus dann in Trier Anne Klein. Weiterhin danke ich sehr herzlich dem Verlagsteam von De Gruyter für die wie immer sehr gute und angenehme Zusammenarbeit, ganz besonders Ulrike Krauß, die dieses besondere Publikationsvorhaben von Beginn an begeistert unterstützt und begleitet hat, außerdem Gabrielle Cornefert und Anne Rudolph.

Und schließlich möchte ich allen Beiträgerinnen und Beiträgern danken – für ihre Mitwirkung an diesem für alle Seiten außergewöhnlichen Projekt, für ihre Bereitschaft und Aufgeschlossenheit, sich trotz terminlicher Zwänge auf dieses

Wagnis und die Anstrengung eines besonderen Dialogs einzulassen, der eine zumindest partielle Überwindung der eigenen Textproduktionsgewohnheiten beinhaltet. Dies gilt sowohl für die Künstlerinnen und Künstler, die sprachspielerische Texte produzieren, hierüber jedoch nicht unbedingt in theoretisch ausgerichteten Interviews reflektieren, als auch für die Wissenschaftlerinnen und Wissenschaftler, die aufgefordert waren, ihre eigenen Ansätze und Begrifflichkeiten auf aktuelle Texte der deutschen Sprachspielkunst anzuwenden und ihre Ausführungen auf ein breites Publikum auszurichten. Zu danken ist hierbei insbesondere auch für die Unvernunft, in einem für wissenschaftliche Publikationen außergewöhnlich engen Zeitrahmen zu arbeiten, sowie für den sehr konstruktiven Umgang mit inhaltlichen Anregungen. Nach den Rückmeldungen, die ich von vielen Beiträgerinnen und Beiträgern erhalten habe, hat der vorliegende Band bereits bei seiner Entstehung in vielerlei Hinsicht Horizonterweiterungen bewirkt, und ich hoffe, dass diese nun im Rahmen seiner Lektüre fortgeführt werden. Das Buchprojekt wurde von allen Mitwirkenden mit großem Idealismus und Enthusiasmus mitgetragen, und ich hoffe, dass viele Funken der Neugier und der Freude am Austausch im und zum Sprachspiel auf die Leserinnen und Leser überspringen werden. Widmen möchte ich den vorliegenden Band allen Wort- und Sprachspielern, die uns geprägt haben und prägen.

Literaturangaben

Arndt-Lappe, Sabine, Angelika Braun, Claudine Moulin & Esme Winter-Froemel (Hgg.). 2018. *Expanding the Lexicon. Linguistic Innovation, Morphological Productivity, and Ludicity* (The Dynamics of Wordplay 5). Berlin & Boston: De Gruyter.
Auer, Peter. 2010. Sprachliche Landschaften. Die Strukturierung des öffentlichen Raumes durch die geschriebene Sprache. In Arnulf Deppermann & Angelika Linke (Hgg.), *Sprache intermedial: Stimme und Schrift, Bild und Ton*, 271–300. Berlin & New York: De Gruyter.
„Kalauer" auf Duden online.
 URL: https://www.duden.de/node/779041/revisions/1642216/view (letzter Zugriff am 16.08.2018).
Full, Bettina & Michelle Lecolle (Hgg.). Im Druck. *Jeux de mots et créativité* (The Dynamics of Wordplay 4). Berlin & Boston: De Gruyter.
Gernhardt, Robert & Klaus Cäsar Zehrer (Hgg.). 2007 (9. Aufl. 2016). *„Bilden Sie mal einen Satz mit..." 555 Ergebnisse eines Dichterwettstreits*. Frankfurt am Main: Fischer.
Hohler, Franz. [1982] 2010. *Sprachspiele*. Schweizerisches Jugendschriftenwerk, SJW Nr. 1485 (5. Aufl.).
Knospe, Sebastian, Alexander Onysko & Maik Goth (Hgg.). 2016. *Crossing Languages to Play with Words. Multidisciplinary Perspectives* (The Dynamics of Wordplay 3). Berlin & Boston: De Gruyter.

Landry, Rodrigue & Richard Y. Bourhis. 1997. Linguistic Landscape and Ethnolinguistic Vitality: An Empirical Study. *Journal of Language and Social Psychology* 16. 23–49.

Scharri, Philipp. 2012. *Der Klügere gibt Nachhilfe*. Frankfurt am Main: Fischer.

Schürmann-Mock, Iris & Christiane Fürtges. 2015. *Sing, sang, Zwitscherklang: Die Vogelwelt in Versen*. Freiburg: Christophorus Verlag.

Thun, Helge. 2015. *Wollte Waldemar wegen Wetter warnen*: Gedichte, Sketche und Kolumnen*. Tübingen: Klöpfer & Meyer.

Winter-Froemel, Esme. 2009. Wortspiel. In Gert Ueding (ed.), *Historisches Wörterbuch der Rhetorik*, Vol. 9, 1429–1443. Tübingen: Niemeyer.

Winter-Froemel, Esme. 2016. Approaching Wordplay. In Sebastian Knospe, Alexander Onysko & Maik Goth (eds.), *Crossing Languages to Play with Words. Multidisciplinary Perspectives* (The Dynamics of Wordplay 3), 11–46. Berlin & Boston: De Gruyter.

Winter-Froemel, Esme & Alex Demeulenaere (Hgg.). Im Druck. *Jeux de mots, textes et contextes* (The Dynamics of Wordplay 7). Berlin & Boston: De Gruyter.

Winter-Froemel, Esme & Verena Thaler (Hgg.). Im Druck. *Cultures and Traditions of Wordplay and Wordplay Research* (The Dynamics of Wordplay 6). Berlin & Boston: De Gruyter.

Winter-Froemel, Esme & Angelika Zirker (Hgg.). 2015. *Enjeux du jeu de mots: Perspectives linguistiques et littéraires* (The Dynamics of Wordplay 2). Berlin & Boston: De Gruyter.

Zirker, Angelika & Esme Winter-Froemel (Hgg.). 2015. *Wordplay and Metalinguistic / Metadiscursive Reflection: Authors, Contexts, Techniques, and Meta-Reflection* (The Dynamics of Wordplay 1). Berlin & Boston: De Gruyter.

Yoko Tawada
Interview

© Florian Thoss

Yoko Tawada ist 1960 in Tokio/Japan geboren. 1982 kam sie nach Hamburg und studierte Germanistik. Promotion. Die erste Buchveröffentlichung 1987 beim Konkursbuchverlag Claudia Gehrke (Tübingen). Sie schreibt ihre literarischen Texte auf Deutsch und Japanisch. Zahlreiche Literaturpreise, u. a. Akutagawa-Preis, Tanizaki-Preis und Kleist-Preis. Seit 2006 lebt sie in Berlin. Bis jetzt sind von ihr 23 Bücher in Deutschland und 29 Bücher in Japan erschienen.

Teil I

Was sind für Sie wesentliche Merkmale des Wortspiels? Was macht für Sie den Reiz am Spielen mit Wörtern und Sprache aus? Würden Sie sich als Wortspiel-Künstler/in bezeichnen? Welche Bedeutung hat das Spielen mit Wörtern und Sprache für Sie?

Ein Kriminalfall: Vor uns liegt eine Leiche. Sie muss anhand einiger Merkmale identifiziert werden. Auch der Täter muss identifiziert werden. Entscheidend sind zuerst Geschlechter-, Alters- und Rassenmerkmale. Ich habe nichts mit dem Mord zu tun, vertusche aber meine Besonderheiten, die als ein Merkmal gefasst werden könnten. Die Identifizierung war früher die Beschäftigung der Geheimpolizei. Heutzutage ist die politische Sensibilität bei den Leuten zurückgegangen. Sie geben ihre Daten als Merkmale online ein und stellen ahnungslos eine Frage wie „Wer ist mein zukünftiger Partner?". Daten bearbeiten und Dichten sind zwei gegensätzliche Tätigkeiten.

Ein Wortspiel bietet mir oft einen Ausweg. Um mich aus dem Gefängnis der Merkmale zu befreien, muss ich einfach an Muttermale denken: eine Mutter, die malt. Sie malt auf der Haut ihrer Kinder.

Auch das Wort „Denkmal" hat denselben Unterleib wie das Wort „Merkmal". Allerdings sind die Denkmäler aus harten Materialien gebaut und nicht so flüssig wie die Sprache. Angeblich gibt es zwölf Goethedenkmäler in Deutschland und acht in Tschechien. Was hat ein Goethedenkmal mit seiner Literatur zu tun? Jemand flüstert mir ins Ohr: „Denk mal!".

In einem Manifest über Wortspiele würde ich schreiben: „Das Wortspiel zielt weder auf ein Ergebnis noch auf eine Antwort" oder „Das Wortspiel verzichtet auf jede Erklärung und Definition". Ich würde jedoch kein Manifest schreiben, zumindest jetzt nicht, obwohl Karl Marx und André Breton diese Gattung literarisch attraktiv gemacht haben.

Linientreu möchte ich nicht sein. Spielende Wörter stehen nicht in einer Linie, sondern sie sind auf einer großen Fläche verteilt wie spielende Kinder in Pieter Bruegels Bild „Kinderspiele".

„Das ist für mich ein Kinderspiel", sagt man. Einmal wurde ich von einem Steuerprüfer gefragt, was der Inhalt meines Berufes sei. Ich antwortete „Mit Wörtern spielen", denn ich dachte, ich müsse weniger Steuern zahlen, wenn das Geld von einem Spiel kommt und nicht von einer Arbeit. Leider erkannte aber er sofort, dass das Spiel eine ernstzunehmende, steuerpflichtige Arbeit ist.

Ob ich eine Wortspielerin bin oder nicht, ist die Frage der Identität. Es steht im Widerspruch zum Geist des Wortspieles.

Können Sie uns ein oder zwei Lieblings-Wortspiele nennen (eigene oder fremde) und umreißen, warum diese eine besondere Bedeutung für Sie haben?

Beispiel (1)

> ... Ach ja, diese Dänen! Ich erinnere mich lebhaft, wie ich mich schon als ganz kleiner Junge beständig über einen Gesangvers ärgerte, der anfing: 'Gib mir, gib allen denen, die sich von Herzen sehnen ...' wobei ich 'denen' im Geiste immer mit 'ä' schrieb und nicht begriff, daß der Herrgott auch den Dänen irgend etwas geben sollte ... (Thomas Mann: *Buddenbrooks*)

Ein Wortspiel sollte nicht geplant sein, auf keinen Fall gewollt. Ein Wortspiel fällt einem Autor in einem unerwarteten Moment ein wie ein Stück Kindheitserinnerung. In der Kindheit haben die Wörter keine Angst, missverstanden zu werden. Thomas Mann hat sicher nicht gedacht, dass seine Literatur Wortspiele braucht. Umso wertvoller ist diese Textstelle für mich.

Beispiel (2)

> Diejenigen,
> bei denen es immer regnet,
> sprechen warme, feuchte Wörter.
> Sie verstecken ihre Füße, so erfahren wir nie, wie sie enden.
> Diejenigen,
> bei denen die Sommernacht zu kurz ist,
> richten ihre Kopfkissen nach Norden.
> Sie speisen rot gefärbte Finger im heißen Hund und reden über frische Filme.
> Auf einer ihrer zahlreichen Inseln steht ein wundersames Kino: ein Es-Kino.
> Das ist mein Kind, rufst du.
> Es singt auf der Leinwand.
> In Wirklichkeit ist es aber dein Es, aufgetaucht aus der Eisschicht.
> Das Eis-Kind, das gerade in der Schaumkrone ertrinkt,
> wird im Dezember zum König der Nacht gewählt.
> Ihnen gehört das unbeschriebene Papier.
> Wie lange darf man noch schweigen? So lange wie der letzte Dezember?
> Wie oft in der Woche denken Sie, dass Sie glücklich sind? : Bei einer Anfrage wirst du noch gefragt, aber sonst nie mehr.
> Die Statistik ist deine Sicherheit, das Horoskop – deine Freiheit.
> Bei denjenigen,
> bei denen das Glück angesagt ist,
> regnet es stets unscheinbar.

Das ist ein Gedicht von mir mit dem Titel „Kopenhagen", das in „Abenteuer der deutschen Grammatik" (S. 29) enthalten ist. Die Formulierung „Diejenigen, / bei denen (Dänen) es immer regnet", bezieht sich auf die vorher zitierte Textstelle aus Thomas Manns Roman.

Ein Nebensatz mit „denen" klingt zu langatmig und altmodisch in einem flotten Gespräch. Deshalb benutze ich das Relativpronomen „denen" nur dann, wenn ich allein bin, meinen Gedankengang verlangsamen darf und über diejenigen Menschen nachdenke, die sonst nicht in mein Blickfeld fallen.

Als ich in Hamburg lebte, erlebte ich in Belgien, den Niederlanden und Frankreich oft Episoden, die ich sofort für eine Reiseerzählung verwenden konnte. Sie waren für mich die drei Nachbarländer mit den meisten Episoden. Sie brauchen kein Wortspiel. Ein anderes Nachbarland, Österreich, war wegen seiner Vorliebe für Sprachexperimente mein geistiger Automat. (Weil mir das Wort „Heimat" nicht gefällt, sage ich stattdessen „Automat".) Man macht kein Wortspiel mit dem Wort „Österreich", sondern die Österreicher machen Wortspiele. Die slawischen Nachbarländer haben nie aufgehört, der Ort meiner Sehnsucht zu sein. Hier geht es um eine dunkle, feuchte Sehnsucht, die nicht zum Verfahren des Wortspiels passt. Dänemark hingegen trat nie in mein Blickfeld, obwohl es mein wahrer Nachbar war. Sein Nieselregen, sein Geruch und Geräusch, die sich in einer melancholischen Dehnung der Zeit versenken und leise Begegnungen mit leisen Menschen: All das kam mir erst in den Sinn, als ich bei Thomas Mann auf das Relativpronomen „denen" stieß.

Das Wortspiel bedeutet, die Nachbarschaft wichtig zu nehmen. Im Haus des Wörterbuches lebt das Wort „Aktivist" neben „Aktien" und nicht neben „Alternativen". Dass der „Macho" neben der „Macht" steht, ist eher ein Ausnahmefall. Im Wortspiel nimmt man die Nachbarschaft ernster als die Blutsverwandtschaft.

Welches waren oder sind für Sie wichtige Inspirationsquellen und Vorbilder im Bereich des Spielens mit Wörtern und Sprache?

In meinem bisherigen Leben habe ich öfter eine Qualle gesehen als eine Quelle. Nach einer lauwarmen Nacht lagen hunderte von lila Quallen am Nordseestrand. Bedauerlicherweise waren sie alle nicht mehr am Leben. Ich hatte nicht den Mut, ihre Feuchtigkeit mit dem Zeigefinger zu prüfen. Eine Inspirationsquelle kann manchmal trocken sein wie ein Wörterbuch. Ich frage mich manchmal, was inspirierender ist: in einem Wörterbuch zu blättern oder an der Nordsee spazieren zu gehen? Ist es nicht ein bisschen armselig, eifrig nach Inspirationen zu suchen wie ein Goldgräber nach einer Goldmine? Meine Übung besteht darin, einfach spazieren zu gehen, und es gelang mir oft, bei einem Spaziergang keine neue Idee zu bekommen. Etwas schwieriger hingegen ist dieselbe Übung mit einem Wörterbuch. Schlage ich eine Seite auf, schon springt mir mindestens ein Wort ins Auge und zündet meine Spiellust an.

In meiner Studienzeit arbeitete ich gelegentlich als Dolmetscherin in Hamburg. Ich nahm einige Male an Geschäftsessen teil und übersetzte die Sprache der Geschäftsleute. Dolmetschen kann belastender sein als schriftliches Übersetzen, weil man mit der eigenen Zunge Dinge sagen muss, die man von sich aus nie sagen würde. In einem solchen Moment spürte ich meine eigene Zunge wie ein fremdes Objekt im Mund. Bei diesem Geschäftsessen wurde die Seezunge serviert, die damals für mich unbezahlbar war. Meine Zunge und die schmackhafte Seezunge befanden sich in einem Mund. Ohne diese Erfahrung hätte die Gemeinsamkeit zwischen den beiden Wörtern, „Zunge" und „Seezunge" für mich keine Bedeutung gewonnen und ich hätte die Erzählung „Das Bad" (Tübingen 1989) nicht geschrieben.

Später fiel mir ein, dass das Wort „Übersetzungen" wie „Übersee-Zungen" klingt. Damals flog ich sehr oft von Hamburg, wo ich wohnte, nach Nordamerika und Japan. Meine transpazifischen und transatlantischen Verbindungen wurden aus riesigen, imaginären Zungen gebaut. Ich schrieb über meine Wort-Reisen ein Buch und gab ihm den Titel „Überseezungen" (Tübingen 2002).

Heute denke ich, was wäre aus mir geworden, wenn ich damals keine Seezunge, sondern Thunfisch gegessen hätte. Vielleicht hätte ich dann eine Erzählung über einen aktiven Tun-Fisch und einen faulen Nichts-Tun-Fisch geschrieben.

Ein Vorbild ist ein Bild, das vor mir steht wie ein Spiegel, oder noch besser, wie ein Stadtplan, nach dem eine neue Stadt gebaut werden soll. Ernst Jandl war kein Vorbild für mich, sondern ein Nach- und Nebenbild. Denn ich lernte seine Arbeiten kennen, nachdem ich eine Weile schon Sprachspiele getrieben hatte. Mein Text „Kot Wahr" zum Beispiel, den ich oft vorgetragen, aber nicht schriftlich veröffentlicht hatte, bekam einen Begriff, als ich feststellte, dass Ernst Jandl ein ähnliches Experiment gemacht hatte. „Oberflächenübersetzung" bezeichnet er das Verfahren, wenn man den Klang eines Gedichtes in einer anderen Sprache nachbildet. Ich habe deutsche Wörter aneinander gereiht, damit sich der Text wie mein japanisches Gedicht anhört. Jandl praktizierte das zwischen Deutsch und Englisch.

Eine Zusammenarbeit mit Jazzmusik war für Jandls Generation keine seltene Angelegenheit. Aber anders als Günter Grass oder Peter Rühmkorf betrachtete Jandl jede Silbe in seinem Gedicht als einen Ton, der sich von der Bedeutung eines Satzes unabhängig machen konnte. Durch Verschiebung, Austausch,

Subtraktion oder Addierung der Wörter variierte er einen Satz spielerisch, um Musik zu werden. Musiker können das Wort „Spiel" ohne Bedenken benutzen. Sie sagen „Ich spiele Geige" oder „Wir spielen Beethoven" und keiner fragt nach, warum sie immer nur spielen würden anstatt fleißig zu arbeiten. Was wäre aber, wenn ein Automechaniker seinem Kunden sagen würde, er habe ein bisschen mit dem Motor gespielt. „Wortspiel" heißt, mit einem Fuß in der Welt der Musik zu stehen.

Ernst Jandl ist für mich ein großer Meister, eine Seelenverwandtschaft spüre ich jedoch nicht. Die Traurigkeit, die in seinem Wortspiel mitklingt, ist nicht meine Traurigkeit. Seine Strenge, sich an die Spielregel zu halten, macht seine Kunst rein und radikal, aber ich bin eher für eine unvollkommene, stets abweichende, konzeptlose Form. Der Rhythmus seiner Gedichte ist überhaupt nicht militärisch, kennt aber nicht jenen Drang eines Butoh-Tänzers, jede Ordnung und Regelmäßigkeit zerstören zu wollen.

Jetzt gerade fällt mir doch ein Vorbild ein: Sigmund Freud. Als Seelenklempner mag er altmodisch geworden sein, aber als Denker und Sprachkünstler mit seiner Vorliebe für Sophokles, Shakespeare, Dostojewski und E. T. A. Hoffmann ist er immer noch lesenswert. Vor allem gab er mir die Grundlage für das Wortspiel als literarisches Verfahren. Ein Beispiel aus der „Traumdeutung": Einer seiner Patienten träumt von seinem Bruder, wie er in einem Kleiderschrank steht. Freuds Deutung dieses Traums: Der Patient findet seinen Bruder geizig, also er „schränkt" sich ein.

„Wortspiel" heißt, Traumbilder nicht als Symbole, sondern als Wörter zu lesen. Durch eine wörtliche Deutung wird der Traum noch vieldeutiger als vorher. Denn die Ähnlichkeit zwischen „Schrank" und „sich einschränken" erklärt noch nicht, was mit dem Patienten los ist, öffnet aber neue Türen für weitere Gespräche.

Was ist für Sie bei Ihrer Arbeit mit Sprache und Wortspielen wichtig? Wie gehen Sie bei der Arbeit mit Sprache vor, wenn Sie die Texte schreiben und wenn Sie diese vor einem Publikum präsentieren?

Jedes Wort ist wichtig. Der Rhythmus des Satzes ist wichtig. Die Geschwindigkeit und die Schlichtheit sind wichtig. Die Langsamkeit und die Mehrdeutigkeit sind wichtig. Es sollte frei von Gejammer und Unzufriedenheit sein, aber es sollte nicht zwanghaft lustig sein. Eine Beziehung zur Weltliteratur ist wichtig. Philosophische Fragestellungen sind wichtig. Es muss nicht über die Tagespolitik eine Meinung abgeben, aber es sollte die politische Situation nicht aus dem Auge verlieren. Die Beleuchtung ist wichtig beim Schreiben eines Textes sowie bei der

Präsentation. Es ist wichtig, dass das Wortspiel sexy ist, aber es darf keineswegs sexualisierend sein. Düstere Erinnerungen sind wichtig. Jeder Alptraum ist wichtig, für den das Wortspiel der einzige Freund sein kann. Eigentlich frage ich mich nie, was für mich wichtig ist.

Den Vorgang des Schreibens oder die Entstehung eines Textes kann ich eigentlich nicht beschreiben. Es passiert so vieles zwischen Kaffee trinken und Kaffeetassen abspülen. Bei einer U-Bahnfahrt in Berlin höre ich Wörter in verschiedenen Sprachen. Nachher kann ich nicht genau sagen, welches Wort von ihnen zur Entstehung eines Textes beigetragen hat und welches nicht. Viele Themen schwimmen um mich herum, ohne Vor- und Nachnamen. Soll ich ihre Namen erraten? Nenne ich einen falschen Namen, verliere ich dessen ganze Person für immer. Deshalb antworte ich „An Nichts!", wenn man mir die Frage stellt: „Woran arbeiten Sie im Moment?" Das Wort „Nichts" ist in dem Fall selbstverständlich groß geschrieben.

Hatten Sie schon immer ein besonderes Interesse an Sprache? Hat sich Ihr Verhältnis zum Wortspiel und zur Sprache im Laufe der Zeit verändert?

Als kleines Kind spielte ich oft mit Wörtern und lernte jede Flosse meiner ersten Sprache. Als ich zehn Jahre alt wurde, verabschiedete ich mich vom Spiel mit der Sprache. Als ich zweiundzwanzig Jahre alt war, kam ich nach Deutschland und entdeckte durch die deutsche Sprache die Freude am Wortspiel erneut. Einige Jahre später begann ich, mit meiner ersten Sprache, Japanisch, so klug wie ein Kind zu spielen. Als ich vierzig Jahre alt wurde, befriedigte es mich, ältere Frauen zum Lachen zu bringen. Als ich fünfzig Jahre alt wurde, machte es mir Spaß, junge Männer zum Lachen zu bringen. Und selbst wenn keiner lacht und nichts lustig ist, trieb mich die heitere, unruhige Geschwindigkeit der Sprache weiter, spielerisch zu schreiben. 2018, im Herbst, erscheint die deutsche Übersetzung meines Romans über die Fukushima-Katastrophe „Der Sendebo-o-te". Eines seiner entscheidenden Aufbauelemente ist das Wortspiel.

Wie wichtig schätzen Sie die Rolle von Wortspielen für den Erfolg Ihrer Texte / Werke ein?

„Erfolg" bedeutet, dass ein gesetztes Ziel erreicht wird. Beim literarischen Schreiben setze ich mir aber kein Ziel. Es ist ein immer fortlaufender Prozess und der Text läuft weiter, nachdem ich einen Text abgeschlossen habe, in Form der Lektüre und der Übersetzung.

Manche Leser werden auf mein Schreiben aufmerksam, weil sie denken, dass es sich um Wortspiele handelt. Andere lesen meine Bücher, weil sie „Migrantenliteratur" oder „Frauenliteratur" lesen wollen. Es gibt auch Leser, die sich für alles, was japanisch ist, interessieren: von Manga bis Steingarten, von Ninja bis Ozu. Egal, was der Anlass war, bin ich sehr froh, wenn meine Bücher in die Hand genommen werden. Ob „Wortspiel" dabei ein erfolgreicheres Stichwort ist als „Ninja", weiß ich nicht.

Teil II

Inwiefern hängt für Sie das Wortspiel mit einem allgemeinen Nachdenken über Sprache und Kommunikation zusammen? Inwiefern beinhalten Wortspiele eine Auseinandersetzung mit grundlegenden Eigenschaften der Sprache?

Die Kommunikation beginnt erst, wenn sie eine automatisierte Schiene verlässt. Das Schweigen zum Beispiel ist die Kommunikation mit der Stille. Das Stottern ist ein Wortspiel mit staccato. Ein falscher Freund ist der leibliche Bruder des Wortspieles. Ein Beispiel aus dem eigenen Text:

> Er will über die sexuelle
> Orientierung reden.
> Der sexuelle Orient,
> der Orientexpress, ein schneller
> Sexprinz.
> Und du?
> Homo
> sapiens und
> Hetero-
> lingual und
> keine Frau, kein Mann, dafür aber eine
> Stereoanlage: von links und rechts
> möchte ich hören das Geflüster
> der Hormone jeder Art.
> (Aus: *Ein Balkonplatz für flüchtige Abende*, S. 54)

Gibt es Themenbereiche, die sich besonders gut für das Spielen mit Wörtern und Sprache eignen? Inwiefern berührt das Wortspiel auch ernste Bereiche und Themen?

Einen lächerlichen Bereich sollte man nicht betreten, wenn man vorhat, ein vernünftiges Wortspiel zu treiben. Denn das Wort „Lachen" wird im Adjektiv „lächerlich" missbraucht und wir haben schon im Vorfeld nichts mehr zu Lachen. Zum Beispiel Namen wie Trump oder Kim Jong-Un bieten an sich viele Möglichkeiten zum Wortspiel an, aber sie haben die Chancen selber verspielt.

Ich betrete gern den Bereich der Sexualität mit dem Zauberstab des Wortspiels. Weil das Wortspiel aber aus denselben Ressourcen die Energie verbraucht wie die Sexualität, bleibt das Problem der Energie-Aufteilung. Zuerst erregt das Spiel die Lust, erreicht aber die höchste Erfüllung allein mit der Sprache ohne den Beitrag anderer Menschen.

Den Tod als einen Themenbereich halte ich geeignet für das Wortspiel, wenn ich nicht auf Deutsch schreibe. Ein energisches Wortspiel kann uns die Angst davor nehmen, in einer Schmerzenskammer eingesperrt zu sein oder irgendwann nicht mehr zu existieren. Das Lachen über den Tod könnte aber bestimmte Menschen verletzen. Wenn ich in Mexiko leben würde, wo der Tag der Toten gefeiert wird, würde ich ein Wortspiel über den Tod praktizieren.

Inwiefern spielen andere Sprachen, Mehrsprachigkeit, Sprachenvielfalt und Übersetzungsprozesse in Ihren wortspielerischen Texten eine wichtige Rolle?

Wenn man U-Bahn fährt, gibt es, kurz bevor die Türen schließen, eine kurze Ansage: „Einsteigen, bitte!"

Ein japanischer Autor, der mich in Berlin besuchte, fragte mich: „Warum rufen die Deutschen ständig ‚Einstein' in der U-Bahn?" Ich erklärte ihm das Wort „einsteigen", aber Herr Einstein verließ nie wieder meinen Kopf. Ich besorgte mir ein Buch mit dem Titel „Einstein: wie jeder ihn versteht" und tatsächliche glaubte ich etwas verstanden zu haben: Wenn ich in einer U-Bahn einem anderen Autor ein Wort zuwerfe, hat das Wort je nachdem eine andere Geschwindigkeit, ob man sie in unsrem Zug misst oder im Gegenverkehr. Das Problem war nur, dass man bei der U-Bahn die andere Schiene nicht sieht. Jeder Zug fährt durch seinen eigenen Tunnel wie ein Maulwurf. Übrigens klingt das Wort „Gegenverkehr" seltsam doppelt, weil „Verkehr" und „verkehrt" ähnlich klingen. Fazit: Wenn man sich bei einem Wort verhört, ist es noch kein Wortspiel. Wenn das Missverständnis aber Gedanken in Gang setzt, wird ein Wortspiel geboren.

Ich rede nicht gern über die Vergangenheit, zwei alte Beispiele meiner Wortspiele werde ich dennoch hier erwähnen: In Kanada hörte ich, dass die Bandscheibe „CD" genannt wurde, genau wie eine Musik-CD. Dieses Wissen veränderte mein Körpergefühl im Rückenbereich. Es kam mir vor, als drehten sich viele Musik-CDs gleichzeitig in meiner Wirbelsäule und jede von ihnen spielte eine andere Musik. Einen Bandscheibenvorfall kriegt man nur dann, wenn man nicht mit diesem Klangchaos umzugehen weiß („Eine Scheibengeschichte" in: „Überseezungen" Tübingen 2002).

Das deutsche Wort „lecker" und das niederländische Wort „lecker" schmecken beide lecker, aber unterschiedlich lecker. In Südafrika treffen sich die falschen Freunde. Ähnlichkeiten zwischen Afrikaans, Niederländisch und Deutsch haben mir geholfen, mich zu orientieren. Es gab so viele Eindrücke, die mich verwirrten und bereicherten. Das Wortspiel verband oft geträumte Bilder mit der Kolonialgeschichte und gab mir eine Struktur, die ich zum Schreiben brauchte („Bioskoop der Nacht" in: „Überseezungen" Tübingen 2002).

Wir Menschen haben Familien und Verwandte. Bei den Sprachen ist es nicht viel anders. Die deutsche Sprache kann nicht so tun, als wäre sie allein auf diese Welt gekommen. Sie steht nicht isoliert in Europa, sondern mit vielen Geschwistern und Cousinen. Insofern ist die Mehrsprachlichkeit nicht ein Thema, das man beliebig aus dem Blickfeld ausblenden kann.

Ich gehöre nicht zu den Leuten, die mit zunehmendem Alter die Bedeutung der Familie überbewerten. Für meine Literatur sind die Leute, die ich auf Reisen zufällig kennenlerne, sehr wichtig. Reisebekanntschaften und Kurschatten gibt es auch zwischen Wörtern. Eine zufällige Ähnlichkeit zwischen dem deutschen Wort „nass" und dem japanischen Wort „nasu" (Eierfrucht) warf auf einen dunklen Fleck in meinem Gedächtnis ein helles Licht („Die Eierfrucht" in: „Überseezungen").

Inwiefern sind Wortspiele für Sie ein Zeichen von Kreativität? Wo liegen Grenzen der Kreativität beim Spielen mit Wörtern und Sprache?

Heutzutage haben hauptsächlich die Industrie-Designer, die Modemacher und die Computergrafiker den Anspruch, „kreativ" zu sein. Von meinen Dichterkollegen habe ich nie gehört, dass sie „kreativ" sein wollten. Ich gehe davon aus, dass sich die Bedeutung des Wortes „kreativ" in ihrem Gebrauch verändert hat. Kreativ zu sein heißt heute, etwas optisch Schönes herzustellen, was möglichst viele Menschen zum Kaufen animiert und dabei so zu tun, als würde die Idee aus einem unverwechselbaren Individuum stammen. Der Kreative fühlt sich durch einen finanziellen Erfolg anerkannt und die Kunden werden durch das Gefühl belohnt, einen guten Geschmack zu haben.

Beim Wortspiel hingegen spielen weder ein Kreativitätsbeweis noch kaufkräftige Kunden eine Rolle. Man nimmt die Materie der Sprache – Buchstaben und Phoneme – ernst. Durch diese Bemühung öffnet sich wie plötzlich ein unerwarteter, komplexer Raum zwischen zwei Wörtern, Bereichen oder Kulturen. Was hat ein „T-raum" mit „Raum" zu tun? „Gedanken" mit „Anke"? „Sound" mit „So-und"? All diese Fragen bringen mich weiter.

„Create" heißt auf Deutsch „neu schaffen". Mir scheint der Ausdruck „erscheinen lassen" oder „sichtbar machen" geeigneter als „neu schaffen".

Inwiefern ergibt sich für Sie durch das Spielen mit Wörtern die Möglichkeit, die Ausdrucksmöglichkeiten der Sprache und des Wortschatzes zu erweitern?

Ich denke, das Wortspiel beginnt mit der Überlegung, ob die Sprache überhaupt etwas „ausdrücken" will, das heißt, etwas aus dem Inneren herausholen will. Vielmehr bleibt man – besonders bei einem Wortspiel – auf der Oberfläche der Sprache und staunt darüber, dass alles schon immer dort deutlich zu sehen gewesen ist. Man muss nichts ausgraben. Warum habe ich das bis jetzt nicht gesehen? Zum Beispiel sah ich eines Tages plötzlich das Wort „ich" mitten im Wort „Licht". Es stand schon immer dort, aber ich hatte es bis dahin nie gesehen. Das betraf nicht nur das Licht. Es ging weiter mit „Gesicht", „Pflicht" oder „Fröhlichkeit". An manchen Orten sah ich gern das Ich. An den anderen weniger gern.

Ich wache auf mit dem Gefühl: Ich kenne zu wenig Wörter, um zu schreiben! Auf meinem Nachttisch liegt das Bildwörterbuch von Duden. Auf jeder Seite gibt es ein Bild und die Namen der Dinge, die im Bild zu sehen sind. Küchengeräte kenne ich fast alle namentlich, auch die Säugetiere. Aber was ist mit dem Thema „Schiffsbau?" Ich kann, ohne ein Schiff bauen zu können, viele Fachwörter, die man dafür braucht, auswendig lernen. Das macht Spaß, bedeutet aber noch nichts für mein Schreiben. Es müsste mehr passieren, damit ich von einer „Erweiterung" meines Wortschatzes sprechen kann. Um ein neues Wort in meinen Wortschatz zu integrieren, muss ich mindestens hundert Stunden im Flugzeug sitzen, tausend Kilometer Zug fahren, zehn Tropfen Tränen vergießen und zwei schlaflose Nächte durchmachen.

Würden Sie das Wortspiel als kulturell und traditionell geprägt ansehen? Gibt es bestimmte Muster und Verfahren, mit denen Sie arbeiten, wenn Sie mit Wörtern und

Sprache spielen? Ist für Sie beim Spielen mit Wörtern und Sprache wichtig, dass dieses Spiel in eine bestimmte Kultur oder Tradition (oder mehrere) eingebettet ist?

Die Technik der „Kakekotoba", ein Wortspiel mit Homonymen, wurde in der japanischen Dichtung, besonders im Mittelalter, sehr oft eingesetzt. Ich habe versucht, diese Methode im Deutschen anzuwenden. Es fühlt sich leider ein bisschen nach einem zu engen Hemd an. Vielleicht gibt es im Deutschen zu viel grammatikalische Regeln und dafür zu wenig Homonyme.

Neulich sah ich Elfriede Jelineks Theaterstück „Am Königsweg" in der Inszenierung von Falk Richter und entdeckte eine Szene, die ich als „Kakekotoba" im weitesten Sinne verstehen könnte. Ein Schauspieler zeigte mit dem Finger auf eine Sitzbank, jedes Mal, wenn er von der Deutschen Bank sprach. Genau genommen ist es keine Kakekotoba, weil das eine der beiden Wörter nicht als Wort ausgesprochen oder aufgeschrieben, sondern durch ein Objekt, nämlich durch eine Sitzbank, präsentiert wurde.

Das Palindrom, „Kaibun" auf Japanisch, gibt es in vielen Kulturen. Falls eine Kultur es noch nicht kennt, kann sie es schnell zollfrei importieren.

Es gibt jedoch Unterschiede, wie hoch das Palindrom in einer Kultur geschätzt wird. Eine geniale Palindrom-Dichterin könnte in Österreich hohe Anerkennung und wahrscheinlich auch finanzielle Unterstützung vom Kultusministerium bekommen. Leider kann sie aber auch von den Rechtspopulisten als eine steuerfressende Vertreterin der entarteten Kunst attackiert werden. In Deutschland wird das Wortspiel im Allgemeinen geringer geschätzt als in Österreich. Meine deutschen Freunde denken, die Technik des Palindroms kann uns nicht vor einer Diktatur schützen. Aber wenn eine scheinbar freie Meinungsbildung über die Politik durch Massenmedien manipulierbar ist, kann das Wortspiel zumindest eine Chance sein, ins abgehärtete pseudo-kollektive Denken Löcher zu schlagen und immer wieder einen neuen Durchblick zu schaffen.

Welche Rolle spielt der Kontext bei der Verwendung von Wortspielen? In welchen Kontexten spielen Sie mit Wörtern und Sprache, in welchen Kontexten spielen Sie nicht mit Wörtern und Sprache? Gibt es Kontexte, in denen Wortspiele besonders gut funktionieren, oder umgekehrt Kontexte, in denen Wortspiele schwierig sind oder nicht funktionieren?

Aus dem Wort „Urinstinkt" habe ich den Satz „Urin stinkt" geschnitzt (*Ein Balkonplatz für flüchtige Abende*, S. 107). Es geht im Kapitel, in dem der Satz steht, um das Altwerden und das Sterben der Mutter. Wörter mit der Vorsilbe „ur" wie „Urszene", „Urform" oder „Ursprache" zwingen mich, vielfältige Szenen, Formen und Sprachen auf einen Ursprung zu reduzieren. Die Gegenwart, die ich empfange, ist jedoch so körperlich und bunt, dass es manchmal stinkt. Die Träne wird weiter vergossen, während der Urin stinkt. Sie lassen sich nicht mit Begriffen wie „Menschheit" oder „Leben" zusammenfassen. Anstatt einen Menschen durch Instinkt, Trieb oder Evolutionsgeschichte zu erklären, möchte ich alle Möglichkeiten, was ein Mensch jetzt und hier sein kann, mit Hilfe der Wörter entfalten. Das Würdige eines Menschen sollte nicht nur durch abstrakte Begriffe, sondern durch alle Körperflüssigkeiten inklusive Urin und Schweiß verteidigt werden. Ein Wortspiel hilft mir dabei, weil es sich vom Machtspiel und der Hierarchie fernhält. Es reicht mir, wenn es mir für einen kurzen Moment den Weg frei räumt.

Übrigens bedeutet das japanische Wort „fun": der Kot. Das kann der Grund sein, warum mir das deutsche Wort „fun-ktionieren" nicht gefällt.

Gibt es schlechte Wortspiele?

Es gibt scheinbar gute und schlechte Birnen. Für meine jüngeren deutschen Freundinnen ist eine Birne ohne Etikett mit der Aufschrift „bio", „regional" oder „fair" schlecht. Für meine älteren deutschen Freundinnen ist eine Birne, die hölzern oder mehlig schmeckt, schlecht. In Japan ist eine Birne, die keine perfekte Form hat, schlecht.

Für mich sollten die Hersteller ethische Verantwortung tragen, ihre Produkte können aber pervers, böse oder unangenehm sein, wenn es literarisch erforderlich ist. Sie sind nicht deshalb schlecht. Umgekehrt können sie aber nett, wohlerzogen oder gepflegt sein, wenn das die Kunst nicht stört. Ist eine Birne, die auf dem Markt erfolgreich ist, deshalb als Kunst minderwertig? Ich denke nicht. Ich verlange nicht, dass mein Wortspiel nach einem fairen Tarif bezahlt wird. Selbst wenn ich nichts daran verdienen würde, würde ich weiterschreiben. Aber dass eine Birne keinen Gewinn bringt, ist kein Beweis dafür, dass sie gut ist.

Meine Wort-Birne muss nicht „regional" produziert sein. Denn sie ist frei vom Boden. Aktiver Import und Export der Literatur schadet niemals der Umwelt. Groß muss sie nicht sein. Sie soll frisch und reif sein. Süß muss sie nicht schmecken. Kalorienreich darf sie sein.

Abschließende Frage: Gibt es im Bereich des Wortspiels noch etwas, das Ihnen wichtig ist, und das Sie noch anmerken möchten?

Nein.

Literaturangaben

Zitierte Werke von Yoko Tawada

Tawada, Yoko. 1989. *Das Bad*. Tübingen: Konkursbuch Verlag Claudia Gehrke.
Tawada, Yoko. 2002. *Überseezungen*. Tübingen: Konkursbuch Verlag Claudia Gehrke.
Tawada, Yoko. 2010. *Abenteuer der deutschen Grammatik*. Tübingen: Konkursbuch Verlag Claudia Gehrke.
Tawada, Yoko. 2016. *Ein Balkonplatz für flüchtige Abende*. Tübingen: Konkursbuch Verlag Claudia Gehrke.
Tawada, Yoko. Im Erscheinen. *Der Sendebo-o-te. Roman*. Übers. von Peter Pörtner. Tübingen: Konkursbuch Verlag Claudia Gehrke.

Weitere zitierte Werke

Mann, Thomas. [1901] 1981. *Die Buddenbrooks: Verfall einer Familie*. Frankfurt am Main: Fischer.

Stefan Engelberg und Irene Rapp
Die Gräten einer Harfe. Metaphorische Transformationen und ihre morphosyntaktische Grundlage

> Sou ons maar 'n metafoor kon vind.
> 'n Patroon om af de lei.
> 'n Verhaal om te vertel.[1]

1 Semantische Konflikte und sprachliche Strukturiertheit

Es ist geradezu eine Erwartung des Lesers von zeitgenössischen Gedichten, dass er mit Wörtern in sprachlichen Umgebungen konfrontiert wird, in denen er sie zuvor nicht wahrgenommen hat, und dass er ihnen Bedeutungen zuschreiben muss, die nicht seinen lexikalischen Gewohnheiten entsprechen. In vielen solcher Fälle wird der Leser versuchen, sich mit metaphorischen oder metonymischen Interpretationen zu behelfen. Wenn ein Schauspieler als Figur in einem Gedicht „viel Shakespeare ... gespeist und getrunken" hat, so ist eine naheliegende Interpretation etwa, dass er Shakespeares Dramen (Metonymie) exzessiv gelesen und gespielt hat (Metapher), wobei die kannibalistische Grundbedeutung assoziativ im Hintergrund sichtbar bleibt.

Solche ungewöhnlichen Wortkombinationen und -interpretationen tragen zu dem kreativen, sprachspielerischen Charakter poetischer Sprache bei. Sie erwecken zudem den Eindruck, dass die Sprache in Gedichten abweicht von „normaler" Sprache. Wir wollen hier nicht unsere Auffassung zu der lange diskutierten Abweichungstheorie poetischer Sprache darlegen (vgl. dazu etwa Levin 1965, Bade & Beck 2017, Schuster 2017); dennoch sind die folgenden Ausführungen auch ein Beitrag zu dieser Debatte, indem sie zu zeigen versuchen, wie

---

1 „If we could find a metaphor. Deduce a pattern. A tale to tell." (Martjie Bosman: Op die spoor/On the trail. In: Joubert 2014: 34–35). Viele Grüße an Anette und Robert Rosenbach, in deren Tanagra Hill Cottage am Rande der Kleinen Karoo dieser Aufsatz im Juli 2018 entstanden ist.

bestimmte morphosyntaktische Strukturen die Interpretation kreativer Metaphern unterstützen.

2 Transformation Richard III

Ausgangspunkt für unsere Überlegungen ist das Gedicht „Transformation Richard III" von Yoko Tawada.[2] Im Zentrum des Gedichts steht ein Schauspieler, der die Rolle Richards III. in Shakespeares gleichnamigem Drama spielt.

>Transformation Richard III
>
>Ein Seeteufel hängt seine zackige Flosse nach oben
>Transparent die Schuppen Die Gräten einer Harfe
>So viel Shakespeare hast du gespeist und getrunken
>Eine Opfergabe für Götter: dein Fleisch und eine Karaffe
>
>Die Theaterbühne ist dein Kostüm gesteinskörnig
>Die Materie der Kulisse verletzt deine Haut
>Ein Hemd zum Ausziehen aus Halsketten geknüpft
>Der Buckel im Netz der Lederriemen ist ein Ich
>
>Obszön und ungeschützt ist das Königreich der Insel
>Erfolg stammt aus der Geschwulst im Herrscherhirn
>Vom Gewand der Rede zieht sich zurück der Zungenzipfel
>In die Stummheit eines Tiers Es trauert nicht gern
>
>Regieren wollte der der hängt und baumelt Einsam
>Überlebt der Schauspieler den König jeden Abend
>Das Innere des Schuhs bleibt dunkel im Publikum
>Deine Nachttieraugen erkennen jedes Gesicht

Den Hintergrund des Gedichts bildet Shakespeares Drama „Richard III.", in dessen Eingangsmonolog Richard, Herzog von Gloucester, seine körperliche Missgestalt beklagt:[3]

---

[2] Das Gedicht „Transformation Richard III" ist erschienen in Tawada, Blamberger und Dopieralski (2018).
[3] William Shakespeare: Sämtliche Werke in vier Bänden. Band 3. Berlin: Aufbau-Verlag, 1975. Übersetzung von August Wilhelm Schlegel. Online auf Zeno.org am 11.7.2018: http://www.zeno.org/nid/20005690560.

> Entstellt, verwahrlost, vor der Zeit gesandt
> In diese Welt des Atmens, halb kaum fertig
> Gemacht, und zwar so lahm und ungeziemend,
> Daß Hunde bellen, hink ich wo vorbei; […]

Da er die Festlichkeiten in den Friedenszeiten, in denen die Handlung angesetzt ist, verabscheut und erotische Abenteuer wegen seines Äußeren meidet, beschließt er, sein Leben auf rücksichtslose und bösartige Weise zu führen, mit dem Ziel, die englische Krone zu erringen:

> Und darum, weil ich nicht als ein Verliebter
> Kann kürzen diese fein beredten Tage,
> Bin ich gewillt, ein Bösewicht zu werden
> Und feind den eitlen Freuden dieser Tage.
> Anschläge macht' Ich, schlimme Einleitungen,
> Durch trunkne Weissagungen, Schriften, Träume,
> Um meinen Bruder Clarence und den König
> In Todfeindschaft einander zu verhetzen.

Durch Mord, Gewalt und Intrigen bahnt Richard sich in den folgenden Akten den Weg auf den englischen Thron. Das Drama endet mit dem Tod Richards auf dem Schlachtfeld.

Die in dem Gedicht vorkommenden Metaphern beziehen sich zum größten Teil auf die Transformationen, die dem Gedicht den Namen geben: die Transformation Richards in ein bösartiges Wesen und vor allem die Transformation, der sich der Schauspieler unterzieht, wenn er die Rolle Richards III. spielt.

3 Die Zweiteiligkeit der Metapher

Eine metaphorische Interpretation erfordert üblicherweise zweierlei: erstens einen Konflikt und zweitens einen Hinweis, wie dieser Konflikt zu lösen ist. Ein interpretatorischer Konflikt kann entweder dadurch entstehen, (i) dass ein Ausdruck in seinem sprachlichen Kotext nicht zu interpretieren ist, weil seine Bedeutung mit den semantischen Anforderungen der Ausdrücke in seiner unmittelbaren Umgebung unverträglich ist (semantischer Konflikt), oder dadurch, (ii) dass ein Ausdruck im weiteren inhaltlichen Kontext des Gesagten zu textuellen Inkohärenzen führt.[4]

---

[4] Wir verzichten in diesem kurzen Aufsatz auf eine Diskussion der vielfältigen Metapherntheorien. Übersichten dazu finden sich etwa in Rolf (2005) und Knowles und Moon (2006).

Ein semantischer kotextueller Konflikt entsteht oft dadurch, dass die semantischen Beschränkungen, die ein Wort den von ihm abhängigen Ausdrücken auferlegt, nicht erfüllt werden. Das Verb *sich zurückziehen* verlangt, dass eine es begleitende direktionale Präpositionalphrase einen Ort spezifiziert, z. B. *sich in sein Zimmer zurückziehen*. Da *Stummheit* keinen Ort bezeichnet, ist diese Forderung in *zieht sich zurück der Zungenzipfel in die Stummheit eines Tiers* nicht erfüllt. Ein semantischer Konflikt entsteht auch in *Gräten einer Harfe*. Die üblichen Interpretationen für eine attributive Genitivkonstruktion würden unter anderem eine Teil-Ganzes-Relation nahelegen. Es gibt aber keine mereologische Relation zwischen Gräten und Harfen. Ähnlich versagen bei *Gewand der Rede* die üblichen über die Genitivrelation gesteuerten possessiven oder mereologischen Bedeutungszuordnungen.

Kein unmittelbarer semantischer Konflikt entsteht bei Ausdrücken wie *Geschwulst im Herrscherhirn*. In anderen Kontexten könnte damit auf einen Tumor Bezug genommen werden. Im gegebenen Gedichtkontext führt das aber nicht zu einer kohärenten Textinterpretation. Der vorliegende kontextuelle Konflikt zwingt uns ebenso wie der semantisch-kotextuelle Konflikt in den obigen Beispielen nach einer vom Üblichen abweichenden Bedeutung zumindest eines der jeweils zwei beteiligten Wörter zu suchen.

Die Lösung solcher Konflikte liegt oft in einer metaphorischen Interpretation für einen der miteinander verbundenen Ausdrücke. Dieser wird von dem Ursprungsbereich, in dem er verortet ist, in einen Zielbereich geführt, wo er eine Bedeutung annimmt, die auf bestimmten semantischen Merkmalen der Ursprungsbedeutung basiert. Zum Beispiel ist der Ausdruck *Gewand* dem Ursprungsbereich KLEIDUNGSSTÜCKE zugeordnet. Verschiedene semantische (und zum Teil wohl auch enzyklopädische) Eigenschaften sind mit *Gewand* verknüpft: Ein Gewand ist aus Stoff; es umhüllt, schützt und wärmt den Körper; im Gegensatz zu *Klamotten* ziert und schmückt es den Träger und hat möglicherweise repräsentative Funktion. Der Hinweis auf die Lösung des Interpretationskonflikts ist nun üblicherweise ein Hinweis auf den Zielbereich der metaphorischen Transformation. Hier kommt er aus dem unmittelbaren Kotext des Wortes: die *Rede*. Eine metaphorische Interpretation von *Gewand* würde nun versuchen, ein Konzept im Feld des Oratorischen zu finden, das durch Eigenschaften der Ursprungsbedeutung von *Gewand* charakterisiert ist. Das wären etwa stilistische Eigenschaften der Rede, die diese in einer den Inhalt nicht verändernden, schmückenden Weise aufwerten. Kontextuell nicht ganz abwegig wäre auch eine Interpretation, in der die verhüllende Schutzfunktion, die Äußerlichkeit und die Repräsentativität des Gewandes hervorgehoben wird: die Rede fungiert als Gewand, indem sie den Redner repräsentativ sozial einbindet und gleichzeitig sein Inneres verborgen hält. Im ersten Fall wäre der Genitiv als Possessivus zu interpretieren – das Gewand ist Bestandteil der Rede –, im zweiten Fall als definitorischer Genitiv – das Gewand ist die Rede.[5] Die beiden metaphorischen Interpretationsvarianten werden zudem dadurch unterstützt, dass die Felder KLEIDUNG/SCHMUCK und REDE/SPRACHE noch durch eine Reihe anderer Metaphern verbunden sind: *etwas in Worte kleiden, Redeschmuck, Stoff einer Erzählung und andere.*[6]

Dass die metaphorische Interpretation eines Wortes oft mit einem konfliktauslösenden und/oder einem konfliktlösenden Ausdruck verbunden ist, führt dazu, dass sich Metaphern oft in binären Strukturen finden. Hier einige Beispiele aus dem Gedicht Yoko Tawadas:
- Nominalphrase aus Substantiv + Genitiv-NP: *Gewand der Rede*
- Nominalphrase aus Substantiv + Präpositionalphrase: *Geschwulst im Herrscherhirn*
- Nominalphrase aus Adjektiv und Substantiv: *zackige Flosse* (s. dazu Abschnitt 7)
- Substantivkompositum aus Substantiv und Substantiv: *Seeteufel*
- Verbalphrase aus Verb und Präpositionalphrase: *sich in die Stummheit zurückziehen*

Einer der beiden Ausdrücke ist jeweils Gegenstand der Uminterpretation; der andere löst den Interpretationskonflikt aus und/oder gibt den Zielbereich der Interpretation an. In *Gräten einer Harfe* entsteht der Konflikt durch die Unverträglichkeit von *Gräten* und *Harfe* und gleichzeitig werden die beiden Bereiche der metaphorischen Übertragung angezeigt: FISCHANATOMIE und MUSIKINSTRUMENTE. Aber woher wissen wir, welches der beiden Wörter nun uminterpretiert wird, und welches die interpretationssteuernde Funktion hat? Grundsätzlich können binäre Ausdrücke dieser Art in beide Richtungen interpretiert werden. Den konkreten Gedichtkontext ignorierend kann *Gräten* im Bereich MUSIKINSTRUMENTE als 'Saiten einer Harfe' uminterpretiert werden oder *Harfe* im Bereich FISCHANATOMIE als 'Fischskelett'. Das würde auch für andere binäre Formen gelten wie *Harfengräten* oder *Gräten an einer Harfe*. Dass aber nicht alles, was möglich ist, auch sprachlich populär ist, werden wir im nächsten Abschnitt zeigen.

---

[5] Zur Interpretation von Genitivattributen liegt mit der Arbeit von Lindauer (1995) eine umfassende Darstellung vor.
[6] Solche Metaphernverbünde werden im Rahmen der konzeptuellen Metapherntheorie von Lakoff und Johnson (1980) behandelt.

4 Metaphern und Kopfstrukturen

Welche der beiden Konstituenten einer zweigliedrigen metaphorischen Struktur eine metaphorische Lesart erhält und welche in ihrer wörtlichen Bedeutung bestehen bleibt, ist durchaus nicht beliebig. Für N+N-Komposita und Nominalphrasen mit Genitivattributen gilt, dass im Defaultfall der determinierte Bestandteil – also der morphosyntaktische Kopf – metaphorisch umgedeutet wird.[7] Wie wir in Abschnitt 7 zeigen werden, können ko- und kontextuelle Faktoren allerdings bewirken, dass eine Uminterpretation auch beim Nicht-Kopf ansetzt. Derartige Einflüsse wollen wir in diesem Abschnitt außer Acht lassen, d. h. wir betrachten die Metaphern des Gedichts hier zunächst, ohne den weiteren Zusammenhang zu berücksichtigen.

Sehen wir uns zunächst die Genitivmetaphern an. Aus dem Kontext gelöst, tendieren wir stark dazu, *Gräte einer Harfe* als 'Saite einer Harfe' zu verstehen, d. h. wir interpretieren den syntaktischen Kopf *Gräte* um. Ebenso geben wir *Gewand der Rede* vorzugsweise die Bedeutung von 'etwas, das in Bezug auf die Rede ist wie ein Gewand' (s. Abschnitt 3). Die Interpretation von Kompositumsmetaphern funktioniert analog: wir interpretieren *Seeteufel* als ein Wesen, das Eigenschaften eines Teufels hat, und in Verbindung mit der *See* (Zielbereich MEER/MEERESLEBEWESEN) steht.

Auf den ersten Blick ähneln sich Genitivmetaphern und Kompositumsmetaphern also stark: beide zeigen eine Präferenz für eine Uminterpretation des morphosyntaktischen Kopfs. Im Folgenden werden wir jedoch zeigen, dass sich Genitivmetaphern wie *Gräten einer Harfe* und *Gewand der Rede* auf der einen Seite und Kompositumsmetaphern wie *Seeteufel* auf der anderen Seite in zweierlei Hinsicht grundlegend unterscheiden: Zum einen signalisieren Genitivkonstruktionen eine metaphorische Interpretation auf deutlich stärkere Weise als Komposita dies tun, zum anderen eignen sich Kompositumsmetaphern wesentlich besser zur Bildung von Ausdrücken, die als Appellativa lexikalisiert werden können. Beides ist darauf zurückzuführen, dass der Nicht-Kopf im Falle von Genitivmetaphern referentiell und diskursbezogen verstanden wird, im Falle von Kompositumsmetaphern dagegen nicht.

---

[7] In Rapp (in Vorb.) wurde dafür plädiert, das syntaktisch orientierte Kopfprinzip („Die metaphorische Uminterpretation betrifft den Kopf") zugunsten eines semantisch ausgerichteten Prädikatprinzips („Die metaphorische Uminterpretation betrifft ein Prädikat") aufzugeben. Für die hier diskutierten Beispiele entsprechen sich die beiden Prinzipien; wir verwenden das Kopfprinzip, da es sich in einem nicht-formalen Rahmen leichter illustrieren lässt.

5 Die Interpretation von Genitivstrukturen und Komposita

Die grundlegende Semantik postnominaler Genitive besteht darin, den Referenten des Kopfnomens als zugehörig zum Referenten des Genitivattributs zu kennzeichnen. Illustriert sei dies durch die folgenden Genitivkonstruktionen aus dem vorliegenden Gedicht: *das Innere des Schuhs* und die *Materie der Kulisse*. Zu beachten ist, dass beim Attribut tatsächlich Referenz vorliegt: Genitivattribute ohne adjektivischen Modifikator haben immer einen Artikel und nehmen daher Bezug auf etwas, das in den Diskurs eingeführt wird (indefiniter Artikel) oder aber im Diskurs bereits vorhanden ist (definiter Artikel); lediglich bestimmte Abstrakta wie *Liebe* oder *Freiheit* bedürfen keiner Diskurseinführung und treten immer mit definitem Artikel auf. Berücksichtigt werden muss bei diesen Überlegungen auch, dass mit vielen Substantiven sowohl auf einzelne Individuen wie auch auf die Gattung Bezug genommen werden kann. Mit *das Innere des Schuhs* kann ich mich auf einen konkreten Schuh beziehen, über dessen Fütterung ich mich beim Verkäufer erkundige, oder auf Schuhe im Allgemeinen, wenn etwa in einem Lehrbuch für Schuster das Innere des Schuhs behandelt wird. Wichtig ist, dass auch bei Gattungsbezeichnungen das Genitivattribut referentiell ist und somit anaphorisch aufgegriffen werden kann, z. B.: *Das Innere des Schuhs ist von Bedeutung, insbesondere wenn wir ihn unter dem Aspekt des Wärmeschutzes betrachten.*

Komposita folgen dagegen einem grundlegend anderen Interpretationsmechanismus. Sowohl der Kopf als auch der Nicht-Kopf bezeichnen Eigenschaften, die in eine recht frei zu interpretierende Beziehung gesetzt werden. So fallen unter das Wort *Theaterbühne* Dinge, die eine Bühne sind und eine Beziehung zu *Theater* haben. Ein im Diskurs verankertes Theater ist nicht erforderlich; eine Theaterbühne kann etwa auch in einem Depot gelagert sein. Auch der *Zungenzipfel* muss nicht auf den Teil einer konkreten Zunge referieren, sondern bezeichnet – in alliterierender Abweichung von der konventionalisierten *Zungenspitze* – ganz allgemein einen Körperteil. Sehr deutlich wird der Unterschied zwischen Genitivkonstruktionen und Komposita im Falle von *Halskette, Lederriemen und Nachttieraugen*. *Halskette* drückt in lexikalisierter Bedeutung eine finale Relation aus (*Kette für den Hals*), *Lederriemen* eine Beschaffenheitsrelation (*Riemen aus Leder*) und *Nachttieraugen* eine Vergleichsrelation (*Augen, die so sind wie diejenigen eines Nachttieres*). Alle diese Relationen kann die Genitivkonstruktion nicht ausdrücken. Unakzeptabel sind #*Kette des Halses*, #*Riemen des Leders* und #*deine Augen des / eines Nachttiers*. Dabei ist das Beispiel *deine*

Nachttieraugen besonders interessant: Im Gegensatz zu *Nachttieraugen* kann *Augen eines Nachttiers* keine Vergleichsrelation ausdrücken; *deine Augen eines Nachtiers* ist eben deswegen inakzeptabel, weil das Genitivattribut eine possessive Zugehörigkeitsrelation ausdrückt und damit eine weitere possessive Zugehörigkeitsrelation (*deine*) blockiert.

Halten wir fest, dass Genitivkonstruktionen eine grundlegend andere Bedeutung haben als Komposita. Der wesentliche Punkt ist nun, dass ihre Zugehörigkeitsbedeutung genau dem entspricht, was wir für die metaphorische Übertragung brauchen: Ein Objekt (bezeichnet durch das Kopfnomen) wird einem neuen Bereich zugeordnet – dem Zielbereich der Metapher. Anders gesagt, im nichtmetaphorischen Fall nimmt die Genitivkonstruktion eine Zuordnung zu einer Bezugseinheit im nichtübertragenen Sinne vor, z. B. dem Besitzer in einer Besitzrelation oder dem Ganzen in einer Teil-Ganzes-Relation. Wenn dies aufgrund eines Interpretationskonflikts nicht möglich ist, springt die Bedeutung sofort auf eine metaphorische Ebene und ordnet das Kopfnomen einem neuen Zielbereich zu.

Die Unterschiede zwischen Genitivkonstruktionen und Komposita bezüglich ihrer Interpretationspräferenzen seien nochmals an Textbeispielen illustriert. Im Falle von *Gewand der Rede* liegt eine Genitivkonstruktion vor. Man sucht zunächst einmal nach einer mit den Grundbedeutungen der Wörter verträglichen Zugehörigkeitsbeziehung, die aber nicht zu erschließen ist. Daraufhin wird sofort der Schritt zur Metapher vollzogen, d. h. *Gewand* wird dem Bereich der *Rede* zugeordnet und entsprechend uminterpretiert. Beim Kompositum *Redegewand* wäre dagegen ohne Weiteres eine finale Relation zwischen den beiden Konstituenten denkbar – etwa 'Gewand, das bei Redeanlässen angelegt wird'. Die metaphorische Umdeutung von *Gewand* ist hier nicht ausgeschlossen, jedoch keineswegs zwingend. Auch bei *Gräten einer Harfe* ist eine Zugehörigkeitsrelation im nichtübertragenen Sinne nicht möglich; daher weicht die Interpretation bei der Genitivkonstruktion sofort auf die metaphorische Lesart aus. Das Kompositum *Harfengräten* könnte man dagegen auch interpretieren als 'Gräten für eine Harfe', also – mit etwas Bereitschaft zu technologischer Innovation – z. B. als 'Gräten, die man zur Reinigung einer Harfe verwendet'.

6 Die Lexikalisierung von Metaphern

Im vorigen Abschnitt haben wir gesehen, dass Substantive mit attributivem Genitiv immer eine Zugehörigkeitsrelation zu einem Attributsreferenten herstellen. Die Referentialität des Attributs führt nun dazu, dass solche Genitivkonstruktionen sich bezüglich einer möglichen Lexikalisierung grundlegend anders verhalten als Komposita: Während Komposita ohne Weiteres lexikalisiert werden können – wie dies auch bei *Seeteufel, Theaterbühne* u. a. der Fall ist –, können Genitivkonstruktionen nicht gut als Mehrwort-Appellativa lexikalisch gespeichert werden. Als feste, lexikalisierte Ausdrücke müssten sie das Genitivattribut für Definitheit und Numerus spezifizieren: *Bühne des Theaters* würde den Referenten der Genitiv-NP also immer schon auf ein singularisches, in den Diskurs eingeführtes Theater beschränken – eine Einschränkung, die *Theaterbühne* nicht betrifft. Auch hier gilt allerdings: Steht in der Genitiv-Phrase ein Abstraktum, das nicht erst in den Diskurs eingeführt werden muss und auch nie pluralisiert wird, so sind lexikalisierte Genitivkonstruktionen durchaus möglich, wie etwa das *Auge des Gesetzes* oder die *Dornen der Liebe*.

Fest steht, dass Klassenbildung, d. h. eine Lexikalisierung als Appellativum, bei Komposita üblich ist, bei Genitivkonstruktionen jedoch eher selten auftritt. Auch die Beispiele im Text zeigen dies: so sind *Seeteufel, Opfergabe, Theaterbühne, Halskette, Lederriemen, Königreich* lexikalisierte, teilweise auch idiomatisierte Appellativa, wohingegen die *Stummheit eines Tiers* und *das Innere des Schuhs* keinerlei Lexikalisierung aufweisen. Natürlich gibt es auch im Bereich der Komposita okkasionelle, d. h. nicht-lexikalisierte Bildungen (*Zungenzipfel, Nachttierauge*). Diese lösen jedoch beim Hörer ein lexikalisches Neuheitsempfinden aus. Auch dies zeigt, dass Komposita anders als syntaktische Phrasen im Normalfall lexikalisiert sind. Bei einem Kompositum erwartet man Lexikalisierung und empfindet Neubildungen aus diesem Grunde als auffällig, bei syntaktischen Phrasen – wie der Genitivkonstruktion – gibt es dagegen keine derartige Erwartungshaltung.

Welchen Effekt hat dies nun für die Wirkung metaphorisierter Genitivkonstruktionen? Betrachten wir nochmals *die Gräten einer Harfe* vs. *Harfengräten*. Beides kann sich, wie oben gezeigt, auf die Saiten einer Harfe beziehen – eine Lexikalisierung als Appellativum wäre jedoch nur für das Kompositum möglich. Dies wäre ein im Bereich der Musikinstrumente durchaus übliches Muster, wo Ausdrücke für Körperteile oft metaphorisch verwendet werden: *Geigenhals, Maultrommelzunge, Jocharm* (bei einer Lyra), *Stimmwirbel, Harfenfuß, Harfenschulter, Harfenhals, Harfenkrone*. Dass *Harfengräte* dennoch nicht als Appellativum lexikalisiert ist, liegt zum einen daran, dass die pejorativen Konnotationen von *Gräte* nicht zu *Harfe* passen; zum anderen gibt es schon das usuelle Kompositum *Harfensaite*. Ganz anders ist der Fall bei *die Gräten einer Harfe*: hier signalisiert die Genitivkonstruktion per se, dass sie vermutlich nicht lexikalisiert ist. Genitivmetaphern können gewissermaßen als „Kreativitätsmarker" bezeichnet werden: die Konstruktion markiert Okkasionalität und verdeutlicht dadurch, dass der kreative Übertragungsprozess gerade und speziell für die jeweilige Textpassage stattgefunden hat. Genitivkonstruktionen sind also gerade deshalb so lyrikaffin, weil sie einerseits für metaphorische Übertragungen in besonderem Maße geeignet sind und andererseits anzeigen, dass eine neue, okkasionelle Bildung vorliegt – beides Merkmale eines kreativen Stils, der für die Lyrik kennzeichnend ist.

7 Metaphernkomplexe

Nun unterscheiden sich Metaphern in Gedichten von solchen in nicht-lyrischen Texten unter anderem dadurch, dass man es oft nicht mit Einzelmetaphern zu tun hat, sondern mit Metaphernkomplexen, die mehrere Interpretationsschichten und Mehrfachinterpretationen einzelner Ausdrücke erfordern. Grundsätzlich gilt aber auch hier, was wir über das Auslösen und Lösen von Interpretationskonflikten gesagt haben. Wir wollen das an den ersten beiden Zeilen des Gedichts zeigen, die mit den *Gräten einer Harfe* enden. Der Ko- und Kontext gibt keine Hinweise darauf, dass es in diesem Gedicht um Harfen geht, wohingegen der *Seeteufel* im näheren Kotext zunächst suggeriert, dass tatsächlich über Gräten gesprochen wird. Das legt es nahe – im Gegensatz zu der kontextfreien Interpretation des Ausdrucks in Abschnitt 4 (*Gräten einer Harfe* als 'Saiten einer Harfe') – die Harfe in Bezug auf die Fischanatomie als das Skelett des Fisches zu verstehen (Uminterpretierter Ausdruck: *Harfe*; Konfliktauslöser: *Gräten*; Konfliktlöser: *Gräten* als Verweis auf den Bereich FISCHANATOMIE) (s. Abb. 1).

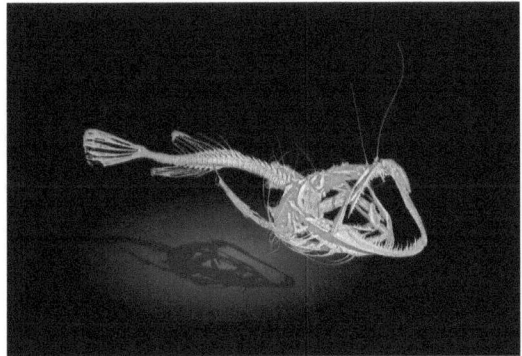

Abb. 1: Skelett eines Seeteufels[8]

Seeteufel selbst ist ein Wort, das Fische der Art Lophius piscatorius bezeichnet (s. Abb. 2). Es ist eine in Form eines Kompositums lexikalisierte Metapher, in der das hässliche, bösartige und gefährliche Aussehen des Fisches an entsprechende Eigenschaften von Teufeln geknüpft wird (Uminterpretierter Ausdruck: *Teufel*; Konfliktauslöser: *See*; Konfliktlöser: *See* als Verweis auf den Bereich MEER / MEERESLEBEWESEN).

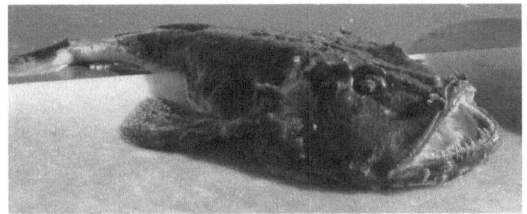

Abb. 2: Seeteufel (Lophius piscatorius)[9]

---

8 Quelle: Didier Descouens. Online am 19.7.2018:
https://de.wikipedia.org/wiki/Datei:Lophius_piscatorius_MHNT.jpg.
[Creative-Commons-Lizenz: https://creativecommons.org/licenses/by-sa/3.0/deed.de].
9 Quelle: User Meocrisis on de.wikipedia. Online am 19.7.2018:
https://de.wikipedia.org/wiki/Datei:Seeteufel.jpg.
[Creative-Commons-Lizenz: https://creativecommons.org/licenses/by-sa/3.0/deed.de].

Nun gibt das Gedicht wenig Anlass anzunehmen, es würde Fische und ihre Anatomie zum Gegenstand haben. Zwar bietet der unmittelbare Kotext weder einen Konfliktauslöser noch einen Hinweis zur Konfliktlösung; jedoch legt der weitere Kontext, etwa die Nennung von Richard III. im Gedichttitel und unser Wissen um den Einleitungsmonolog des Shakespeare-Dramas, es nahe, *Seeteufel* als Metapher für Richard zu verstehen, um sein hässliches Äußeres zu charakterisieren. Der schon lexikalisierte metaphorisierte Ausdruck für eine Fischart wird gewissermaßen delexikalisiert und auf einer zweiten Stufe metaphorisiert. Während auf der ersten Stufe Konfliktauslöser und -löser innerhalb des Kompositums lagen, müssen sie auf der zweiten Stufe außerhalb des Kompositums gesucht werden (Uminterpretierter Ausdruck: *Seeteufel*; Konfliktauslöser: *Richard III.*; Konfliktlöser: intertextuelles Wissen über Shakespeares Drama). Hinzukommt, dass im Zuge einer Deidiomatisierung von *Seeteufel* auch die Kompositumskonstituente *Teufel* für eine metaphorische Interpretation frei wird, die ebenfalls eine Interpretation mithilfe intertextuellen Wissens über den Charakter Richards III. erfährt.

In dem Moment, in dem *Seeteufel* als Metapher für den hässlichen und bösen König verstanden wird, machen die Ausdrücke in seinem Umfeld (*zackige Flosse nach oben*; *transparent die Schuppen*; *Gräten einer Harfe*), für die er nun als Konfliktauslöser fungiert, eine Reihe neuer Metaphorisierungsangebote. Die nach oben gezogene Flosse erscheint nun als Krone (Uminterpretierter Ausdruck: *Flosse*; Konfliktauslöser: Richard III. als *Seeteufel*; Konfliktlöser: *zackig* als Verweis auf GEGENSTÄNDE MIT ZACKEN). Die *Gräten einer Harfe*, die wir aus strukturellen Gründen zunächst als Saiten einer Harfe, dann – unter Berücksichtigung des „Fisch"-Kontexts – als Gräten am Fischskelett interpretiert hatten, erscheinen nun auch als die Rippen am Skelett des toten Königs (Uminterpretierter Ausdruck: *Gräten*; Konfliktauslöser: Richard III. als *Seeteufel*; Konfliktlöser: Richard III. als Verweis auf MENSCHLICHE ANATOMIE) (s. Abb. 3).

Abb. 3: Gebeine Richards III., die 2012 bei Bauarbeiten in Leicester entdeckt und 2015 in der Kathedrale von Leicester erneut beigesetzt wurden[10]

Und die Frage, ob nun auch die Harfe eine weitere Metaphorisierung verträgt, in der ihre Eigenschaft, Kunstprodukte hervorzubringen, in einen neuen Zielbereich übertragen wird, sei dem Leser hier als Hausaufgabe mitgegeben (Lösung bitte nicht einschicken).

Literaturangaben

Bade, Nadine & Sigrid Beck. 2017. Lyrical texts as a data source for linguistics. *Linguistische Berichte* 251. 317–356.
Joubert, Marlise (Hg.). 2014. *in a burning sea. Contemporary Afrikaans Poetry in Translation*. Pretoria: Protea Book House.
Knowles, Murray & Rosamund Moon. 2006. *Introducing Metaphor*. London & New York: Routledge.
Lakoff, George & Mark Johnson. 1980. *Metaphors We Live By*. Chicago & London: The University of Chicago Press.
Levin, Samuel R. 1965. Internal and External Deviation in Poetry. In: *Word* 21(2). 225–237.

---

[10] Seite „Richard III. (England)". In: Wikipedia, Die freie Enzyklopädie. Bearbeitungsstand: 21. Juli 2018, 14:15 UTC.
URL: https://de.wikipedia.org/w/index.php?title=Richard_III._(England)&oldid=179332080 (Abgerufen: 25. Juli 2018, 06:02 UTC). Quelle Foto: File:The King In The Car Park - Page 15 - Figure 12.png. (2017, December 21). Wikimedia Commons, the free media repository. Retrieved 16:18, July 24, 2018 from
https://commons.wikimedia.org/w/index.php?title=File:The_King_In_The_Car_Park_-_Page_15_-_Figure_12.png&oldid=273416346.

Lindauer, Thomas. 1995. *Genitivattribute. Eine morphosyntaktische Untersuchung zum deutschen DP/NP-System*. Tübingen: Niemeyer.
Rapp, Irene. In Vorb. *Metonymie, Metapher, Personifikation: Uminterpretationen zwischen Semantik und Pragmatik*.
Rolf, Eckard. 2005. *Metapherntheorien. Typologie – Darstellung – Bibliographie*. Berlin & New York: De Gruyter.
Schuster, Britt-Marie. 2017. Abweichen als Prinzip. In: Anne Betten, Ulla Fix & Berbeli Wanning (Hgg.), *Handbuch Sprache in der Literatur*, 310–329. Berlin & Boston: De Gruyter.
Tawada, Yoko, Günter Blamberger & Marta Dopieralski (Hgg.). 2018. *Die Kunst der Verwandlung/Beyond Identities: poetica 4. Festival für Weltliteratur*. Tübingen: konkursbuch Verlag Claudia Gehrke.

Stefan Engelberg ist Leiter der Abteilung „Lexik" am Institut für Deutsche Sprache (Mannheim), Professor für germanistische Linguistik an der Universität Mannheim und Honorarprofessor an der Universität Tübingen. Er hat an der Universität Wuppertal promoviert und habilitiert. Seine Forschungsschwerpunkte liegen in den Bereichen Lexikologie, Semantik, Syntax-Semantik-Schnittstelle, Lexikographie, Wortbildung, Sprachkontakt, Sprache und Kolonialismus sowie Sprache und Lyrik.

Irene Rapp ist Professorin für germanistische Linguistik an der Universität Tübingen. Sie befasst sich mit Themen zwischen Wort und Diskurs (Wortbildung, Syntax, Wort- und Satzsemantik, pragmatische Inferenzen). Zur Zeit forscht sie insbesondere zu Tropen in der Lyrik und zu pragmatischen Inferenzen in Dramentexten. Privat betreibt sie eine Heimwerkstatt zum Video- und Audioschnitt von „Sprachkunstwerken".

Bas Böttcher
Interview

© Jakob Kielgaß

Bas Böttcher wurde am 31.12.1974 in Bremen geboren und lebt seit 2000 in Berlin. Er studierte am Bauhaus in Weimar Medienentwicklung. Bas Böttcher zählt zu den Mitbegründern der deutschsprachigen Spoken-Word-Szene. Seine Texte gelten als Klassiker der zeitgenössischen Bühnenlyrik. Sie erscheinen in Schulbüchern und wichtigen Sammlungen deutscher Dichtung (Der Neue Conrady, Lyrikstimmen u. a.). Er veröffentlichte zusammen mit Wolf Hogekamp 2005 die erste Poetry Clip DVD (Voland & Quist / Lingua Video). Im Verlag Voland & Quist publizierte er außerdem die Gedichtbände „Dies ist kein Konzert" (2006), „Neonomade" (2009) und „Vorübergehende Schönheit" (2012). Auftritte bestritt Bas Böttcher u. a. im großen Saal der Elbphilharmonie, an der Bibliothèque Nationale de France (Paris), an der University of Berkeley, in der Neuen Nationalgalerie (Berlin), im Schloss Bellevue (Berlin), im Kulturpalast (Warschau) sowie auf den Buchmessen von Leipzig, Frankfurt, Peking, Guadalajara, Moskau, São Paulo und Bangkok. Bas Böttcher ist Erfinder verschiedener Medienformate für Lyrik. Er entwickelte den elektronischen Hypertext „Looppool" als neue Ausdrucksform im Internet (Sonderpreis 1998 von Die ZEIT, ARDOnline und IBM), den „Poetry Clip" als audiovisuelles Format und die Textbox für live Performances. Die Textbox wurde im Rahmen des Woerdz-Festivals (Luzern), im Centre Pompidou (Paris) und auf vielen Buchmessen von Taipeh über Neu Dheli bis Abu Dhabi weltweit ausgestellt. Bas Böttcher lehrte am Deutschen Literaturinstitut in Leipzig, am Deutschen Literaturarchiv Marbach, an der Kulturakademie Baden-Württemberg, an der Universität der

Künste in Berlin, am Goethe Institut und an der Friedrich-Alexander-Universität Erlangen-Nürnberg. Die NZZ betitelte ihn jüngst als „Pop-Poetry-Pionier", die FAZ vergleicht ihn mit Jandl und Ringelnatz.

Teil I

Was sind für Sie wesentliche Merkmale des Wortspiels? Was macht für Sie den Reiz am Spielen mit Wörtern und Sprache aus? Würden Sie sich als Wortspiel-Künstler/in bezeichnen? Welche Bedeutung hat das Spielen mit Wörtern und Sprache für Sie?

Wortspiele sind eine Gefahr. Schlechte Wortspiele bedrohen den guten Geschmack. Gelungene Wortspiele torpedieren das als sicher geglaubte Weltbild. Sie bringen Denkmodelle und Geschäftskonzepte ins Wanken. Kostspielig aufgebaute Markennamen werden durch Schüttelreime ins Lächerliche gezogen (vgl. KFC).[1] Der harmlose Begriff Spiel suggeriert etwas Lustiges. Wodurch die Sprengkraft mancher Wortspiele ihre Rezipienten unvorbereitet und schutzlos trifft. Manch einer bemerkt gar nicht, dass er „Opfer" eines Wortspiels geworden ist. (Sind die *Brexit*-Unterstützer in UK Anhänger eines Wortspiels?) Wortspiele können glitzernde Worthüllen rund um graue Realitäten sein. Wenn Worte Waffen sind, ist dann das Wortspiel kein Spiel mit Waffen?
    Wortspiele sind auch eine Gefahr für diejenigen, die sie zu erklären versuchen. Wer meint, er könne Witz erklären, läuft Gefahr, selber zum Witz zu werden.
    Wortspiele sind eine Gefahr, weil sie uns die beruhigende Illusion geben, als folgen die Begriffe unserem steuernden Willen. In Wirklichkeit spielen aber die Worte mit uns. Sie gaukeln uns vor, wir seien die Marionettenspieler, während sie uns lenken.
    Wortspiele sind eine Gefahr, diese Gefahr ist mein Beruf und diesen Beruf liebe ich.

---

[1] Vgl. die entsprechende Sketchreihe bei RTL Samstag Nacht (1996–1997; Anm. d. Herausgeberin).

Können Sie uns ein oder zwei Lieblings-Wortspiele nennen (eigene oder fremde) und umreißen, warum diese eine besondere Bedeutung für Sie haben?

> Es gehört gar nicht so viel dazu. – So viel dazu.
> Man bekommt es irgendwie immer hin. – Immerhin.
> Wenn man nur will, dann wartet ein Weg auf Jeden. – Auf jeden!
> Und auch mit einem harten Los geht's. – Los geht's!
> [aus Bas Böttcher, Schatzkarte – Vorübergehende Schönheit (2009 Voland & Quist)]

Es handelt sich um Bühnentext, der im Gesprochenen seine Wirkung entfaltet. – Durch einfache Wiederholung der letzten Worte im Satz wird das Vorhergesagte mit neuem Sinn gebrochen, kommentiert, in Frage gestellt oder verstärkt. (Auf jeden! = Jargon: Auf jeden Fall!)

> Nenn mich Versager!
> Ich nenn mich Versesager!
> [aus Bas Böttcher, Syntax Error – Vorübergehende Schönheit (2009 Voland & Quist)]

Können Sie uns an einem eigenen Beispiel erläutern, wie Ihre Wortspiele und wortspielerischen Werke entstehen?

Analog zu objektorientierter Programmierung könnte man die These aufstellen, dass jedes Wort per Konvention bestimmte Schnittstellen hat, an denen es ganz offiziell zu größeren Sinneinheiten gekoppelt werden kann.

Folgt man dieser Analogie, ist das Wortspiel eine nichtoffizielle Hintertür im Wort. Der Wortspieler ist entsprechend ein Sprach-Hacker, der sich ins verbale System einschleicht und neue Verbindungen herstellt.

Sobald der erste Angriffspunkt gefunden ist, versuche ich als Sprach-Hacker das Prinzip weiterzudenken. So entstehen aus einer Kernidee die ersten Satzcluster, die sich zu Texten verbinden lassen.

Wenn meine erste Idee lautet:

> Aus Kissenschlacht wird Schlachtkissen

Habe ich (mindestens) zwei Prinzipien in die Welt gesetzt:
- Das inhaltliche Prinzip der Umkehrung
- Das klangliche Prinzip „[ɪsən a – a ɪsən]"

Jetzt muss eine Zeile gefunden werden, die beiden Prinzipien folgt:

> Aus Wissenschaft wird „Schafft wissen!"

Weitergedacht ergibt sich folgende Strophe:

> Aus Kissenschlacht wird Schlachtkissen
> Aus Wissenschaft wird „Schafft wissen!"
> Aus Tagtraum wird Traumtag
> Aus Schlagschaum wird Schaumschlag
> Kranzler Café wird Kaffeekranz
> Glanzidee Ideenglanz

Der gleiche Ansatz bestand beim Fehlertext *Syntax Error*.
„Aus ‚falsch' mach ich ‚Flash'" war die Ursprungszeile.
Die zwei Prinzipien:
- inhaltlich: Etwas Negatives wird etwas Positives.
- klanglich: Das Wort mutiert (IN GESPROCHENER FORM) nur in sehr kleinen Nuancen.

Daraus ergab sich:

> Aus ‚falsch' mach ich ‚Flash'.
> Aus ‚Fehler' mach ich ‚Flair'.
> Aus ‚schlecht' wird ‚Geschlecht'
> Aus ‚verkehrt' wird ‚Verkehr'

Welches waren oder sind für Sie wichtige Inspirationsquellen und Vorbilder im Bereich des Spielens mit Wörtern und Sprache?

Mein Zugang zur Sprache war immer der akustische *Aggregatzustand*. Hierbei waren in der frühen Lebensphase Kinderlieder, NDW-Popsongs, Werbeslogans genauso prägend wie die Platten von Otto Waalkes (bzw. Robert Gernhardt als dessen Ghostwriter) oder Volker Ludwig (Grips-Theater). Als Teenager waren die Audio-Kassetten von Ernst Jandl, die Neologismen der Expressionisten und die Sprachspiele von Christian Morgenstern und Joachim Ringelnatz eine große Inspiration. Auch hat mich das shakespearesche Konzept begeistert, für verschiedene Zuhörerschichten im Publikum – vom *Groundling* bis zum Aristokraten – gleichzeitig zu schreiben.

Was ist für Sie bei Ihrer Arbeit mit Sprache und Wortspielen wichtig? Wie gehen Sie bei der Arbeit mit Sprache vor, wenn Sie Ihre Werke verfassen und wenn Sie diese vor einem Publikum präsentieren?

Mich interessieren Wortspiele, die einen überraschenden Mehrwert generieren oder neue Blickwinkel eröffnen:

Die Erkenntnis, dass der Satz „Beachten Sie bitte den folgenden Hinweis." mit dem schönen Wort „Beach" anfängt.

Die Erkenntnis, dass im Wort „Blumenstrauß" – langsam ausgesprochen – das Wort „Mensch" steckt. (Genauso wie „Mensch" aber auch im Wort „Zusammenschlagen" steckt.)

Das Vorgehen beim Finden dieser Hintertüren besteht aus Zufall, freier Assoziation und systematischer Recherche im digitalen Duden oder im eigenen Archiv. Man muss arbeiten, DAMIT die Inspiration kommt.

Wortspiele als Selbstzweck habe ich ebenfalls verfasst (z. B. Liebeserklärung an eine Chinesin, wo ein Text in deutscher Sprache die Klanglichkeit von Klischee-Chinesisch aufweist). Diese Selbstzweckwortspiele betrachte ich als Experiment oder Fingerübung. Interessanter finde ich Wortspiele, die subtil eine Aussage transportieren. So lässt sich das folgende Zitat aus meinem Stück *Schnappschüsse* durch seine vielen Mehrdeutigkeiten ‚vielspurig' hören: *„die vorübergehende schönheit, die anhaltende zeit. sie passiert dir, sie passiert dich. im vorbeigehen ein blitzen, das bleibt. und so erscheint sie dir und so erscheint sie allen; im begriff zu strahlen gleich ihr verfallen."* Interessant ist hier unter anderem, dass es sich beim Wort „anhaltend" um ein Auto-Antonym bzw. Januswort handelt, welches sein jeweiliges Gegenteil immer mitbedeutet.

Beim Vortrag von Wortspielen sollten nach meiner Poetik verbale Verdrehungen im Dienst ihrer inhaltlichen Aussage stehen. Der Texttrick ist Vehikel, um einen bestimmten Gedanken zu vermitteln. Dies unterscheidet meiner Ansicht nach Slam Poetry vom Comedy-Genre.

Hatten Sie schon immer ein besonderes Interesse an Sprache? Hat sich Ihr Verhältnis zum Wortspiel und zur Sprache im Laufe der Zeit verändert?

Sprache war, ist und bleibt für mich eher eine Hassliebe, an der ich mich abarbeite. Mein Berufstraum war es, Erfinder zu werden. Ich interessierte mich für verdrehte Logik, das verkehrte-Welt-Spiel, für Zauberei, Musik und fürs Jonglieren. Dass Zauberei, Jonglage, Musik und verdrehte Logik auch in der Sprache möglich sind, stellte ich erst später fest. Ein Schlüsselerlebnis war der Verlust des aktiven Sprachvermögens meiner Mutter, nachdem sie an einem Gehirntumor litt. Zu dieser Zeit war ich 17 Jahre alt und schrieb meine ersten Songtexte.

Wie wichtig schätzen Sie die Rolle von Wortspielen für den Erfolg Ihrer Werke ein?

Den Erfolg eines Werkes messe ich nicht in Buchverkäufen und auch nicht in Youtube-Klicks. Ein Werk ist erfolgreich, wenn es sein Publikum auf die gewünschte Weise erreicht und eine Idee wirkungsvoll transportieren kann. Die Reduktion auf Wortspiele als Erfolgsfaktor scheint mir zu eindimensional. Wichtig ist der Einfluss von Texttricks auf die Aussage und die Verzahnung von Idee, Text und Vortragssituation. – Dies kann man im Stück mit dem Titel „Schhhh" recht gut nachvollziehen, bei dem das Schweigen durch ein Schhhh hörbar gemacht wird, wodurch das Verschwiegene plötzlich zum Vorschein kommt. Das Stück ist ein Kommentar auf die Fakenews-Debatte. – Auch hier ist die Vortragsweise entscheidend.[2]

> Schhhh!
>
> Wenn einer sagt:
>
> Wie alles lacht
> da voll krass und witzig
> da sag ich: ‚topp'
> wir haben nur Glück pur
>
> dann meint er:
>
> Wie alles Schhhhlacht
> da voll krass und schhhhwitzig
> da sag ich: ‚stopp'
> wir haben nur Glücks Spur
>
> Wenn einer sagt:
>
> und wenn wir wach
> sind, dann seh'n wir einfach
> dass alles leicht
> und das Wissen mächtig
>
> dann meint er:

---

2 Ein Audio-Link zum Gedicht in MP3-Form findet sich am Ende des Beitrags.

und wenn wir schhhhwach
sind, dann seh'n wir schhhheinfach
dass alles schhhhleicht
und das Wissen schhhhmächtig

So bleibt Wahrheit Tempel
höchste Stufe vom Turm
der Kenntnis und
berauschend wie Wein

Schhhh

So bleibt Wahrheit Stempel
höchste Stufe vom Sturm
der Kenntnis Schund
berauschend wie Schwein

Es trennt das Schaffen vom Affen nur ein sch
Und es trennt immer vom Schimmer nur ein schhhh

Teil II

Inwiefern hängt für Sie das Wortspiel mit einem allgemeinen Nachdenken über Sprache und Kommunikation zusammen? Inwiefern beinhalten Wortspiele eine Auseinandersetzung mit grundlegenden Eigenschaften der Sprache?

Wenn der Wortspieler ein Sprach-Hacker ist, der Hintertüren im verbalen System aufspürt, kann er – wenn er sein Handwerk versteht – Verschiedenes manipulieren:
– Bedeutungen umlenken („Er hat sich auf den Weg gemacht." als Umschreibung für Inkontinenz auf Reisen oder „Nur ein kleiner Abstecher" als Buchtitel für einen Splatterroman)
– Worte kontaminieren (Teuro, Schlepptop, spyPhone)
– Denkmuster aufbrechen („Arbeitnehmer geben – Arbeitgeber nehmen?" oder „Wenn du denkst, du stehst darüber, dann liegst du daneben und wenn du schief liegst, musst du dafür geradestehen.")
– Paradoxien herausarbeiten („Textbox – Das kleinste Massenmedium der Welt", „Der Blick auf das Unsichtbare", „Uns verbindet die gemeinsame Grenze")

– Akronyme entwickeln, Schüttelreime finden, Assonanzen aufbauen, Kontext verschieben, Buchstaben verdrehen, Silben austauschen, Mehrdeutigkeiten kreieren etc.

All das ist die Weiterentwicklung von Sprache. Diese kann manipulative Wirkung aber auch reinigenden oder bereichernden Effekt haben.

Gibt es Themenbereiche, die sich besonders gut für das Spielen mit Wörtern und Sprache eignen? Inwiefern berührt das Wortspiel auch ernste Bereiche und Themen?

Ein Wortspiel ist immer dann wirkungsvoll, wenn man es nicht erwartet oder kaum bemerkt. Wenn in den Nachrichten vom „gestürzten Präsidenten" die Rede ist, dann ist diese Formulierung latent manipulativ. Immerhin wird aus einem Politiker, der gestürzt *wurde* (passiv, fremdverursacht), ein Politiker, der gestürzt *ist* (aktiv, selbstverschuldet). Korrekt müsste es eigentlich in den Nachrichten heißen „der gestürzt wordene Präsident", aber diese Formulierung ist der Presse (und auch der Rechtschreibprüfung meines Schreibgerätes) fremd.

Ob es sich hierbei um ein Wortspiel handelt, kann man diskutieren. Es ist in jedem Falle eine Wortverdrehung mit gewisser meinungsbildender Wirkung. Dass Wortspiele tief in ernste und ernsteste Bereiche vordringen können, ist eine Tatsache.

Inwiefern spielen andere Sprachen, Mehrsprachigkeit, Sprachenvielfalt und Übersetzungsprozesse in Ihren wortspielerischen Werken eine wichtige Rolle?

Wortspiele sind – bei allem anarchischen Geist – immer auch auf Gesetzmäßigkeiten ihrer Ausgangssprache angewiesen. Dennoch lohnt es sich, auf die subversiven Möglichkeiten in anderen Sprachen zu schauen.

Während die Möglichkeiten der Komposita im Deutschen unbegrenzt sind, kann man im Englischen wunderbar Substantive „verbisieren" (to cable, to highlight, to mastermind, to eye, to blackmail). Übertragen auf die deutsche Sprache kämen dann Sätze heraus wie „Er treppte nach oben, nasenflügelte den Geruch von Pizza und türte in die Wohnung".

Im Französischen brachte die Entwicklung und Verbreitung des Verlan eine Flut von neuen Wortschöpfungen und Umwidmungen. Dieses Prinzip ließe sich auf die deutsche Sprache – mit etwas Fantasie – übertragen. Berlin Kreuzberg würde dann „Linber Zbergkreu" heißen und Deutschland wäre „Tschlandeu".

Im Russischen gibt es das Präfix „недо", welches das Nichterreichen eines Ziels beschreibt. („Он это недодумал." – „Er nichtzuendedachte die Sache.") Auch wenn sich diese Konstellationen nicht immer aufs Deutsche übertragen lassen, können sie Inspiration sein für neue Wörter oder Sprachspiele.

Eine weitere Besonderheit im Deutschen sind die nachgestellten Präfixe im Satz. Diesen Umstand habe ich mir bei einem Auftragstext fürs Deutsche Staatsballett zunutze gemacht. Das Grundprinzip des folgenden Textes mit „aufgespalteten" Verben durch jeweils unterschiedliche nachgestellte Präfixe wäre in einer anderen Sprache nicht umsetzbar:

Im Staatsballett (2017 Bas Böttcher)

Springt wer mächtig auf wen **an**
und viel Tanz dabei **heraus**
Schmeißt elegant sich wer **ran**
und Konkurrenz galant **raus**

Fliegen welche aufeinander
und aufeinander welche auf
Wickelt wer wen um den Finger
und verwickelt sich darauf

Greift ein falscher süße Hände
und den Widersacher an
Spielt Bewegung erste Geige
und auf wilde Wünsche an

Tanzt er dann sein' Gegner aus
und bei der Liebsten zu spät an
Liegen um sie andere Arme
und neue Wendungen dann an

Wirft sie schön den Blick voraus
und den früh'ren Schwarm voll um
Wirbelt es in der Geschichte
und um die ganz Bühne rum

Riss blind ihn hin der tolle Rausch
und der Rollentausch dann um
Dreht sich Leben schritteweise
weise Schritte dreht mans um

Inwiefern sind Wortspiele für Sie ein Zeichen von Kreativität? Wo liegen Grenzen der Kreativität beim Spielen mit Wörtern und Sprache?

Texttricks betrachte ich als Kunstgriff, um Ideen vor Ohren zu führen. Der Wille zur Gestaltung ist dabei selbstverständlich. Grenzen der Kreativität sollte es während des Kompositionsprozesses nicht geben. Erst dann ist es möglich, mit Sorge festzustellen, dass die folgenden Sätze alle im selben Metrum verfasst sind (vierhebiger Trochäus mit männlicher Kadenz):

> „Haribo macht Kinder froh."
> „He, she, it, das ‚s' muss mit."
> „Wollt ihr den totalen Krieg?"

So wird auf erschreckende Weise deutlich, welch manipulative Wirkung Sprache in Verbindung mit Metrik haben kann. Für welche Zwecke diese Techniken gebraucht oder missbraucht werden, liegt in der Verantwortung der Sprecherinnen und Sprecher. Kritisches Zuhören und aufmerksames Achten auf Manipulation und Zwischentöne scheint mir im Twitter-Zeitalter wichtiger denn je.

Inwiefern ergibt sich für Sie durch das Spielen mit Wörtern die Möglichkeit, die Ausdrucksmöglichkeiten der Sprache und des Wortschatzes zu erweitern?

Die Sprache wird durch Wortspiele ständig erweitert. Eine ganze Industrie von Agenturen entwickelt Begriffe wie „Bionade", „SnapChat", „Cloud-Dienste", „iPhone", „Tomapeño", „Papucchini", „Plug and Play" oder „Airdrop". Dass wir unsere Wissenslücken heutzutage *googeln*, zementiert die Marktmacht der Firma *Alphabet* (!) an einer neuralgischen Stelle in unserem Wortschatz. Wortspiele und Neologismen sind Werkzeuge und Waffen im Wettkampf der Aufmerksamkeitsindustrie.

Wichtig ist, dass man die Weiterentwicklung von Sprache nicht allein den Firmen und Agenturen überlässt, da diese natürlich eigennützige Zwecke verfolgen. Lyriker, Autoren, Journalisten und Blogger können hier ein wichtiges Korrektiv und Gegengewicht darstellen.

Würden Sie das Wortspiel als kulturell und traditionell geprägt ansehen? Gibt es bestimmte Muster und Verfahren, mit denen Sie arbeiten, wenn Sie mit Wörtern und Sprache spielen? Ist für Sie beim Spielen mit Wörtern und Sprache wichtig, dass dieses Spiel in eine bestimmte Kultur oder Tradition (oder mehrere) eingebettet ist?

Vom musischen Agon über die Meistersinger und die Manifeste der Expressionisten und Dadaisten bis zum Rap und Poetry Slam hat es für Wortkunst immer wieder bestimmte – selbstgewählte – (Anti-)Rahmen und (Anti-)Regeln gegeben.

In der Rapkultur haben sich Mehrfachreime, Doubletime, Freestyle-Battles und die Technik des Spitten als eigene Disziplinen im Wettstreit um Skills und Fame herauskristallisiert. Selbstverständlich werden diese Techniken auch auf der Poetry-Slam-Bühne eingesetzt:

Mehrfachreim:

Dann	möge	sie	mit	dir	sein
Durch	höchste	Zie-	le	all-	ein
	strömt Ener-	gie	in	dich	rein
als	dröhnte ein	Beat	in	den	Bein'
Dann	möge	sie	mit	dir	sein
	flößte sie	Frie-	de	dir	ein
könnt'	schönste	Lieb-	e	ge-	deih'n
	größtes Ge-	nie	dir	er-	schein
	Mö-	ge	die	Macht mit	dir sein
	Tö-	nend	er-	wacht Vi-	va! Schrei'n
wenn	Chö-	re	wie	Bach im	Re-wind
	Krö-	nend	den	Pracht- sie-	ger stylen
	Hör	mit	Be-	dacht die-	se Zeil'n

Wichtig scheint mir, dass in jeder Regel und Tradition schon der absichtliche Bruch mit derselben angelegt ist. Wer sich bestimmter Stile bedient, weckt damit beim Zuhörer bestimmte Erwartungen. Auch diese Erwartungen können selbstverständlich effektvoll ausgetrickst werden.

Welche Rolle spielt der Kontext bei der Verwendung von Wortspielen? In welchen Kontexten spielen Sie mit Wörtern und Sprache, in welchen Kontexten spielen Sie nicht mit Wörtern und Sprache? Gibt es Kontexte, in denen Wortspiele besonders gut funktionieren, oder umgekehrt Kontexte, in denen Wortspiele schwierig sind oder nicht funktionieren?

Die Grenze zwischen Wortspielen, rhetorischen Figuren und lyrischen Stilmitteln verlaufen fließend. Ich kann mir keinen Kontext denken, in dem diese sprachlichen Mittel – mit entsprechendem Taktgefühl – nicht einsetzbar wären.

Gibt es schlechte Wortspiele?

Gute Wortspiele sind in der Werbung extrem selten. Inflationär genutzte Wortspiele hört man dafür immer wieder. Selbst hochbezahlte Werbeagenturen bringen abgenutzte Mehrdeutigkeiten wie „Meer erleben!" hervor. Slogans wie „Wir lieben Fliegen" (Reiseunternehmen) sagen unfreiwillig, dass die Firma sich für Insekten interessiert. Dass sich ein Nachrichtenmagazin „Der Spiegel" nennt, ist als Metapher nicht schlüssig. Schließlich stellt ein Spiegel die Fakten grundsätzlich umgekehrt zur Wahrheit dar. Wenn man sich einer Metapher bedient, sollte man diese konsequent zuendedenken.

Audio-Link zum Gedicht „Schhhh" in MP3-Form

Joachim Knape
Grenzen des Sprachspiels im Dada

Mitten im ersten Weltkrieg, im Jahr 1916, öffnete sich in Zürich die Tür des ‚Cabaret Voltaire' und das, was sich schon lange anbahnte, bekommt einen Ort: den Club ‚Dada'. „Es lebe das Chaos" titelt am 29. Januar 2016 SPIEGEL-Online einen Artikel zum 100-jährigen Jubiläum dieser Kunstrichtung. Für wenige Jahre fasste der Dadaismus in den westlichen Metropolen Fuß. Zu der um dieselben Jahre herum geborenen Generation ihrer führenden Theoretiker und literarischen Praktiker zählten unter anderem in Berlin/Hannover Kurt Schwitters (1887–1948) und in Zürich Hugo Ball (1886–1927).[1] Sie treiben ihre lyrischen Sprach- und Wortspiele innerhalb der sprachlichen Paradigmen so weit wie es nur geht, überschreiten schließlich die Textualität und die Sprachlichkeit bei ihren ästhetischen Spielen und erreichen damit systematisch gesehen einen experimentellen Endpunkt, der nicht mehr erlaubt, ohne weiteres vom Sprachspiel zu reden.

Deklamatorisch brachten die Dadaisten das Gegenprogramm zur traditionellen Strukturästhetik und bürgerlichen Autorästhetik ihrer Zeit auf den Punkt. Das hatte praktische Produktionsfolgen. Die Welt war im Schrecken des Weltkriegs aus den Fugen gegangen und nun auch die alte Kunstdoktrin. Die Prioritäten wurden umgestellt. Die klassizistischen ästhetischen Ideale der klischierten Formergebenheit des 19. Jahrhunderts waren erledigt. Nun triumphierte die ‚Karawane' (von Hugo Ball) gewissermaßen als Schlüsseltext neuer ästhetischer Prinzipien, die darauf ausgerichtet waren, den bekannten Aufbau irgendeiner herkömmlichen Semantik zu verunmöglichen.

Die große dadaistische Dekonstruktion setzte auf literarischem Feld bei den sprachlichen Konventionen an und betrieb die Auflösung in einem breiten Spektrum. Es reicht von spielerischen Parodien bis hin zur totalen Amorphisierung sprachlichen Materials. Hier zwei Beispiele von Kurt Schwitters. In seinem angeblich „aus dem Chinesischen" stammenden Gedicht ‚Banalitäten' (Abb. 1) spielt er parodistisch mit Allerwelts-Apophthegmata wie „Lügen haben kurze Beine", „Eile mit Weile", „Wie der Anfang, so das Ende", „In der Kürze liegt die Würze" oder dem Mephisto-Spruch aus dem zweiten Akt des ‚Faust': „Wer kann was Dummes, wer was Kluges denken, das nicht die Vorwelt schon gedacht?" Solche Banal-Lehrsätze aus dem Weisheitskästchen des Spießbürgers werden umformuliert, untereinander permutiert und mit teils tautologischen Zwischen-

---

1 Biographien und „Dada-Geographie" in Puff-Trojan und Compagnon (2016: 155–173).

versen kommentiert und aktualisiert (etwa mit Bezug auf den „Expressionismus"). So sollen die ‚chinesischen' (also in Wahrheit unverständlichen) Herrschafts-Topoi der Bourgeoisie bloßgestellt werden.

Banalitäten
aus dem Chinesischen

Fliegen haben kurze Beine.
–
Eile ist des Witzes Weile.
–
Rote Himbeeren sind rot.
–
Das Ende ist der Anfang jeden Endes.
–
Der Anfang ist das Ende jeden Anfangs.
–
Banalität ist jeden Bürgers Zier.
–
Das Bürgertum ist aller Bürger Anfang.
–
Bürger haben kurze Fliegen.
–
Würze ist des Witzes Kürze.
–
Jede Frau hat eine Schürze.
–
Jeder Anfang hat sein Ende.
–
Die Welt ist voll von klugen Leuten.
–
Kluge ist dumm.
–
Nicht alles, was man Expressionismus nennt, ist Ausdruckskunst.
–
Kluge ist immer noch dumm.
–
Dumme ist klug.
–
Kluge bleibt dumm.

Abb. 1: Kurt Schwitters: Banalitäten (in Riha und Schäfer 2015: 163–164)

Im Gedicht ‚Cigarren' (Abb. 2) wird das im bürgerlichen Leben der Zeit beliebte Spiel mit Anagrammen so dekonstruiert, dass keine Sinneinheiten mehr bestehen bleiben, sondern nur noch kontingente Folgen von Graphemen („elementar"), die sich auch nur noch mit Schwierigkeiten als klanglich fließende Lautfolgen skandieren lassen.

Cigarren (elementar)

Cigarren
Ci
garr
ren
Ce
i
ge
a
err
err
e
en
Ce
CeI
CeIGe
CeIGeA
CeIGeAErr
CeIGeAErrEr
CeIGeAErrErr
CeIGeAErrErr
ErrEEn
EEn
En
Ce
i
ge
a
err
err
e
en
Ci
garr
ren
Cigarren (Der letzte Vers wird gesungen.)

Abb. 2: Kurt Schwitters: Cigarren (elementar) (in Riha und Schäfer 2015: 165)

Mit dem Wort *Chaos* ist das Lebensgefühl der Dadaisten-Generation auf den Begriff gebracht, für die in der Weltkriegskatastrophe die alteuropäischen Ordnungen aller Art endgültig zusammenbrachen. Den Zufluchtsort Zürich empfanden die vielen Immigranten und Exulanten, die sich dort im Krieg zusammenfanden, als Spiegel des ambivalenten, keineswegs bloß negativen Chaos-Gefühls der Zeit. „Das Vorkriegs- und Kriegs-Zürich war ein *glänzendes* Chaos", schreibt ein Zeitzeuge;[2] ähnlich Richard Huelsenbeck 1964: „Ich liebte das Chaos der Zeit".[3] Schon 1920 hatte Huelsenbeck die Erklärung des Clubs Dada aufgegriffen: „Dada ist Chaos, aus dem sich tausend Ordnungen erheben, die sich wieder zum Chaos Dada verschlingen." Die Dadaisten des Jahres 1916 waren Menschen, „die im Zustand der anomischen Unsicherheit das Chaos in sich erlebten" (Huelsenbeck 1964: 9). In den frühen Programmschriften des Dada wird dieser Antagonismus von Ordnung und Chaos immer wieder beschworen, wobei Ordnung als *alte* Ordnung grundsätzlich in Frage gestellt wird (Huelsenbeck 1964: 103). Für Dadaisten ist das ein Akt der modernen Erlösung der Kunst. Ein aus einer Katastrophe erwachsenes Lebensgefühl wird als Prinzip für die Artefaktproduktion umformuliert. Programmatisch geht es den Dadaisten um eine neue Art des „Erlebens", die „das Bedürfnis nach Ruhe und Ordnung" überwindet (Huelsenbeck [1920] 1980: 7).

Was aber heißt es, programmatisch Chaos statt Ordnung im Text zu stiften? Raoul Hausmann gibt uns einen Hinweis, wenn er zu beobachten meint, dass Deutschland „von westlichen Formeln zu östlicher Formlosigkeit" gedriftet sei (Hausmann [1920] 1980: 148). Die Idee der „Formlosigkeit" kann bei der Textproduktion aber sehr weit gehen. Es kommen Produktionsprinzipien ins Spiel, die uns beinahe überraschend an Theoreme des so genannten postmodernen Denkens im ausgehenden 20. Jahrhundert denken lassen. So stellt Tristan Tzara in seinem ‚Manifest Dada 1918' das logische Gesetz der Widerspruchsfreiheit in Frage und postuliert eine auf Paradoxien gebaute Fundamentalambiguität für die Kunst, nämlich, „daß man mit einem einzigen frischen Sprung entgegengesetzte Handlungen gleichzeitig begehen kann; ich bin gegen die Handlung; für den fortgesetzten Widerspruch, für die Bejahung und bin weder für noch gegen" (Tzara in Riha und Schäfer 2015: 36). – „Dada bedeutet nichts." und Dada entsteht aus einer Abkehr vom Konventionellen, einer Haltung „des Mißtrauens gegen die Gemeinsamkeit" (Tzara in Riha und Schäfer 2015: 36–37). Das hat Folgen für die Nutzung der Sprache (*la langue*) als dem tragenden konventionellen System in Kulturen schlechthin. Gemeinsame Verständigungs-

---

2 Fritz Brupbacher 1930 im Rückblick. Zit. n. Behrens (2016: 211, Hervorhebung von mir).
3 Huelsenbeck: Dada oder der Sinn im Chaos. In Huelsenbeck (1964: 7–23, hier: 21).

systeme werden suspekt: Das „annehmbarste System ist das, grundsätzlich keines zu haben" (Tzara in Riha und Schäfer 2015: 41). Damit kommen alle sozialen Denkkonventionen ins Wanken: „Logik ist immer falsch. Sie zieht die Begriffe am Faden, Worte, in ihrer formellen Äußerlichkeit, hin zu den Enden illusorischer Mittelpunkte. Ihre Ketten töten, gewaltiger Tausendfuß, ersticken die Unabhängigkeit. Mit der Logik vermählt würde die Kunst im Incest leben" (Tzara in Riha und Schäfer 2015: 43). Diese Abkehr von logischen Strukturen taucht dann wieder programmatisch bei postmodernen Theoretikern wie Derrida oder Johnston auf (Knape 2015).

Als revolutionär muss auch die neue dadaistische Collage-Technik angesehen werden, die die alten Gattungen auflöst und die Trennung der semiotischen Systeme aufhebt. Sie wurde in Gemälden, Objekt-Bild-Kompositionen und Foto-Collagen umgesetzt. Dabei werden nicht nur die Bildzeichen, die Schriftzeichen, übliche Textstrukturen und der gesamte kulturelle Symbolvorrat zerhackt, neu kombiniert und in eine chaotische Gemengelage gebracht, sondern auch die Layout-Formate (also etwa das klar abgegrenzte Quadrat oder Rechteck des Bildes) zerstört. Über allem steht das bewusst gewählte Wort „Chaos". Nicht nur die Rekonstruktion der Bedeutungen im linguistischen Sinn führt ins Chaos, sondern auch die Suche nach ästhetischen Ordnungsmodellen. Alles ist aufgelöst. Nach 100 Jahren Dada wissen wir, dass sich dieses Loslassen konventioneller Regelwerke vor allem in der bildenden Kunst immer weiter verbreitete, während Dada in der Literatur eher nur eine kurze Phase war. In der Malerei war jetzt das Tor zur reinen Abstraktion geöffnet. Das hatte sich längst schon im Impressionismus angedeutet, doch nun gab es kein Halten mehr. Damit wird der Übergang von der strikten ästhetischen Ordnung zum Chaos und umgekehrt vom vermeintlich chaotischen Faktor des künstlerischen Materials hin zu neuen Kunstordnungen zu einem Signum der Moderne.

Berühmt geworden sind Hugo Balls erstmals 1917 unter dem Titel ‚Karawane' veröffentlichte Buchstabenkombinationen (Abb. 3 und 4).[4] Wir sehen eine Aneinanderreihung von graphischen Elementareinheiten auf Grundlage des lateinischen Alphabets. Aber ist es auch ein Text? Zweifellos ist es programmatisch und markiert ein Artefakt, das man als ästhetisches Objekt bezeichnen muss. Die Herausgeber der Werke Hugo Balls sehen das anders. Sie haben die ‚Karawane' unter dem Rubrum „Gedichte" veröffentlicht und damit einer ganz bestimmten, eingeführten Textsorte zugeordnet (*Hugo Ball: Gedichte*, S. 68). Für uns stellt sich angesichts dessen die Frage, ob es tatsächlich ‚Texte' ohne ge-

---

4 In Originalreproduktion mit den verschiedenen Drucktypen dieses historischen (nicht autorisierten) Druckes wiedergegeben bei Huelsenbeck ([1920] 1980: 53).

prägte semantische Einheiten gibt? Kann es ein Bedeutungsgebäude ohne semantisch geladene Bausteine geben? Die Antwort lautet Nein. Den Beweis erbringt das Misslingen jeden Versuchs, ein Close Reading (eine Art literarischen Ekphrasis-Tests) durchzuführen.[5] Unter linguistischer Perspektive enthält dieses ästhetische Objekt – vom Titelwort einmal abgesehen – nämlich keine einzige segmentale, klar erkennbar geprägte Wort-Bedeutungseinheit, nur Schriftelemente. Was bei Schwitters' ‚Banalitäten' noch der entscheidende Semantik-Trigger war, nämlich die durchgängig erhaltenen geprägten semantischen Bausteine, wird bei Hugo Ball an die Grenze geführt, und damit zugleich der Kern des Textualitätsverständnisses. Zu den asemantischen Buchstabenfolgen fügen sich neben dem Wort in der Überschrift („Karawane") nur noch einige wenige entfernte Anklänge an deformierte Wörter, die teils wie ein Bezug auf andere Sprachen klingen (etwa *jolifanto* – Elefant, *bambla* – trampeln, *grossiga* – groß, *russula* – Rüssel). Hingegen taucht kein einziger grammatischer Satz auf, der als Exemplar der nächst höheren Ebene bedeutungstragender Bausteine von lautsprachlichen Texturen gelten könnte.

KARAWANE
jolifanto bambla ô falli bambla
grossiga m'pfa habla horem
égiga goramen
higo bloiko russula huju
hollaka hollala
anlogo bung
blago bung
blago bung
bosso fataka
ü üü ü
schampa wulla wussa ólobo
hej tatta gôrem
eschige zunbada
wulubu ssubudu uluw ssubudu
tumba ba- umf
kusagauma
ba – umf

Abb. 3: Hugo Ball: Karawane (in Riha und Schäfer 2015: 55)

---

[5] Der Ekphrasis-Test ist eine Metabeschreibung visueller Eindrücke mittels Lautsprache. Diese Methodenvariante kann man bei der semantischen Analyse von Objekten mit Code-Mix anwenden. Die Ekphrasis hilft uns, auf dem Wege der Transnotation die Semantik visueller Objekte (zumindest als denotative Kondensate) zu ermitteln. Siehe Knape (2016: 92).

KARAWANE

jolifanto bambla ô falli bambla
grossiga m'pfa habla horem
égiga goramen
higo bloiko russula huju
hollaka hollala
anlogo bung
blago bung
blago bung
bosso fataka
ü üü ü
schampa wulla wussa ólobo
hej tatta gôrem
eschige zunbada
wulubu ssubudu uluw ssubudu
tumba ba- umf
kusagauma
ba - umf   (1917)
                     Hugo Ball
                        53

Abb. 4: Original-Typographie und -Layout von Hugo Balls 'Karawane'. Abb. nach Huelsenbeck ([1920] 1980: 53)

Wenn dies kein Text ist, was ist das Gebilde aus bloßen Graphem-Aneinanderreihungen aber dann? Das Fehlen der beiden zentralen Wurzel-Konstituenten von Text, nämlich a) semantisch geprägter Bausteine und b) ihrer geordneten Relationen führt uns bei der Analyse auf ein ganz anderes Terrain. Dazu gibt uns die genannte Ball-Werkausgabe einen Hinweis. Sie ordnet die ‚Karawane' einer ‚Gedicht'-Gruppe mit dem Namen „Lautgedichte" zu. Darin kann man einen Hinweis sehen, die Diskussion über den Charakter dieses Artefakts zunächst einmal auf phonologischer oder phonetischer bzw. auch auf suprasegmentaler Ebene zu führen. Läge hier ein klarer Fall von Onomatopoie vor, kämen unter Umständen analoge Bedeutungsprägungen der Elemente vor, wie wir sie bei der Nachahmung von Tierlauten kennen. Dass Hugo Ball noch einen anderen Titel der Karawane vorsah, könnte in diese Richtung führen. Er nannte es auch „Zug der Elefanten" (in *Hugo Ball: Gedichte*, S. 68). Freilich ist es problematisch, den Titel als Aufführungsanleitung zu verstehen, denn diese Lautfolge ahmt kaum die Geräusche des Trampelns einer Elefantengruppe wirklich lautmalerisch nach. Dennoch ist der Gedanke an eine Partitur nicht ganz abwegig. Die Skansion bzw. der laute Vortrag und die Intonation der erkennbaren Phoneme und Phonemgruppen war beabsichtigt, wohl aber nicht die genaue akustische Elefantenimitation.

Damit sind wir an der Grenze der Linguistik angelangt und überschreiten sie in Richtung Tonsemantik der Musik sowie Semantik weiterer erlernter GeräuscheCodes. Deren kleinste Bedeutungseinheiten sind aber nicht mit den Wörtern/Zeichen der Lautsprache und des BildCodes zu verwechseln. Die Musik hat kein universales Lexikon, sondern im Bereich der westlichen Musik nur kodifizierte (semantikfreie) Töne, die nach diversen Harmonien geordnet werden können.

Hugo Ball steht mit seiner Hinwendung zur Agogik und zur musikalischen Partitur nicht allein. Bekannt geworden ist vor allem auch die ‚Ursonate' von Kurt Schwitters aus dem Jahr 1925, die mit Satzbezeichnungen aus der Musik arbeitet (z. B. „Largo") und ähnliche Lautfolgen aufweist wie Hugo Balls ‚Karawane' (Faksimile bei Dietrich 2006: 172). Doch dabei geht es nie um die musikalischen Tonfolgen, die man bei Verwendung lateinischer Buchstaben mit *do, re, mi, fa, sol, la, si, do* notieren müsste. Nein, hier geht es um einen anderen Code. Die Dadaisten Ball und Schwitters schaffen Partituren zum Aufführen von Lauten des indogermanischen Lautsystems und nehmen dazu Schriftzeichen aus dem Alphabet. Damit ergibt sich wenigstens ein Restbezug zur Sprachlichkeit im engeren Sinn. Im vorliegenden Fall ist auf die Frage der Eigenständigkeit der systematischen Ebene der Phonologie und Phonetik mit ihren Möglichkeiten unscharfer Semantisierung unter extrem suprasegmentalen ‚Laborbedingungen' (die ausnahmsweise ohne das sonst immer gegebene segmentale Sprachfundament arbeiten) zu verweisen, denn hier zeigen sich Verallgemeinerungsmöglichkeiten besonderer Art.

Balls grafisches Cluster eröffnet insgesamt den Blick auf diverse semiotische Felder, die differente Begriffe für das Problemfeld anbieten: Phonetik (Linguistik), Colorik (Malerei), Layout (Typographie), Agogik (Musik), Akustik (Geräuschkunde) usw. An dieser Stelle wechseln wir nun endgültig von der Texttheorie auf andere Gebiete, etwa auf den Bereich der akustischen Ästhetik und auf die Ebenen der Medialisierung und der visuellen Ästhetik. Wie die Abbildung des Original-Layouts zeigt (Abb. 4), spielt Hugo Ball auch mit der Typographie und dem Layout der Druckseite. Hier tut sich so etwas wie *performative Ambiguität* auf. Das Objekt schwankt unentscheidbar zwischen akustischer und optischer Performanz. Sind es nur einzelne Grapheme oder doch Notate von aufführbaren Laufolgen (freilich ohne sprachlichen Sinn)? Soll die Lautfolge überhaupt akustisch performiert werden? Die Herausstellung der Typographie im Originaldruck lenkt auf das rein optische Terrain. Damit kippt die ‚Karawane' in Richtung eines grafischen Objekts. Es nähert sich dem an, was man später in der Kunst *Lettrismus* genannt hat (Grafiken aus Buchstaben).[6] Sind diese visuellen Objekte des Dada aber noch Texte?

Der auffällige Wechsel der Drucktype von Zeile zu Zeile erzeugt ein besonderes ästhetisches Erleben, das aber als reine Typographiefrage systematisch gesehen nichts mit Lautsprache oder gar mit Textualität zu tun hat.[7] Hinweise zum Aufbau einer Ordnung des Gesamtobjekts finden wir nur, wenn wir die Ebene der Texttheorie verlassen und uns den Medialisierungsbedingungen, konkret: dem Layout, zuwenden. Die europäischen Konventionen des Druck-Layouts von Gedichten, mit Spatien zwischen den Graphemen, der Absetzung von Zeilen und graphischen Trennelementen (bei der ‚Ursonate' von Schwitters) können wir vielleicht als quasi-syntaktische Einteilungsformen verstehen. Die ‚Karawane' bekommt aufgrund des Druckbildes in unserer Wahrnehmung den Charakter einer medial ‚simulierten' Textur. Man hat solche und ähnliche Gedichte auch *konkrete Poesie* genannt und damit das Übergängige hin zur bildenden Kunst und zu ästhetischen Artefakten sui generis markiert. Die texttheoretische Betrachtungsweise löst sich hier zugunsten einer anderen, der objektästhetischen Sicht auf. Dennoch ist die Diskussion solcher Fälle äußerst erhellend, weil sich in Diskussionen über Grenzen der theoretische Kern von Modellierungen deutlicher zeigt.

---

6 Ein frühes Beispiel von Tristan Tzara (aus dem Jahr 1916) in Puff-Trojan und Compagnon (2016: 37).
7 Man kann hier höchstens an den eventuell vorliegenden, schon erwähnten Rekurs auf das reine Phoneminventar des Deutschen bzw. die entsprechenden Grapheme beim Notieren deutscher Texte denken.

Literaturangaben

Behrens, Nicola. 2016. Revolte. In *Genese Dada. 100 Jahre Dada Zürich. Katalog zur Ausstellung im Arp Museum Bahnhof Rolandseck. Remagen 14. Februar bis 10. Juli 2016*, 209–212. Zürich: Scheidegger & Spiess.

Dietrich, Dorothea. 2006. Hannover. In Leah Dickerman (Hg.), *DADA. Zurich – Berlin – Hannover – Cologne – New York – Paris. Catalog National Gallery of Art Washington*, 154–213. London & New York: D.A.P. / The National Gallery of Art, Washington.

Hausmann, Raoul. [1920] 1980. Rückkehr zur Gegenständlichkeit in der Kunst. In Huelsenbeck [1920] 1980, 147–151.

Huelsenbeck, Richard. [1920] 1980. *Poetische Aktion. Dada Almanach*. Berlin 1920, Reprint Hamburg: Verlag Lutz Schulenburg.

Huelsenbeck, Richard (Hg.). 1964. *Dada. Eine literarische Dokumentation*. Reinbek bei Hamburg: Rowohlt.

Hugo Ball: Gedichte. Hg. v. Eckhard Faul. Göttingen: Wallstein, 2007 (= Hugo Ball. *Sämtliche Werke und Briefe* 1).

Knape, Joachim. 2015. Inversive Persuasion. Zur Epistemologie und Rhetorik der 'Rhetorik der Verunsicherung'. In Ramona Früh et al. (Hgg.), *Irritationen. Rhetorische und poetische Verfahren der Verunsicherung*, 5–60. Berlin etc.: De Gruyter.

Knape, Joachim. 2016. *Was ist ein Bild? Ein Kunstgespräch im Atelier Friedrich mit dem anwesenden Herrn Goethe*. Wiesbaden: Harrassowitz.

Puff-Trojan, Andreas & H.M. Compagnon (Hgg.). 2016. *dada Almanach. Vom Aberwitz ästhetischer Contradiction. Textbilder. Lautgedichte. Manifeste*, 155–173. Zürich: Manesse.

Riha, Karl & Jörgen Schäfer (Hgg.). 2015. *DADA total. Manifeste, Aktionen, Texte, Bilder*. Stuttgart: Reclam.

Tzara, Tristan. Manifest Dada 1918. In Riha & Schäfer (Hgg.), 35–45.

Prof. Dr. Joachim Knape ist seit 1991 Rhetorikprofessor am Seminar für Allgemeine Rhetorik der Eberhard Karls Universität Tübingen; seit 2018 hat er dort eine Seniorprofessur inne. Seine Forschungsgebiete umfassen die Theorie und Geschichte der Rhetorik, rhetorische Semiotik, Medienrhetorik, Textrhetorik, Rhetorik der Bilder, Poetik und Ästhetik sowie Renaissance Studien und Deutsche Sprache und Literatur.

Klaus Cäsar Zehrer
Interview

© Steffi Rossdeutscher

Klaus Cäsar Zehrer, geb. 1969, ist promovierter Kulturwissenschaftler und lebt als freier Schriftsteller in Berlin. Zuletzt erschienen: *Das Genie* (Roman, Diogenes, 2017). Gemeinsam mit Robert Gernhardt gab er zwischen 2004 und 2006 mehrere Gedichtbände mit dem Schwerpunkt Komische Lyrik / Sprachspiel heraus, u. a.:
- *Hell und Schnell. 555 komische Gedichte aus 5 Jahrhunderten*
- *Bilden Sie mal einen Satz mit ... / Ein Dichterwettstreit*
- Alexander Moszkowski: *Mensch, reime dich!*
- Michael Schönen: *Frohe Kunden*

Teil I

Was sind für Sie wesentliche Merkmale des Wortspiels? Was macht für Sie den Reiz am Spielen mit Wörtern und Sprache aus?

Für das komische Gedicht ist das Spiel mit der Sprache unverzichtbar. Das zeigt sich schon daran, dass die komische Lyrik, anders als die ernsthafte, bis heute nur selten ohne die sprachlichen Regel-, also Spielsysteme Reim und Rhythmus auskommt. Das Spiel besteht darin, die Sprache auf möglichst schlagende Weise in eine bestimmte Ordnung zu bringen. Zum Spielmittel kann dabei jedes erdenkliche Stilmittel werden, sofern es nur konsequent und massiert genutzt wird – man denke etwa an Ernst Jandls berühmtes Gedicht „ottos mops", das seine Komik vor allem dadurch erzeugt, dass im gesamten Text nur ein einziger Vokal vorkommt, das o.

Für den Dichter liegt der Reiz solcher Spiele darin, eine möglichst elegante Lösung für eine selbstgestellte Aufgabe zu finden – je höher der Schwierigkeitsgrad, desto größer die erforderliche Sprachkünstlerschaft. Für das Publikum ist das Vergnügen vergleichbar mit dem beim Betrachten eines versierten Jongleurs. Es speist sich aus dem Erstaunen darüber, dass etwas, das sich von Natur aus schwer bezähmen lässt – die Bälle, die Worte – von einem Könner scheinbar mühelos kontrolliert wird. Nicht von ungefähr spricht man von Sprachjonglage oder Sprachartistik.

Können Sie uns ein oder zwei Lieblings-Wortspiele nennen (eigene oder fremde) und umreißen, warum diese eine besondere Bedeutung für Sie haben?

Otto Sommerstorff (1859–1934), ein erfindungsreicher, zu Unrecht weitgehend vergessener Sprachbastler, hat eine ganze Reihe origineller sprachspielerischer Scherzgedichte verfasst, z. B. folgendes:

> *Der künstliche Diamant*
> Wohl dem, dem dem dem Demant
> Vollkommen gleichen Stein
> Wird auf die Spur zu kommen
> Dereinst beschieden sein!
> (*Hell und Schnell*, S. 357)

Dieses Sprachspiel ist in mehrfacher Hinsicht außergewöhnlich. Üblicherweise setzt ein sprachspielender Dichter den sprachlichen Clou seines Gedichts nach hinten, nutzt ihn also als Schlusspointe. Sommerstorff hingegen zeigt schon in der ersten Zeile, was hier gespielt wird: Gesucht wird eine Formulierung, in der die Silbe „dem" fünffach hintereinander steht – eine höchst eigenwillige, ja extravagante Aufgabe, die durch die Vorgaben von Rhythmus (jambischer Dreiheber) und Reim (wenngleich nur in der Form eines halben Kreuzreims ABCB, nicht eines Wechselreims ABAB) zusätzlich erschwert wird.

Die Lösung verdient Bewunderung, umso mehr, als sich das Gedicht auch auf semantischer Ebene als korrekt erwiesen hat: Mehrere Jahrzehnte nach Sommerstorffs Tod, also aus seiner Perspektive betrachtet „dereinst", gelang zum ersten Mal die Herstellung von synthetischen, den natürlichen Mineralien „vollkommen gleichen" Diamanten – ein, wie vom Dichter zutreffend prophezeit, lukratives Geschäft.

Das zweite Beispiel stammt aus weltberühmter Quelle, nämlich aus dem „Ulysses" von James Joyce. Im „Circe"-Kapitel singen die „Prison Gate Girls" die nur scheinbar kindlich-harmlosen Verse:

> If you see Kay
> Tell him he may
> See you in tea
> Tell him from me.

Hier ist das Sprachspiel so gut versteckt, dass der Leser es vielleicht erst entdeckt, wenn er den Text laut liest. Dann erkennt er, dass die erste und dritte Zeile klanglich fast identisch sind mit den englisch ausgesprochenen Buchstaben F - U - C - K bzw. C - U - N - T, die Mädchen also mit untergründigen Obszönitäten locken.

Wie geschmeidig Joyces Sprachspiel ist, zeigt sich in der Schwierigkeit seiner Übersetzung. In Hans Wollschlägers vielgepriesener Übertragung lautet die entsprechende Stelle:

> Leckst du den Aar,
> er ess' Zeh-Haar,
> leck ich den Pfau –
> o Tee, zeht die Sau!

Um die Doppeldeutigkeit des Originals nachzuahmen, wurde die Sprache auf sehr unelegante Weise zurechtgebogen. Vom holprigen Rhythmus abgesehen, sind die Formulierungen „Aar, er ess' Zeh-Haar" und „Pfau – o Tee, zeht" extrem unnatürlich und kaschieren mehr schlecht als recht die Buchstabenfolgen A - R - S - C - H sowie V - O - T - Z (das eigentlich erforderliche E fehlt vollends).

Können Sie uns an einem eigenen Beispiel erläutern, wie Ihre Wortspiele und wortspielerischen Werke entstehen?

Eine verbreitete Methode besteht darin, eine bereits bestehende Regel aufzugreifen und zu variieren. Robert Gernhardt nahm sich etwa einmal folgenden, älteren Sprachwitz zum Vorbild: „Sag mal einen Satz mit Bochum und Köln!" – „???" – „Er Bochum die Ecke, um zu pinköln."

Aufbauend auf dieser Vorlage entstand sein Zyklus aus Zwei- und Vierzeilern namens „Bilden Sie mal einen Satz mit ...", beispielsweise:

> *Bilden Sie mal einen Satz mit pervers:*
> Ja, meine Reime sind recht teuer:
> per Vers bekomm' ich tausend Eier.

Im Jahr 2005 riefen Gernhardt und ich öffentlich dazu auf, ähnliche „Satz-mit"-Gedichte einzusenden. Die 555 schönsten Ergebnisse haben wir in einem Sammelband veröffentlicht. An dem Projekt war ich nicht nur als Mitherausgeber, sondern auch als Mitdichter beteiligt – wobei ich mir zugute halten darf, das Gernhardtsche Original insofern übertrumpft zu haben, als in meinem „Satz mit schwach, schwer, Schweiß und Schweineschwarte" gleich vier Spielwörter eingebaut sind:

> 'schwach auf und fühl mich so alleine.
> 'schwär so froh, wärst du die Meine.
> Tausend Tränen sind's, die 'schweine-
> 'schwarte nur auf dich, du Kleine.
> (Gernhardt/Zehrer: *Bilden Sie mal einen Satz mit ...*, S. 78)

Welches waren oder sind für Sie wichtige Inspirationsquellen und Vorbilder im Bereich des Spielens mit Wörtern und Sprache?

In meinem Fall scheint die Liebe zum spielerischen Umgang mit der Sprache mit kindlicher Prägung zu tun zu haben, denn mein Lieblingsbuch als Fünfjähriger – ich hatte gerade lesen gelernt – war der Band „Schnick Schnack Schabernack" (hg. v. Viktor Christen, Oldenburg/Hamburg 1973). Darüber kam ich nicht nur zum ersten Mal mit Autoren wie Christian Morgenstern, Joachim Ringelnatz, Heinrich Seidel oder Gerhard Rühm in Berührung, ich lernte auch Wörter wie „Hottentottenstottertrottelmutterattentäterlattengitterwetterkotterbeutelrattenfangprämie" kennen (und mit Begeisterung auswendig) oder ließ mir beibringen, dass in einer Mittwochsgesellschaft ein Ochs, ein Esel und ein Schaf stecken. Damals schon begann ich zu ahnen, dass in den Wörtern Geheimnisse verborgen sind, die nur darauf warten, entdeckt zu werden.

Als ich wenig später „Das große Heinz Erhardt Buch" (Hannover 1970) in die Finger bekam, untersuchte ich die Verse mit großer Akribie. Ich erinnere mich, die Anfangsbuchstaben der Zeilen von oben nach unten gelesen zu haben, in der (leider enttäuschten) Hoffnung, auf sinnvolle Wörter zu stoßen. Natürlich wusste ich noch nicht, was ein Akrostichon ist, aber instinktiv suchte ich bereits danach.

Hat sich Ihr Verhältnis zum Wortspiel und zur Sprache im Laufe der Zeit verändert?

Ja. Viele der selbstgeschriebenen Gedichte, die ich von Lesern von *Hell und Schnell* zugeschickt bekommen habe, haben meine alte Liebe zur Sprachspielerei auf eine schwere Probe gestellt. Es ist erstaunlich, auf wie vielfältige Weise die Absicht, mit dichterischen Mitteln Komik zu erzeugen, missraten kann.

Teil II

Gibt es Themenbereiche, die sich besonders gut für das Spielen mit Wörtern und Sprache eignen? Inwiefern berührt das Wortspiel auch ernste Bereiche und Themen?

Beim freien Wortspiel, das um seiner selbst willen da ist, stehen die Sprache und deren Gestaltungsmöglichkeiten im Mittelpunkt. Themen oder Inhalte ergeben sich nebenher und sind im Grunde unerheblich.

Es gibt allerdings auch Wortspiele, die nicht frei sind, sondern im Dienst einer Absicht stehen. Wenn zum Beispiel Karl Kraus schreibt: „Je größer der Stiefel, desto größer der Absatz", dann nutzt er eine sprachliche Doppeldeutigkeit, um satirische Kritik zu üben. Man kann den Satz aufs Schuhmacherhandwerk beziehen und als banale Tatsache ansehen, man kann aber auch „Stiefel" als Synonym für „Unsinn" und „Absatz" als anderes Wort für „Verkaufszahlen" verstehen – dann offenbart der Satz sein zweites Gesicht: „Je dümmeres Zeug einer schreibt, desto besser verkauft es sich."

Im deutschen Kabarett gibt es eine lange Tradition, mit derartigen Techniken Sprachspiel und Kritik zu verknüpfen. Für meinen persönlichen Geschmack wird das Sprachspiel dadurch zu sehr funktionalisiert, verliert also sein Eigentliches, eben das Verspielte, Kindlich-Unschuldige, sich selbst Genügende.

Inwiefern spielen andere Sprachen, Mehrsprachigkeit, Sprachenvielfalt und Übersetzungsprozesse in Ihren wortspielerischen Werken eine wichtige Rolle?

Natürlich steigen die Spiel- und Kombinationsmöglichkeiten mit der Menge an sprachlichem Ausgangsmaterial an, das sich der Sprachspielende selbst zur Verfügung stellt. Deshalb kann es hilfreich sein, sich gezielt aus dem Wortschatz von Dialekten oder anderen Sprachen zu bedienen. Man muss dann nur verstärkt darauf achten, das Verständnis des Publikums nicht zu überfordern, also kein allzu abgelegenes Vokabular zu verwenden.

Eine Reihe altbekannter Wortwitze macht sich gerade die Bedeutungsdiskrepanzen zwischen hochsprachlichem, dialektalem und fremdsprachlichem Material zunutze, etwa der Schwabe, der zum ersten Mal Mobiltelefone sieht und dabei das Wort „Handy" erfindet („Hend die koi Schnur?") oder der sächsische Grenzpolizist, der gegenüber den Autofahrern von „Gänsefleisch" spricht („Gänsefleisch mohl d'n Gofferraum uffmachn?").

Auch absichtsvolle Falschübersetzungen zwischen dem Englischen und Deutschen waren einmal eine beliebte Witztechnik – mit Höhepunkt in den

1960er und 1970er Jahren, als viele Deutsche lediglich stark fehlerbehaftete Englischkenntnisse besaßen, so dass man ihnen Sätze wie „Equal goes it loose" (Gleich geht's los) oder „I white it not" (Ich weiß es nicht) in den Mund legen konnte. Diese Witzmode verebbte mit der wachsenden Fremdsprachkompetenz, denn es wurde zunehmend unglaubwürdiger, einem Sprecher eine derartige Unbedarftheit im Umgang mit dem Englischen zu unterstellen – ein Beispiel dafür, wie abhängig vom allgemeinen kulturellen Kontext und somit zeitverhaftet Sprachspiele sind.

Inwiefern sind Wortspiele für Sie ein Zeichen von Kreativität? Wo liegen Grenzen der Kreativität beim Spielen mit Wörtern und Sprache?

Der Zusammenhang ist offensichtlich: Ohne kreativen, also freien, eigenschöpferischen Umgang mit der Sprache kein Wortspiel, jedenfalls kein originelles.

Die wichtigste Grenze setzt die Sprache selbst: Wer eine Aufgabe von so großem Schwierigkeitsgrad wählt, dass sie mit dem gegebenen Sprachmaterial unmöglich gelöst werden kann, ist von Vornherein zum Scheitern verurteilt. So lassen sich zwar Palindrom-Wörter oder kurze Palindrom-Sätze bilden (Reittier, Regallager, Ein Neger mit Gazelle zagt im Regen nie), aber wer sich etwa vornähme, einen lesbaren Palindrom-Roman zu schreiben, wird sehr bald aufgeben müssen.

Andere Wortspiele sind zwar technisch korrekt durchführbar, aber nur um den Preis, dass die Umsetzung gestelzt oder gequält klingt – siehe etwa die im ersten Teil zitierte Wollschläger-Übersetzung. Auch bei Anagrammen gelingt es nur selten, das Buchstabenmaterial neu anzuordnen, ohne dass Sprachklang und Semantik erheblich leiden.

Andererseits kann ein Sprachspiel auch an zu geringer Komplexität scheitern. Ein Beispiel liefert der Schüttelreim. Mit dieser speziellen Reimtechnik wurden in der Vergangenheit einige sehr populäre humoristische Effekte erzielt: „Es klapperten die Klapperschlangen, bis ihre Klappern schlapper klangen."

Allerdings ist die Spielregel so einfach und führt zu so großen Trefferzahlen, dass ein Reim nicht schon allein dadurch komisch wirkt, dass er regelkonform „geschüttelt" ist. Im Gegenteil: Angesichts einer ins Unüberschaubare angewachsenen Masse brav durchexerzierter, aber mäßig witziger Schüttelreime konnte ein Dichter wie F. W. Bernstein die abgenutzte Spielregel nur noch zu einem komischen Effekt nutzen, indem er sie gezielt sabotierte und Nonsens produzieren ließ:

> Nicht einmal der Fingerhut
> Wird durch großen Hunger fit,
> Geht jedoch dein Hinger fut,
> Reicht auch schon ein Fungerhit.
> (*Hell und Schnell*, S. 366)

Würden Sie das Wortspiel als kulturell und traditionell geprägt ansehen? Gibt es bestimmte Muster und Verfahren, mit denen Sie arbeiten, wenn Sie mit Wörtern und Sprache spielen? Ist für Sie beim Spielen mit Wörtern und Sprache wichtig, dass dieses Spiel in eine bestimmte Kultur oder Tradition (oder mehrere) eingebettet ist?

Am ehesten hat ein Sprachspiel Erfolg, wenn es auf einer Technik oder Regel fußt, die im betreffenden Kulturraum bereits eine gewisse Tradition besitzt, aber noch nicht übernutzt ist. Das Publikum sollte unmittelbar verstehen, dass und was da gespielt wird, ohne einem Schema überdrüssig geworden zu sein.

Die Folge ist, dass auf Komik abzielende Wortspiele Moden unterliegen, die kommen, aufblühen, vergehen und gegebenenfalls irgendwann wieder aufgegriffen werden. Als Theodor Fontane dichtete: „Die Leber ist von einem Hecht und nicht von einer Schleie,/ Der Fisch will trinken, gebt ihm was, daß er vor Durst nicht schreie", konnte er noch darauf setzen, dass seinen Lesern die alte Tradition der Leberreime geläufig ist. Heute dürfte es schwierig bis unmöglich sein, mit dieser ausgestorbenen Gattung Lacherfolge zu erzielen – es sei denn, jemand findet einen Dreh, sie mit aktuelleren Pointentechniken zu kombinieren und dadurch auferstehen zu lassen.

Welche Rolle spielt der Kontext bei der Verwendung von Wortspielen? In welchen Kontexten spielen Sie mit Wörtern und Sprache, in welchen Kontexten spielen Sie nicht mit Wörtern und Sprache? Gibt es Kontexte, in denen Wortspiele besonders gut funktionieren, oder umgekehrt Kontexte, in denen Wortspiele schwierig sind oder nicht funktionieren?

Wortspiele verleihen der Sprache Würze und sollten deshalb, wie jedes Gewürz, wohldosiert und niemals beliebig eingesetzt werden. Dienen sie, wie etwa in der Reklame, allein dazu, Aufmerksamkeit zu heischen, wirken sie schnell aufdringlich und lästig.

Zu den Kontexten, in denen Wortspiele schwierig sind oder nicht funktionieren, zählen die Steuererklärung, der mathematische Beweis sowie die Grabrede. Diese Hypothese ist jedoch nicht überprüft und bedarf der Bestätigung durch den Praxistest.

Gibt es schlechte Wortspiele?

Zweifellos. Zum einen handelt es sich um Kalauer, also um Wortspiele, die von sich selbst wissen, dass sie schlecht sind, und deren Reiz eben darin besteht, Niveauerwartungen mutwillig zu unterbieten. Sie können sehr komisch sein.

Andererseits gibt es Wortspiele, die die Latte reißen, die der Spielende sich selbst gelegt hat, also Wortspiele, die nicht so gewitzt sind, wie ihre Urheber wünschen. Auf Grundlage der Gesamtschau des Materials, das im Zusammenhang mit dem „Bilden Sie mal einen Satz mit ..."-Wettbewerb (vgl. Teil I des Interviews) eingesendet wurde, muss schlussgefolgert werden, dass diese Art des schlechten Wortspiels die bei weitem verbreitetste ist.

Gibt es im Bereich des Wortspiels noch etwas, das Ihnen wichtig ist, und das Sie noch anmerken möchten?

Robert Gernhardt pflegte zu sagen: „Die Welt wird erst erlöst sein, wenn das letzte Wortspiel, das möglich ist, auch wirklich gemacht wurde." Leider hat er den erlösenden Augenblick nicht mehr selbst erleben dürfen. Im Gegensatz zu mir: In meiner Nachbarschaft hat neulich ein Friseursalon namens „Hair-Cool-Es" eröffnet. Das war's. Mit diesem, dem definitiv allerletzten Wortspiel, hat die Geschichte des Wortspiels ihren endgültigen Abschluss gefunden.

Jochen Malmsheimer
Interview

© Jürgen Spachmann

Der Kabarettist Jochen Malmsheimer hat in seinen Bühnenprogrammen eine ganz eigene Kunstform erschaffen: das epische Kabarett. Das geschriebene und das gesprochene Wort stehen dabei stets im Mittelpunkt. In seiner mehr als 20-jährigen Karriere erhielt er zahlreiche Auszeichnungen, unter anderem den Deutschen Kleinkunstpreis, den Deutschen Kabarettpreis und den Bayerischen Kabarettpreis. Zu seinen erfolgreichsten Hörbuchproduktionen zählen die „Brautprinzessin" von William Goldman sowie der Vierteiler „Der König auf Camelot" von T. H. White. Einem größeren Publikum wurde er vor allem durch seine regelmäßigen Auftritte bei „Neues aus der Anstalt" (ZDF) bekannt.

Teil I

Was sind für Sie wesentliche Merkmale des Wortspiels? Was macht für Sie den Reiz am Spielen mit Wörtern und Sprache aus? Würden Sie sich als Wortspiel-Künstler/in bezeichnen? Welche Bedeutung hat das Spielen mit Wörtern und Sprache für Sie?

Das wesentliche Merkmal des Wortspiels ist für mich das Spiel, jene Tätigkeit also, die man ausschließlich zum eigenen Vergnügen und ohne jeden anderen Zweck unternimmt. Das Jonglieren mit Begriffen und Bedeutungen, das absichtliche Wörtlichnehmen, das ebenso absichtliche Mißverstehen, das Entwickeln neuer Begriffe für Umstände, die so von der aktuellen Sprache noch nicht gefaßt waren, das Wiederbeleben überkommener oder aussortierter Begriffe, das Neukombinieren von Wortstämmen mit selbst angefertigten Endungen, all' das gibt mir eine tiefe Befriedigung und Freude, schafft überraschende Klänge, die eine eigene Musik und einen perlenden, tiefen Humor besitzen, und macht mich (und bisweilen auch andere) herzlich lachen. Es hat etwas vom kindlichen Wühlen im Matsch. Wenn man dann eine Faust machte und merkwürdige Matschwürstchen unerwartet zwischen den Fingern oder am unteren Ende der Faust ins Freie traten, machte sich eine seltsame Freude und Überraschung breit.[1]

Können Sie uns ein oder zwei Lieblings-Wortspiele nennen (eigene oder fremde) und umreißen, warum diese eine besondere Bedeutung für Sie haben?

Nein, kann ich nicht, ich liebe sie alle, wenn sie mir begegnen (aus den oben ventilierten Gründen), und bin dankbar für jedes. Außerdem kann ich mir auch keine Witze merken und gehe vermutlich genau deshalb diesem Beruf nach, damit ich trotzdem auch mal was zu lachen habe.

Können Sie uns an einem eigenen Beispiel erläutern, wie Ihre Wortspiele und wortspielerischen Werke entstehen?

Das ist schwer zu beantworten, da ich der Auffassung bin, daß das Zeug, mit dem ich mich beschäftige, nicht im eigentlichen Wortsinne entsteht, sondern

---

[1] Jochen Malmsheimer verwendet nach alter Schreibweise „ß" statt Doppel-S; dies wurde hier beibehalten.

eher auf mich kommt. Es ist plötzlich da, bietet sich an, fragt, ob es gerade paßt und wenn ich's bejahe, dann findet es seinen Platz in meiner Arbeit, gliedert sich ein und wird im besten Fall sogar der Kondensationskern für eine ganze Geschichte. Ich weilte vor Jahren während des Sommers in Dänemark und wie ich so für mich hin ging und mein milchsattes Söhnchen im Kinderwagen in den Verdauungsschlaf schuckelte, kam mir plötzlich eine Wendung in den Kopf, die mich recht ratlos zurückließ, nämlich: Kloidt ze di penussen.

Hanns Dieter Hüsch sagte einmal: Was von selbst kommt, geht auch wieder von selbst. Und das stimmt ja in den meisten Fällen auch. In diesem stimmte das nicht. Die Wendung blieb in meinem Kopf und ich konnte mich ihrer erst entledigen, nachdem ich sie in einer Geschichte sicher verstaut hatte. So geht es oft.

Welches waren oder sind für Sie wichtige Inspirationsquellen und Vorbilder im Bereich des Spielens mit Wörtern und Sprache?

Alles, was sich sprechen und lesen läßt, inspiriert mich, ich gehe mit offenen Augen und Ohren durch die Welt. Das Grimm'sche Wörterbuch ist der Thesaurus, den ich manchmal bemühe, Hüschs Umgang mit Wörtern und Sprache, mit Tonfällen und Einfällen, hat mich nachhaltig geprägt, die Sprache im Theater, von Aischylos bis Tabori, hat mich schon als Kind fasziniert, noch zu jung, der verästelten Handlung bis ins Detail zu folgen und die Tiefen des Konfliktes auszuloten, begeisterte mich die Sprache, deren Kraft und Furor, von Anfang an. So ist es bis heute geblieben, wobei ich mittlerweile auch der Handlung immer besser zu folgen vermag...

Was ist für Sie bei Ihrer Arbeit mit Sprache und Wortspielen wichtig? Wie gehen Sie bei der Arbeit mit Sprache vor, wenn Sie Ihre Werke verfassen und wenn Sie diese vor einem Publikum präsentieren?

Für mich ist bei meiner Arbeit mit Sprache und dem Spielen mit Worten wichtig, daß sie stattfindet.

Ich vergleiche mich oft mit einem Komposter, in den man oben Küchenabfälle einfüllt und aus dem unten dann nach einer Reifezeit Blumenerde austritt. Bestandteile des täglichen Einerlei rieseln durch mich durch und setzen sich am Grunde ab, das Leben bildet in mir eine Art Sediment, welches sich dann irgendwann zu meinem und dem Gewinne Dritter abbauen läßt.

Hatten Sie schon immer ein besonderes Interesse an Sprache? Hat sich Ihr Verhältnis zum Wortspiel und zur Sprache im Laufe der Zeit verändert?

Bei uns zu Hause wurde eigentlich immer gesprochen, bisweilen gar vor dem Frühstück auf nüchternen Magen. Ich bin mit dem Sprechen und mit dem Spielen groß geworden, weil meinen Eltern auch beides schon sehr wichtig war und habe es eigentlich nie gelassen, im Gegenteil, seit ich Vater bin, spreche und spiele ich noch mehr. Ich habe einfach irgendwann angefangen, das, was ich privat schon immer betrieb, nun auch öffentlich zu tun. Im Grunde hat sich also mein Verhältnis zu meinem liebsten Medium nicht verändert, sondern nur die Umgebung.

Wie wichtig schätzen Sie die Rolle von Wortspielen für den Erfolg Ihrer Werke ein?

Die Form sollte immer dem Inhalt dienen. Aber die Freude an der Gestaltung kommt dem Inhalt immer zugute.

Teil II

Inwiefern hängt für Sie das Wortspiel mit einem allgemeinen Nachdenken über Sprache und Kommunikation zusammen? Inwiefern beinhalten Wortspiele eine Auseinandersetzung mit grundlegenden Eigenschaften der Sprache?

Insofern, als daß das Spielen immer schon die Erforschung des Bespielten beförderte und Neues, Ungewöhnliches und Überraschendes zu Tage gefördert hat. Spielen schafft Entspannung und fördert die Aufmerksamkeit, es kommt also jedweder Tätigkeit und jedwedem Inhalt immer und überall zugute. Es schafft Vergnügen und beleuchtet unsere Kommunikationsversuche aus ungewohntem Winkel, was Humor schafft und damit dem Verständnis dessen, was man da tut, wie auch dem des Gegenübers deutlichen Vorschub leistet.

Da sich Wortspiele, welcher Couleur auch immer, immer innerhalb der lexikalischen wie grammatikalischen Grenzen einer Sprache abspielen müssen, da sie nur funktionieren, wenn sie auch verstanden werden, das Gegenüber also alle Schritte, die zum Wortspiel führten, nachvollziehen können muß, um in dessen vollständigen Genuß zu kommen, beschreiben Wortspiele sehr genau die Grenzen wie Grundlagen jener Sprache, in der sie stattfinden und geben Aufschluß über Morphologie wie Struktur. Vielleicht ist dies auch einer der Gründe, warum Sie sich so damit beschäftigen.

Gibt es Themenbereiche, die sich besonders gut für das Spielen mit Wörtern und Sprache eignen? Inwiefern berührt das Wortspiel auch ernste Bereiche und Themen?

Das Wortspiel kennt keine thematischen Grenzen, nur die von Anstand und Geschmack.

Inwiefern spielen andere Sprachen, Mehrsprachigkeit, Sprachenvielfalt und Übersetzungsprozesse in Ihren wortspielerischen Werken eine wichtige Rolle?

Ich habe eine humanistische Ausbildung genossen und wurde in Latein und Griechisch unterrichtet, was bis heute auf mein Schaffen ausstrahlt, eine Tatsache, die, hätte man sie meinen damaligen Lehrern zur Kenntnis gebracht, sicherlich vollkommen zu Recht Unglauben und geharnischtes Mißtrauen ausgelöst hätte. Aber kultureller Reichtum entsteht im Einzelnen bisweilen auch ohne dessen aktives Zutun. Ich bin also sehr dankbar und versuche, jene damaligen Mühen meiner Lehrer aktiv zu vergelten.

Inwiefern sind Wortspiele für Sie ein Zeichen von Kreativität? Wo liegen Grenzen der Kreativität beim Spielen mit Wörtern und Sprache?

Spielen an sich ist ein kreativer Vorgang, da er Ausprobieren und Rekombination, Auflösen und wieder Zusammensetzen beinhaltet, also fortgesetzt Neues schafft. Das ist meiner Meinung nach in der Sprache nicht anders.
    Und Kreativität kennt, genau wie Sprache, nur die Grenze des Nichtstuns. Wer die Hände in den Schoß legt, schafft nichts und wer den Mund hält, bleibt stumm.

Würden Sie das Wortspiel als kulturell und traditionell geprägt ansehen? Gibt es bestimmte Muster und Verfahren, mit denen Sie arbeiten, wenn Sie mit Wörtern und Sprache spielen? Ist für Sie beim Spielen mit Wörtern und Sprache wichtig, dass dieses Spiel in eine bestimmte Kultur oder Tradition (oder mehrere) eingebettet ist?

Sprache selbst unterliegt stark einer kulturellen und traditionellen Prägung, da sie die Herausbildung von Kultur und Tradition ja erst ermöglicht. Insofern sind Wortspielereien immer Ausdruck des kulturellen und traditionellen Umfeldes, in dem sie sich ereignen. Für mich ist das eine Tatsache, an der ich nichts ändern kann. Ich schenke ihr aber, wenn ich mich mit Sprache beschäftige, also eigentlich immer, keinerlei Aufmerksamkeit. Es ist einfach eine Grundbedingung. Das Fehlen von Wasser macht Schwimmen unmöglich, was den Fisch als solchen aber nicht interessiert.

Welche Rolle spielt der Kontext bei der Verwendung von Wortspielen? In welchen Kontexten spielen Sie mit Wörtern und Sprache, in welchen Kontexten spielen Sie nicht mit Wörtern und Sprache? Gibt es Kontexte, in denen Wortspiele besonders gut funktionieren, oder umgekehrt Kontexte, in denen Wortspiele schwierig sind oder nicht funktionieren?

Nichts ist ohne Kontext denkbar. Aber welcher es ist, ist für meine Beschäftigung mit Sprache unerheblich. Ich betreibe das Sprechen so wie das Atmen, eher unwillkürlich, und damit findet auch das Spielen bedingungslos statt. Was es ja gerade so erfreulich macht.

Gibt es schlechte Wortspiele?

Ja. Es gibt ja auch schlechte Brettspiele.

Abschließende Frage: Gibt es im Bereich des Wortspiels noch etwas, das Ihnen wichtig ist, und das Sie noch anmerken möchten?

Es findet im Prinzip, wie alles, was Spaß macht und die Menschen weiterbringt, zu selten statt.

Nicolas Potysch
Beredte Worte – Sprachspiele als Reflexionsfigur des eigenen Handelns

1 Einleitung

In Jochen Malmsheimers Programm mit dem recht opaken Titel „ERMPFT-SCHNUGGN TRØDÅ! Oder: Hinterm Staunen kauert die Frappanz" aus dem Jahr 2012 steht durchgängig die Frage im Raum, wie dieser undurchsichtige Ausspruch – „ERMPFTSCHNUGGN TRØDÅ!" – eigentlich zu interpretieren ist. Neben diachronen Auslegungsversuchen, für die Malmsheimer seine Zuhörer auf eine kultur- und sprachgeschichtliche Reise zurück ins Neolithikum, also die Jungsteinzeit, mitnimmt, und eigenen Erfahrungsberichten mit unverständlichen Sprachneuschöpfungen wie „Schillmadeinleböhn!"[1], sind es schließlich die Worte selbst, die in diesem spielerischen „Wortgestöber"[2] *expressis verbis* zur Sprache gebracht werden. Dabei steht neben der eigenen Gestalt als Wort, als Komponente eines Vokabulars und als Bestandteil spezifischer Tradition in Form von Sprachgeschichte ebenso die Haltung Unbekanntem bzw. Neuem gegenüber im Mittelpunkt. Malmsheimer nutzt das Sprachspiel und dessen immanente Reflexivität, um neben der Frage, wie etwas Fremdes verstanden werden kann, auch das Verhalten der Sprechenden qua Sprache zum Thema zu machen. Anders gesagt: Gerade das sprachliche Material ist es, das im neunten Kapitel des Programms schließlich selbst als sprachlich agierende Figuren – als beredte Worte – tätig wird. Über dessen Semantik und seine Kollokationen – also andere Worte, die häufig gemeinsam mit diesen vorkommen[3] – stehen aber letztlich dann doch die Handlungen der Sprechergemeinschaft im Mittelpunkt. Denkbar wäre eine solche Auseinandersetzung mit dem eigenen sprachlichen und nicht-

---

[1] Zum ersten Mal begegnet dieser Ausruf in Kapitel 1, „*Schillmadeinleböhn* – Unverständnis", 2:22–2:25, wo er einer Jugendlichen in den Mund gelegt und so als innovative Sprachverwendung bzw. -schöpfung ausgewiesen wird.
Aus dem Programm wird hier anhand der transkribierten Passagen des Live-Mitschnitts *Ermpftschnuggn trødå! – hinterm Staunen kauert die Frappanz* (2-CD-Set) [RD 21333524. ISBN 978-3-86484-021-0] zitiert. Dazu werden neben dem Kapitel – nummeriert und bei der Erstnennung mit dem entsprechenden Track-Titel der CD – Start- und Endzeitpunkt angegeben.
[2] Malmsheimer selbst bezeichnet das Programm als solches (http://www.jochenmalmsheimer.de/wort-tat/articles/ermpftschnuggn-troda-hinterm-staunen-kauert-die-frappanz.html, zuletzt besucht am 29.5.2018).
[3] So sind z. B. *bellen, treu, knurren* oder *Gassi* typische Kollokationen des Substantivs *Hund*.

sprachlichen Verhalten auch in Form eines wissenschaftlichen Traktats oder einer politischen Glosse. Malmsheimer entscheidet sich jedoch dazu, ein spielerisches Narrativ zu entwickeln, das – geschachtelt in Rahmen- und Binnenhandlung – den Zuhörer über Umwege dazu anhält, die eigene Einstellung kritisch zu hinterfragen.

2 Rahmenhandlung

Die mit dem Programmtitel verbundene Irritation – Was genau habe ich mir als Zuhörer unter diesem unkonventionellen, aufgrund der Typografie möglicherweise skandinavisch[4] anmutenden Ausruf vorzustellen? – wird von Malmsheimer unmittelbar zu Beginn seines Programms explizit gemacht:

> Mein Problem ist – und das wissen Sie – ja immer schon gewesen, dass mir immer zuerst die Titel eingefallen sind von den Programmen, die ich geschrieben habe, und dann hab' ich immer gehofft, dass die Titel mir sagen, worum es dann in den Programmen gehen wird. Das taten sie auch oft genug – jetzt nicht so richtig, muss ich sagen...[5]

Es folgt eine Ausweitung dieses, den eigentlichen Kern des Programms rahmenden Narrativs: Malmsheimer berichtet weiter von der Titel- und Themenfindung, der *inventio*[6], die sich gerade mit Blick auf die deutlich später im Programm ergebende Rätsellösung als Inszenierung bzw. Teil einer *dissimulatio artis*[7] erweist:

> Ich wurde wirklich eines Tages unter der Dusche wach und da war er da dieser Titel, nech, plötzlich, aus dem Nichts. Und dann hab' ich ihm meinem persönlichen privaten Umfeld vorgestellt, weil ich ja auch froh war und stolz war, dass ich einen hatte, und erntete eigentlich einhellig die Reaktion: ...Was!? Dann wusste ich: ...Aha! Es wird also inhaltlich

---

4 Die Kleinbuchstaben <å> und <ø> werden gemeinsam nur im Dänischen und Schwedischen sowie in einigen historischen Sprachstufen (wenngleich der <å> entsprechende Laut dort meist als <aa>, <á> oder <ā> realisiert wird) verwendet.
5 Kapitel 1, 0:28–0:43.
6 Das Berichten darüber, wie die Künstlerin bzw. der Künstler zum Kunstgegenstand selbst gelangt ist, hat Tradition und ist erst vor dem Kunst-Verständnis der jeweiligen Zeit zu verstehen. Exemplarisch lässt sich dies beispielsweise am Maler und Zeichner Adrian Ludwig Richter (1803–1884) zeigen. Während gerade seine Illustrationen ein hohes Maß an Bildzitaten und -adaptionen aufweisen, inszeniert er deren Entstehung in seiner posthum erschienenen Autobiographie *Selbstbiographie. Lebenserinnerungen eines deutschen Malers* (1885) als spontane, geniale Eingebungen ohne Fremdeinwirkung. Vgl. dazu Potysch (2018: 50–51).
7 Vgl. dazu Till (2009).

vermutlich um Missverständnisse gehen oder vielleicht auch um Unverständnis. Man weiß es nicht genau.[8]

Diese Miss- oder Unverständlichkeit des Programmtitels wird so explizit markiert und bleibt als zentrales Element in der Handlung der folgenden Kapitel mal mehr und mal weniger präsent. Malmsheimers Inszenierung, er selbst hätte ursprünglich eigentlich auch nicht so recht gewusst, was es mit diesem Ausruf auf sich habe, trägt zusätzlich dazu bei.

Im Folgenden wechseln sich Programmpassagen, in denen es nur noch locker um die Thematik des kommunikativen Fehlschlusses geht (z. B. Kapitel 3, „Psalm der Sorge I: die Hose"), mit solchen ab, in denen der Titel als Zitat wiederkehrt (Kapitel 7, „*Ermpftschnuggn trødå* – Rätsel", 0:13–0:18) oder wörtlich begegnet, ohne explizit verhandelt zu werden (Kapitel 7, 6:11–6:13). Neben flankierenden Sujets, die in der Kabarettlandschaft weit verbreitet sind („Mode', ‚Mann und Frau' oder ‚Massenverblödung durch Fernsehen'), kommt Malmsheimer in Kapitel 8 „Persönliche, seismische Erfahrung und wohin sowas führt" dann direkt zum eigentlichen Kern des Programms. Wenn er einleitend davon spricht, er sei eigentlich „eine sehr einfache Pflanze und [...] kein politischer Kabarettist"[9], so hat er hier wieder auf die Rahmenebene gewechselt und Kabarettist wie Zuhörer befinden sich erneut mitten in der Inszenierung der eigenen Künstler-Existenz bzw. des damit verbundenen Anspruchs. Die für Kenner seiner Programme leicht als Understatements zu enttarnenden Verweise darauf, dass sein Programm eigentlich nur aus einfachem Slapstick bestünde und sein Niveau „auf Meeresebene angehoben"[10] werden musste, markieren dies deutlich.[11] Nach dieser Kapiteleinleitung wechseln der Gestus des Erzählens und die thematisierten Inhalte abrupt auf eine seriöse Ebene, bei der der akute Realitätsbezug eigens pointiert wird:

> Und weil ich so einfach bin, hab' ich auch gedacht, wär' ich schwer zu erschüttern... das stimmt aber nicht. Ich bin sogar ganz furchtbar erschüttert worden vor gar nicht allzu langer Zeit. Eigentlich vor einem Jahr. [...] Ich war so erschüttert von der Tatsache, dass es

---

8 Kapitel 1, 0:43–1:02.
9 Kapitel 8, 0:03–0:08. Dass diese Aussage in ihrer Absolutheit wohl kaum zutrifft, ist leicht zu erkennen, sind Malmsheimers Programme doch von zahlreichen Kommentaren aus einer politisch linken Weltanschauung unterfüttert.
10 Kapitel 8, 0:03–0:08.
11 Ganz wie die Aussage „Dies ist keine Lüge" neben der expliziten Negation, die im jeweiligen Fall angenommen oder angezweifelt werden kann, gegebenenfalls überhaupt erst die Frage nach dem Wahrheitsgehalt von „Dies" aufwirft, bringt das Parodieren des eigenen Niveaus hier überhaupt erst analog die Frage nach dem Anspruch bzw. der Qualität des Programms auf.

möglich ist, dass in diesem Land höchstkriminelle Soziopathen durch die Gegend fahren und Leute erschießen, weil Ihnen deren Nase nicht passt. Und kein' Menschen kümmert das. [...] Seit zehn Jahren geht das so. [...] Und die Behörden? Naja, nicht vielleicht beteiligt, aber da haben sie auch nicht richtig was dagegen unternommen. Das hat mich total umgehauen, muss ich ehrlich sagen.[12]

Der politische Bezug dieser Passage liegt auf der Hand und ist auch noch heute tagesaktuell: Zwar läuft der eigentliche NSU-Prozess erst seit dem 6. Mai 2013, doch sind die Taten der rechten Terrorzelle ‚**N**ational**s**ozialistischer **U**ntergrund' der Öffentlichkeit seit dem 4. November 2011 (nach dem Suizid von Uwe Mundlos und Uwe Böhnhardt sowie der Festnahme von Beate Zschäpe) sukzessive bekannt geworden. Diese menschenverachtenden Verbrechen, im Rahmen derer in der Zeit von 2000 bis 2007 mindestens neun Migranten und eine Polizistin ermordet, drei Sprengstoffanschläge (1999 in Nürnberg sowie 2001 und 2004 in Köln) und 15 Raubüberfälle begangen wurden, sind der Hintergrund, vor dem Malmsheimer den Kern seines Programms verstanden sehen will.

Doch geht es Malmsheimer hier nicht nur darum, seine Zuhörerschaft zu informieren. Stattdessen steht die Frage nach der Konsequenz im Raum, die sich aus solchen Taten bzw. dem Wissen darüber ergibt. So fragt er sich und sein Publikum:

Wie reagiert man eigentlich, also wie reagiere ich auf eine derartige Barbarei? Mit den Mitteln, die mir zur Verfügung stehen, kann man nicht großartig reagieren. Aber: Man muss sich wenigstens Gedanken machen. Und dann habe ich mir Gedanken gemacht: Und Gedanken zum Beispiel gemacht – sach ma', sach ma', sach ma' – Vielleicht müsste man so etwas wie den Gedanken der Toleranz, vielleicht müsste man den etwas stärken, etwas befördern.[13]

So proklamiert er ‚Toleranz' als Gegenbegriff zu den inhumanen Taten der Terroristen und fordert gleichzeitig zum aktiven Handeln, d. h. zu entsprechenden Gegenaktionen auf; nur wie? Und was hat das dann noch mit dem nach wie vor unverständlichen Buchstaben- bzw. Lautsalat ‚ERMPFTSCHNUGGN TRØDÅ!' zu tun? Malmsheimer sinniert weiter:

Ich weiß wirklich von ganz wenigen Dingen ein bisschen und von den meisten weiß ich überhaupt nix. Und das Problem ist also: Mit so einem Kenntnisstand, wie soll man sich so 'nem Problem nähern. Und da hab' ich gedacht: Wo kennste Dich denn eigentlich aus. Und dann hab' ich gedacht: Ich kenn mich eigentlich nur aus mit'm bisschen zumindest mit meiner Muttersprache – son Hauch. Also hab' ich mir überlegt: Wie geht eigentlich unsere

---

12 Kapitel 8, 1:03–1:37.
13 Kapitel 8, 1:37–1:54.

> Sprache – unsere, ist ja auch ihre – wie geht unsere Sprache eigentlich mit fremden Einflüssen um? Ist unsere Sprache tolerant oder ist sie das nicht?[14]

Wenngleich – obschon – zum jetzigen Zeitpunkt des Programms das *tertium comparationis* zwischen der politischen Debatte über die Handlungen verblendeter Fanatiker und der Frage nach Sprachentwicklung des Deutschen nur andeutungsweise erkennbar ist, handelt es sich hier um die Schlüsselstelle des gesamten Programms. Hier beginnt nun erneut der Wechsel von der moderierenden Rahmenhandlung auf die Ebene der Binnenhandlung; hinein in die erzählte Welt des Sprachspiels. Dazu wird die Erwartungshaltung, nun folge eine metasprachliche, sprachkonservatorische Stellungnahme, direkt gebrochen:

> Und dann muss man mal nachgucken und sich fragen, nicht wahr? Fragen sollte man schon tun. Und wie fragt man seine Sprache? Am besten mündlich – ist ja logisch. Dazu muss man aber wissen, wo sie wohnt. Tja – keine Ahnung. Ich habe lange überlegt: Wo wohnt Deutsch? Und dann ist es mir eingefallen: Is' echt wahr: Deutsch wohnt in Mannheim! Ausgerechnet.[15]

Der Übergang von der Rahmen- in die Binnenhandlung erfolgt schlagartig dadurch, dass Deutsch nicht länger etwas ist, *über* das gesprochen wird, sondern hier als etwas verstanden werden soll, *mit* dem gesprochen wird. Sprache, genauer: Deutsch, ist hier eine personifizierte Instanz, mit der man in Dialog treten kann, die Rede und Antwort steht und die sogar einen Wohnort hat: Mannheim. Gemeint ist damit nicht das Institut für deutsche Sprache, sondern das Bibliographische Institut, das 2012 noch in Mannheim ansässig war. Dieser Verlag, der heute zur Cornelsen Verlagsgruppe gehört und dessen Sitz heute Berlin ist, ist historisch besonders eng mit einem bzw. dem sprachnormativen Standardwerk des Deutschen verbunden: dem Duden, der seit 1880 mit dem Anspruch antritt, ein ‚vollständiges orthographisches Wörterbuch der deutschen Sprache' zu sein. Wenn also irgendwo, dann wohnt Deutsch sinnvollerweise in Mannheim bzw. dort im Archiv des Duden.

---

14 Kapitel 8, 2:46–3:09.
15 Kapitel 8, 3:09–3:25.

3 Binnenhandlung

Dass wir uns nicht länger auf der Rahmenebene der Erzählung befinden, hat schon das Ende des achten Kapitels deutlich hervorgehoben. Malmsheimer akzentuiert diese Zäsur – nicht nur prosodisch – jedoch noch zusätzlich. Statt der vorangehenden direkten Ansprache der Zuhörer und dem Ich-Erzähler, der die Taten des NSU in einem Erfahrungsbericht verurteilt und zu einer entsprechenden Reaktion aufruft, ist der Erzählgestus des neunten Kapitels ein anderer:

> Die Nacht lag schwer und still über Mannheim... – Gucken Sie mich nicht so an. Natürlich war der Rest auch dunkel, is' klar, man kann nich' einfach über einer Stadt dat Licht ausmachen, das weiß ich auch – das is' aber Poesie, Herrgottnochmal![16]

Ab hier haben wir also Dichtung im engeren Sinne vor uns und nicht länger politisches Kabarett mit deutlichem Alltagsbezug wie im vorangehenden Kapitel. Der Einschub als (fingierte?) Reaktion auf einen (fingierten?) Zuschauerblick, setzt diese beiden Erzählmodi zusätzlich in Kontrast zueinander.

Das „hochaufragende Verlagsgebäude"[17], in das Malmsheimer den Zuhörer nun entführt, ist der Ort, an dem die Sprache nicht nur wohnt, sondern sich zudem immer nach exakt 800 Millionen gesprochenen, deutschen Sätzen – angezeigt über eine numerische Skala, das Germanoskop – zur „Generalversammlung des Deutschen, [zum] *Concilium linguae germanorum*"[18] versammelt. Dort – so die Geschichte – wird nicht nur *über* Sprache verhandelt, sondern dort diskutiert die Sprache selbst – natürlich sprachlich – über „alle innersprachlichen Belange wie Wortschatzschutz und Vokabelbestand."[19] Dabei hält immer ein Wort, autorisiert dadurch, dass es in einem Band des Grimm'schen *Wörterbuchs des Deutschen*[20] das erste Lemma darstellt, den Vorsitz. Da es sich um die achte Versammlung handelt, nimmt dieses Mal das erste Stichwort des achten Bandes, ›Glibber‹, den Vorsitz als „seine Wörtlichkeit"[21] ein; alle anderen Worte haben Rede- und Stimmrecht.

Das für das weitere Programm und die zentrale Frage relevante Szenario, das Malmsheimer weiter Schritt für Schritt wortgewaltig entfaltet, lässt sich wie folgt knapp umreißen: Im Rahmen dieser Generalversammlung des Deutschen wird –

---

16 Kapitel 9, „*Und Deutsch meint einfach* – Antwort", 0:00–0:12.
17 Spätestens hier ist klar, dass der Duden bzw. das Bibliographische Institut gemeint ist.
18 Kapitel 9, 2:16–2:20.
19 Kapitel 9, 2:25–2:28.
20 Vgl. *Deutsches Wörterbuch* von Jacob und Wilhelm Grimm.
21 Kapitel 9, 5:30–5:32.

nach einigem Vorgeplänkel – in Form einer Abstimmung, vor der Plädoyers für und gegen Anträge gehalten werden können, über die Hinzufügung neuer, *fremder* Worte zum deutschen Vokabular entschieden. Gegenstand der Debatte ist im aktuellen Fall das aus dem Englischen entlehnte Verb ‚Chillen', dessen endgültiger Eingang in die deutsche Lexik zur Disposition steht. Der Leiter des Aufnahmeausschusses – und gleichzeitig Fürsprecher der terminologischen Inklusion – ist das Nomen ‚Ausschussvorsitzender'; vehementer Gegner der Eingliederung ist das Substantiv ‚Flurwoche'. Noch bevor Ausschutzvorsitzender seine Einschätzung über Chillens Aufnahme ins Deutsche abgegeben hat, wird er von Flurwoche brüsk durch aggressive Zwischenrufe und rassistische Kommentare unterbrochen.[22] Es entwickelt sich ein heftiger Streit zwischen Flurwoche und dem Verb ‚Grillen', das sich aufgrund seiner klanglichen Ähnlichkeit zu Chillen und seiner ebenfalls fremdsprachigen, weil französischen Abstammung geschmacklosen Anschuldigungen ausgesetzt sieht.[23]

Erst ein Machtwort von Glibber beendet das hitzige Streitgespräch und erlaubt es Ausschutzvorsitzender mit seine Begründung für die Aufnahme des Kandidaten fortzufahren: „Wir unterstützen den Antrag des Bewerbers nachdrücklich, da Chillen ein Bedeutungsfeld abdeckt, dass wir so noch nicht abgedeckt hatten, aber dringend abdecken sollten."[24] – es geht also um Bereicherung bzw. um das Schaffen neuer sprachlicher Möglichkeiten.[25] Denn, obwohl das Deutsche die Einzelbegriffe ‚Abkühlen' und ‚Beruhigen' bereits besitzt – worauf die entsprechenden Verben mit einer ihren semantischen Eigenschaften entsprechenden Prosodie reagieren –, ist das entscheidende semantische Kriterium die Chillen eigene „Kombination im Sinne eines kühlenden Ruhens, eines beruhigenden Kühlens, einer *tranquilitas frigoris*, die Ruhe der Kälte, wie sie etwa Scott und Amundsen...".[26] An dieser Stelle unterbricht Flurwoche, das geordnete Verfahren abermals missachtend, mit wüsten Beleidigungen gegen den Kandidaten und den Vorsitzen. Flurwoche und Ausschussvorsitzender liefern sich nun ein heftiges Rededuell: Rhetorisch gewandt argumentiert Ausschussvorsitzender damit, dass junge Sprecher, die die Zukunft der Sprachgemeinschaft

---

22 Kapitel 9, ab 10:12.
23 Kapitel 9, 10:12–11:40.
24 Kapitel 9, 11:57–12:06.
25 Die damit verbundene Debatte um sprachliche Abschottung bzw. Öffnung, also strenges sprachkonservatorisches Verhalten auf der einen Seite und die Bereitschaft zur Aufnahme neuer Wörter auf der anderen Seite, ist bereits viele Jahrhunderte alt und hier kaum anzudeuten. Einen Eindruck verschaffen unter anderem Pölitz (1820), Enzensberger (1979), Worbs (2009).
26 Kapitel 9, 2:25–2:28.

bilden und somit künftig auch deren Vokabular bestimmen, Flurwoche kaum noch verwenden würden:

> [W]eil Flurwoche neben Zählappell und Wachturm [...] in seiner blockwartigen Regelmäßigkeit und seiner miefigen, spießbürgerlichen Gängelei jeder Art von gelebter oder empfundener Jungendlichkeit aufs schärfste zuwiderläuft. Treten Sie auf den Plan, denken sofort alle nur an eines: Chillen! Chillen! Chillen! Und das [...] ist der Grund, warum wir dringend das Verbum Chillen im Wortschatz haben müssen. Dringend! Solange es so etwas wie Flurwoche gibt, muss es auch etwas wie Chillen geben.[27]

Dieser stichhaltigen Argumentation, die erneut die Gebräuchlichkeit des Neuaufnahmekandidaten zum zentralen Kriterium für die Integration in die deutsche Sprache setzt, hat niemand etwas entgegenzusetzen – von wüsten Flüchen Flurwoches, die die eigene Niederlage in der Debatte erkannt hat, einmal abgesehen.

An dieser Stelle könnte die Handlung enden, ist die xenophobe Flurwoche, mit der ihr eigenen Spießbürgerlichkeit, doch unterlegen. Malmsheimer fügt dem politischen Diskurs des NSU-Terrors, vor dem die Binnenerzählung verstanden werden will, nun jedoch noch eine weitere Bezugsgröße hinzu: Flurwoche, die einsehen muss, die anderen Stimmberechtigten nicht überzeugen zu können, hofft darauf, dass Chillens nicht vorhandene ‚Deutschheit'[28] dessen fehlende Eignung für eine Aufnahme ins Deutsche entlarven wird. Daher fordert sie: „Wer Deutscher werden will, muss einen Test machen; also muss auch einen Test machen, wer ins Deutsche will, sonst kann ja jeder kommen!"[29]

Dieser Test, den erfolgreich absolvieren muss, wer Deutsche/r werden will, wurde und wird im Rahmen der Kontroverse zum Umgang mit Menschen nichtdeutscher Herkunft, die dauerhaft in Deutschland leben möchten, immer wieder von verschiedenen Parteien aufgebracht. Seit 2008 ist ein solcher sogenannter ‚Einbürgerungstest' Bestandteil der Beantragung einer deutschen Staatsbürgerschaft. Während dieser Fragen „zu den Themenbereichen *Leben in der Demokratie*, *Geschichte und Verantwortung* sowie *Mensch und Gesellschaft*"[30] enthält, verhandelt der von Flurwoche eingeforderte ‚Eindeutschungstest' im Reich der Sprache selbstredend sprachliches Wissen. Das Ergebnis legt Malmsheimer bereits vor der Durchführung des Tests seinem ‚Wortschatzmeister' in den Mund: Vor dem Hintergrund der vorangehenden Kapitel, in denen Malmsheimer

---

27 Kapitel 9, 13:15–13:47.
28 Hier sei auf ein lyrisches Sprachspiel verwiesen, das hier den Rahmen sprengen würde, sich aber nahtlos in die Debatte einfügt. Friedrich Rückert: „Grammatische Deutschheit" ([1818] 1819).
29 Kapitel 9, 13:57–14:02.
30 Homepage des Bundesamts für Migration und Flüchtlinge.

völkisch-nationale Gedankenträger, die sich außerhalb der demokratischen Gesellschaftsordnung positionieren, bereits auf einen Geröllhaufen vor den Färöer-Inseln gewünscht hat, um dort aus Kieseln ein viertes Reich zu erbauen,[31] mag das Folgende wenig verwundern. So entscheidet Glibber nach Flurwoches diskriminierendem Vorschlag:

> Ich persönlich habe dieses Einbürgerungstestverfahren ja immer für eine paradigmatische Kubik-Blödheit gehalten, denn: würde man alle Naturaldeutschen einem Test unterziehen, von dem ihr Verbleiben in der Nation abhinge, wären Wohnungsnot und Studienplatzmangel Probleme von gestern... Vielleicht wäre das auch in unserem Fall der Weg![32]

Flurwoche versteht Glibbers Andeutung nicht, so dass dieser expliziter werden muss: „[N]icht nur Chillen müsste einen Test zur Eindeutschung ablegen, sondern beispielsweise auch Sie [= Flurwoche] einen, um im Deutschen bleiben zu können."[33] Dieser Vorstoß – der ebenfalls auf einem zentralen Kritikpunkt am Einbürgerungstest beruht[34] – stößt bei Flurwoche auf keinerlei Gegenlieben; ganz im Gegenteil. So plädiert sie dafür, dass nur der Neue in einem solchen Test geprüft werden soll und Glibber gibt beide Möglichkeiten – a) Durchführung des Tests nur für Chillen; b) Durchführung des Tests sowohl für Chillen als auch für Flurwoche – zur Abstimmung: Unterstützung findet die unter Verweis auf nebulöse sprachliche Abstammungslinien provozierende Flurwoche lediglich durch „einige wenige Substantive wie *Langeweile, Perspektivlosigkeit, Vollspacko, Wohnsilo, Eineuromarkt* und *Schulabbrecher*, die Adjektive *lieblos, vollstramm, neidisch* und *hohl* und Verben wie *hauen* und *stechen* sowie *klauen* und *zechen*"[35], während die übrigen Worte des Deutschen für einen gleichzeitigen Test beider

---

31 Kapitel 2, „*Fragworten* – Missverständnis", 11:39–12:03.
32 Kapitel 9, 14:03–14:22.
33 Kapitel 9, 14:30–14:35.
34 Die kritischen Stimmen zum Fragenkatalog des Einbürgerungstests lassen sich nicht einstimmig pauschalisieren: So hat der UN-Ausschuss für die Beseitigung der Rassendiskriminierung (CERD) die Formulierungen der Testfragen mehrfach bemängelt (angefangen 2008, zuletzt im Bericht vom 8. April 2013), während andere Vertreter Zweifel daran geäußert haben, ob selbst gebürtige Deutsche in der Lage sind, die Fragen des Tests zu beantworten (z. B. der Bundesvorsitzende der Türkischen Gemeinde in Deutschland (tgd) und der Migrationsbeauftragte des Deutschen Gewerkschaftsbundes (DGB) Safter Çinar in der Berliner Morgenpost vom 13. Juni 2006; https://www.morgenpost.de/politik/article104643218/Migranten-machen-Front-gegen-Einbuergerungstest.html, zuletzt besucht am 20.9.2018). Belastbare Studien dazu stehen jedoch aus, so dass i. d. R. ideologisch gefärbte Mutmaßungen, die keine gesicherte Datenbasis haben, die Debatte dominieren.
35 Kapitel 9, 14:45–15:05.

Kombattanten votieren. Erneut nutzt Malmsheimer die Semantik seiner sprachlichen Akteure und die dazugehörigen Kollokationen, um so auf eine bestimmte Sprechergruppe des Deutschen zu verweisen. Beide Kandidaten müssen den Test somit durchführen und das Ergebnis überrascht wohl kaum: Während Chillen mit einer ihm immanenten Gelassenheit alle Fragen mit sprachlichem Witz und Finesse beantwortet[36], blamiert sich Flurwoche auf ganzer Linie. Eine Eindeutschung des anglophonen Verbs bei gleichzeitiger Verbannung des stereotyp engstirnigen Substantivs scheint unausweichlich. Dann hätten wir jedoch das, was Malmsheimer zuvor bereits ironisch als Widerspruch-in-sich anmerkte: „Toleranz? Ja; aber nur mit den Toleranten!"[37]

Ein erneuter Bezug zum Neolithikum bringt den Ausweg aus diesem Dilemma, in dem sich die Toleranten beinahe als ebenso intolerant wie Flurwoche offenbaren: Flurwoche – nun panisch, da um ihre sprachliche Bleibeberechtigung fürchtend – brüllt, man könne sie nicht einfach verbannen, da es sie schon „seit der Steinzeit"[38] gäbe. Damals hieße sie jedoch noch „Schrampftesutn"[39], also: Höhlenwoche, was mindestens so fremd wie ‚ERMPFTSCHNUGGN TRØDÅ!' klingt und dessen Bedeutung uns heute – ‚SCHRAMPFTESUTN' bietet analog keine Möglichkeit einer Bedeutungsableitung qua sprachlicher Ähnlichkeit[40] – ebenso undurchsichtig ist. Die anschließende Reaktion Chillens, der sich bis dahin sehr zurückhaltend gebärdet hat, bringt dann des Rätsels Lösung und des Kabarettisten politische Überzeugung ans Licht:

> Dann wandte er [= Chillen] sich an die wie von Sinnen zitternde Flurwoche: ‚Schrampftesutn, ERMPFTSCHNUGGN TRØDÅ!' – ‚Flurwoche, chill ma' Dein Leben!'[41] Und dann an die Vorsitzenden und das Plenum: [...] Lassen wir ab vom Unsinn des Eindeutschungstestes. Frei muss die Sprache sein und offen für jeden Einfluss. Bildet ein Wort das ab, was der Sprecher auszudrücken wünscht, ist es gut und richtig und am Platz. Egal ob es aus dem Arabischen, dem Französischen, dem Englischen oder gar dem Neolithischen kommt. Nicht wo einer herkommt, ist entscheidend, sondern wo er bleibt und wo er dann hin will. Wer bereichert, freundlich und hilfsbereit ist, soll willkommen sein. [...] Wörter allein sind

---

36 So beantwortet Chillen die Frage nach drei Präpositionen des Deutschen mit dem Namen des Fragenden selbst: **Ein**deutschungs**aus**schuss**vor**sitzender. Vgl. Kapitel 9, 15:58–16:16.
37 Kapitel 8, 2:00–2:02.
38 Kapitel 9, 20:04–20:06.
39 Kapitel 9, 20:16.
40 Anders etwa als bei der im Programm polemisch diskutierten Etymologie von Flurwoche, bei der die Konstituente Flur- auf das phonologisch verwandte mhd. *vluor* (Flur, Feldflur, Saatfeld, Bodenfläche) bzw. ahd. *fluor* (Saat, Saatfeld, Fußboden) bzw. mnd. *vlōr* (Flur, Boden, Fußboden) zurückgeht.
41 Hier löst sich auch die Unverständlichkeit von „Schillmadeinleböhn" auf, die eingangs im Programm Thema war und die Malmsheimer prosodisch begünstigt hat.

nur Geräusch. Die Gemeinschaft erst macht uns zum Text und damit zu etwas Besonderen. Nur dann sind wir nicht mehr nur Lexikon, ein Katalog, sondern Literatur.[42]

Flurwoche erkennt die eigene Engstirnigkeit und gibt sich geläutert einem neuen Namen, um fortan als ‚Kehrwoche' neu zu beginnen. Eine spielerische Umbenennung, die der Einsicht in die spracheigene Dynamik Rechnung trägt.

Den Abschluss des Kapitels bildet ein Aufruf, der weit über die sprachlichen Belange hinausreicht: Doch wer spricht hier eigentlich noch? Das Sprachspiel agiert an dieser Stelle gekonnt sowohl auf Ebene der Binnen- als auch der Rahmenhandlung, wenn Glibber einen Appell für *unsere* Sprache – die Sprache Glibbers aber auch die Malmsheimers und seines Publikums – ausgibt:

> Toleranz muss großgeschrieben werden – immer; und nicht nur, weil sie ein Substantiv ist. Vom Deutschen lernen, soll heißen Deutsch sein lernen. Unsere Sprache soll offen sein und selbstbewusst; freundlich und einladend und dann wird es uns auch in nochmal zehntausend Jahren geben.[43]

Hier schließt sich der Erzählbogen mit der erneuten Thematisierung der Toleranz, die es wie eingangs betont zu stärken bzw. zu befördern gelte.

Das Sprachspiel mit dem bis zum neunten und damit vorletzten Kapitel unverständlich bleibenden ‚ERMPFTSCHNUGGN TRØDÅ!' ist mehr als nur Freude am metareflexiven Spiel der beredten Worte. Es geht hier um das Handeln bzw. das Verhalten der Figuren, die durch die eigene Semantik sowie die ihrer Kollokationen stellvertretend für die mit ihnen korrespondierenden Sprecherinnen und Sprecher stehen. Die Debatte um die Aufnahme von Chillen ins Deutsche führt mit ihrer Pointe – es handelt sich eben nicht um einen *neu* aufzunehmenden Kandidaten, sondern um einen *erneut* aufzunehmenden – die Engstirnigkeit und das fehlende (sprachliche) Wissen der Akteure vor Augen. So wie die fiktive, neolithische Vorstufe des Deutschen, in der Chillen bzw. Ermpftschnüggi[44] und Höhlenwoche bzw. Schrampftesutn zu einer (Sprach-)Familie gehörten, verweist dabei zudem auf die gemeinsame Herkunft aller Menschen, die uns bei aller Nationalstaatlichkeit nur allzu häufig aus dem Bewusstsein gerät.

Dass dieses Sprachspiel – und damit auch die Überzeugung, von der Gestalt und Funktionsweise der eigenen Sprache auch etwas für das eigene Verhalten ableiten zu können – nicht isoliert zu verstehen ist, sondern bereits an eine intertextuelle Serie anschließt, verdeutlichen die letzten Worte des Kapitels, die

---

42 Kapitel 9, 20:38–21:28.
43 Kapitel 9, 22:15–22:28.
44 Der Infinitiv zum Imperativ „Ermpftschnuggn" (Kapitel 9, 20:32).

gleichzeitig den Einstieg in Malmsheimers ähnlich kryptisch anmutendes Programm „*Wenn Worte reden könnten* oder: 14 Tage im Leben einer Stunde" aus dem Jahre 2000 bilden.[45] Dort hatten bereits einmal beredte Worte zur Sprache gefunden und sich über ihre eigene Identität unterhalten. Jedoch widmete sich jenes Programm nicht direkt einer politischen Überzeugung, sondern der Spannbreite von normiertem Hochdeutsch zu den unterschiedlichen Varietäten des Deutschen. Demgegenüber liegt der Schwerpunkt dieses Programms „ERMPFTSCHNUGGN TRØDÅ!" auf dem politischen Gehalt des Sprachspiels. Wenngleich in eine wortgewandte Binnenerzählung gehüllt, so dienen gerade die sprechenden Figurennamen (Flurwoche und Chillen) dazu, entsprechende Bevölkerungsgruppen im politischen Diskurs der Bundesrepublik zu identifizieren und auf die Rahmenhandlung zu beziehen.

> Grammatische Deutschheit. (Friedrich Rückert, 1818)
>
> Neulich deutschten auf deutsch vier deutsche Deutschlinge deutschend,
> Sich überdeutschend am Deutsch, welcher der Deutscheste sey.
> Vier deutschnamig benannt: Deutsch, Deutscherig, Deutscherling, Deutschdich;
> Selbst so hatten zu deutsch sie sich die Namen gedeutscht.
> Jetzt wettdeutschten sie, deutschend in grammatikalischer Deutschheit,
> Deutscheren Comparativ, deutschesten Superlativ.
> „Ich bin deutscher als deutsch," „Ich deutscherer."
> „Deutschester bin ich." „Ich bin der Deutschereste, oder der Deutschestere."
> Drauf durch Comparativ und Superlativ fort[d]eutschend,
> Deutschten sie auf bis zum – Deutschesteresteresten;
> Bis sie vor comparativisch - und superlativischer Deutschung
> Den Positiv von Deu[t]sch hatten vergessen zuletzt.

Literaturangaben

Enzensberger, Hans Magnus. 1979. Unsere Landessprache und ihre Leibwächter. *DIE ZEIT* vom 24. August 1979. Nr. 35. S. 29.

Grimm, Jacob & Wilhelm Grimm. *Deutsches Wörterbuch*. 16 Bde. in 32 Teilbänden. Leipzig 1854–1961. Quellenverzeichnis Leipzig 1971.

Malmsheimer, Jochen. *Ermpftschnuggn trødå! – hinterm Staunen kauert die Frappanz*. 2-CD-Set. Bochum 2012. [RD 21333524. ISBN 978-3-86484-021-0.]

Pölitz, Karl Heinrich Ludwig. 1820. *Die Sprache der Teutschen philosophisch und geschichtlich fuer akademische Vortraege und fuer den Selbstunterricht dargestellt*. Leipzig: Weidmann.

---

[45] Kapitel 8, 23:10–23:30.

Potysch, Nicolas. 2018. *Wiederholt doppeldeutig in Bild und Schrift: Ambiguität im durchbilderten Roman*. Hannover: Wehrhahn-Verlag. S. 50–51.
Richter, Adrian Ludwig. 1885. *Selbstbiographie. Lebenserinnerungen eines deutschen Malers*. Frankfurt a. M.: Johannes Alt.
Rückert, Friedrich. [1818] 1819. Grammatische Deutschheit. *Urania, Taschenbuch auf das Jahr 1819*, S. 400. Leipzig: Brockhaus.
https://books.google.de/books?id=TKRBAAAAYAAJ&pg=PA369&dq=urania+1819&hl=de&sa=X&ved=0ahUKEwj8pfKzravbAhVKbFAKHUoPD_IQ6AEIJzAA#v=onepage&q=urania%201819&f=false (zuletzt besucht am 20.9.2018).
Till, Dietmar. 2009. Verbergen der Kunst. In Gert Ueding (Hg.), *Historisches Wörterbuch der Rhetorik*, Bd. 9. St–Z, 1034–1042. Tübingen: Niemeyer.
Worbs, Erika (Hg.). 2009. *Neue Zeiten – neue Wörter – neue Wörterbücher. Beiträge zur Neologismenlexikografie und -lexikologie*. Frankfurt a. M. u. a.: Peter Lang.

CERD-report vom 8. April 2013. Aktenzeichen: CERD/C/DEU/19-22.
http://repository.un.org/bitstream/handle/11176/304836/CERD_C_DEU_19-22-EN.pdf?sequence=1&isAllowed=y (zuletzt besucht am 20.9.2018).
Homepage des Bundesamts für Migration und Flüchtlinge.
http://www.bamf.de/DE/Willkommen/Einbuergerung/WasEinbuergerungstest/waseinbuergerungstest-node.html (zuletzt besucht am 20.9.2018).
Homepage von Jochen Malmsheimer. http://www.jochenmalmsheimer.de/worttat/articles/ermpftschnuggn-troda-hinterm-staunen-kauert-die-frappanz.html (zuletzt besucht am 20.9.2018).
Berliner Morgenpost vom 13. Juni 2006.
https://www.morgenpost.de/politik/article104643218/Migranten-machen-Front-gegen-Einbuergerungstest.html (zuletzt besucht am 20.9.2018).

Nicolas Potysch (Dr. phil.), Wissenschaftlicher Mitarbeiter am Germanistischen Institut der Ruhr-Universität Bochum, Fakultät für Philologie, und Mitglied der DFG-Forschungsgruppe 2288: „Journalliteratur". Studium der Germanistik und Physik. Promotion mit einer Arbeit zu den narrativen Konsequenzen von Bildwiederholungen in Romanen (Tübingen 2016). Forschungsschwerpunkte: Erzähltexte der Vormoderne, Ambiguität, Autorschaftsentwürfe, Emblematik, Narrative der Radikalisierung.

Peter Knopp
Bauchreden – das Spiel mit dem Sprechen

1 Einleitung

Bauchreden hat eine lange Tradition und wird bereits aus der antiken Welt berichtet. Es wird vermutet, dass Orakel und Priester diese Form der Sprachproduktion nutzten, um Äußerungen zu generieren, die Göttern und Geistern zugeschrieben werden sollten. In den Schriften von Hippocrates, Plato und Plutarch finden sich bereits Hinweise auf diese als Gastromantie bezeichnete Anwendung des Bauchredens (Vox 1993: 18–21). Andere Quellen beobachten Vergleichbares in Kulturen der Inuit, Zulu sowie in Guinea und auf den Fidschi-Inseln. Im Mittelalter wird Bauchreden oft mit Hexerei und Besessenheit in Verbindung gebracht. Ab dem 18. Jahrhundert entwickelt sich dann das Bauchreden als Unterhaltungsform und wird in zunehmend größeren Rahmen dargeboten. Heute sind Bauchredner wie Sascha Grammel, Benjamin Tomkins oder Jörg Jará regelmäßig im Fernsehen (z. B. Quatsch Comedy Club, SWR Spätschicht, NDR Intensiv Station), auf ihren eigenen Tourneen und im Internet zu sehen.

Frühe Formen des kabarettistischen Bauchredens arbeiten dabei ohne Puppen und schaffen die Illusion eines weiteren Sprechers an entfernten und „unsichtbaren" Orten. Die vermeintlichen Sprecher waren z. B. der Schornsteinfeger im Kamin oder eine SprecherIn im Publikum, unter der Bühne oder in einer Kiste. Diese heute wenig verbreitete Form wird als *distant voice ventriloquism* bezeichnet (Vox 1993).

Heutzutage ist der Ort der vorgeblichen Sprachproduktion in der Regel eine Handpuppe, die von der BauchrednerIn gesteuert wird und mit der sie interagiert. Diese Variante des Bauchredens wird als *near ventriloquism* bezeichnet (Vox 1993). Beiden Formen ist gemein, dass die BauchrednerInnenstimme ein deutlich anderes sprechsprachliches Profil aufweisen muss als die SprecherIn, um die Illusion mehrerer SprecherInnen zu erzeugen.[1]

---

[1] Da auch heute die Stimme der Puppe gelegentlich aus einer Kiste oder von unter einer Decke erscheinen soll, müssen auch zeitgenössische BauchrednerInnen in der Lage sein, den Stimmklang gemäß der von den HörerInnen erwarteten Akustik einer solchen Situation anzupassen.

2 Was ist Bauchreden? Stimmlich-sprachliche Strategien

2.1 Artikulation

Unabhängig davon, woher die von der BauchrednerIn erzeugte Sprache vorgeblich kommt, soll die KünstlerIn selbst nicht als Quelle dieser sprechsprachlichen Äußerungen wahrgenommen werden. Ein Kennzeichen einer guten BauchrednerIn ist daher das vollständige Ausbleiben von Lippenbewegungen. Die KünstlerInnen nehmen dazu eine leicht geöffnete, oft leicht lächelnde artikulatorische Grundstellung ein, die es erlaubt, dass der produzierte Sprachschall durch den Mund entweichen kann, ohne dass die Lippen erkennbar bewegt werden.

Aus dieser leicht geöffneten Kieferposition mit leichter Spreizung der Lippen ergibt sich, dass vor allem diejenigen Sprachlaute problematisch sind, die in der modalen Sprechweise von außen gut sichtbare Bewegungen der Artikulatoren mit sich bringen. Dies sind vor allem offene Vokale wie /æ/ (engl. *bad*, /a/ (dt. *acht*) und /ɑ/ (engl. *calm*), bei denen der Kieferwinkel am größten ist. Allerdings stellen auch geschlossene Vokale wie /y/ (dt. *müde*) und /u/ (dt. *Mut*) mit geringem Kieferwinkel ein Problem dar, sofern sie eine Rundung und ggf. ein Vorstülpen der Lippen erfordern. Gleiches gilt für die halboffenen gerundeten Vokale /œ/ (dt. *Löss*), /ɔ/ (dt. *Post*) und die halbgeschlossenen gerundeten Vokale /ø/ (dt. *Öl*) und /o/ (dt. *hoch*). Westbury und Weiss (2003) weisen darauf hin, dass die leicht lächelnde Stellung der Lippen zu einer Verkürzung des Vokaltrakts (Mund-, Nasen- und Rachenraum) führt. Dies manifestiert sich im akustischen Sprachsignal in einem Absinken der für die Klangqualität der Vokale wichtigen Resonanzfrequenzen (Formanten).

Um diese Einschränkung bei der Produktion der Sprachlaute (Artikulation) zu kompensieren, muss die BauchrednerIn ihren Vokaltrakt so manipulieren, dass ein gleicher oder zumindest ähnlicher Höreindruck entsteht wie bei dem intendierten Laut. Vox (1993) beschreibt ein Anheben und Zurückziehen des Zungenrückens in Richtung Velum: „In this position, the tone is deflected so that it passes mainly through the nose cavity and partially through the mouth." (Vox 1993: 186). Wenn dabei das Velum geringfügig abgesenkt wird, entweicht ein Teil des Schalls durch den Nasenraum und ergibt den als *ventriloquist drone* bezeichneten hypernasalen Stimmklang.

Huizinga (1930) beobachtet anhand von Röntgenaufnahmen eine Engebildung im Pharynxbereich des Bauchredners. Dies erscheint insofern plausibel, als bei vielen aktiven BauchrednerInnen wie z. B. Sascha Grammel (Bayerischer Rundfunk 2016) oder besonders bei Jeff Dunham (2011) eine starke muskuläre

Aktivität im oberen Halsbereich von außen sichtbar ist, die auf kompensatorische Artikulation in diesem Bereich schließen lässt. Es liegt in der Tat nahe, kompensatorische Mechanismen in Form einer Enge- oder Weitenbildung im Pharynx anzunehmen. Dies ist jedoch ein offenes Forschungsfeld – mit Ausnahme der individuellen Beobachtungen von Huizinga (1930) existieren keine empirischen Untersuchungen. Es scheint somit mindestens zwei verschiedene Strategien der Kompensation der Vokalartikulation zu geben: Die Rückverlagerung der Zunge und die Engbildung im Rachen. Dieses Prinzip ist nicht auf das Bauchreden begrenzt, sondern wird unter dem Stichwort *motor equivalence* auch in normaler Sprache beobachtet (vgl. Perkell et al. 1993). Das Bauchreden führt diese Prozesse aber in die Extreme des physiologisch Möglichen.

Bei den Konsonanten sind besonders die (bi)labialen /p/ (dt. *Post*), /b/ (dt. *Bus*), /m/ (dt. *Mut*), labio-dentalen /f/ (dt. *Fisch*), /v/ (dt. *Wein*) und labio-velaren /w/ (engl. *work*) Laute mit sichtbarer Lippenbewegung verbunden und für die BauchrednerIn somit problematisch. Für all diese Laute muss die BauchrednerIn daher eine optisch möglichst unauffällige kompensatorische Artikulation substituieren.

In Tabelle 1 sind die in Selbstlernbüchern für das Bauchreden (King 1997; Schindler und Tricomi 2011) üblicherweise empfohlenen Ersatzartikulationen zusammengefasst. Ihnen allen ist gemein, dass die Artikulation nach hinten und somit weiter in den Mundraum verlagert wird. Die Artikulationsart und Stimmbeteiligung bleiben gleich (stimmhafter Plosiv /b/ zu stimmhaftem Plosiv /d/), die Artikulationsstelle wird jedoch verlagert (stimmloser **labiodentaler** Frikativ /f/ zu stimmlosem **dentalen** Frikativ /θ/).

Tab. 1: Empfohlene Ersatzartikulation bei Konsonanten

Zu ersetzender Laut	Ersatzartikulation
/p/	/t/, /k/
/b/	/d/, /g/
/f/	/θ/
/v/	/ð/
/m/	/n/, /ŋ/
/w/	/ɯ/ (entrundetes /u/), /l/

Westbury und Weiss (2003) beobachten zwei grundsätzliche Strategien der Ersatzartikulation bei Konsonanten. Eine arbeitet mit geringer Variation der Artikulation und verwendet die aus Tabelle 1 zu entnehmenden Ersatzlaute. Die

Konsequenz ist jedoch eine hohe Abweichung im akustischen Output zwischen vorgesehenem und ersetzendem Laut. Um dem entgegenzuwirken, empfiehlt King (1997: 14): „[...] emphasizing, or stressing, the part of the word away from the difficult letter" und meint vermutlich eine Reduktion der Intensität und Dauer der Substitutionslaute, die bis zum Wegfall des entsprechenden Lautes führen kann. Gleichzeitig soll die Aussprache des restlichen Wortes betont werden. Erfahrene Bauchredner wie Ray Alan demonstrieren hingegen ihre Meisterschaft, in dem sie gerade die „schwierigen" Laute wiederholt und betont artikulieren (vgl. morpheusatloppers 2009) und z. B. ein auditiv eindeutiges [p] erzeugen, das nicht durch einen reinen Lautaustausch mit /t/ produziert worden sein kann.

Für diese zweite Strategie ist laut Westbury und Weiss (2003) jedoch extreme Ersatzartikulation nötig, die stark vom Modalinventar der SprecherInnen abweicht. Ähnlich der Vokalartikulation spielen hierbei vermutlich die Rachenresonanzen eine stärkere Rolle als beim normalen Sprechen. Metzner et al. (2006) können anhand eines artikulatorischen Sprachsynthesesystems[2] zeigen, dass unterschiedliche Einstellungen der Artikulatoren zu ähnlichen perzeptiven Eindrücken führen können. Sie modellieren sowohl die natürlichen Laute /b/, /p/, /v/ und /m/ als auch je zwei alternative Konfigurationen, die so angepasst werden können, dass gute auditive Ähnlichkeit mit den natürlichen Lauten vorliegt.

2.2 Stimmgebung und Atmung

Da das Sprachsignal durch die bereits erwähnte geringe Mundöffnung beim Bauchreden stärker gedämpft wird als bei normaler Sprechweise, muss das im Kehlkopf gebildete Quellsignal, also der Stimmton, eine höhere Ausgangslautstärke aufweisen. Der dazu erforderliche erhöhte subglottale Druck wird durch eine stärkere Anspannung des Zwerchfells und zusätzlichen Einsatz der Bauchmuskulatur erreicht. Diese Anspannung bei einsetzender BauchrednerInnenstimme ist gut bei Jeff Dunham (2011) zu beobachten. In der Regel ist dies bei den Künstlern jedoch nicht zu sehen, da Kleidung und eine leicht gebeugte Haltung kaschierend wirken. Bauchredner wie Sascha Grammel, Jörg Jará und Peter Moreno tragen z. B. oft Sakkos, die den Blick auf den Thorax-Bereich (bewusst) versperren.

---

2 Die artikulatorische Sprachsynthese erzeugt Sprache mit Hilfe eines Modells des menschlichen Vokaltrakts und den artikulatorischen Vorgängen in ihm. Durch Manipulation einzelner Parameter der Artikulatoren kann das akustische Ausgangssignal verändert werden und fortlaufende Sprache synthetisiert werden.

Huizinga (1930) stellt bei dem von ihm mittels Röntgenaufnahmen untersuchten Bauchredner allerdings eine dauerhafte Inspirationsstellung des Zwerchfells bei geringem Luftverbrauch fest. Dies erscheint jedoch wenig plausibel angesichts der Tatsache, dass die nötige Lautstärkesteigerung des Stimmtons nur durch einen höheren subglottalen Druck zu erzeugen ist. Dass mit gesteigertem Luftdruck phoniert wird, zeigt auch der von Westbury und Weiss (2003) beobachtete Anstieg der Stimmbandgrundfrequenz (F_0) einer BauchrednerIn im Vergleich zu ihrer Modalstimme.[3]

Die Erhöhung der Stimmlage ist eine Begleiterscheinung der größeren Stimmlippenspannung, die wiederum erforderlich ist, um dem hohen Anblasedruck der Luft standzuhalten. Durch die Spannung der Stimmlippen verringert sich die schwingende Masse, sodass – vergleichbar mit einer stärker gespannten Gitarrensaite – die Schwingungsfrequenz ansteigt.

Insgesamt sollte damit der Luftverbrauch, anders als von Huizinga beschrieben, eher ansteigen. Neue experimentelle Studien zum Luftverbrauch liegen allerdings nicht vor.

---

[3] Dies betrifft zunächst das Bauchreden mit der Modalstimme der BauchrednerIn. Wird die Stimme wie üblich verstellt, um die Puppe stärker von der Modalstimme der KünstlerIn abzugrenzen, kann die gewählte F_0 deutlich über oder unter der modalen F_0 liegen.

Abb. 1: Oben: Sascha Grammel (Foto: Michael Zargarinejad). Mitte: Jörg Jará (Foto: Thomas Göbert). Unten: Benjamin Tomkins (Foto: Daniele Vagt).

3 Nicht-sprachliche Strategien

Neben den Kompensationen und Verschleierungen im sprachproduktorischen Bereich arbeiten BauchrednerInnen auch mit extra-linguistischen Strategien, um von sich selbst als tatsächlichen SprachproduzentInnen abzulenken und die Illusion eines zweiten Sprechers zu verstärken.

Wie eingangs bereits erwähnt, bildet beim zeitgenössischen Bauchreden die Puppe den Fokus der Illusion und Ablenkung. Die *ventriloquist dolls* des 19. und 20. Jahrhunderts waren überwiegend von menschlicher Gestalt und wirken auf den heutigen Betrachter eher grotesk und unheimlich. Heutzutage sind menschliche Puppen eher karikaturistisch gestaltet (z. B. Jörg Jará 2017: *Herr Jensen*), und es kommen oft tierähnliche Fantasiegestalten zum Einsatz (Sascha Grammel 2016: *Frederic Freiherr von Furchensumpf*, Benjamin Tomkins 2015: *Alter Sack*).

Der zentrale Effekt der Puppe ist, dass ihre Mundbewegungen synchron mit dem akustischen Sprachsignal zu sehen sind. Da die Hörwahrnehmung auch optische Reize in die Signalanalyse und -verarbeitung einbezieht, verschiebt sich die Aufmerksamkeit von der BauchrednerIn auf die „sprechende" Puppe. Aus der Forschung zum sog. McGurk-Effekt[4] ist bekannt, dass visuelle und auditive Wahrnehmung vom menschlichen Hörer integriert werden. Die Kombination von visuell dargebotener Aussprache von *baba* (mit den Lippen artikuliert) und auditiv dargebotener Aussprache von *gaga* (hinten im Mund am weichen Gaumen artikuliert) führt zum Höreindruck von *dada* (vorne im Mund am Zahndamm artikuliert), d. h. die beiden Sinneseindrücke werden zu einem dritten, objektiv nicht vorhandenen integriert. In ähnlicher Weise kann der weit geöffnete Mund einer Puppe den Höreindruck eines offenen /a/ verstärken, auch wenn die BauchrednerIn mit fast geschlossenem Kiefer artikuliert. Bei modernen Puppen können neben Kopf und Körperbewegungen auch Gestik durch Bein- und / oder Armbewegungen und erweiterte Mimik durch bewegliche Augen und Augenbrauen erzeugt werden. Durch diese gesteigerte Aktivität wird der Zuschauer noch stärker zur Aufmerksamkeitsverlagerung auf die Puppe angeregt, und die Illusion der belebten sprechenden Puppe wird umso glaubhafter. Die Bauchrednerin Nina Conti z. B. geht noch einen Schritt weiter, indem sie Personen aus dem Publikum pneumatische Mundmasken überzieht und ihnen über das Bauchreden Worte in den Mund legt (ukGORGEOUS 2013). Die so entstehende Diskrepanz

---

4 Dabei geht es um die Beeinflussung der auditiven Wahrnehmung eines akustischen Sprachsignal durch gleichzeitig beobachtete Lippenbewegungen.

zwischen den von ihr erzeugten Aussagen und der Gestik und Mimik der beteiligten Zuschauer ist nicht nur kabarettistisch effektiv, sondern verlagert auch den Fokus der Zuschauer von ihr auf eine andere Person.

Die Interaktion mit der Puppe bietet für die BauchrednerIn weitere Möglichkeiten zur Ablenkung. Die natürliche Hinwendung zum Gesprächspartner erlaubt der KünstlerIn, ihr Gesicht teilweise vom Publikum abzuwenden und so sichtbare Bewegungen der Artikulatoren zu verbergen. Gleichzeitig wenden auch die Zuschauer ihre Aufmerksamkeit dem nun vermeintlichen Sprecher zu: der Puppe.

Zusätzlich kann die KünstlerIn bei bauchrednerisch besonders schwierig zu artikulierenden Wörtern oder Phrasen die Äußerung in Form einer unterbrechenden Nachfrage unmittelbar nach der imperfekten Äußerung der Puppe mit ihrer eigenen Modalartikulation wiederholen. Bei den Zuhörern kann dies zu einer rückwirkenden Maskierung der Puppenäußerung führen. Allzu offensichtliche Kompensationslaute können so verdeckt werden.

Auch der Charakter der Puppe kann für die Verdeckung von Kompensationsartikulation genutzt werden. Häufig genutzte Merkmale sind Puppenstimmen mit Sprachfehlern, starkem dialektalem, sozialem oder fremdsprachlichem Akzent oder auch eine von Alkohol oder Drogen beeinflusste Sprechweise. Durch das Bauchreden entstehende Abweichungen von der modalen Artikulation können so nicht mehr von denjenigen unterschieden werden, die Teil der „Rolle" sind.

4 Fazit

Eine BauchrednerIn verbindet die sprachlich-kabarettistische Ebene des Sprachspiels mit einer sprachbezogenen Illusionskunst, die über die eines Puppenspielers hinausgeht, indem sie diese um eine besondere Artikulationskunst erweitert. Die Kombination aus Stimmmodifikation, Sprachproduktion ohne sichtbare Artikulation und glaubwürdiger Dialoginteraktion mit einer Puppe mit plausibler Sprech- und Gestenmotorik sorgt dafür, dass auch aufgeklärte Zuschauer der Illusion einer sprechenden Puppe folgen und in diesem Spiel mit dem Sprechen Unterhaltung finden.

Danksagung: Die Fotos wurden freundlicherweise von den Künstlern bzw. ihren Agenturen zum Abdruck im vorliegenden Band zur Verfügung gestellt: Panta Management GmbH (Sascha Grammel), PRIMA Künstlermanagement (Benjamin Tomkins), Jörg Jará.

Literaturangaben

BauchrednerfanXL. 2017. *Bauchredner Jörg Jará bei Karnevalissimo 2017 im ZDF.*
https://youtu.be/vuyTksxyims?t=2m10s (aufgerufen am 09. August 2018).
Bayerischer Rundfunk. 2016. *Sascha Grammel – "Best of" Kabarett aus Franken.*
https://www.youtube.com/watch?v=2c2DMK1_TVQ (aufgerufen am 09. August 2018).
Dunham, Jeff. 2011. *Achmed the Dead Terrorist Has a Son (Controlled Chaos): Pias Comedy.*
https://www.youtube.com/watch?v=IL357BrwK7c (aufgerufen am 09. August 2018).
Huizinga, Eelco. 1930. *Über Bauchreden. Archiv für Ohren-, Nasen- und Kehlkopfheilkunde* 127(1). 77–92.
King, Kolby. 1997. *Ventriloquism made easy.* Mineola, N.Y.: Dover Publications.
Metzner, Jörg, Marcel Schmittfull & Karl Schnell. 2006. *Substitute sounds for ventriloquism and speech disorders.* In ISCA (Hg.), INTERSPEECH 2006 – ICSLP, Ninth International Conference on Spoken Language Processing, Pittsburgh, PA, USA, September 17–21, 2006, 1379–1382. http://www.isca-speech.org/archive/interspeech_2006/i06_1426.html.
morpheusatloppers. 2009. *Ray Alan with „Lord Charles" – World's Greatest Ventriloquist – 1986.* https://youtu.be/C3Zn3M-WMzM?t=3m22s (aufgerufen am 09. August 2018).
Perkell, Joseph S., Melanie L. Matthies, Mario A. Svirsky & Michael I. Jordan. 1993. *Trading relations between tongue- body raising and lip rounding in production of the vowel /u/: A pilot "motor equivalence" study. The Journal of the Acoustical Society of America* 93(5). 2948–2961.
Schindler, George & Ed Tricomi. 2011. *Ventriloquism: Magic with your voice.* Mineola, N.Y.: Dover Publications.
Tomkins, Benjamin. 2015. *Bauchredner Benjamin Tomkins Märchenstunde mit dem alten Sack.*
https://www.youtube.com/watch?v=uvoWO2t3PVU&t=327s (aufgerufen am 09. August 2018).
ukGORGEOUS. 2013. *Nina Conti Hilarious (Strong Language).*
https://www.youtube.com/watch?v=o3vBYHvG2wE&t=217s (aufgerufen am 09. August 2018).
Vox, Valentine. 1993. *I can see your lips moving: The history and art of ventriloquism*, Rev. enlarged ed. North Hollywood, Calif., Studio City, CA: Plato Pub.; Distributed by Empire Pub. Service.
Westbury, John R. & Clarissa J. Weiss. 2003. Articulator movements in ventriloquists' speech. In M. J. Solé & Daniel Recasens i Vives (Hgg.), *Proceedings of the 15th International Congress of Phonetic Sciences, Barcelona 3–9 August 2003*, 1037–1040. Barcelona: Universitat Autónoma de Barcelona.

Peter Knopp studierte an der Universität Trier Phonetik und Anglistik und schloss dieses Studium mit dem Magistergrad ab. Er wurde 2018, mit einer Arbeit über den Zusammenhang von Musikalität und der Fähigkeit, Sprecher anhand ihrer Stimme wiederzuerkennen, promoviert. Er unterrichtet und forscht seit 2010 im Fach Phonetik mit den Schwerpunkten Ohrenzeugen, Physiologische Phonetik sowie alternative Sprach- und Stimmproduktion.

Christian Hirdes
Interview

© GOP Varieté-Theater; Frank Wilde

Christian Hirdes, geb. 1974 in Mülheim an der Ruhr, wohnt in Bochum, wo er viele Jahre lang ein Germanistik- und Anglistikstudium begann. Dann machte er sein Hobby zum Beruf und absolvierte seitdem als Musikkabarettist, Liedermacher und Wortakrobat hunderte Auftritte in ganz Deutschland und darüber hinaus. Zwischen 2004 und 2007 gewann er zahlreiche Kleinkunstpreise (u. a. St. Ingberter Pfanne, Prix Pantheon), auch in Fernseh- und Radioformaten wirkte er mit. Derzeit ist er mit seinem Soloprogramm „Christian Hirdes KOMMT!" unterwegs, ansonsten regelmäßiger Gast bei diversen Comedy- und Kabarettveranstaltungen, aber auch als Moderator in Varietéshows aktiv.

Teil I

Was sind für Sie wesentliche Merkmale des Wortspiels?

Es bricht mit sprachlichen Konventionen und überrascht damit. So lenkt es den Blick auf die Sprache selbst und geht damit über ihre rein kommunikative Funktion hinaus.

Was macht für Sie den Reiz am Spielen mit Wörtern und Sprache aus?

Für mich persönlich, ob in der Alltagskommunikation oder bei der künstlerischen Arbeit, geht es in erster Linie um das Erzeugen von Komik.

Würden Sie sich als Wortspiel-Künstler/in bezeichnen?

Ja, aber nicht ausschließlich. Mein künstlerisches Selbstverständnis zusammenfassend nenne ich mich Musik-Kabarettist, Liedermacher, komischer Poet und Wortakrobat.

Welche Bedeutung hat das Spielen mit Wörtern und Sprache für Sie?

Es ist Teil des kreativen Schreibens, das eine meiner Lieblingsbeschäftigungen und zugleich Hauptbestandteil meines Berufes ist.

Können Sie uns ein oder zwei Lieblings-Wortspiele nennen (eigene oder fremde) und umreißen, warum diese eine besondere Bedeutung für Sie haben?

Hm… Kommt ein Pferd in einen Blumenladen und fragt: „Haben Sie ma' geritten?" Hab' ich mal von einem Kollegen auf der Bühne gehört, weiß aber nicht, ob es von ihm ist. Eine besondere Bedeutung hat es gar nicht, es hat mich einfach spontan zum Lachen gebracht, was aufgrund meiner ständigen Beschäftigung mit dem Thema nicht so oft vorkommt.

Und dies hier: „Ich heiße nicht nur Heinz Erhardt, sondern auch Sie herzlich willkommen." Dieses Zeugma ist einfach der perfekte Auftrittsauftakt: Vorstellung der eigenen Person, Begrüßung des Publikums, erste Pointe, und das derart kompakt, paff!

Können Sie uns an einem eigenen Beispiel erläutern, wie Ihre Wortspiele und wortspielerischen Texte entstehen?

In den 90ern sah ich einen AIDS-Aufklärungs-TV-Spot mit dem abschließenden Slogan „Kondome schützen" und mir fiel spontan ein, das Subjekt zum Akkusativ-Objekt umzudeuten: „Wieso, sind die denn vom Aussterben bedroht?" Bald darauf setzte ich mich hin und schrieb das echt eklige Gedicht „Kondom im Wald", in dem das lyrische Ich beim Gang durch die Natur ein benutztes Präservativ findet, aufhebt und mit nach Hause nimmt, zwecks Reinigung, Pflege und anschließendem Wiederaussetzen im Wald. „Denn ich will die Kampagne unterstützen,/ in der es schließlich heißt: Kondome schützen!" ist dann die fragwürdige Schlusspointe. Sie funktionierte meist, die Leute lachten. Erst später kam ich darauf, dass das auch an der allgemeinen Erleichterung lag, dass der pikierende Plot dann doch so harmlos endet.

Welches waren oder sind für Sie wichtige Inspirationsquellen und Vorbilder im Bereich des Spielens mit Wörtern und Sprache?

Ursprünglich der schon erwähnte Heinz Erhardt, dessen Gedichte ich früh las und lustig fand. Als ich Mitte der 90er anfing, aufzutreten, habe ich auch öfter als heute Songparodien gemacht, die auf phonetischen Ähnlichkeiten zum Original basierten. Da waren wohl nicht nur Kindheitserinnerungen an Otto („Dänen lügen nicht") und Mike Krüger („Hitparade") prägend, sondern auch die zu der Zeit bekannten Till & Obel sowie Willy Astor.

Was ist für Sie bei Ihrer Arbeit mit Sprache und Wortspielen wichtig?

Zur Arbeit mit Sprache, beschränkt auf Lieder und Gedichte: Bei Gedichten sind mir ein exaktes Versmaß und saubere Reime (im Gegensatz zu Assonanzen) wichtig. Gleichzeitig eine Beiläufigkeit und Selbstverständlichkeit der Reime, also kein „Reim dich oder ich fress dich". Zudem, besonders bei Liedern, ist mir eine Schlüssigkeit des Sprachstils wichtig. Dass Text und Musik stilistisch zusammenpassen. Sonst entsteht unfreiwillige Komik. Zur Arbeit mit Wortspielen: Hier kann auch mal genau das Gegenteil der Fall sein, der komische Effekt durch ebensolche Brüche oder konstruiert wirkende Reime entstehen.

> Die Riesenboa
>
> Einst auf der Arche Noah
> da fehlte noch 'ne Boa.
> Das sei, sprach man zu Noah,
> 'ne riesengroße Boa.
> Von Bord ging nun der Noah,
> zu suchen nach der Boa.
> Nach Stunden dann fand Noah
> im Regenwald die Boa.
> Die Augen rieb sich Noah.
> So riesig war die Boa,
> so lang und dick, dass Noah
> verwundert ausrief: „Booaaa!"

Wenn das Wortspiel die Pointe bildet, ist es natürlich noch wichtig, dass es nicht vorher schon durchschaut wird, sondern der Überraschungseffekt funktioniert. Bei dem Song „Liebesgeschichte mit Happy End" etwa muss ich – gerade in bestimmten geografischen Regionen – am Ende einfach schnell genug sein, um gerade noch die Pointe setzen zu können, ehe das Publikum ihr von allein auf die Schliche kommt.

> Liebesgeschichte mit Happy End (Song)
>
> Er wohnte im Ruhrgebiet und sie im Sauerland.
> 'Ne Wochenendbeziehung, doch der Zukunftsplan, der stand:
> Sobald sie schwanger wär', wollten sie auch zusammen wohn'.
> Ja, Nachwuchs war in Arbeit. Doch das Drama nahte schon.
>
> Sie meinte nämlich, sie fänd' das Modell der Promis toll,
> dass auch ihr Kind wie der Ort, wo's gezeugt wurd', heißen soll („woll?").
> Er sprach: „Hab' mich mal gerne! Ey, du bist doch nicht bei Trost!
> Ich nenn' mein Kind nicht Herne, und ich nenn' mein Kind nicht Soest."
>
> Sie stritten lang und dachten sich zum Schluss 'ne Lösung aus.
> Sie trafen künftig nur noch in Hotels sich statt zuhaus.
> Am Freitag ging's nach Hagen, für wenn es ein Junge wird.
> Und samstags Kamen... auch okay, wenn man's nicht buchstabiert.
>
> So lief's nun eine Zeit lang, doch kein Nachwuchs war in Sicht.
> Da manches Paar sich von 'nem Liebesurlaub viel verspricht,
> sind auch die beiden eines Wochenends dann losgereist,
> auf der A1 gen Norden zu 'nem Ort, der Achim heißt.
>
> Doch kam's zu viel zu viel Verkehr am Autobahnkreuz.
> Spontaner Sex im Stau hatte für beide seinen Reiz.
> Er stöhnte noch: „Wo sind wir hier...?" Und hatte letztlich Glück:
> Heut' haben sie eine Tochter, die heißt Lotte...-Osnabrück.

Wie gehen Sie bei der Arbeit mit Sprache vor, wenn Sie die Texte schreiben und wenn Sie diese vor einem Publikum präsentieren?

Das ist unterschiedlich. Manchmal, wie in dem eben beschriebenen Kondom-Beispiel, kommt die Idee der Schlusspointe, und dann schreibe ich mal eben den Rest dazu, in gefühlten fünf Minuten, die aber in Echtzeit auch zehn Stunden sein können. Bei anderen Texten sammle ich fleißig Material zusammen. Bei „Lisa und ihren vier chinesischen Freundinnen" etwa alle Möglichkeiten der Doppeldeutigkeiten.

Lisa und ihre vier chinesischen Freundinnen – Blusenverleih

In der Boutique begegnete Lisa zufällig ihren vier chinesischen Freundinnen Li, Si, Tsi und Tsu.
Lisa sah Tsi. Tsi sah Lisa.
Lisa sah Li. Li sah Lisa.
Lisa, sieh Tsu! Lisa sah Tsu nicht.
[...]
„Ich finde keine passende Bluse!" sagte Si.
„Tsi trägt ein schönes Oberteil", sagte Tsu.
„Sieh Tsis Oberteil an, Si, sieh Tsis an, sieh's an!
Zieh Tsis Oberteil an, Si, zieh Tsis an, zieh's an!"
Und Tsis Bluse passte Si.
[...]
Die Bluse sagte Si zu.
[...]
„Schöne Bluse", stimmte Li Tsu zu, und Tsi lieh sie Si.

Oder bei dem Song „So ist die Welt", da habe ich via Google jede Menge Länder und Städte zusammengetragen, die das gewünschte Wortspielpotenzial bieten. Von denen am Ende nur ein Bruchteil Einzug in den Text fanden. Der dann noch mal um eine komplette Strophe gekürzt wurde, weil ich selber den Text ermüdend fand.

So ist die Welt (Song)

Heißt wohl auch manche Frau in Honolulu Lulu
und mancher Mann in der Slowakei Kai?
Gibt's in Togo Go-go-Girls, auf den Malediven Diven?
Setzt man tote Hamster auch in Dubai bei?

Wenn ich ein fremdes Mädchen hier oder in Vaduz duz',
und dann um ihre Gunst, sei's auch in Istanbul, buhl',
und popel' in der Nase, sagt sie ganz genauso wie auf Kuba: Bah!
Ob ich in Maribor bohr', in Liverpool pul'.

So ist die Welt,
Ob ich durch Haifa fahr',
durch Wintertour tour',
(so ist die Welt,)
ob ich in Ottawa war,
durch Darfur fuhr.
(So ist die Welt,)
Ob ich durch Haifa fahr',
ob ich durch Rennes renn',
(so ist die Welt)

> ob ich in Ottawa war,
> In Java war
> [...]

Bei der Präsentation vor Publikum gehe ich unterschiedlich vor. Wenn ich von einer neuen Pointe überzeugt bin, setze ich sie auch bewusst und offensiv und lasse eine Pause zum Lachen. Wenn ich selbst zweifle, bringe ich sie eher beiläufig an, damit es nicht als peinliches Scheitern erscheint, wenn sie dann nicht funktioniert. Und wenn ich mich gerade besonders cool und sicher fühle, mache ich es genau umgekehrt.

Hatten Sie schon immer ein besonderes Interesse an Sprache? Hat sich Ihr Verhältnis zum Wortspiel und zur Sprache im Laufe der Zeit verändert?

Ja zum ersten Teil der Frage, jein zum zweiten. Mein Verhältnis zu meinen eigenen Wortspiel-Texten hat sich verändert, ich bin auf einem höheren Reflexionslevel. Zudem bemühe ich mich, es nicht zu übertreiben, mich nicht zu wiederholen, mir nicht selbst auf die Nerven zu gehen mit der Konzentration auf diesen Text-Stil. Aber die Sprache mag ich so wie früher auch, die kann ja nichts dafür, wie ich mit ihr umgehe.

Wie wichtig schätzen Sie die Rolle von Wortspielen für den Erfolg Ihrer Texte/Werke ein?

Äußerst wichtig. Ich mag es auch, ohne Wortwitz-Fokus Geschichten zu erzählen sowie Gedanken oder Stimmungen zu transportieren, in Text- oder Liedform, gern auch mal ernst, melancholisch oder provokant. In der richtigen Dosierung sind solche „anderen Texte" auch bereichernd und wichtig für ein Gesamtprogramm. Aber der Erfolg sowohl im unmittelbaren Sinne von Publikumsreaktionen als auch im Hinblick auf die Möglichkeit, das seit 15 Jahren hauptberuflich machen zu können, basiert bei mir auf komischen Nummern, und die sind meistens wortwitzig.

Teil II

Inwiefern hängt für Sie das Wortspiel mit einem allgemeinen Nachdenken über Sprache und Kommunikation zusammen? Inwiefern beinhalten Wortspiele eine Auseinandersetzung mit grundlegenden Eigenschaften der Sprache?

Ich glaube, es hängt eher mit einem speziellen als einem allgemeinen Nachdenken über Sprache und Kommunikation zusammen. Insofern als konkrete Wörter, Redewendungen, Sätze oder kommunikative Tätigkeiten dazu einladen, mit ihnen zu spielen, etwa durch absichtliches Missverstehen, durch das Ersetzen eines Wortes durch ein ähnlich klingendes, durch das Wörtlichnehmen von Metaphern oder konventionellen Redewendungen etc. Das allgemeine Nachdenken bzw. die allgemeine Nachdenklichkeit bezüglich der Sprache kann vielleicht Basis dafür sein, eine Wortspiel-Affinität zu entwickeln.

Ich denke aber, dass es auch ohne Nachdenken geht. Spielen nicht auch kleine Kinder schon mit der Sprache? Als ehemaliger Germanistikstudent, der zudem Jahre später durch die Zusammenarbeit mit Frau Professor Winter-Froemel angefangen hat, seine eigenen Texte auch analytisch zu betrachten, bin ich ein schlechtes Beispiel. Aber ich vermute, so wie der kindliche Spracherwerb zu einem völlig unreflektierten „korrekten" Sprachgebrauch führt, ist es auch möglich, Wortspiele zu kreieren, ohne zu theoretisieren, ohne zu wissen oder auch nur darüber nachzudenken, was man da tut.

Gibt es Themenbereiche, die sich besonders gut für das Spielen mit Wörtern und Sprache eignen? Inwiefern berührt das Wortspiel auch ernste Bereiche und Themen?

Möglicherweise sind es die selben Themenbereiche, die sich auch besonders gut als komödiantische Sujets eignen. Ich denke z. B. an Tabus, die beiden großen, zeitlosen Tabus „Sex" und „Tod" etwa. Der Bruch des Tabus, die kurzfristige Befreiung davon, ist ein fruchtbares Humor-Terrain. Zugleich gibt es gerade hier aber auch viele sprachliche Bilder, vulgäre Metaphern wie Euphemismen, und diese bilden dann wiederum eine sprachliche Spielwiese. Ernst sind sie zudem, todernst, auch der Sex, der zusammen mit dem Sterben den Kreislauf des Lebens ausmacht, die großen Dinge eben.

Überdies sind Wortspiele aber auch sowieso nicht unbedingt notwendigerweise an komische Effekte gebunden. Ich könnte mir, um ein Beispiel zu konstruieren, etwa eine Predigt vorstellen, in der Komposita wie „Fort-Schritt", „Ver-Sicherung", „Ent-Schuldigung" derart getrennt und ihrer konventionalisierten Bedeutung entrissen auftauchen. Und hier könnte nicht nur das Thema des Vortrags ernst sein, auch die unmittelbare Wirkung dieser Wortspiele wäre nicht komisch. Sondern er-hellend.

Inwiefern spielen andere Sprachen, Mehrsprachigkeit, Sprachenvielfalt und Übersetzungsprozesse in Ihren wortspielerischen Texten eine wichtige Rolle?

Ich sehe das Riesenpotenzial, auf das die Frage abzielt, in meiner Arbeit spielt das aber zumindest keine wichtige Rolle.

Inwiefern sind Wortspiele für Sie ein Zeichen von Kreativität? Wo liegen Grenzen der Kreativität beim Spielen mit Wörtern und Sprache?

Wortspiele gehen wie anfangs gesagt über die kommunikative, eigentliche Funktion der Sprache hinaus und sind ergo kreativ. So wie es kreativ ist, aus einem Toaster, Kleidungsstück oder sonstigen Gebrauchsgegenstand ein Kunstobjekt zu machen. Die Möglichkeiten sind meiner Einschätzung nach grenzenlos. Das gilt nicht für mich persönlich, aber mindestens theoretisch. Neulich hörte ich im Rahmen eines Radioberichts, wie Yoko Ono bei einer Performance mit ihrer Stimme unbeschreibliche Geräusche von sich gab, die ein Statement zu Donald Trump sein sollten. Auch das ist im weitesten Sinne Spielen mit Sprache und lässt exemplarisch die Grenzenlosigkeit der Möglichkeiten erahnen.

Inwiefern ergibt sich für Sie durch das Spielen mit Wörtern die Möglichkeit, die Ausdrucksmöglichkeiten der Sprache und des Wortschatzes zu erweitern?

Siehe oben – der Bruch mit sprachlichen Konventionen schafft Neues und erweitert daher die Ausdrucksmöglichkeiten. Auch das sehe ich aber eher als allgemeines Statement, weniger auf meine Texte bezogen. Bei mir ist es oft einfach nur Spaß.

Würden Sie das Wortspiel als kulturell und traditionell geprägt ansehen?

Ich vermute das, allein schon aufgrund meiner erwähnten eigenen erwähnten Prägung. Was andere in der Vergangenheit gemacht haben, beeinflusst die nachfolgenden Generationen, die einen Stil fortführen bzw. darauf aufbauen. Aber für eine fundiertere Antwort fehlt mir hier das Fachwissen.

Gibt es bestimmte Muster und Verfahren, mit denen Sie arbeiten, wenn Sie mit Wörtern und Sprache spielen?

Ja. Zum einen ist die Phonetik für mich eine bevorzugte Wortspielwiese, und hier insbesondere Reime. Zum anderen ist ein besonderes Steckenpferd das „Wörtlichnehmen" von Redewendungen.

Kopf verdreht

Du hast mir den Kopf verdreht,
wie es keine vor Dir tat:
So um hundertachtzig Grad
drehtest Du das Ding herum.
Du hast mir den Kopf verdreht.
Das sieht ziemlich scheiße aus.
Einsam bleib ich nun zuhaus,
dreh' den Fernsehsessel um.
[...]

Beim „Wörtlichnehmen" wird die eigentlich konventionalisierte Bedeutung durch die „buchstäbliche" ersetzt. Eine andere Variante kann sein, dass beide Bedeutungen zum Tragen kommen. Wie in dem folgenden Beispiel, das ich persönlich mag und immer wieder gern vortrage, auch wenn es nicht immer verstanden wird...

Durch falsche Kleiderauswahl verpatztes Rendezvous

Sie steht vor dem Schrank, wo sie grübelnd sich fragt:
„Was zieh' ich jetzt an, welches Kleid?"
Das ält're ist sexy und eng und gewagt,
das neuere luftig und weit.

Sie findet das Enge und quetscht sich hinein
und flucht dann, das andere suchend.
Da klingelt's auch schon, und sie murmelt: „Oh nein",
und eilt dann zur Tür, weiter fluchend.

„Wie früher zu früh", sagt er strahlend und stiert
verstört dann aufs hautenge Kleid.
Sie sagt, während sichtlich sein Lächeln gefriert:
„Siehst gut aus." „Du auch", grinst er breit.

Er setzt sich. Sie murmelt: „Ich such mir gerad' nur
noch rasch was Bequem'res für heute"
und schleicht Richtung Schrank, und er flieht Richtung Flur.
Dann SUCHEN sie beide DAS WEITE.

Ist für Sie beim Spielen mit Wörtern und Sprache wichtig, dass dieses Spiel in eine bestimmte Kultur oder Tradition (oder mehrere) eingebettet ist?

Nö. Nun ja, wenn ich bei einer so titulierten Kabarettveranstaltung neben politischen Kabarettisten Teil des Programms bin, ist es eine hilfreiche Legitimation, dass es eine Tradition des „literarischen Kabaretts" gibt. Das kann ich dann, ohne mich großartig damit auszukennen, erwidern, wenn mich ein Zuschauer hinterher kritisiert, weil ich ja gar nichts über Angela Merkel und Horst Seehofer gesagt habe.

Welche Rolle spielt der Kontext bei der Verwendung von Wortspielen? In welchen Kontexten spielen Sie mit Wörtern und Sprache, in welchen Kontexten spielen Sie nicht mit Wörtern und Sprache? Gibt es Kontexte, in denen Wortspiele besonders gut funktionieren, oder umgekehrt Kontexte, in denen Wortspiele schwierig sind oder nicht funktionieren?

In Bezug auf den situativen Kontext ist das Verwenden von Wortspielen beim Schreiben einer Bühnennummer eher geeignet als beim Verfassen eines Beileidsschreibens. In Bezug auf den inhaltlichen Kontext ist es bei mir so: Entweder das Wortspiel ist die ursprüngliche Idee zu einer Nummer und damit Selbstzweck. Dann ergibt das Wortspiel erst den Inhalt. In diesem Fall baue ich die Nummer bis zur Wortspielpointe hin bzw. arbeite mich an den Möglichkeiten der Wortspielidee ab. Oder aber, Möglichkeit zwei, ich gehe von einem Inhalt aus, den ich transportieren möchte, glaube also, etwas zu sagen zu haben. In jenem Fall ergibt es sich bei der Ausarbeitung, ob auch Wortspiele auf dem Wegesrand liegen, und ob es zielführend ist, diese mitzunehmen oder besser liegenzulassen. Das hängt davon ab, ob sie sich eher unterstützend einfügen oder ablenkend bzw. deplatziert wirken.

Gibt es schlechte Wortspiele?

Als ich im Seminar von Frau Professor Winter-Froemel zu Gast war und bei dieser Frage ins Grübeln geriet, berichteten mir die SeminarteilnehmerInnen und Dozentinnen von Iris Schürmann-Mock und ihrer Antwort bei einer Lesung, die ich perfekt fand: Die schlechten sind die guten.

Abschließende Frage: Gibt es im Bereich des Wortspiels noch etwas, das Ihnen wichtig ist, und das Sie noch anmerken möchten?

Der Worte sind genug gewechselt.

Bodo Wartke
Interview

© Sebastian Niehoff

Der Klavierkabarettist Bodo Wartke wurde 1977 in Hamburg geboren. Fünf Klavierkabarettprogramme, zwei Theaterstücke und ein Orchesterprogramm gehören zu seinem vielseitigen Repertoire. 2004 erhielt er den Deutschen Kleinkunstpreis in der Sparte Chanson. Von 2000 bis 2005 studierte er Klavier und Gesang an der Universität der Künste in Berlin. Er wirkte bereits 1998 als Conférencier in einer Varietéshow mit. Im gleichen Jahr war er Komponist und musikalischer Leiter bei einer Inszenierung von „Unter dem Milchwald" (Dylan Thomas) unter der Regie von Sven Schütze, mit dem er seit Anbeginn seiner Karriere zusammenarbeitet. Der Künstler verfasste 2002 ein neues deutsches Libretto für „Orpheus in der Unterwelt" (J. Offenbach), dessen Erstaufführung 2003 in Norderstedt folgte. Von 2006 bis 2011 moderierte er das Liedermacher-Open-Air „Songs an einem Sommerabend". Seit 2007 ist er regelmäßiger Gast beim 3satfestival, seit 2014 auch beim Schleswig-Holstein Musik Festival. 2016 feierte er sein 20-jähriges Bühnenjubiläum. www.bodowartke.de

Teil I

Was sind für Sie wesentliche Merkmale des Wortspiels? Was macht für Sie den Reiz am Spielen mit Wörtern und Sprache aus? Würden Sie sich als Wortspiel-Künstler/in bezeichnen? Welche Bedeutung hat das Spielen mit Wörtern und Sprache für Sie?

Ich würde mich nicht als reinen Wortspielkünstler bezeichnen. Aber die Liebe zum Wortspiel nimmt bei mir einen großen Stellenwert ein, insbesondere in Kombination mit Reimen. Den Reiz macht dabei für mich die Zwei- oder sogar Mehrdeutigkeit bestimmter Wörter und Wendungen unserer Sprache aus.

Können Sie uns ein oder zwei Lieblings-Wortspiele nennen (eigene oder fremde) und umreißen, warum diese eine besondere Bedeutung für Sie haben?

Ein fremdes von Pit Hartling:

> Im Baumarkt
> Kurzentschlossen kauft Herr Klein
> den Lacktisch, Modell „Profi", ein.
> „Ich kaufe", denkt Herr Klein sich praktisch,
> „den Profi-Lacktisch prophylaktisch!"

Warum ich dieses (und vergleichbare) Wortspiele so mag: ein identischer Reim, also zwei exakt gleich klingende Worte aufeinander zu reimen (wie etwa „sehen" auf „sehen"), ist für mich eigentlich ein No-Go in der Dichtung und sehr unelegant – es sei denn, beide Worte haben einen völlig unterschiedlichen Wortstamm, wie im obigen Fall. Ein eigenes Wortspiel aus meinem Lied „90 Grad":

> „Wer Kaschmir für weich hält,
> hat dich nie gestreichelt."

Ich liebe unkonventionelle Reime, die in keinem Reimlexikon zu finden sind, wie satz- und zeilenübergreifende Reime. Oder in diesem Fall: wortübergreifend.

Können Sie uns an einem eigenen Beispiel erläutern, wie Ihre Wortspiele und wortspielerischen Texte entstehen?

Meistens entstehen sie zufällig, während ich eigentlich mit etwas ganz anderem beschäftigt bin. Als ich den Text zu meinem Lied „Da muss er durch" schrieb, sah ich mich mit dem Problem konfrontiert, dass es im deutschen Wortschatz nur ein einziges Wort gibt, das sich auf „durch" reimt. Nämlich „Lurch". Beim Versuch, das Unmögliche möglich zu machen und weitere Reime auf „durch" zu finden, entdeckte ich zahlreiche Wort-Schätze am Wegesrand, wie etwa einen Schüttelreim („Wie transportiert der Storch mit seinem Schnabel nur / außer dem Kind noch die Plazenta und die Nabelschnur?"), diverse Doppelreime („Die Bundeswehr / ist ein gesundes Heer!"), Wortspiele biblischen Ausmaßes („Jesus Christus hatte es ziemlich schlimm mit dem Kreuz."), meinen späteren Berufswunsch („Was ich werden wollte, war mir sofort klar: / katholischer Priester. Genau wie mein Papa.") und die Notwendigkeit von Krötentunneln („...die sonst nicht mehr ihr Laichgebiet erreichen können / weil sie leider Leichen sind, bevor sie laichen können.").

Welches waren oder sind für Sie wichtige Inspirationsquellen und Vorbilder im Bereich des Spielens mit Wörtern und Sprache?

An vorderster Front: Heinz Erhardt und Georg Kreisler. Zeitgenössische Kollegen, die ich sehr für ihre Wortspiele schätze, sind Helge Thun, Michael Schönen, Willy Astor und Philipp Scharrenberg.

Was ist für Sie bei Ihrer Arbeit mit Sprache und Wortspielen wichtig? Wie gehen Sie bei der Arbeit mit Sprache vor, wenn Sie die Texte schreiben und wenn Sie diese vor einem Publikum präsentieren?

Ganz wichtig: Beiläufigkeit. Bei mir ereignen sich Wortspiele oft en passant, während es eigentlich darum geht, etwas anderes zu erzählen. Und bevor ich ein neues Stück vor großem Publikum präsentiere, probiere ich es gern erstmal vor einem kleinen aus. Meistens in der Berliner „Scheinbar", einem Theater, in dem nicht mehr als 50 Leute Platz finden und jeder, der möchte, auftreten kann, um neues Material auszuprobieren.

Hatten Sie schon immer ein besonderes Interesse an Sprache? Hat sich Ihr Verhältnis zum Wortspiel und zur Sprache im Laufe der Zeit verändert?

Ich hatte als Kind schon große Freude an Wortspielen und Reimen. Ich würde sagen: vorhanden war mein Interesse an Sprache schon immer. Im Laufe der Zeit hat es sich lediglich verfeinert.

Wie wichtig schätzen Sie die Rolle von Wortspielen für den Erfolg Ihrer Texte/Werke ein?

Ich glaube, dass es in gewisser Weise zu einem Markenzeichen von mir geworden ist. Ein lieber Kollege benannte es mal mit dem Satz: „Wer anspruchsvolle Unterhaltung auf hohem sprachlichen Niveau schätzt, geht zu Bodo Wartke!"

Teil II

Inwiefern hängt für Sie das Wortspiel mit einem allgemeinen Nachdenken über Sprache und Kommunikation zusammen? Inwiefern beinhalten Wortspiele eine Auseinandersetzung mit grundlegenden Eigenschaften der Sprache?

Wer mit Worten spielt, betrachtet die Sprache aus einem anderen Blickwinkel. Statt um die Eindeutigkeit eines Wortes oder einer Aussage, geht es hier nun bewusst um Mehrdeutigkeit. Statt nur um den Inhalt, geht es nun auch um den Klang. In Wortspielen wird freudvoll das zelebriert, was man ansonsten in der Kommunikation zu vermeiden versucht, nämlich „falsch" verstanden zu werden.

Gibt es Themenbereiche, die sich besonders gut für das Spielen mit Wörtern und Sprache eignen? Inwiefern berührt das Wortspiel auch ernste Bereiche und Themen?

Ich glaube, dass es kein Thema gibt, das sich nicht für Wortspiele eignet. Die Frage ist: passt das Wortspiel in den Kontext? Dient es dem, was ich erzählen möchte oder lenkt es womöglich zu sehr ab?

Inwiefern spielen andere Sprachen, Mehrsprachigkeit, Sprachenvielfalt und Übersetzungsprozesse in Ihren wortspielerischen Texten eine wichtige Rolle?

In meinen Texten spielen sie eine eher untergeordnete Rolle, aber sie kommen vor. Im oben bereits genannten Lied reime ich in einer Strophe das Wort „durch" auf das englische Wort „church" – der angeblichen Maßgabe folgend, dass zwei Wörter sich dann am besten aufeinander reimen, wenn sie am Ende gleich geschrieben werden.

In meinem multilingualen Liebeslied singe ich in jeder Strophe ungefähr den gleichen Text, aber stets in einer anderen Sprache, um zu zeigen: die Worte „Ich liebe Dich!" klingen in jeder Sprache schön! Wortspiele ereignen sich hierbei wenn, dann lediglich zwischen den Strophen. Bevor ich beispielsweise auf Latein singe, kündige ich an, dass ich zu Schulzeiten ein großer Latein-Liebhaber gewesen sei. Ein „Latin-Lover".

Inwiefern sind Wortspiele für Sie ein Zeichen von Kreativität? Wo liegen Grenzen der Kreativität beim Spielen mit Wörtern und Sprache?

Das Interessante an der Sprache ist ja: wir haben sie nicht erfunden, es gab sie schon vorher, aber jeder kann mit ihr Gedanken und Sätze formulieren, die so vorher noch keiner gesagt hat. Oder eben Wortspiele, die so vorher noch keinem aufgefallen sind. Meines Erachtens sind dem keine Grenzen gesetzt. Der Reiz liegt darin, die Freiheit in der (vermeintlichen) Beschränkung zu finden!

Inwiefern ergibt sich für Sie durch das Spielen mit Wörtern die Möglichkeit, die Ausdrucksmöglichkeiten der Sprache und des Wortschatzes zu erweitern?

Ich benutze das, was es schon gibt (die deutsche Sprache mitsamt ihres Wortschatzes und ihrer Grammatik), um damit etwas Neues zu kreieren. Einen neuen Kontext, einen ungewöhnlichen Blickwinkel, einen überraschenden Reim. Wortspiele haben das Potential aufgrund der Wirkung ihrer Pointen und der Irritation, die sie verursachen, aufhorchen zu lassen.

Würden Sie das Wortspiel als kulturell und traditionell geprägt ansehen? Gibt es bestimmte Muster und Verfahren, mit denen Sie arbeiten, wenn Sie mit Wörtern und Sprache spielen? Ist für Sie beim Spielen mit Wörtern und Sprache wichtig, dass dieses Spiel in eine bestimmte Kultur oder Tradition (oder mehrere) eingebettet ist?

Das verbindende Element ist mit Sicherheit die Kenntnis der Sprache und der Kultur, aus der sie entstammt. Redewendungen und Wortspiele sind, wie Robert Gernhardt einmal sagte, „sprachlicher Champagner". Sobald man eine Sprache so gut beherrscht, dass man diese zu erkennen vermag, fängt's an richtig Spaß zu machen!

Welche Rolle spielt der Kontext bei der Verwendung von Wortspielen? In welchen Kontexten spielen Sie mit Wörtern und Sprache, in welchen Kontexten spielen Sie nicht mit Wörtern und Sprache? Gibt es Kontexte, in denen Wortspiele besonders gut funktionieren, oder umgekehrt Kontexte, in denen Wortspiele schwierig sind oder nicht funktionieren?

Wie oben bereits beschrieben, werden Wortspiele auf einer anderen Ebene rezipiert, andere Hirnareale springen dafür an. Dies birgt einerseits das Potential, das Publikum aufhorchen zu lassen, aber andererseits die Gefahr, allzu sehr vom Thema abzulenken. Wenn es dem Thema dient: kein Problem. Falls nicht: das Wortspiel lieber weglassen.

Gibt es schlechte Wortspiele?

Entscheidender als die Frage, was für ein Wortspiel man macht, ist die Frage, wie. Wer zu sehr mit dem Finger auf seine Pointen zeigt, macht sie damit kaputt. Ich finde es immer am schönsten, das Publikum meine Wortspiele selbst entdecken zu lassen. Und genauso auch selbst entscheiden zu lassen, ob das Wortspiel nun „schlecht" oder „gut" war. Denn auch „schlechte" Wortspiele lassen sich durchaus sehr gut darbieten – und umgekehrt.

Abschließende Frage: Gibt es im Bereich des Wortspiels noch etwas, das Ihnen wichtig ist, und das Sie noch anmerken möchten?

Dem Wortspiel haftet in Deutschland ein wenig der Nimbus an, per se „schlecht" zu sein. Dem widerspreche ich entschieden! Für mich sind Wortspiele eine Bereicherung unserer Sprache und ein persönlicher Quell der Freude.

Esme Winter-Froemel
Das Spiel mit Wiederholung und Variation bei Bodo Wartke und Christian Hirdes – *durch müssen* oder *es einfach laufen lassen*

1 Wiederholung als Merkmal sprachlicher Einheiten und Äußerungen

Innerhalb der Sprachwissenschaft wird das Prinzip der Wiederholung als wesentliches Merkmal bestimmter sprachlicher Einheiten oder sogar von Sprache an sich herausgestellt. Dies unterstreicht der vielzitierte Satz aus Hermann Pauls *Prinzipien der Sprachgeschichte*, „**Erst wo Sprechen und Verstehen auf Reproduktion beruht, ist Sprache da.**" (Paul [1880] 1920, Kap. 12, § 131), der auf die Entstehung von Sprachen Bezug nimmt. Darüber hinaus spielt Wiederholung aber auch in der Struktur bereits bestehender Sprachen eine zentrale Rolle. Coseriu unterstreicht die Bedeutung „'fertige[r]' Zeichenkombinationen, die als ganze tradiert werden" (Coseriu [1980] 2007: 107). Hierbei unterscheidet er noch einmal zwischen den „geflügelten Worten" – literarischen oder nichtliterarischen Texten, die einen so großen Bekanntheitsgrad innerhalb einer Sprachgemeinschaft erreicht haben, daß man eine teilweise wörtliche Kenntnis dieser Texte bei vielen Angehörigen der Sprachgemeinschaft voraussetzen kann" (Coseriu [1980] 2007: 108) – und der *wiederholten Rede*, die „all das" umfasst, „was innerhalb einer Sprachtradition als festgefügte Wendung weitergegeben wird" (Coseriu [1980] 2007: 107; die Grenze zwischen beiden Unterkategorien kann sich jedoch verwischen). Wiederholung kann demnach als zentrales Prinzip gelten, das sich in den Strukturen von Sprachen und im sprachlichen und sprachbezogenen Wissen der Mitglieder einer Sprachgemeinschaft vielfach manifestiert – zunächst ohne dass damit eine komische Wirkung erzielt oder intendiert würde (vgl. hierzu insgesamt auch Thun 1978; Lang 1987).

Gleichzeitig können aber durch Wiederholungen sprachlicher Formen und Muster komische Effekte erzielt werden, was sich auch in der Häufigkeit von Wiederholungsstrukturen in unterschiedlichen Textsorten und Traditionen verbalen Humors widerspiegelt – man denke etwa an ironische Wiederholungen der Äußerungen des Gegenübers in Theaterstücken oder an Wiederholungsstrukturen im Witz (vgl. die Wiederholung des Musters der N+N-Komposita in *Wolfshund* und *Ameisenbär* mit der zugehörigen semantischen Interpretationsregel sowie die wiederholte Nennung von Eigennamen des Typs *St. X* und das zugehörige Schema, das etabliert wird: *Stanna* → *St. Anna*, *Stoswald* → *St. Oswald*, [*Steiermark* →] *St. Eiermark* in den beiden nachfolgenden Beispielen).

> Ein Igel trifft im Wald auf einen Wolfshund. Er fragt ihn:
> „Oh, was bist Du denn für ein Tier?"
> „Ich bin ein Wolfshund."
> „Ein Wolfshund?"
> „Ja, mein Vater war ein Wolf und meine Mutter eine Hündin."
> „Ach so, sagt der Igel und geht weiter. Dann trifft er auf ein anderes Tier und fragt:
> „Oh, was bist Du denn für einer?"
> „Ich bin ein Ameisenbär."
> Der Igel überlegt eine Weile und sagt dann:
> „Das glaub' ich dir nicht."
> (Koch, Krefeld und Oesterreicher 1997: 22)

> Kanzler Kohl fährt nach Österreich in Urlaub. Am Zoll begrüßt ihn der Beamte und erkundigt sich, wohin der Kanzler fährt.
> „Ich fahre nach Stanna", sagt der Kanzler. Der Beamte stutzt und wünscht dann eine gute Reise. Im Auto erkundigt sich der Kanzler beim Chauffeur, was denn an seiner Antwort so komisch gewesen sei, woraufhin dieser ihm antwortet:
> „Ach wissen Sie, Herr Bundeskanzler, in Österreich heißt St. immer Sankt."
> Im nächsten Jahr wiederholt sich dieselbe Geschichte, dieses mal mit St. Oswald, das der Kanzler als Stoswald ausspricht. Als der Beamte ihn wieder so eigenartig anschaut, fragt er abermals seinen Fahrer um Rat, der ihn ein zweites Mal aufklärt.
> „Aha", sagt der Kanzler, „dieses Mal werde ich's mir merken."
> Als sie im dritten Jahr wieder am Zoll vorfahren, fragt der Zöllner wie immer höflich:
> „Wo geht es dieses Jahr hin, Herr Bundeskanzler?"
> Der Kanzler, ganz stolz darauf, daß er den Trick mit dem St. nicht vergessen hat, antwortet:
> „Dieses Jahr fahre ich nach Sankt Eiermark."
> (Koch, Krefeld und Oesterreicher 1997: 17–18)

Dabei zeigt sich die Bedeutung eines zweiten grundlegenden Prinzips, das mit dem der Wiederholung zusammenspielt: Es treten gewisse Veränderungen der Strukturen auf, durch die ein zuvor geprägtes Muster und eine dadurch erzeugte Erwartungshaltung des Rezipienten teilweise durchbrochen werden. So beruht der zweite Witz genau darauf, dass der Sprecher den Fehler in der dritten Szene vermeiden möchte und gleich die vermeintlich richtige Form verwendet.

Ebenso zeigt sich das Prinzip der Variation an sprachspielerischen Verfremdungen phraseologischer Einheiten – also wiederholter Rede im oben definierten sprachwissenschaftlichen Sinn –, die als Unterkategorie des Wortspiels gefasst werden (vgl. Winter-Froemel 2009: 1430–1431). Coseriu zitiert das Beispiel *Viel Freund viel Schand* (in Abwandlung von *Viel Feind viel Ehr*), das erst in Bezugnahme auf die implizite Ausgangswendung interpretiert werden könne im Sinne von „wer Auseinandersetzungen nur mit vielfältiger Unterstützung auszutragen in der Lage ist, erwirbt sich damit nicht eben hohes Ansehen" (Coseriu [1980] 2007: 108). Häufig stellen phraseologische Einheiten auch den Ausgangspunkt für Texte dar, die diese Einheiten spielerisch wörtlich nehmen und variieren, wie etwa im Falle von Christian Morgensterns „Die weggeworfene Flinte" (*die Flinte ins Korn werfen*) oder Christian Hirdes' „Kopf verdreht" („Du hast mir den Kopf verdreht, / wie es keine vor dir tat. / So um 180 Grad / drehtest du das Ding herum. // Du hast mir den Kopf verdreht. / Das sieht ziemlich scheiße aus. / Einsam bleib' ich nun zuhaus, / dreh' den Fernsehsessel um. [...]").

Wiederholte Strukturen rufen somit vorherige Äußerungen auf, zu denen gleichzeitig eine Distanz erzeugt wird. Der Rezipient ist aufgefordert, die Äußerungen als Variation einer feststehenden Wendung, d. h. einer wiederholten Rede, zu begreifen. Gelingt dies, so entsteht ein Erfolgserlebnis; Sprecher bzw. Produzent und Hörer bzw. Rezipient stellen ihre sprachliche Kompetenz unter Beweis, was eine Art Verbrüderung bewirkt (vgl. den in der französischen Humorforschung etablierten Begriff der *connivence*, der betont, dass Produzent und Rezipient sich als auf einem gemeinsamen Niveau agierend erleben). Wiederholung im Zusammenspiel mit Variation kann insofern auch als Signal an den Rezipienten verstanden werden, das auf eine komische Dimension der Äußerung hinweist und eine entsprechende Interpretation der Äußerung nahelegt.

Ausgehend von diesen Überlegungen liegt meinem Beitrag die Annahme zugrunde, dass in Kommunikationskontexten verbalen Humors Wiederholungsstrukturen eine Fährte legen und die Rezipienten dazu einladen, sich auf ein Spiel mit Wiederholung und Variation einzulassen. Dies soll anhand von zwei Texten von Christian Hirdes und Bodo Wartke untersucht werden; ausgewählt wurden Texte, die jeweils von einem einzelnen idiomatischen Ausdruck – d. h. einem „klassischen" Fall wiederholter Rede – ausgehen. Die Ausdrücke werden dabei bereits in den Titeln der Stücke genannt: *Lass es einfach laufen* und *Da muß er durch*. Analysiert werden soll, wie in den Texten durch Wiederholung der Ausdrücke in unterschiedlichen Kontexten neue Interpretationsmöglichkeiten ausgeschöpft werden, welche komischen Effekte durch die so entstehenden Variationen erzielt werden und welche weiteren sprachspielerischen Techniken begleitend zum Einsatz kommen.

2 Christian Hirdes, *Lass es einfach laufen*

Lass es einfach laufen (2008) von Christian Hirdes stellt einen Liedtext dar, der mit Klavierbegleitung präsentiert wird. Der Text besteht aus sechs Strophen, nach jeweils zwei Strophen folgt der Refrain. Wie der Titel des Stücks bereits andeutet, kommt dem genannten umgangssprachlichen Ausdruck *(es/die Dinge/...) laufen lassen* eine textkonstitutive Rolle zu; er stellt den Ausgangspunkt des Textes dar und gleichzeitig das Ziel, auf das die einzelnen Strophen zulaufen. Der Ausdruck kann dabei klar als phraseologisch eingestuft werden: Er weist eine polylexikalische Struktur auf, d. h. er ist aus mehreren Lexemen zusammengesetzt, er ist lexikalisiert, d. h. er besitzt eine konventionelle Bedeutung im Wortschatz des Deutschen, die im *Duden* als 'nicht eingreifen, sich nicht um etwas kümmern' (vgl. *Duden* s. v. *laufen lassen, laufenlassen*) angegeben wird. Der Ausdruck weist eine Festigkeit auf; er trägt als gesamter die entsprechende Bedeutung. Gleichzeitig besteht aber eine teilweise Austauschbarkeit der Elemente (vgl. die verschiedenen möglichen Realisierungen des Akkusativobjekts), und es können zusätzliche Elemente wie *einfach* eingeschoben werden (*es einfach laufen lassen*). Das Merkmal der Idiomatizität zeigt sich vor allem in der Umdeutung der Komponente *laufen* und der semantischen Ausbleichung des *es*, da der Phraseologismus auch verwendet werden kann, wenn im Kontext kein mögliches Substantiv im Neutrum vorhanden ist, auf welches das Pronomen bezogen werden könnte. Die Komponente *lassen* wird hingegen in der Ausgangsbedeutung verwendet, so dass der Ausdruck insgesamt als teil-idiomatisiert eingestuft werden kann.

Hieraus ergeben sich nun verschiedene Möglichkeiten spielerischer Umdeutungen, die in den einzelnen Strophen des Texts von Christian Hirdes realisiert werden. In den ersten beiden Strophen geht es um die idiomatische Bedeutung der Wendung, die dann auch durch den Text des Refrains zusätzlich unterstrichen wird, indem die Bedeutung durch die ebenfalls idiomatische Wendung *es kommt, wie's kommt* paraphrasiert wird und zusätzlich stützende Argumente genannt werden: „wie es kommt, kannst du nicht planen"; „das Schicksal wird sich seinen Weg alleine bahnen":

Lass es einfach laufen

Wenn der gewohnte Trott dir manchmal auf die Nerven geht,
und du schaust in den Spiegel und hoffst, dass da 'ne Antwort steht,
lass es laufen. Lass es einfach laufen.
Wenn die im Fernseh'n sagen, die Welt ist schlecht, und die machen dir Angst.
Und du fragst dich dann, ob du wohl daran was ändern kannst,
lass es laufen. Lass es einfach laufen.

Lass es laufen. Lass es einfach laufen.
Es kommt, wie's kommt, und wie es kommt, kannst du nicht planen.
Lass es laufen. Lass es einfach laufen.
Das Schicksal wird sich seinen Weg alleine bahnen.

Produktionsseitig wird damit zunächst die erwartete Bedeutung des Ausdrucks aufgerufen und für die Hörer etabliert. Bereits hier zeigen sich aber bereits auch semantische Effekte und kleine Unterschiede bei der Wiederholung der Wendung in den beiden Strophen: Die erste Strophe beschreibt die depressive Stimmungslage eines Individuums angesichts eines als eintönig empfundenen Alltags. Durch den situativen Kontext – den Blick in den Spiegel – wird gleichzeitig das Bild von Tränen evoziert, die die Wange hinunterlaufen, d. h. auch die Bedeutung 'fließen' der verbalen Komponente *laufen* klingt bereits an, und die Bedeutung der Wendung kann demnach hier paraphrasiert werden als 'lass die Tränen fließen, lass deinen Gefühlen freien Lauf' (vgl. *lass es (einfach) raus*), d. h. das Nichteingreifen (noch im Sinne der konventionellen Bedeutung der Wendung) bezieht sich auf einen konkreten physiologischen Vorgang (des Weinens), der nicht unterbrochen werden soll.

In der zweiten Strophe wird hingegen eine gesellschaftliche Dimension eröffnet: Der Text erwähnt das Massenmedium Fernsehen und die Aussage „die Welt ist schlecht", die als zusammenfassende Kommentierung der Äußerungen z. B. eines Nachrichtensprechers oder einer Nachrichtensprecherin (im Text nur über die indefinite 3. Person Plural – „die im Fernseh'n" – evoziert) interpretiert werden kann. Damit wird die konventionelle Bedeutung der Wendung nun in einem abstrakteren Sinn interpretiert; die Aussage „lass es (einfach) laufen" empfiehlt den Verzicht auf gesellschaftliches Engagement, der durch die angedeutete zu erwartende Aussichtslosigkeit entsprechender Aktivitäten begründet wird. Die fatalistische Handlungsanweisung hat damit hier eine soziale und ethische Dimension und steht im Widerspruch zu allgemein anerkannten Handlungsprinzipien sozialer Gemeinschaften. So deutet sich an, dass die Aussage als ironisch (um-)interpretiert werden kann und eine „Mehrstimmigkeit" der Äußerung vorliegt.

Der Begriff der Mehrstimmigkeit oder Polyphonie, der zunächst von Michail Bachtin in einem literaturwissenschaftlichen Kontext geprägt wurde, wird im Rahmen neuerer sprachwissenschaftlicher Ansätze für die Analyse von Äußerungen fruchtbar gemacht, bei denen mehrere „Stimmen" zugleich zu sprechen scheinen: Es ist nicht nur eine Sprecherperson anzusetzen, sondern es liegen mehrere Äußerungsinstanzen vor, denen unterschiedliche – im Fall der Ironie sogar entgegengesetzte – Äußerungsabsichten zuzuschreiben sind (vgl. Ducrot 1984; Rabatel 2008). Im vorliegenden Fall zitiert bzw. inszeniert der Sprecher – bzw. eine erste Sprecherinstanz – (von dem ich annehme, dass er die entsprechende Handlungsempfehlung nicht mitträgt) den fatalistischen Standpunkt einer anderen Äußerungsinstanz, zu dem eine Distanz besteht. Die Distanz bzw. Unstimmigkeit wird in der Darbietung des Liedes unterstrichen durch den sehr eingängigen und beschwingten Dur-Refrain, der im Kontrast zur zitierten negativen Kernaussage („die Welt ist schlecht") steht. Damit wird auf sprachlicher und musikalischer Ebene eine Verunsicherung des Hörers herbeigeführt: Er muss die Mehr- bzw. Unstimmigkeit erkennen und die plausibelste eigentliche Aussageabsicht durch Umkehrung der Interpretation gemäß dem Prinzip der Ironie rekonstruieren. Festzuhalten bleibt, dass dennoch in den ersten beiden Strophen und dem folgenden Refrain die idiomatische Bedeutung der Wendung klar etabliert und gestärkt wird.

In der dritten Strophe wird sodann jedoch eine neue Verunsicherung des Hörers herbeigeführt bzw. ein zusätzlicher Verarbeitungsaufwand erzeugt, indem ein wörtliches Verständnis erzwungen wird: Hier referiert *es* nun auf das Substantiv *Nachbarskind*, von dem ausgesagt wird, dass es versucht, sich einem Tadel oder einer Bestrafung zu entziehen; auch das Verb *laufen* ist demnach in der wörtlichen Bedeutung (vgl. das Quasisynonym *wegrennen*) zu interpretieren:

> Wenn dein Nachbarskind zum wiederholten Mal an deiner Türe schellt,
> und dann wegrennt, weil's das immer noch für unterhaltsam hält,
> lass es laufen. Lass es einfach laufen.

Der Handlungskontext ist hierbei ein relativ harmloser: Es handelt sich um einen Streich, der üblicherweise abgesehen von unnötiger körperlicher Bewegung des Haus- oder Wohnungsbesitzers zur Tür oder Sprechanlage keine weiteren negativen Folgen hat. Die Anweisung „lass es laufen" empfiehlt eine großzügige Gelassenheit gegenüber dem Kinderstreich trotz dessen wiederholten Auftretens. Hier ist damit keine Polyphonie/Ironie mehr anzunehmen, die Interpretation wendet sich wieder zum unmarkierten (nicht polyphonen) Fall. Neu aber ist, dass dabei die wörtliche Interpretation der einzelnen Bestandteile der Wendung zugrunde gelegt werden muss, so dass gleichzeitig eine semantische Remotivierung der Wendung stattfindet (vgl. hierzu auch meinen Beitrag „Deutungsspielräume – Ambiguität und Motivation sprachlicher Zeichen als Quellen des Wortspiels" im vorliegenden Band).

Die Interpretationsprinzipien kehren sich dann erneut um, wenn in der vierten Strophe eine weitere, zumindest teilkonventionalisierte Interpretation von *es laufen lassen* vorbereitet wird:

> Wenn dich in der Bahn mit dem defekten Klo deine Blase quält,
> und im Bahnhof dann für'n Toilettengang dir das Kleingeld fehlt,
> lass es laufen. Lass es einfach laufen.
>
> Lass es laufen. Lass es einfach laufen.
> Es kommt, wie's kommt, und wie es kommt, kannst du nicht planen.

Lass es laufen. Lass es einfach laufen.
Das Schicksal wird sich seinen Weg alleine bahnen.

Gemeint ist hier nun das Nichtzurückhalten des Urins, das auf einer anderen lexikalisierten Bedeutung von *laufen* – 'fließen' / 'Wasser, Flüssigkeit austreten, ausfließen lassen' (vgl. *Duden*, s. v. *laufen*, 9.a. / 9.b) beruht. (Interessanterweise wurde diese Bedeutung bereits in der ersten Strophe in Bezug auf den weniger stark tabuisierten Konzeptbereich des WEINENS vorbereitet.) Ein zusätzlicher Verarbeitungsaufwand für die Hörer entsteht dadurch, dass die Flüssigkeit, um die es im konkreten Fall geht, im Kontext nicht direkt genannt, sondern nur indirekt über andere Elemente des Erfahrungs- und Handlungszusammenhangs – in kognitiv-semantischer Terminologie dem entsprechenden Frame (vgl. Minsky 1975; Fillmore 1985) – evoziert wird (vgl. die im Kontext erwähnten Konzepte KLO, BLASE, TOILETTENGANG). Die Vermeidung der direkten Nennung des URINS erklärt sich dabei über den tabuisierten Status von Körperausscheidungen im Allgemeinen. Damit liegt hier eine Handlungsanweisung vor, deren Befolgung in der sozialen Interaktion klar sanktioniert würde und die folglich nicht als ernst gemeinte Aufforderung zu verstehen ist[1]; damit kommt wiederum eine Mehrstimmigkeit der Äußerung ins Spiel. Zusätzlich kann aber auch eine (durchaus ernste) angedeutete Kritik des Sprechers am schlechten Wartungszustand vieler Züge der Deutschen Bahn gesehen werden, die das vorgestellte stigmatisierte Verhalten zumindest teilweise entschuldigen oder sogar als Zeichen eines bewussten Protests interpretierbar machen könnte.

Die letzten beiden Strophen beinhalten wiederum einen erneuten Bruch mit allen Interpretationsmustern, die bislang etabliert wurden. Die fünfte Strophe knüpft zunächst an die zweite an: Auch hier wird ein situativer Kontext von Fernsehnachrichten als Rahmen erzeugt, wobei durch die Verwendung des politisch nicht korrekten Ausdrucks *Negerkind* bereits wieder eine polyphone Dimension der Äußerung nahegelegt wird. Diese wird durch die nachfolgende Charakterisierung des angesprochenen *du* verstärkt, die das Bild eines träge auf dem Sofa sitzenden, Bier trinkenden, ordinären (vgl. die nachfolgende Äußerung „so'n Scheiß-Programm") Fernsehzuschauers evoziert, der mit der Fernbedienung zwischen verschiedenen Kanälen zappt, um sich berieseln zu lassen. Sodann wird aber ein Bruch erzeugt, indem gerade nicht die erwartete Wendung *lass es laufen* wiederholt wird (wobei *es* auf das „Scheiß-Programm" bezogen,

---

[1] Der stark tabuisierte Charakter der Handlungsanweisung zeigt sich im Übrigen klar an Publikumsreaktionen beim Vortrag der vierten Strophe, so etwa bei einer Darbietung von Christian Hirdes im Theater Trier im Herbst 2015 anlässlich meiner Antrittsvorlesung an der Universität Trier.

d. h. die Wendung wiederum deidiomatisiert wäre), sondern eine Aufforderung mit entgegengesetzter Bedeutung geäußert wird: „Steh auf!" Angesichts des evozierten Stereotyps des Fernsehzuschauers kann angenommen werden, dass diese Handlung für diesen eine nicht unerhebliche Anstrengung bedeutet, die in Kauf genommen wird, um nicht weiter mit den verstörenden Fernsehbildern konfrontiert zu sein. Im Rahmen der polyphonen Interpretation potenziert sich so die in der zweiten Strophe angedeutete Kritik an fehlendem gesellschaftlichen Engagement. Es wird vor Augen geführt, wie sogar aktiver Aufwand betrieben wird, um zu vermeiden, zu einer Auseinandersetzung mit bestimmten Realitäten und möglicherweise sogar zu einer aktiven Positionierung angeregt zu werden.

> Wenn die im Fernseh'n so'n dürres Negerkind zeigen mit so'm dicken Bauch,
> und dein Bier ist leer und die Batterie deiner Fernbedienung auch,
> Steh auf! (Kannst du doch nicht laufen lassen, so'n Scheiß-Programm,
> und dein Bier kommt auch nicht von alleine.)

Die letzte Strophe schließlich bricht nicht nur inhaltlich, sondern auch formal mit dem Muster der Strophen 1–4. Der Text bricht hier ab, und nur die Instrumentalbegleitung vollendet die Strophe; der Refrain setzt erst wieder ein mit der Zeile „Es kommt, wie's kommt". Damit wird eine Lücke erzeugt, die vom Hörer zu schließen ist, indem er nach dem bekannten Muster „lass es laufen" gedanklich ergänzt. In dem durch die Strophe vorbereiteten Kontext impliziert die Wendung dabei allerdings eine maximale Tabuverletzung im Sinne der Inkaufnahme der schweren Verletzung oder des Todes eines Kindes: Bezug nehmend auf das im Kontext erscheinende Substantiv *Nachbarskind*, das auf Strophe 3 zurückverweist, muss auch hier die wörtliche Bedeutung von *es* und *laufen* angesetzt werden; anders als in Strophe 3, wo es um ein für das Kind harmloses bzw. sogar positives Weglaufen geht (dort entgeht es dadurch einem Tadel oder einer Strafe), hat die Ortsveränderung hier nun lebensbedrohliche Konsequenzen, da sie ein Überqueren der Hauptverkehrsstraße beinhaltet (bezeichnenderweise werden wiederum die gefährlichen Objekte selbst – AUTOS, LKWS usw. – nicht explizit genannt). Der Hörer bzw. Zuschauer, der den entsprechenden Text „lass es laufen" gedanklich ergänzt, wird in gewisser Weise zum Mittäter, da er selbst diese unerhörte Aussage formuliert und sich hierbei ertappt. Gleichzeitig befolgt der Liedtext durch die Schlusspointe auch das übergeordnete, durch den Titel der CD und des entsprechenden Programms von Christian Hirdes vorgegebene Thema „Lieder wo am Ende jemand stirbt".

> Doch wenn dein Nachbarskind, das dir im Rücken seiner Eltern gegenübersteht,
> auf der anderen Seite der Hauptverkehrsstraße den Eismann erspäht...

...Es kommt, wie's kommt, und wie es kommt, kannst du nicht planen.
Lass es laufen. Lass es einfach laufen.
Das Schicksal wird sich seinen Weg alleine bahnen.
Lass es einfach laufen.

3 Bodo Wartke, *Da muß er durch*

Auch bei *Da muß er durch* (2003) von Bodo Wartke handelt es sich um einen Liedtext, der mit Instrumentalbegleitung (ebenfalls Klavier) präsentiert wird. Die Liedform mit Strophen und wiederholtem Refrain erweist sich wiederum als optimal geeignet für ein Spiel mit Wiederholung und Variation. Dem Lied ist hier ein Einleitungstext vorangestellt, der die Verwendung des genannten Ausdrucks explizit motiviert:[2]

Da muß er durch

Dieses Lied ist das Ergebnis einer Wette, die ich mal besser nicht gewettet hätte. Ich hab gewettet, ich schreibe Euch ein Lied über jedes Thema, gebt mir einfach einen Titel.
Da meinte einer: „Ach, da hab' ich was für Dich! Wie wär's mit dem Titel 'Da muß er durch'?"
Drauf ich geflissentlich: „Auf 'durch' reimt sich aber überhaupt nix außer 'Lurch'." Da grinst er mich nur an und sagt: „Tja, da mußt Du durch."

Dem Künstler wird die Aufgabe gestellt, ein Lied (in sich reimenden Versen) zum genannten Thema zu schreiben, wobei das Fehlen von möglichen Reimwörtern außer der Tierbezeichnung *Lurch* als zentrale Schwierigkeit benannt wird. Die Äußerung des Gegenübers „da mußt Du durch" stellt dabei ein Bild im Bild – literaturwissenschaftlich nach Gide eine *mise en abyme* (vgl. Wilpert 2001: 525) – dar: Das „Durchmüssen" soll auf der Ebene des dargestellten Inhalts des zu schreibenden Lieds thematisiert werden, erscheint aber auch auf der Ebene der Textproduktion selbst.

Die Schwierigkeit mit dem formal möglichen Reimwort *Lurch* ergibt sich dabei aus dem relativ spezifischen semantischen Inhalt (Wortfeld Amphibien) und aus der Tatsache, dass der Ausdruck *Lurch* keine weiteren Bedeutungen

---

[2] Nachfolgend wurden die rahmenden und kommentierenden Textteile durch Kursivierung kenntlich gemacht. Einzelne Schreibfehler wurden korrigiert; aus Gründen der besseren Lesbarkeit wurde dies nicht im Einzelnen hervorgehoben. Ebenso wurden in einigen Fällen Leerzeilen im Originaltext getilgt. Bei den Liedstrophen wurden zusätzliche Absätze eingefügt, um die Versgrenzen deutlicher hervorzuheben.

besitzt[3]; die Reimlösung *Lurch/durch* wird dabei als zu einfach, bzw. zu weit hergeholt verworfen:

> *Na super, auf was hab' ich mich da eingelassen: Ich meine okay, klar, ich könnte jetzt ein Lied schreiben über einen Lurch, der irgendwo durch muß. Aber das wäre zu einfach. Diese Genugtuung will ich ihm nicht verschaffen.*

Wie wird das Problem dann aber gelöst und die sprachliche Virtuosität, um die es in der Wette ging, unter Beweis gestellt? Im Folgenden werden hierzu sogar fünf Lösungen vorgestellt, die als „Versuche" tituliert werden. Hierbei kommen unterschiedliche Verfahren zum Einsatz, wobei die jeweiligen Mängel der Verfahren explizit thematisiert werden, so dass eine ironische Brechung entsteht.

Erstens handelt es sich um ungenaue Reime, d. h. ein Spiel mit lautlicher Ähnlichkeit (Paronymie) anstelle eines Spiels mit lautlichem Gleichklang (Homophonie). Das Problem wird in der Kommentierung angezeigt („Sie haben sicherlich gemerkt, das Wort 'Storch' reimt sich nicht so gut auf 'durch'."), und es wird eine sehr fragwürdige Entschuldigung angeboten („[…] dafür kann ich nichts. Daran sind im Grunde meine Eltern schuld. Die hätten mir ja auch erzählen können, die kleinen Kinder brächte der Lurch."). Durch das Spiel mit der stereotypen Äußerung „die Kinder bringt der Storch" liegt ein zusätzliches Spiel mit wiederholter Rede vor. Gleichzeitig lässt sich auch das Prinzip der Variation feststellen: Durch die Ersetzung des Ausdrucks „Storch" durch „Lurch" wird die Unvereinbarkeit der stereotypen Vorstellungen („bringt Kinder", „fliegt im Winter in den Süden") aufgezeigt und die Argumentation ad absurdum geführt. Zusätzlich findet sich in der ersten Strophe der Schüttelreim *Schnabel nur / Nabelschnur*, der zusätzlich Komik erzeugt. Eine weitere Quelle der Komik ist die Vermeidung des tabuisierten Ausdrucks *Scheide*, der von den Hörern zu ergänzen ist („na, Sie wissen schon").

> Als ich noch Kind war, hab' ich stets gedacht,
> uns kleine Kinder, die hat der Storch gebracht.
> Doch irgendwann begann ich mich zu fragen:
> Wie soll der arme Storch das alles tragen?
>
> Wie transportiert er beispielsweise mit dem Schnabel nur
> außer dem Kind noch die Plazenta und die Nabelschnur?

---

[3] Zwar existiert im österreichischen Sprachgebrauch auch die Form *Lurch* in der Bedeutung 'zusammengeballter, mit Fasern durchsetzter Staub' (vgl. *Duden*); diese kann aber vermutlich nicht bei einem breiten Publikum als bekannt vorausgesetzt werden.

Bis ich erfuhr, die kleinen Kinder, die bringt doch nicht der Storch:
Die kommen aus ... na, Sie wissen schon. Da mußt' ich durch!

Wobei, ich mußte da nicht durch, ich war ein Kaiserschnitt. Sie haben sicherlich gemerkt, das Wort „Storch" reimt sich nicht so gut auf „durch". Das stimmt, aber dafür kann ich nichts. Daran sind im Grunde meine Eltern schuld. Die hätten mir ja auch erzählen können, die kleinen Kinder brächte der Lurch. Haben sie aber nicht. Dabei wäre es für mich als Kind völlig egal gewesen, welches Tier den Job macht, ich hätte alles geglaubt. „Mama, sag mal, wo kommen eigentlich die kleinen Kinder her?" „Die, mein Junge, bringt der Lurch." „Echt? Und wann hat der Lurch mich gebracht?" „Im Sommer. Denn im Winter fliegen alle Lurche in den Süden." Ich schweife ab. Zurück zum Lied, zweiter Versuch:

Wenig später mußt' ich dann zur Bundeswehr.
Und die Bundeswehr ist ein gesundes Heer,
hab' ich mir sagen lassen, denn dort
treibt man eine ganze Menge Sport.

Nun kriech' ich schon seit Tagen durch den Matsch,
mir ist kalt, ich bin dreckig und klatsch-
naß und beginne mich zu fragen: Was tu' ich
hier nur? Ich weiß nur eins gewiß: Ich muß da durch.

Nur ich – durch. Ja, ok.

Im zweiten Versuch kommt zusätzlich zur Manipulation der Aussprache noch ein Spiel an und über Wortgrenzen hinweg hinzu (*Matsch / klatsch-[naß], tu' ich / durch*). Der „problematische" Reim wird zwar kommentierend wiederholt, anders als beim ersten Versuch bleibt eine mögliche Kritik am Reim hier jedoch implizit, und das Problem wird schnell übergangen, indem zur dritten Strophe übergeleitet wird. Neben dem Reim-Spiel lässt sich in der zweiten Strophe auch eine inhaltsbezogene Komik feststellen: Der Text spielt mit stereotypen (negativen) Vorstellungen bezüglich der Bundeswehr (vgl. auch die dargestellte Szene des Durch-den-Matsch-Kriechens), die in Kontrast gesetzt werden zu den Beschreibungen „gesundes Heer" und „dort treibt man eine ganze Menge Sport"; die Distanzierung wird ferner auch dadurch angezeigt, dass die Charakterisierung anderen Sprechern zugeschrieben wird („hab' ich mir sagen lassen"). Auch hier wird so eine polyphone Interpretation der Äußerung nahegelegt.

Für die dritte Strophe wird vorab das verwendete Verfahren angekündigt: der Rückgriff auf eine regionale (hier norddeutsche) Aussprache. Entsprechende Rückgriffe kommen in sprachspielerischen Texten häufig zum Einsatz; auch dieses Verfahren wird aber als problematisch entlarvt, in diesem Fall aufgrund der Nichtübereinstimmung zwischen der regionalen Verortung der Aussprache und dem Ort des Geschehens, die innerhalb des deutschen Sprachraums annähernd maximal weit auseinander liegen (vgl. die vom Künstler bei der Darbietung des Liedes gesetzte Pause und die Publikumsreaktionen nach „In der Schweiz"):

> *Ich verspreche, die nächste Strophe reimt sich dafür jetzt aber auch perfekt, wenn man sie im norddeutschen Dialekt ausspricht. Ich bitte dabei zu entschuldigen, daß die Strophe rein inhaltlich überhaupt nichts mit Norddeutschland zu tun hat – eher im Gegenteil:*
>
> In der Schweiz regierte mal ein Landvogt,
> mit dem die Tyrannei in das Land zog,
> weil er die Schweizer munter unterjochte,
> weswegen man ihn nicht besonders mochte.
>
> Wann wird der Retter kommen diesem Lande?
> Schon sehr bald, denn der Vogt und seine Bande
> sind grade auf dem Weg nach Küßnacht, da liegt seine Burg,
> doch auch eine hohle Gasse. Da muß er durch!

Ein zusätzlicher komischer Effekt ergibt sich dadurch, dass in dieser Strophe auf ein geflügeltes Wort aus Schillers *Wilhelm Tell* (1804) angespielt wird, in der das zentrale Stichwort der Reimaufgabe enthalten ist („Durch diese hohle Gasse muss er kommen, / Es führt kein andrer Weg nach Küssnacht", *Wilhelm Tell*, IV,3). Gemeinsam mit der folgenden Strophe liefert der Text eine Zusammenfassung der Schlüsselszene aus Schillers Drama. Innerhalb des inszenierten Wettspiels kann dies als Zeichen sprachlicher Virtuosität und somit als Teilerfolg des Sprechers verbucht werden. Ohne kommentierende Rahmung und in Fortsetzung des thematischen Zusammenhangs folgt sogleich ein weiterer Reim, der ebenfalls auf einer dialektalen Aussprache beruht (*ruhig / durch*).

> Der Wilhelm Tell liegt hier schon auf der Lauer,
> und der ist auf den Landvogt ziemlich sauer,
> denn er wurde von ihm dazu gezwungen
> zu schießen, und zwar auf seinen eig'nen Jungen!
>
> Nun hingegen zielt er ganz bewußt
> mit seinem Pfeil auf des Landvogts Brust.
> Hier gilt es, Schütze, deine Kunst zu zeigen! Jetzt nur ruhig,
> Tell, stell dir vor, es wär ein Apfel! Da muß er durch!

Auch in der fünften Strophe beruht der Reim auf einer manipulierten Aussprache, hier eines Wortes griechischer Herkunft (*Chirurg*). Die entsprechende Aussprache ist nicht nur als regional bedingt, sondern kann als unangemessene lautliche Anpassung eines entlehnten Wortes und damit als Zeichen mangelnder sprachlicher Kompetenz interpretiert werden (zur möglichen komischen Wirkung ungewöhnlich starker Lehnwortintegration vgl. z. B. Schweickard 1998: 294 und Winter-Froemel 2011: 317–318). Zusätzlich gibt es hier ein weiteres vertikales Wortspiel (*Brett / Brad [Pitt]*) und eine intertextuelle Anspielung auf ein anderes Stück von Bodo Wartke (*Meine neue Freundin*), deren erfolgreiches Erkennen ggf. eine Selbstbestätigung bewirken und die „Fan-Identität" der Zuhörer des Lieds bestärken kann (vgl. den kommentierenden Hinweis „wie ich ja schon erwähnte").

> *Auf die nächste Strophe hat mich eine Bekannte gebracht. Der hab ich das vorgesungen bis da, und die meinte „Hey, ich hab' die Lösung für Dein Problem. Schreib doch eine Strophe über Deine Freundin." „Häh?" „Na über ihren Vater." „Was?"*
> *„Na, ist doch klar: der Schönheitschirurg, das reimt sich doch extrem gut auf ‚durch', zumindest dann, wenn man es nicht allzu sauber ausspricht, und das fällt doch sicher nicht so ins Gewicht.*
> *Oder?" Gut, keine schlechte Idee. Ich versuch's mal.*

> Mein Schwiegervater ist in seinem Job
> – wie ich ja schon erwähnte – ziemlich top.
> Doch neulich brauchte er sein ganzes Talent,
> da war nämlich ein Sumo-Ringer sein Patient.

> *Sumo-Ringer kennen Sie?*

> *Die sind ziemlich korpulent.* Und der sagte, er hätt-
> -e bitte gerne auch so einen Bauch wie'n Brett
> ... Pitt. Auf eine meterdicke Fettschicht schaut der Schönheitschirurg
> und sagt zu sich: „Au backe, da muß ich durch!"

Die bisher besprochenen Strophen zeigen klar, dass bei Bodo Wartkes Text – anders als bei Christian Hirdes – der Fokus zunächst auf der formalen Seite der sprachlichen Zeichen liegt. Doch auch hier wird gleichzeitig mit unterschiedlichen Bedeutungsdimensionen bzw. -optionen des Ausdrucks *durch müssen* gespielt. Dies wird in der obigen Strophe besonders deutlich, in der (unter zusätzlichem Einsatz des Stilmittels der Übertreibung) das Bild einer „meterdicken Fettschicht" und damit eine sehr konkrete Vorstellung einer schwer zu durchdringenden Masse evoziert wird. Dabei wird im Wesentlichen mit zwei Bedeutungen gespielt: einerseits der idiomatischen Bedeutung 'eine schwere Aufgabe annehmen / durchstehen', andererseits der kompositionalen Interpretation 'ein konkretes materielles Hindernis bzw. eine konkrete Enge durchqueren müssen' (vgl. in den vorangehenden Strophen die Scheide bei der Geburt,

Matsch, eine enge Gasse).⁴ Bemerkenswert ist ferner, dass sich die beiden genannten Interpretationen jeweils nicht ausschließen: Neben der Überwindung der materiellen Hindernisse geht es in allen Fällen auch um die Überwindung einer abstrakten Schwierigkeit. Anders als bei Christian Hirdes wird hier keine Uminterpretation des Ausdrucks erzwungen, sondern mehrere Bedeutungen und Interpretationsoptionen werden jeweils überlagert.

In der Folge zeigt sich jedoch, dass die initiale Herausforderung damit noch immer nicht als zufriedenstellend gelöst angesehen wird (die Wiederholung des Ausdrucks *Schönheitschirurg* durch den Wettpartner zunächst in der „falschen", dann in der „richtigen" Aussprache veranschaulicht hierbei wiederum das in der Einleitung skizzierte Zusammenspiel von Wiederholung und Variation):

Als ich diese Strophe fertig hatte, habe ich sofort meinen Wettpartner angerufen und meinte: „Hier, fertig, fertig, hör's Dir an." Ich hab's ihm vorgesungen am Telefon und meint: „Na, wie sieht's aus." Er sagte dann: „Moment mal, das reimt sich alles gar nicht." „Komm, da kann man doch mal'n Auge zudrücken." „Nein, Wette ist Wette! Wenn, muß es sich reimen. Schönheitschirurch! Es heißt Schönheitschirurg. Wenn Du willst, daß es sich reimt, mußt Du darauf achten, daß es am Ende gleich geschrieben wird!"

Der besserwisserische Rat des Wettpartners wird sodann aber ad absurdum geführt, womit ein weiterer Beweis der sprachlichen Virtuosität erbracht wird: Unter Rückgriff auf einen Ausdruck fremdsprachlicher Herkunft wird die behauptete Eindeutigkeit der Ausspracheregeln (etwa „wenn Wörter gleich geschrieben werden, werden sie auch gleich ausgesprochen") falsifiziert, in dem die aus dem Englischen übernommene Aussprache von *church* unzulässigerweise auf *durch* übertragen wird ([tʃɜːtʃ] – [dɜːtʃ]). Zusätzlich wird (ähnlich wie in der ersten Strophe) auf ein sexuelles Tabu angespielt, hier den Zölibat der katholischen Kirche, dessen Verletzung vom Publikum wiederum nur indirekt aus dem Verwandtschaftsverhältnis („mein Papa") zu erschließen ist (vgl. auch die Vermeidung der expliziten Benennung des Geschlechtsverkehrs durch Ellipse des Verbs und das „weißt' schon").

„Ach so, danke für's Erklären. Ja, ich probier's nochmal!"

Nach der Bundeswehr war die Zeit reif,
daß ich einen Beruf ergreif',
und was ich werden wollte, war mir sofort klar:
katholischer Priester, genau wie mein Papa.

---

4 Lediglich bei der zweiten Tell-Episode stellt der Apfel nicht ein negatives, zu überwindendes Hindernis, sondern ein zu erreichendes Ziel dar.

> Doch der sagte: „überleg' Dir das genau, mein Sohn,
> denn Du darfst dann eigentlich nicht mehr mit 'ner Frau, weißt' schon.
> Denn das sind die Regeln in the Catholic Church!
> Wenn Du das wirklich willst, mußt du da durch."

Schließlich, als weiterer Beweis der sprachlichen Virtuosität und Schlusspointe, wird dann doch die eigentlich zu Beginn des Textes verworfene Reimlösung realisiert. Zusätzlich wird hier im kommentierenden Rahmen sozusagen *en passant* ein weiteres mögliches Reimwort erwähnt (*zerfurch'*). Gleichzeitig findet eine kunstvolle Engführung durch die dichte Aufeinanderfolge von Wortspielen statt, wobei zusätzlich ein Binnenreim (*Kröten töten*) und zwei weitere horizontale Wortspiele (*Kröten* 'Geld'/*Kröten* 'Amphibien' und *weil sie Leichen sind, bevor sie laichen können*) zum Einsatz kommen. Während in den anderen Strophen die idiomatisierte Bedeutung von *durch müssen* fast immer mitschwingt, kommt hier nun dem zu durchquerenden Objekt eine lebensrettende Funktion zu, so dass eine Uminterpretation erfolgt:

> *Dieser Song dauert nun schon fünf Minuten. Und dabei habe ich noch immer keinen guten richtigen Reim gefunden auf „durch", so sehr ich mir auch meine Stirn zerfurch'.*
> *Mir scheint nichts anderes übrig zu bleiben, als eine letzte Strophe zu schreiben mit dem einzigen verbleibenden Reim auf „durch". Sie wissen ja, welcher das ist. Genau.*
> *Da muß ich dann wohl durch...*
>
> Da wir Deutschen ja so gerne mit dem Auto fahr'n,
> bauen wir öfter mal 'ne neue Autobahn.
> Das kostet uns 'ne ganze Menge Kröten,
> weil Autos ja bekanntlich Kröten töten,
>
> die jetzt nicht mehr ihr Laichgebiet erreichen können,
> weil sie Leichen sind, bevor sie laichen können.
> Doch es gibt ja Gott sei Dank für jeden noch so kleinen Lurch
> heute Tunnel unter der Straße. Da muß er durch!

4 Zusammenfassung

Der Analyse der Texte von Christian Hirdes und Bodo Wartke zeigt ein gemeinsames Grundprinzip: Es werden jeweils für einen idiomatisierten Ausdruck Interpretationsspielräume ausgelotet, die über die im Sprachgebrauch konventionalisierte und damit erwartbare primäre Interpretation hinausgehen. Die Textsorte des Lieds erlaubt es dabei, innerhalb der Strophen jeweils neue Kontexte vorzubereiten und dann die Wendung innerhalb des wiederkehrenden Refrains

(Christian Hirdes) bzw. am Ende der einzelnen Strophen (Bodo Wartke) zu präsentieren. Die Wiederholung der Wendung konstituiert die Pointe der jeweiligen Textabschnitte, wobei die variierten Interpretationen, die vom Kontext erzwungen werden, einen zusätzlichen Verarbeitungsaufwand und einen Überraschungseffekt erzeugen können (vgl. Publikumsreaktionen sowie die von den Künstlern bei der Performanz eingesetzten Gestaltungsmittel wie Sprechtempo, Pausen, Betonung, Lautstärke, die weiterführend näher untersucht werden könnten). Gleichzeitig zeigen die Texte, dass trotz des gemeinsamen Grundprinzips die Umsetzung in den Texten variiert. Indem noch weitere Mittel zur Erzeugung sprachlicher Komik begleitend eingesetzt werden (u. a. weitere Wortspiele, das Spiel mit unterschiedlichen Tabus, dialektaler Aussprache sowie das Spiel mit Mehrstimmigkeit und Ironie), ergibt sich ein enges Zusammenwirken unterschiedlicher sprachspielerischer Verfahren, unter denen Wiederholung und Variation eine wichtige Rolle zukommt.

Literaturangaben

Untersuchte Texte

Christian Hirdes, Kopf verdreht. Vom Künstler zur Verfügung gestellte Textfassung.
Christian Hirdes, Lass es laufen. Vom Künstler zur Verfügung gestellte Textfassung.
    Audiofassung veröffentlicht auf: Christian Hirdes, *Lieder wo am Ende jemand stirbt*, 2008 Satyr Records.
Bodo Wartke, Da muß er durch (2003). Text nach: Achillesverse – live in Berlin.
    https://www.bodowartke.de/medien (Zugriff 20.07.2018). Audiofassung veröffentlicht auf: Bodo Wartke, *Achillesverse – Live in Berlin. Klavierkabarett im Reimkultur*, Reimkultur Musikverlag, 2013.

Weitere zitierte Literatur

Coseriu, Eugenio. [1980] 2007. *Textlinguistik. Eine Einführung*. Herausgegeben und bearbeitet von Jörn Albrecht. 4. Aufl. (Tübinger Beiträge zur Linguistik 500). Tübingen: Narr.
Ducrot, Oswald. 1984. *Le dire et le dit*. Paris: Éditions de Minuit.
Duden online. https://www.duden.de/woerterbuch (Zugriff am 06.09.2018).
Fillmore, Charles. 1985. Frames and the Semantics of Understanding. *Quaderni di semantica* 6. 222–254.
Koch, Peter, Thomas Krefeld & Wulf Oesterreicher. 1997. *Neues aus Sankt Eiermark. Das kleine Buch der Sprachwitze*. München: Beck.
Lang, Jürgen. 1987. Wortbildung und wiederholte Rede (anhand spanischer und deutscher Beispiele). In Wolf Dietrich, Hans-Martin Gauger & Horst Geckeler (Hgg.), *Grammatik und*

Wortbildung romanischer Sprachen. Beiträge zum Deutschen Romanistentag in Siegen, 30.9.–3.10.1985 (Tübinger Beiträge zur Linguistik, 297), 171–186. Tübingen: Narr.

Minsky, Marvin. 1975. A Framework for Representing Knowledge. In Patrick H. Winston (Hg.), *The Psychology of Computer Vision*, 211–288. New York: McGraw-Hill.

Paul, Hermann. [1880] 1920. *Prinzipien der Sprachgeschichte.* 5. Aufl. Tübingen: Niemeyer. http://gutenberg.spiegel.de/buch/prinzipien-der-sprachgeschichte-2742/1 (Zugriff 06.09.2018).

Rabatel, Alain. 2008. *Homo narrans: Pour une analyse énonciative et interactionnelle du récit.* 2 Bde. Limoges: Éditions Lambert-Lucas.

Schiller, Friedrich. 1804. Wilhelm Tell. gutenberg-spiegel.de/buch/wilhelm-tell-3332/15 (Zugriff am 10.09.2018).

Schweickard, Wolfgang. 1998. Englisch und Romanisch. In Günter Holtus, Michael Metzeltin & Christian Schmitt (Hgg.), *Lexikon der romanistischen Linguistik.* Bd. VII: *Kontakt, Migration und Kunstsprachen: Kontrastivität, Klassifikation und Typologie*, 219–309.Tübingen: Niemeyer.

Thun, Harald. 1978. *Probleme der Phraseologie. Untersuchungen zur wiederholten Rede mit Beispielen aus dem Französischen, Italienischen, Spanischen und Rumänischen* (Beihefte zur Zeitschrift für romanische Philologie 168). Tübingen: Niemeyer.

Wilpert, Gero von. 2001. *Sachwörterbuch der Literatur.* 8. Aufl. Stuttgart: Kröner.

Winter-Froemel, Esme. 2009. Wortspiel. In Gert Ueding (Hg.), *Historisches Wörterbuch der Rhetorik.* Vol. 9, 1429–1443. Tübingen: Niemeyer.

Winter-Froemel, Esme. 2011. *Entlehnung in der Kommunikation und im Sprachwandel. Theorie und Analysen zum Französischen* (Beihefte zur Zeitschrift für romanische Philologie 360). Berlin & Boston: De Gruyter.

Esme Winter-Froemel ist Professorin für Romanistische Sprachwissenschaft an der Universität Trier. Ihre Schwerpunkte in Forschung und Lehre umfassen Sprachwandel, Sprachkontaktphänomene, lexikalische Semantik, Semiotik und Ambiguität sowie das Wortspiel. Seit 2013 leitet sie das wissenschaftliche Netzwerk „Dynamik des Wortspiels: Sprachkontakt, sprachliche Innovation, Sprecher-Hörer-Interaktion" (DFG), in dessen Rahmen bei De Gruyter die Buchreihe „The Dynamics of Wordplay" erscheint.

Christian Hirdes
Interview „Sprachkunst & Spracharbeit"

Das Interview fand am 13.6.2017 im Rahmen des Masterseminars „Sprachkunst & Spracharbeit: Aktuelle und historische Perspektiven zum Deutschen und Französischen" (Leitung: Prof. Dr. Claudine Moulin & Prof. Dr. Esme Winter-Froemel) für Studierende der Germanistik und Romanistik an der Universität Trier statt.

Interviewer: Christa Hunz, Philipp Schommer

Transkription: Sophia Fünfgeld, Franziska Leitzgen, Alexandra-Marie Nölling

Nachbearbeitung: Christian Hirdes, Esme Winter-Froemel

Wir haben auf Ihrer Homepage gelesen, dass Sie sich als Comedian, Kabarettisten, Poeten und Liedermacher bezeichnen. Da haben wir uns die Frage gestellt: Wie machen Sie Ihre Stücke? Welche Strategien benutzen Sie?

Es gibt grundsätzlich zwei Herangehensweisen. Die eine ist, dass einfach eine Idee kommt, die Muse küsst einen sozusagen. Manchmal entsteht auch im Alltag irgendeine inspirierende Situation oder auch etwas Sprachliches, das inspirierend ist. Sie wissen ja, dass ich viele Wortspiele mache, und das passiert dann oft aus dem Alltag heraus. Dann höre ich zum Beispiel in einem Gespräch eine Redewendung, und auf einmal fängt es an zu rattern und es kommt eine Idee. Bei den Wortspielen gehe ich von der Pointe aus und dann bastle ich die Geschichte dazu. Was aber gerade in den letzten Jahren auch häufiger vorkommt, ist, dass es dann doch Arbeit ist, weil ich etwas zu einem bestimmten Thema abliefern muss. Das ist dann die zweite Herangehensweise und bezieht sich z. B. auf neue Sachen für die *Nachgewürzt*-Show. In dieser Show sind wir mit vier Kabarettisten und einem Gast alle zwei Monate auf der Bühne. Der Titel *Nachgewürzt* soll heißen, dass wir sozusagen die Ereignisse der letzten Zeit „nachwürzen" und etwas zu aktuellen Themen machen. Dann passiert es tatsächlich, dass ich mich an den PC setze und die Nachrichten durchforste und gucke, ob ich irgendwo Humor-Potenzial sehe. Und ja, dann ist es so richtig Arbeit mit entsprechendem Handwerkszeug des Reimens und Melodiemachens.

Welche Beweggründe haben dazu geführt, dass Sie sich heute mit der Sprachkunst beschäftigen?

Das kreative Schreiben fing tatsächlich schon in der Kindheit an, das kommt einfach so. Irgendwie fühlt man sich danach, dass man Geschichten oder Gedichte schreiben will. Das ist so ein ursprünglicher innerer Antrieb. Es war dann irgendwann auch der Lebenstraum, professionell Künstler werden zu können. Früher in der Kindheit dachte ich, einmal Schriftsteller werden zu können. Das habe ich aber zu der Zeit, als ich mit der Schule fertig war und dann die Frage nach der Zukunft kam, selbst als Hirngespinst angesehen, weil ich nicht wusste, dass es eine Szene gibt von Kleinkünstlern, Komödianten und Kabarettisten, die nicht total bekannt sind und das trotzdem beruflich machen. Man kannte nur die großen Stars und dachte, dass man da ja sowieso nicht hinkommt, und von daher habe ich das selbst als Hirngespinst angesehen. Weil ich irgendetwas Seriöses machen wollte, hatte ich dann den Gedanken, in Richtung Journalismus zu gehen, weil man da ja immerhin auch schreibt und so ein bisschen kreativ ist. Menschen, die mich damals beraten haben, meinten, der übliche Weg, Journalist zu werden, wäre gar nicht der Studiengang Journalismus, sondern die Herangehensweise, irgendetwas Geisteswissenschaftliches zu studieren und parallel zu versuchen, durch Volontariate oder so reinzurutschen.

Das war ursprünglich der Grund, mit Germanistik anzufangen, und im Laufe des Studiums ergab es sich dann, dass der damalige Magister-Studiengang um einen Lehramtsstudiengang erweitert wurde. Weil es hieß, dass das sowieso größtenteils die gleichen Bausteine sind, die man da zusammensetzen muss, und dann könne man auch beide Abschlüsse machen, sodass ich dann irgendwann auf Lehramt studierte. Das war eigentlich nicht meine ursprüngliche Absicht, und ich merkte dann auch in Schulpraktika, dass das nichts für mich ist. Davon abgesehen ist es aber so, dass die Beschäftigung mit der Sprache, die ja schon vorher da war, ganz gut passte. Ich merkte auch im Laufe des Studiums, dass ich gerade an der Linguistik Spaß hatte, während die meisten eher die Richtung Literaturwissenschaft bevorzugten. Ich merkte, dass ich das analytische Beschäftigen mit der Sprache mochte. Und bis heute mag.

Sie haben eben gesagt, dass es für Sie auch Stars gab, von denen Sie dachten, dass sie da nie hinkommen. Haben Sie noch immer Idole?

Verknüpft mit der Frage, in wessen Referenz ich mich sehe, denke ich in erster Linie an Heinz Erhardt, der aber schon zu meiner Zeit lange tot war und den man aus alten albernen deutschen Schwarz-Weiß-Komödien kannte, aber eben auch aus den Buchveröffentlichungen mit den lustigen Gedichten. Und obwohl es auch andere gibt, die in der Richtung geschrieben haben, ist er schon der einzige, bei dem ich sagen würde: Den habe ich früh gelesen und der hat mir gefallen, mich fasziniert und beeinflusst. Dann habe ich auch früh Ephraim Kishon gelesen. Er hat mich, vor allem was die Stilmittel der Satire angeht, fasziniert, und ich habe viel von ihm gelernt. Bei Heinz Erhardt waren das eher die Reimkunst und die Wortspielerei. Diese beiden sind meine literarischen frühen Einflüsse und insofern vielleicht Vor-Bilder. Musikalisch gibt es wahrscheinlich auch noch Leute, die mich beeinflusst haben. Wenn ich auf Idole oder große Stars, zu denen man aufschaut, zurückkomme, war in meiner Kindheit Otto Waalkes so ein Paradebeispiel dafür, dass man denkt: „Wow, aber da hinzukommen ist ja unrealistisch". Wobei Otto natürlich inhaltlich nichts großartig mit dem zu tun hat, was ich mache. Oder höchstens teilweise, weil er ja auch Gedichte von Robert Gernhardt vorgetragen hat oder Robert Gernhardt für ihn geschrieben hat. Er hat schon auch wortwitzige Sachen gemacht, aber ich würde mich nicht in seiner Tradition sehen.

Wie würden Sie ihr Verhältnis zur Sprache insgesamt beschreiben? Sind die Begriffe Sprachkunst und Spracharbeit aus Ihrer Sicht angemessen, um Ihre Tätigkeit zu beschreiben?

Ich achte auch im Alltag auf Sprache und theoretisiere durchaus auch. Es ist oft so, dass meine Lebensgefährtin und ich irgendwo ein Wort hören oder sagen und uns plötzlich mit der Wortherkunft beschäftigen: „Hängt das wohl mit diesem oder jenem englischen Wort zusammen?" Und dann googelt man das und guckt nach. Ich interessiere mich für solche Sachen und komme oft in normaler Kommunikation auf diese Metaebene, auf der man sich dann mit der Sprache selbst beschäftigt. Von daher ist mein Verhältnis zur Sprache so, dass sie mich irgendwie beschäftigt und dass ich sie mag. Sprachkunst finde ich von daher ein super Wort. Spracharbeit irgendwie auch. Wobei natürlich Arbeit so ein Gegenwort ist zu Spiel. Man kann es ja durchaus auch Sprachspiel oder Wortspiel nennen. Arbeit klingt halt nach Arbeit und von daher nicht so spielerisch. Aber letztlich passt es auch, weil es irgendwie über das normale kommunikative Verhalten hinausgeht und das Beschäftigen mit der Sprache ausdrückt. Und da würde ich sagen, dass das passt.

Sie sagen, dass Sie sich bei der Arbeit oder bei der Sprachkunst, die Sie betreiben, vom Alltagsleben inspirieren lassen. Findet sich Ihre Kunst, mit Worten zu spielen, auch im Leben außerhalb der Bühne wieder? Spielen Sie auch im Privatleben gerne mit Sprache?

Ja, auch das. Also gerade, dass ich irgendwie mal irgendeinen Wortwitz mache oder so. Da bin ich schon so einer. Man merkt das ja selbst nicht so, aber irgendwann ist mir das doch aufgefallen. Ich neige sehr dazu, gerne mal einen Witz machen zu wollen, gerne auch einen Wortwitz, der mit dem zu tun hat, was gerade gesagt wurde.

Neben der Vortragskunst ist ja Fußball Ihre Leidenschaft. Sehen Sie einen Zusammenhang zwischen Fußball und Ihrer Kunst?

Auch diese Frage kann man wieder in verschiedene Richtung beantworten. Zum einen ist Fußball, weil ich mich dafür interessiere und er dadurch mit zu meinem Alltag gehört, Teil dieser Welt, die dann wieder für Output sorgen kann. Ich habe ja auch mal ein Programm über Fußball gemacht, gemeinsam mit dem Kollegen Ludger K. Letzte Saison habe ich mit ihm zusammen regelmäßig eine Kolumne für die Vereinszeitschrift des VfL Bochum geschrieben. Also da ist dann so eine Beeinflussung da. Man könnte die Frage allerdings auch so auffassen, ob Fußballstadion und Theater auch atmosphärisch irgendetwas gemein haben. Aber ich glaube, das ist dann doch ein anderes Kaliber. Ich habe mal einen Song geschrieben, der heißt *No Woman in Kray*. Das ist eine Parodie auf *No Woman, No Cry* von Bob Marley. Kray ist ein Stadtteil in Essen, neben Bochum. Dieses Lied ist in Essen relativ bekannt geworden und das haben wir einmal dort im Stadion gesungen. Das war dann sozusagen mein Liveauftritt mit dem meisten Publikum, 15.000 Leute! Und man stand da mitten auf dem Rasen.

Hans-Martin Gauger
Elazar Benyoëtz – der Wortspieler

Ein Wortspieler ist Elazar Benyoëtz ohne Zweifel – neben anderem. Gerade als Aphoristiker zeigt er sich immer wieder so, und dies ist er ja vor allem. Er hat aber nicht nur Aphorismen geschrieben: Es gibt von ihm auch essayartige Äußerungen, auch Aphorismen mit Anmerkungen, was der Gattung eigentlich widerspricht – wer aber könnte da etwas festlegen? Und dann erlebt er seine Aphorismen auch als *Gedichte*, richtet sie, vor allem in der sehr durchdachten druckgraphischen Präsentierung, so aus, und immer wieder stellen sich in ihnen auch Reime ein. Seine Aphorismen sind also von besonderer Art. Es fehlt ihnen auch die Schärfe, die dieser Gattung oft eignet. Aber Prägnanz fehlt ihnen nicht, auch nicht im etymologischen Sinn dieses Worts, den es im Grunde verloren hat, denn im Etymon ist ja ein starkes Bild: *prae-gnas*, 'vorgeburtlich', also 'schwanger', was meint, dass in ihnen mehr ist, als sie zunächst zu erkennen geben, und dass der Leser sich dieses Mehr selbst herausholen sollte. Sie enden denn auch konsequent vielfach ohne Punkt, halten offen. Dann sind diese Aphorismen sehr häufig *sprachbezogen*: Sie rekurrieren auf Sprache, und dieser Rekurs ist für sie oft konstitutiv. Sodann ist der Benyoëtz-Sprachrekurs heiter gelöst. Darin unterscheidet er sich zum Beispiel von dem Martin Heideggers. Dessen Etymologisieren, das sich ja nur auf das Deutsche und das Altgriechische bezieht (weil ihm das Deutsche entweder als noch altgriechisch oder das Altgriechische bereits als vorausgreifend deutsch erschien) – dieses Etymologisieren ist also in Kauf zu nehmen, denn Heideggers Denken erschöpft sich darin ja nicht (anderes bei ihm ist erheblich schwerer in Kauf zu nehmen). Und was die häufigen Neologismen bei Benyoëtz angeht, so unterscheidet er sich da ebenfalls durch Heiterkeit – etwa von denen Stefan Georges. Heuristisch ausgerichtet ist aber der Sprachrekurs bei Benyoëtz auch – auch er lässt sich durch sein Sprachdenken, durch sein intensives Hören auf die Sprache auf Gedanken bringen. Viele seiner Aphorismen sind einfach komisch oder gehen gar ins Ausgelassene: „Ein Wort, / ein Kuss, / eine Lippenstiftung." (F 113).[1] Schließlich und nun *inhaltlich* sind sie oft stark religiös bestimmt – sie sind, wie er selbst sagt (und schon in diesem Wort zeigt sich Heiterkeit), „gebibelt". Und damit bezieht er sich durchaus nicht nur auf die „Bücher", die im christlichen Kanon als „Altes Testament" zusammen-

---

[1] In diesem Aufsatz zitiere ich unter 'M' meine Benyoëtz-Zitate aus Elazar Benyoëtz, *Der Mensch besteht von Fall zu Fall, Aphorismen*, Stuttgart: Reclam, 2002, und unter 'F' die aus *Finden macht das Suchen leichter*, München: Hanser, 2004. Diese beiden Werke reichen für das, was ich hier zeigen will, aus.

gefasst werden. Und auch da, auch in dem, was er zum nur christlichen Testament sagt, ist Benyoëtz kein Eiferer. Über den hebräisch „Kohelet" genannten Autor, der ja ebenfalls ein Aphoristiker ist (in der Vulgata heißt er „Ekklesiastes", bei Luther „Prediger"), schreibt Benyoëtz dieses Aphorismus-Gedicht:

> Die Propheten
> haben Gott verstanden.
> Der Prediger
> wollte nichts verstanden haben.
> Er wurde
> zum Hofnarren
> des Herrn erklärt.
> Das war seine Rettung,
> so kam er in die Bibel
> und auf uns –
>
> Er,
> der schier erste,
> der versucht hat,
> einen Denkhorizont zu schaffen
> ohne Glaube, Liebe, Hoffnung
> (F 11).

Holen wir nun kurz und elementar sprachwissenschaftlich aus (aber alle Sprachwissenschaftler würden es *so* nicht sagen).[2] Die Wörter einer Sprache haben eine Lautform (den Signifikanten) und einen Inhalt (das Signifikat), zum letzteren gehören eine oder auch eine Reihe von Bedeutungen: In diesem Fall haben wir *Polysemie* oder, wenn zwischen den mehreren Bedeutungen – für das Bewusstsein der Sprechenden (darauf kommt es an, denn es ist das Kriterium für den Unterschied) – kein Zusammenhang gegeben ist, *Homonymie*. Was nun das Verhältnis von Wortformen und Wortinhalten angeht, haben wir drei Möglichkeiten, nur drei – immer wieder diese Knappheit der Mittel, mit denen dann soviel gemacht werden kann! Erstens kann eine Lautform von den Sprechenden als zur Bedeutung besonders 'passend' wahrgenommen werden: so ist es bei den lautsymbolischen Wörtern – Typus etwa *knirschen* oder, bemerkenswerter, denn da geht's ja nicht um Akustisches, *Blitz*. Zweitens gibt es Wörter, die in sich selbst entweder zwei oder mehrere Wörter enthalten oder dann ein Wort mit Affixen (also mit Suffixen oder Präfixen) – Typus *Gartenhaus, Gärtner, Vorgarten, Gärtchen*. Wörter dieses Typs nenne ich 'durchsichtige Wörter': Denn sie weisen ja – durch die Wörter und Affixe, die in ihnen sind – auf ihren Inhalt hin, erklären

---

[2] Hier rekurriere ich auf mein Buch *Durchsichtige Wörter. Zur Theorie der Wortbildung* (1971).

ihn: niemandem, auch keinem Kind, muss man erklären, weshalb der Gärtner gerade so heißt. Traditionell redet man, was diese Wortdurchsichtigkeiten angeht, von Wortzusammensetzungen und von Wortableitungen durch Affixe, also durch Suffixe, Präfixe oder Interfixe, es gibt aber auch Ableitungen ohne Affixe, vormals, der Symmetrie halber, auch „Nullableitungen" genannt, es handelt sich aber um eine Subtraktion, ein Weglassen der Infinitivendung (Beispiel: *der Verkauf*, von *verkaufen* abgeleitet oder, so muss man es sehen, *Verkauf* ist auf *verkaufen* hin durchsichtig – als von ihm herkommend). Man redet hier insgesamt, im Unterschied zum Typus *knirschen*, auch von „morphologischer Motivation". Und dann gibt es drittens die schief sogenannten „unmotivierten Wörter", die also weder lautsymbolisch noch durchsichtig sind, also in sich selber ruhen oder, wie der althergebrachte Terminus lautet, „arbiträr" sind. Dieser Ausdruck ist aber zweifach zu präzisieren: erstens sind diese Wörter insofern keineswegs arbiträr, als die jeweilige Sprache sie zwingend vorgibt – wer den Hund meint, *muss* ihn deutsch so (oder mit einem Synonym) nennen, und zweitens kommen den Sprechenden auch die „arbiträren" Wörter ihrer Sprache keineswegs vor, als könnten sie auch ganz anders lauten, als hätte ihre Sprache, also etwa das Deutsche (es gilt aber für jede Sprache), statt *Katze* ebensogut *Hund* oder umgekehrt sagen können. Die Sprechenden setzen vielmehr – durch feste frühkindliche Prägung – wie selbstverständlich die „Richtigkeit" der Wörter ihrer Sprache voraus, also auch der unmotivierten. Für sie ist an diesen nichts „arbiträr". Es kommt auf den Blickwinkel an: Als „arbiträr" erscheinen sie erst dem distanzierten und in der Tat philosophischen Blick von außen, also durch *Vergleich*: wenn es hier *Hund*, dort aber *dog, chien, cane, perro, sobáka* etc. heißt, dann ist dies in der Tat „arbiträr" oder, es wäre der philosophisch korrekte Terminus, *kontingent*, was heißt: es *ist* so, es *könnte* aber auch *anders* sein, denn es gibt Dinge und Sachverhalte, die so und so sind und anders gar nicht sein können. Für die Sprechenden, den Blick von innen, sind die Wörter völlig fraglos einfach, wie sie sind. Die Frage nach der „Richtigkeit der Namen", „orthótes ton onomáton", ist ja das älteste sprachphilosophische Problem des Abendlands – Plato hat es bei den Sophisten schon vorgefunden und lässt es im Dialog *Krátylos* – bekanntlich ziemlich offen und also unschlüssig – diskutieren. Aristoteles entscheidet sich dann klar für die Kontingenz, dem noch Saussure (jedenfalls im *Cours de linguistique générale*, Saussure [1916] 1966, 2014) ohne weiteres und die Sache sogar verschärfend folgt (Lautsymbolik erscheint da beinahe schon als pathologisches Phänomen).

Nun interessieren uns hier, im Blick auf Benyoëtz, vor allem die durchsichtigen Wörter und unter diesen besonders die Affixbildungen, denn sie haben die Tendenz, undurchsichtig zu werden: Sie werden nicht selten mehr oder weniger und oft ganz, um im Bild zu bleiben, *opak*. Ihre Bedeutung hängt dann nicht mehr von den Wörtern und Affixen ab, die in ihnen sind, sie werden, wie man ganz zutreffend sagt, „lexikalisiert", denn dies heißt, dass sie nicht mehr als abgeleitete, sondern als eigener „Eintrag" zu dem eigenartigen „Lexikon" gehören, das in den Sprechenden in irgendeiner Weise als Teil ihres Sprachbesitzes gegenwärtig ist. Eigentlich ist diese Emanzipation eines durchsichtigen Worts wenig überraschend, denn die Sprechenden (und die Verstehenden) sind mit jedem Wort sogleich bei der Sache, denn darum geht es ja in aller Regel beim Sprechen. Dafür nur ein – aber schlagendes – Beispiel: unser Adjektiv *freundlich* gehört längst nicht mehr zu *Freund*, da müsste man *freundschaftlich* sagen – vom Freund kann man sich brieflich ja gerade nicht „mit freundlichen Grüßen" verabschieden. Übrigens können sich auch Komposita lexikalisieren: wer denkt schon, bei *Handschuh*: aha, also ein Schuh für die Hand? Entsprechend hat sich in Dialekten auch die Lautform von *Hand* und *Schuh* gelöst – *Hetschik* oder *Hetschich* heißt es zum Beispiel schwäbisch.

Genau hier nun, erster Punkt, setzt, neben anderem, Wortspieler Benyoëtz ein. Spielerisch hebt er vielfach jene Opakisierungen auf und entdeckt dadurch immer wieder – unvermeidlich – Zusammenhänge, die wir so – sprechend und verstehend – im Bewusstsein nicht präsent haben oder eigentlich gar nicht haben sollten, denn das Verstehen, auch übrigens bereits das Sprechen, geriete durch solche Fixierung auf die Wortsignifikanten ins Stocken. Man muss, wie es durch Benyoëtz immer wieder geschieht, eigens darauf gestoßen werden. Ein Aphorismus-Gedicht aus dem Buch „Finden macht das Suchen leichter" lautet:

>Jedem Wort
>sein Gehör
>
>und sein
>Satzmaß
>
>vernehmlich,
>vergeblich
>
>glückenhaft
>(F 8)

Der Dichter hört – für uns höchst überraschend, es ist auch bei ihm ein Extremfall – aus *vernehmlich* und *vergeblich* die Verben *nehmen* und *geben* heraus und bringt dadurch beide Adjektive in einen Gegensatz oder überhaupt in einen semantischen Zusammenhang, den sie gar nicht haben. Der Dichter, natürlich, darf so etwas. Es ist hier auch nicht klar oder er lässt es bewusst offen, ob er mit

„Wort" das einzelne Wort meint, also die Bedeutung von 'Wort', deren Plural 'Wörter' ist, oder 'Wort' mit dem Plural 'Worte', das einen Satz, einen Ausspruch meint, so wie wir sagen „Das ist ein Wort von Goethe". Oder man denke an Haydns „Die sieben letzten Worte unseres Erlösers am Kreuze" – da ginge nun wirklich „Wörter" ganz und gar nicht – sprachwissenschaftlich verhält es sich so: statt „Wörter" geht auch „Worte", nicht aber umgekehrt „Wörter" für „Worte" (unsere Sprache ist aber inkonsequent – sie sagt „Sprichwörter" und nicht „Sprichworte"). Dann „vernehmlich", also 'verständlich', und „vergeblich" mit dem hineingelesenen und hier nicht leicht zu deutenden 'nehmen' und 'geben'. Ihnen folgt am Ende das nicht existierende „glückenhaft", das sich anlehnt (und es faktisch auch mitmeint) an *lückenhaft* und an *Glück*, das manchmal eben da war für den Dichter und manchmal eben nicht. Im Übrigen ist der Fall „glückenhaft" anders als der von „vernehmlich, / vergeblich", die Aufhebung also einer Opakisierung, die sich immer wieder findet. Etwa:

> Ich
> stehe
> vor dir,
> bestehe
> und falle
> beständig...

– also „stehe", „bestehe" und „beständig", und am Ende eine zusätzliche Strophe (in ihr redet, denke ich, auf das Vorhergehende antwortend Gott selbst):

> 'Rede nicht
> lass redlich
> deine Stimme
> sprechen
>
> ich komme hinterher'
> (F 68)

Etymologisch hängen *redlich* und *Rede* zusammen, synchronisch, von jetzt aus gesehen, aber keineswegs – wenn alles Reden redlich sein müsste – wo käme man da hin? Oder, weiteres Beispiel:

> Gehst du zugrunde,
> kommst du auf Gott
>
> er bleibt nicht aus,
> wenn du eingehst
> (F 14)

– „ausbleiben" also und „eingehen", letzteres ein unschönes Wort, eigentlich nur für Tiere zu verwenden. Es nimmt aber hier die Polysemie von *Eingehen* in Anspruch – das Eingehen auch in eine neue Welt. Oder, ganz anderes kurzes Beispiel (Substantiv, Kopula, Adjektiv) für dasselbe Verfahren – da wird dem Adjektiv eine Bedeutung gegeben, die es haben könnte, aber nicht hat, Schaffung also einer – in der Sprache nicht gegebenen – Polysemie:

> Einführungen
> sind ausführlich
> (F 118)

also 'sie führen gar nicht hinein, sondern hinaus', aber 'ausführlich' im Sinn von 'umfangreich' passt auch, insofern sich – eine häufige Erfahrung in den Wissenschaften – eher umfangreiche Einführungen als hilfreicher erweisen als knappe.

Und nun, zweiter Punkt, ein anderes Verfahren, mit dem Benyoëtz ebenfalls sprachlich verfremdend 'arbeitet' – die Schaffung neuer Komposita. Der Abschnitt (es ist der erste) des genannten Buchs *Finden macht das Suchen leichter* (2004) ist „Poesinn" überschrieben, also Poesie plus Sinn, Betonung also von Sinn, des Gedanklichen somit – „Gedankenlyrik", wenn man so will, aber der Autor, wollte dieses Wort sicher nicht, weil es spezifisch besetzt ist. Eines der Gedichte in diesem Abschnitt ist überschrieben mit „Ideall", was erstens 'ideal' meint, zweitens wohl 'alles bloß Idee', also 'Gedankenkram' oder – 'Philosophie'. Das Gedicht lautet:

> 'Alles
> ist
> Feuer,
> ist
> Wasser,
> ist
> Erde,
> ist
> Luft' –
> mag sein,
> sprach Kohelet
> in seinem Herzen,
> was geht mich das aber an,
> da alles doch eitel ist,
> ein rundes Nichts,
> an dem wir ecken,
> eine Wunde,
> die wir
> lecken

Wahn
und
Vanitas
(F 9)

Da also unvermittelt der Reim. Und *Wahn*, althochdeutsch *wān*, hieß 'Hoffnung', wurde aber durch den Zusammenfall mit mittelhochdeutsch *wan*, das 'leer' bedeutete, negativ. Und dieses Wort (das historisch, aber jetzt nicht mehr erlebt, in *Wahnsinn* noch steckt), ist mit lateinisch *vanus* und *vanitas* vom Indogermanischen her, wie man sagt, „urverwandt". Da ist auch der Hans Sachs der „Meistersinger" mit seinem „Wahn! Wahn!, überall Wahn!" ganz bei Kohelet, den Wagner gewiss kannte, obwohl man auch ohne ihn darauf kommen könnte, was übrigens eher *für* Kohelet spricht: „Windhauch, Windhauch, das ist alles Windhauch", wie die Metapher Kohelets jetzt auch direkt übersetzt wird – und zwar in der sogenannten „Einheitsübersetzung". Vielleicht ist an dieser Stelle von den Übersetzern Hieronymus (oder dann seine Sprache, das Lateinische) am stärksten – mit dem genitivischen sogenannten „hebräischen Superlativ": „Vanitas vanitatum, dixit Ecclesiastes, vanitas vanitatum, et omnia vanitas". Mit *eitel* ist Benyoëtz übrigens bei Luther: „es ist alles ganz eitel". Und was *Wahn* angeht, lautet ein Benyoëtz-Aphorismus überhaupt bloß „Wahnscheinlich / verrannt". Und diesem folgt der witzige Neologismus „Hexegetisch / vernarrt" (F 18). Eine andere Benyoëtz-Überschrift ist „ursäglich", eine wieder andere (diese und die folgenden alle aus dem Abschnitt „Poesinn" des genannten Buchs) „Leeraus, Leerein", natürlich an *jahraus, jahrein* und *tagaus, tagein* angelehnt, dann „Trachtgut", *Frachtgut* assoziierend, und „Fühlfelder" selbstverständlich *Füllfeder*; bei dem schönen „Augenglücklich" ist der Fall evident (da denkt man unvermeidbar an Gottfried Kellers „Trinkt, o Augen, was die Wimper hält / Von dem goldenen Überfluss der Welt"), „Niederstunden" als Gegensatz – doch wohl? – zu *Überstunden*, dann „Dortmals", und „Merkwürde" als neues Substantiv, somit die *Merkwürde*, in der hier vermutlich, aber das muss nicht so sein, ganz und gar positiven Bedeutung, die das Adjektiv noch zur Goethezeit und etwas darüber hinaus hatte, nämlich 'würdig, dass man es sich merkt'. Wilhelm von Humboldt an den Kanzler Friedrich von Müller in Weimar, einen guten Freund Goethes (18.4.1832): „Ich habe von Goethe einen unendlich merkwürdigen Brief bekommen" und meint da keineswegs, was ja durchaus sein könnte, etwas wie 'seltsam', sondern 'hoch bedeutsam' (übrigens war dieser Brief Goethes allerletzter – abgesandt am 17.3.1832, fünf Tage vor seinem Tod).[3]

---

[3] Hierüber wie bewegend informierend, Schöne (2015) in dem Kapitel „Geheimnisse des Lebens".

In allen diesen neuen Benyoëtz-Komposita bleiben die zugrundeliegenden Wortformen, die abgewandelt werden, eigentlich erhalten, werden also nur ergänzend modifiziert, wobei das modifizierende Element lautlich dem modifizierten sehr nahe bleibt. Also etwa:

> Die Versuchung
> tritt an den Dichter
> reimtückisch heran
> (M 29)

Die folgenden Beispiele sind alle Benyoëtz-Titel: „Vielleicht, Vielschwer. Aphorismen" (1981), „Filigranit. Ein Buch aus Büchern" (1991), „Paradieseits. Eine Dichtung" (1992), „Träuma!" (1993), eine 'Kontamination', ein 'Blending' von *Trauma* und *Träume*), dann „Scheinhellig" (2009), „Vielzeitig. Briefe" (2009), und „Fraglicht. Aphorismen 1977–2007" (2010). Aber es gibt auch Titel, die nicht diesem Muster folgen, etwa der des besonders substantiellen Buchs (mit Anmerkungen oder „Nachweisen" zu den Aphorismen) „Die Eselin Bileams und Kohelets Hund" (2007) – ein „gebibelter" Titel.

Dritter Punkt. Zu den erwähnten fest- oder durch spezifischen Blick *herge*stellten Polysemien kommen die Synonymien, und hier betont Benyoëtz vor allem die Unterschiede, also die Nicht-Synonymie. Es geht ihm speziell um *Scheidung* der Synonymien, also um den Nachweis, dass keine wirkliche Synonymie vorliegt (genau in diesem Sinn begann übrigens die spezifische und wirklich neue Synoymik im 18. Jahrhundert in Frankreich mit dem Abbé Gabriel Girard. Schon dessen Titel „La justesse de la langue française", 1718, verrät klar, was er meint: die „Genauigkeit" der französischen Sprache, ihr spezifischer Reichtum liegt gerade darin, dass sie keine wirklichen Synonyme kennt – Verschiedenheit der Wörter ist da unweigerlich, so die kühne These, Verschiedenheit der Bedeutungen. Da ist also nicht mehr einfach die Freude an der „copia verborum" und dem „de eadem re varie dicere" der alten Rhetorik).[4] Beispiele bei Benyoëtz:

> Entzündet,
> aber nicht entflammt
> (M 115)

> Ein törichter Gedanke
> und nicht einmal so dumm
> (M 43)

---

4 Cf. Gauger (1973).

> Von allen Seiten
> beleuchtet,
> in keinem Punkt
> erhellt

und dem folgt unmittelbar, als Kommentar mit typischem Neologismus, wieder eine 'Kontamination':

> Glänzlich
> dürr
> (F 17)

Oder: „Dem einen sein Werdegang, dem anderen sein Lebenslauf" (M 47), schließlich, sehr treffend: „Gedächtnis – der Erinnerung vorgesehener Riegel" (F 170).

Und dann werden, vierter Punkt, bei Benyoëtz oft auch einfach Begriffe erklärt und dabei nicht selten *verdeutscht* – das ist auch wieder ein Wortspielen und klar das Vergnügen an ihm zeigend: „Virtuos / Blendwerklich" (M 29), „Plagiat / Üble Nachschreibe" (M 43), „Rhetorik / Sprachgewalttätigkeit" (M 23), „Rutenjäger / Mythenläufer" (F 19), „Aphoristik – / Ansatzkunst" (M 82), „Phantasie – / die ausschweifende / Einbildungskraft" (M 115), „Freude – / ekstatisches Bangen" (M 114), „Enttäuschung: / das Erwachen der Wahrheit / in der Liebe" (M 105), schließlich: „Das Lächeln – / des Gesichtes Siegeszug" (F 55) – gewiss markiert die letztere Definition einen wichtigen Punkt. Gilt sie aber auch schon für die *erste* – enorme, weil bereits ausschließlich *menschliche* – Reaktion? Denn ist das erste Lächeln nicht bereits eine Antwort und unmittelbar darauf nicht auch schon etwas wie eine Aussage des vom Sprechen noch sehr weit entfernten kaum erst Geborenen? Das Lächeln – hier liegt gleichsam unsere Sprache (wie auch andere – z. B. französisch *rire* und *sourire*) falsch, denn das Lächeln ist etwas ganz anderes als ein 'kleines', ein nicht zum Ziel gekommenes Lachen – hier ist das Englische klar 'besser': zwei verschiedene Vorgänge, zwei verschiedene Wörter: *to laugh* und *to smile* – *Keep laughing* könnte man schon rein physiologisch von niemandem verlangen (und *Keep smiling* aus anderen Gründen eigentlich auch nicht). Übrigens packt dann wieder das Englische zwei sehr verschiedene Dinge 'Schreien' und 'Weinen' in das eine Wort *to cry* zusammen.

Fünfter Punkt. Eine sehr wichtige Quelle – der Entopakisierung gleichbedeutend – sind für den unermüdlichen Wortspieler Benyoëtz die zahllosen festen Wendungen der Sprache, in der Sprachwissenschaft auch als „wiederholte Rede", „discours répété", bezeichnet: Sätze oder aus Wörtern bestehende Elemente, die als solche zur Sprache selbst gehören. Auch sie können übrigens undurchsichtig werden (etwa *für jemanden in die Schranken treten* – was für 'Schranken' sollen das sein? Gut, historisch natürlich kein Problem – die Schranken eines mittelalterlichen Turniers, was aber damit gemeint ist, weiß man auch so). Auch solche Wendungen „wiederholter Rede" ergeben dann immer wieder Anlass, spielerisch, sprachbewusst und auch sprachkritisch im Sinne eines 'was soll das?' produktiv zu stocken. Benyoëtz:

> Es kommt nicht
> wie gedacht,
> es kommt wie gerufen
> (M 21)

Das heißt, dass es besser wäre, wenn mehr 'wie gedacht', also gedanklich konsistent käme... Oder der Erläuterung: „Zielsetzung: / Herausforderung der eigenen / Bestimmung", folgt die gute Beobachtung „Zielsetzung / macht den Weg zur Strecke" (M 51). Da darf man, die Sache verschärfend, ausgehend von „zur Strecke *machen*" auch an die Wendung *zur Strecke **bringen*** denken: die Setzung eines Ziels macht aus dem Weg etwas von ihm recht Verschiedenes (wieder eine synonymische Scheidung) – eben eine Strecke. Ähnlich wie 'Frist' aus 'Zeit' etwas sehr anderes macht. Dann: „In sich gegangen – / außer sich geraten" (M 70), „Auf den Punkt gebracht, / das ist nicht weit genug" (M 71), „Vom hellsten Wahn / umnachtet" (M 61), „An Boden verloren – / an Gründen gewonnen" (M 66), „Es ist leichter, / Entschlüsse / zu fassen / als Konsequenzen / zu ziehen; / als Berge / zu versetzen, / als ein Wort / zurück / zu nehmen" (F 85), „Lass die Hoffnung fahren / und reise mit" (M 101), „Der Sinn steht danach, / nicht davor" (F 129), schließlich, wieder ein Titel von Benyoëtz, „Alle Siege werden davongetragen" (1998).

Von Paul Valéry, der – seine „Cahiers" füllend – ein notorischer Frühaufsteher war, gibt es das Gedicht „Aurore", das die Sammlung „Charmes" (1922) einleitet. Da ergeht in der zweiten Strophe der erste ekstatische Gruß des Erwachenden an die Wörter. Übrigens ist der Titel „Charmes" auch ein Wortspiel, nämlich ein etymologisches (dergleichen macht Benyoëtz kaum), denn *charme*, geht auf lateinisch *carmen* zurück, das neben 'Lied' auch 'Zauberspruch' bedeutete, also meint der Titel der Sammlung, freilich nur für die wenigen Kenner dieser Etymologie, einfach 'Lieder', doch das mit dem Zauber wollte dieser poeta doctus sehr bewusst in seinem Titel mitschwingend haben. Jene zweite Strophe lautet: „Salut! encore endormies / A vous, sourires jumeaux, / Similitudes amies / Qui brillez parmi les mots!". Jener Gruß gilt also dem „noch schlafenden Zwillingslächeln der Freundesähnlichkeiten, die zwischen den Wörtern glänzen" – „similitudes amies" und deren „Glanz"... Nun hatte Valéry ein sehr anderes Verhältnis zu seiner Sprache (und zur Sprache überhaupt) als Benyoëtz. Vielleicht aber ist auch Elazar Benyoëtz' Erwachen zuweilen doch nicht ganz verschieden von dem Valérys, obgleich eine seiner Aphorismenreihen (denn oft, nicht immer, bilden sie ja Reihen) wieder heiter wortschöpferisch so anhebt:

>   Tage,
>   die nur
>   Nachnächte
>   sind
>   (F 21)

Doch heißt es jedenfalls in der Reihe auf der Seite zuvor:

>   Ungerufen
>   kommen die Worte
>   von überall her
>   und helfen mir,
>   das für sie gedachte
>   Sprachnetz
>   zu flechten
>   (F 20)

und am Ende der Reihe heißt es: „Worte / spielen nicht / mit allen" – Subjekt also des Spielens ist nicht der Wortspieler, sondern die Sprache...

Elazar Benyoëtz wurde 1937 in Wiener Neustadt geboren. Seine Eltern emigrierten 1937 nach Israel. Dem Vater zuliebe, der Yoëtz Gottlieb Koppel hieß, den Elazar sechsjährig verlor, sprach die Familie, wie es scheint, zu Hause deutsch. Als seine Muttersprache nennt Elazar, der zuvor Paul Koppel hieß, das Hebräische. In dieser Sprache publizierte er Lyrik, bevor 1969 sein erstes deutschsprachiges Buch erschien. Er hatte sich bereits als Jugendlicher viel mit deutscher Literatur befasst, bevor er, von 1964 bis 1968, als Stipendiat in Berlin lebte. Dort gründete er die „Bibliographia Judaica" und vervollkommnete sich zudem schreibend und sprechend in der Beherrschung des Deutschen. Er selbst sagt dazu – das ist wieder „gebibelt" und diesmal wahrlich nicht mit irgendeinem Satz – „Sie wollte mir Gutes, die deutsche Sprache, als sie mir – nach einer kurzen Begegnung auf deutschem Boden – sagte: Ich lasse dich nicht, du segnest mich denn". So steht der Satz, den er da nicht in Anführungszeichen setzt, in der Genesis, oder Im Anfang. Bereschit, oder 1. Mose 32, 27, in der Übersetzung von

Luther.[5] Man muss diese biographischen Daten sicher nicht kennen, um seine Aphorismen zu begreifen und sich an ihnen – und gerade an dem, was da sprachspielerisch ist – zu erfreuen. Aber man versteht und erlebt sie intensiver beteiligt, wenn man jene knappen Daten kennt: da kam also einer – in sehr spezifischer und wahrlich alles andere als selbstverständlicher Weise – von außen zu unserer Sprache und sieht, hört, erkennt und fühlt daher in ihr viel mehr als wir.

Literaturangaben

Werke von Elazar Benyoëtz (in deutscher Sprache, in Auswahl)

Einsprüche. München: Müller 1973.
Worthaltung, Sätze und Gegensätze. München: Hanser 1977.
Vielleicht – vielschwer. München: Hanser 1981.
Der Mensch besteht von Fall zu Fall, Aphorismen. Stuttgart: Reclam 2002.
Finden macht das Suchen leichter. München: Hanser 2004.
Die Eselin Bileams und Kohelets Hund. München: Hanser 2007.
Die Rede geht im Schweigen vor Anker. Bochum: Brockmeyer 2007.
Vielzeitig, Briefe 1958–2007. Bochum: Brockmeyer 2009.
Aberwenndig, Mein Weg als Israeli und Jude ins Deutsche. Würzburg: Königshausen und Neumann 2018.

Über Elazar Benyoëtz

Michael Bongard (Hrsg.). 2010. *Humor – Leichtsinn der Schwermut: Zugänge zum Werk von Elazar Benyoëtz.* Bochum: Brockmeyer.
Dausner, René. 2006. *Schreiben wie ein Toter. Poetologisch-theologische Analysen zum deutschsprachigen Werk des israelisch-jüdischen Dichters Elazar Benyoëtz.* Stuttgart: Schöningh.

Weitere zitierte Literatur

Gauger, Hans-Martin. 1971. *Durchsichtige Wörter. Zur Theorie der Wortbildung.* Heidelberg: Winter.
Gauger, Hans-Martin. 1973. *Die Anfänge der Synonymik, Girard (1788) und Roubaud (1785)* (Tübinger Beiträge zur Linguistik). Tübingen: Narr.

---

[5] Friedemann Spicker zitiert den Satz von Benyoëtz im Nachwort zu Elazar Benyoëtz, *Der Mensch besteht von Fall zu Fall, Aphorismen,* S. 194.

Platon, *Sämtliche Werke*. Bd. 3. *Kratylos, Parmenides, Theaitetos, Sophistes, Politikos, Philebos, Briefe*. Hrsg. von Ursula Wolf, übers. von Friedrich Schleiermacher, 34. Aufl., Reinbek bei Hamburg: rowohlts enzyklopädie.
Saussure, Ferdinand de. [1916] 1966. *Cours de linguistique générale*. Publié par Charles Bally et Albert Sechehaye. Avec la collab. de Albert Riedlinger. Paris: Payot. / 2014. Studienausg. in dt. Sprache. Übers. Peter Wunderli. Tübingen: Narr Francke Attempto.
Valéry, Paul. 1942. *Poésies*. Paris: Gallimard.

Hans-Martin Gauger, geboren 1935 in Freudenstadt, aufgewachsen in Bad Saulgau, Oberschwaben, Baden-Württemberg, von 1949 bis 1952 zwei französische Schulen in Tübingen und in Konstanz, Baccalauréat, deutsches Abitur 1954 in Biberach (Riss), Studium der Romanischen, Englischen und Deutschen Philologie und Philosophie in Tübingen, Leicester, Paris und Santander, 1960 Promotion, 1968 Habilitation, seit 1969 Lehrstuhl für Romanistische Sprachwissenschaft in Freiburg i. Br.

Michael Schönen
Interview

© Rebecca Czychi

Michael Schönen, der erhardeske Reimdichter und Sprachakrobat, wurde im Alter von 0 Jahren in Neuss geboren und spielte schon seit frühester Kindheit mit Worten – weil sonst keiner mit ihm spielen wollte. Heute nennt man ihn nicht umsonst den „Bud Spencer der Poesie": Wo seine Reime einschlagen, da bleibt kein Auge trocken. Die Vortragsform des Wortjongleurs ist zugleich lyrisch und komisch, pointiert und voller sprachspielerischer Finesse, weder Kabarett noch reine Comedy, sondern eine gelungene Mischung aus beidem: Kabady und Comerett.

Teil I

Was sind für Sie wesentliche Merkmale des Wortspiels? Was macht für Sie den Reiz am Spielen mit Wörtern und Sprache aus? Würden Sie sich als Wortspiel-Künstler/in bezeichnen? Welche Bedeutung hat das Spielen mit Wörtern und Sprache für Sie?

Für mich sind die wesentlichen Merkmale hauptsächlich die Änderung oder gar Verkehrung des eigentlichen Wortsinns durch geänderte Betonung, Silbentrennung oder Austauschen eines Buchstabens. Darüber hinaus natürlich der Humor, die Komik, die dadurch erzeugt wird. Es heißt ja „Wortspiel", und spielen soll Spaß machen.

Können Sie uns ein oder zwei Lieblings-Wortspiele nennen (eigene oder fremde) und umreißen, warum diese eine besondere Bedeutung für Sie haben?

Mir persönlich gefällt die Kombination von Wortspiel und Reim am besten. Das rührt vermutlich daher, dass ich mit der Heinz-Erhardt-Schallplatte „Das große Lachen" aufgewachsen bin.

Aus diesem Grund sind mir auch die durch Robert Gernhardt bekannt gewordenen Wortspiele à la „Bilden Sie mal einen Satz mit..." am liebsten, wie zum Beispiel dies:

> *Bilden Sie mal einen Satz mit Christ und Baptist*
> Die Hostie du nicht runter Christ,
> wenn sie am Gaumen fest Baptist.

Eines meiner eigenen Wortspiele, und ich mag es deshalb besonders, weil es neben der klanglichen Umdeutung zusätzlich Humor durch ein Bild erzeugt, also Komik auf doppelter Ebene. Hinzu kommt, dass das Bild auch noch thematisch stimmig ist.

Manche Wortspiele hingegen sind für das Publikum umso lustiger, je mehr man die Worte zurechtbiegt. Also purer Nonsens wie im folgenden Beispiel:

> *Bilden Sie mal einen Satz mit Creme Brulee*
> Ein Sonnenbrand tut ziemlich weh,
> weshalb ich nach der Crem Brulee.

Können Sie uns an einem eigenen Beispiel erläutern, wie Ihre Wortspiele und wortspielerischen Werke entstehen?

Nun, tatsächlich betreibe ich das Spielen mit Worten mittlerweile seit mehr als 20 Jahren, seit etwa 12 Jahren sogar hauptberuflich. Deshalb ist es mir bereits in Fleisch und Blut übergegangen, Begriffe, die ich lese oder höre, in ihre Bestandteile zu zerlegen und nach alternativen Bedeutungen, Homonymen und sinnverändernden Worttrennungen zu suchen. Das macht mein Unterbewusstsein inzwischen schon ohne mein Zutun. Manchmal „schummelt" man ein bisschen, indem man ihn in Mundart oder „vernuschelt" formuliert.

Zum Beispiel klingt der Fahrzeugtyp „Audi Q" phonetisch wie ein Ausruf des Schmerzes eines Bauern, der Berliner Stadtteil „Moabit" wie die Gemütsverfassung eines typischen Wieners, oder „alternieren" wie die Frage, ob die Bewohner der grünen Insel auch in die Jahre kommen.

Welches waren oder sind für Sie wichtige Inspirationsquellen und Vorbilder im Bereich des Spielens mit Wörtern und Sprache?

Selbstverständlich die oben bereits genannten Erhardt und Gernhardt, aber auch Ringelnatz und Morgenstern. Von lebenden Kollegen lasse ich mich nur im zwanglosen Wort- und Reimgeplänkel inspirieren, fertige Werke anderer als Anregung zu nutzen vermeide ich eher.

Was ist für Sie bei Ihrer Arbeit mit Sprache und Wortspielen wichtig? Wie gehen Sie bei der Arbeit mit Sprache vor, wenn Sie Ihre Werke verfassen und wenn Sie diese vor einem Publikum präsentieren?

Ich habe aus Erfahrung gelernt, dass es Gedichte und auch Wortspiele gibt, die sich für den Vortrag eignen, und bei denen das in der Komik äußerst wichtige Timing zum Effekt beiträgt. Insbesondere Homophone zählen dazu. Andere wiederum muss der Empfänger in seinem eigenen Tempo lesen können, gegebenenfalls sogar mehrfach, um den Wortwitz nachvollziehen und goutieren zu können.

Bilden Sie mal einen Satz mit... 3-lagig
Ich fiel mal mit dem Fahrrad hin.
1, 2, 3-lagig im Graben drin!

Erst recht, wenn man auf andere Sprachen zugreift, wie in diesem Beispiel:

Bilden Sie mal einen Satz mit... Endorphin
At the final movie scene,
it always says: „the end" or phin.

Hatten Sie schon immer ein besonderes Interesse an Sprache? Hat sich Ihr Verhältnis zum Wortspiel und zur Sprache im Laufe der Zeit verändert?

Ja, die Sprache hat mir schon immer Spaß gemacht. Bereits als Kind textete ich oft bekannte Lieder um, zum Beispiel machte ich aus dem Hit „Hadschi Halef Omar" von Dschinghis Khan dann „Hatschi! sagte Oma". Heute verfasse ich beruflich auch Parodietexte für Comedy-Kollegen, die über mehr Gesangstalent verfügen als ich.

Während meiner Jugend las ich eher, als selbst zu verfassen, und erst Mitte der 90er entdeckte ich das Schreiben von Gedichten über den Umweg der englischen Dichter wieder für mich. Zunächst noch mit dem Anspruch der ernsthaften, erhabenen und ergreifenden Ependichtung, welche manchmal ungewollt durch die Ansammlung allerlei alberner Alliterationen Komik erzeugte.

Hinzu kam, dass ich beim Schreiben ernster oder romantischer Gedichte gewissermaßen schon die eigene Parodie im Ohr hatte. Darum bin ich später dazu übergegangen, erst die albernen Verse niederzuschreiben, bevor ich mich daran machte, „echte" Lyrik zu verfassen.

Daraus resultiert das Komik-Lyrik-Verhältnis von 7 zu 1 in meinem Gesamtwerk.

Wie wichtig schätzen Sie die Rolle von Wortspielen für den Erfolg Ihrer Werke ein?

Ich glaube, die Wortspiele sind der Hauptgrund für den Erfolg meiner Werke. Sauber formulierte, reine Reime ohne enthaltene Komik weiß wohl nur der Fachmann zu schätzen, und das auch nur auf einer rein intellektuellen Ebene. Für den Zuhörer wäre es dann wohl „halt Kunst": Man lässt den Künstler ausreden und unterbricht ihn nicht durch Gelächter. Man klatscht höchstens höflich am Ende spärlichen Beifall.

Teil II

Inwiefern hängt für Sie das Wortspiel mit einem allgemeinen Nachdenken über Sprache und Kommunikation zusammen? Inwiefern beinhalten Wortspiele eine Auseinandersetzung mit grundlegenden Eigenschaften der Sprache?

Ich finde, die Kunstform des Wortspiels verdeutlicht ein grundlegendes Problem in der Kommunikation: Gerade bei doppeldeutigen Begriffen wird klar, dass der Empfänger nicht automatisch das hört, was ihm der Sender mitteilen wollte. Passende Beispiele hierfür finden sich auch unter der Überschrift „Satzzeichen können Leben retten". Das bekannteste Beispiel dafür dürfte sein: „Komm, wir essen Opa!" – „Komm, wir essen, Opa!"

Wortspiele kursieren (zum Glück, wie ich finde) auch in sozialen Medien, die ja eher für die Verringerung des gebrauchten Wortschatzes und des Verlernens von Grammatik und Satzbau berüchtigt sind. Am Internet ist also nicht alles schlecht.

Gibt es Themenbereiche, die sich besonders gut für das Spielen mit Wörtern und Sprache eignen? Inwiefern berührt das Wortspiel auch ernste Bereiche und Themen?

Ich glaube nicht, dass sich bestimmte Themen explizit für Wortspiele eignen. Immerhin kommt es eher auf das Wort selbst als den Kontext an.

Für Wortspiele zu ernsten Themen gilt das Gleiche wie für Witze über ernste Themen: Manchmal soll ein Witz nicht zum Lachen bringen, sondern zum Nachdenken. Insbesondere im Bereich des Kabaretts werden ernste Themen ja nicht ausgespart, eher im Gegenteil.

Inwiefern spielen andere Sprachen, Mehrsprachigkeit, Sprachenvielfalt und Übersetzungsprozesse in Ihren wortspielerischen Werken eine wichtige Rolle?

Begriffe aus Fremdsprachen, insbesondere Anglizismen, werden ja immer mehr in den allgemeinen Sprachgebrauch übernommen, von daher bieten sie einen zusätzlichen Fundus – sofern die Begriffe auch dem Publikum geläufig sind. „Cool" wird ja selbst von älteren Generationen verstanden. Wie Kulissen das?

Auch Fachbegriffe lassen sich verwenden, weil es meist ja nur auf den Klang und nicht auf die Bedeutung des Wortes ankommt. Wortspiele Genmais thematisch nicht ins Detail.

Zum Beispiel ist der steuerrechtliche Begriff „Lastenausgleich" nicht unbedingt jedem geläufig, aber man könnte ihn durchaus schon auf einem Formular gelesen haben. Man muss auch nicht wissen, wie er steuerlich zu behandeln ist, wenn er nur für ein Wortspiel herhalten muss:

> Hier ist FKK im gesamten Bereich.
> Ihr habt 'nen Bikini? Lastenausgleich!

Inwiefern sind Wortspiele für Sie ein Zeichen von Kreativität? Wo liegen Grenzen der Kreativität beim Spielen mit Wörtern und Sprache?

Für mich fördert die Beschäftigung mit dem Wortspiel die Fähigkeit des „um die Ecke Denkens", des Erkennens unterschiedlicher Ansätze, eine Situation oder gewisse Vorgaben zu interpretieren.

Begrenzt wird es nur durch den Wortschatz sowohl des Kreativen wie auch des Zuhörers bzw. Lesers.

Inwiefern ergibt sich für Sie durch das Spielen mit Wörtern die Möglichkeit, die Ausdrucksmöglichkeiten der Sprache und des Wortschatzes zu erweitern?

Wortspiele beinhalten ja auch die Möglichkeit der Wortneuschöpfung. Begriffe, die zunächst nur als Witz gemeint sind, aber dennoch tatsächlich Anwendung finden. Ein gutes Beispiel dafür ist der Begriff „Smombie", ein Kofferwort aus Smartphone und Zombie, also jemand, der durch den Blick auf das Display so abgelenkt ist, dass er wie ein Automat ohne höhere Hirnfunktion durch den Straßenverkehr torkelt.

Ich mache ab und zu (nicht ernst gemeinte) Vorschläge für neue Ergänzungen zum deutschen Wortschatz unter der Überschrift „Was glaubst Duden?".

So ist zum Beispiel die Traurigkeit darüber, keine Verbindung zu einem Netzwerk zu haben, die sogenannte „WLANcholie", die Abneigung gegen die Schönfärberei des Vergangenen könnte „Nostallergie" heißen, und das ständige Meckern über Zuwanderer sollte zukünftig als „migranteln" bezeichnet werden.

Würden Sie das Wortspiel als kulturell und traditionell geprägt ansehen? Gibt es bestimmte Muster und Verfahren, mit denen Sie arbeiten, wenn Sie mit Wörtern und Sprache spielen? Ist für Sie beim Spielen mit Wörtern und Sprache wichtig, dass dieses Spiel in eine bestimmte Kultur oder Tradition (oder mehrere) eingebettet ist?

Sicher hat das Wortspiel Tradition, ist aber auch vielseitig. Muster und Verfahren gibt es nur insofern, als generell gewisse Regeln für die Sprache existieren. Es werden also Sätze absichtlich mehrdeutig formuliert („durch die Bank arme Leute"), Begriffe durch ähnlich klingende ausgetauscht („Er hat eine vielverbrechende Karriere vor sich."), oder es wird eine alterna(t)ive Umschreibung für einen Begriff angegeben (Toleranzen = besonders gute Schultornister).

Welche Rolle spielt der Kontext bei der Verwendung von Wortspielen? In welchen Kontexten spielen Sie mit Wörtern und Sprache, in welchen Kontexten spielen Sie nicht mit Wörtern und Sprache? Gibt es Kontexte, in denen Wortspiele besonders gut funktionieren, oder umgekehrt Kontexte, in denen Wortspiele schwierig sind oder nicht funktionieren?

Für Kontexte gilt das gleiche wie für Themen: Es gibt keine, die sich besonders dafür eignen oder nicht eignen, denn die „Eignung" bezieht sich ja nur auf die Möglichkeit, ein Wortspiel zu entwickeln. Natürlich gibt es Anlässe, zu denen Wortspiele unpassend sind, weil man in einem ernstgemeinten Gespräch generell keine Witze machen sollte, Wortspiel oder nicht.

Ungeeignet ist ein Kontext nur, wenn er dem Zuhörer nicht bekannt ist. In dem Fall beruht das Problem aber nicht auf dem Kontext, sondern auf dem unterschiedlichen Wissensstand von Sender und Empfänger.

Gibt es schlechte Wortspiele?

Der sogenannte Kalauer wird bei Wikipedia als „einfacher Wortwitz" definiert, und umgangssprachlich oft als Flachwitz bezeichnet – interessanterweise aber von den Leuten, denen so ein „einfacher" Witz selber nicht einfällt.

Es gibt Wortspiele, die nicht funktionieren. Weil, wie bereits oben genannt, der Zuhörer den Begriff oder den dazugehörigen Kontext nicht kennt, oder weil das Wort dem ursprünglichen Begriff nicht ähnlich genug ist.

Es gibt im Bereich des Vortrags auch Gelegenheiten, bei denen Wortspiele nicht funktionieren. Das kann mehrere Gründe haben. Zum Beispiel sticht ein einzelnes Wortspiel aus einem ansonsten anders gearteten Vortrag („Stand Up" o. ä.) zu sehr heraus, und wirkt daher wie ein Fremdkörper. Oder der Vortragende hat selber das Gefühl, der Wortwitz sei nicht gut, und das Timing und die Performance lassen das Publikum diese Haltung des Vortragenden und den Mangel an eigener Überzeugung sofort spüren. Insgesamt lässt sich die Qualität eines Wortspiels aber kaum objektiv bewerten.

Maik Goth
Im Wortex

Eine philologisch-kritische Würdigung der Dichtung Michael J. Schönens

> Kein Essay, theoretisch, kenntnisreich,
> Gereicht zur Würdigung von Schönens Werk,
> Entlarvt er auch des Meisters kühnsten Streich:
> Er bleibt der Versefuchs vom Musenberg.
> Kein dickes Buch, wohl tausend Seiten schwer,
> Vermag den Sprachwitz Schönens einzufangen,
> Der Worte teilt, neu fügt, mal kreuz, mal quer:
> Auf ewig weiß man, wie die Verse klangen.
> Kein erz'nes Denkmal wird ihm je genügen,
> Der mit den Klängen blitzeschnell jongliert,
> So dass zwei Sinne sich zusammenfügen:
> Mit hellem Sinn hat er sie korreliert.
> Nein: Essay, Buch und Denkmal sind zu schlicht.
> Und das gilt leider auch für mein Gedicht.

Maik Goth ist promovierter Anglist mit Forschungsschwerpunkten in der Renaissance, in der Antikenrezeption in der Restaurationszeit und des 18. Jahrhunderts sowie im Wortspiel. Hinzu kommt ein breites Interessensspektrum an literatur- und kulturwissenschaftlichen Themen. Zu seinen Publikationen gehören, neben zahlreichen Artikeln und Rezensionen, die Monographien *Monsters and the Poetic Imagination in Edmund Spenser's "The Faerie Queene": "Most Ugly Shapes and Horrible Aspects"* (2015) und *From Chaucer's Pardoner to Shakespeare's Iago: Aspects of Intermediality in the History of the Vice* (2009). Er ist Mitherausgeber von *Medievalia et Humanistica*. Nach vielen Jahren als Wissenschaftlicher Mitarbeiter in Forschung und Lehre der Ruhr-Universität Bochum ist er nun freiberuflicher Musiker und Autor sowie Dozent und Coach für Fremdsprachen, Vortragskunst und Musik.

Philipp Scharrenberg
Interview

© Pierre Jarawan

Philipp Scharrenberg bewegt sich irgendwo zwischen Slam Poetry, Kabarett und Wortsport, und seine Gedanken sind meist so kraus wie seine Locken. Als manisch-kreativer Bühnenderwisch geht er mit vollem Körpereinsatz und viel Spaß an der Sprache zu Werke. 2009 wurde er Deutschsprachiger Poetry Slam Champion, was ihm so gut gefiel, dass er den Titel 2016 noch mal holte. Wenn er nicht gerade mit Schreiben beschäftigt ist, tourt er mit seiner Solo-Show durch die Lande und versucht, sich in keine Schublade stecken zu lassen. Unter dem Namen Philipp Scharri hat er ein Inspirations- und Sprachbastelbuch veröffentlicht: *Der Klügere gibt Nachhilfe* (Fischer 2012). www.philippscharrenberg.com

Teil I

Was sind für Sie wesentliche Merkmale des Wortspiels? Was macht für Sie den Reiz am Spielen mit Wörtern und Sprache aus? Würden Sie sich als Wortspiel-Künstler/in bezeichnen? Welche Bedeutung hat das Spielen mit Wörtern und Sprache für Sie?

Ja, ich sehe mich als Wortspiel-Künstler, ich benutze alle möglichen Formen von Wortspielen in Texten, Gedichten und Liedern auf der Bühne. Ich *liebe* Wortspiele – es gibt Tage, an denen ich für mein Umfeld, glaube ich, nur schwer zu ertragen bin. Sprache ist für mich ein Werkstoff wie Ton oder Knetgummi, mit dem man modellieren kann. Wenn ich Gags zu einem Thema suche, geht der erste Blick auf die Sprachebene: Was kann ich aus den Worten und Formulierungen, aus Klängen und Buchstabenkombinationen herausholen? Warum das so einen speziellen Reiz hat, weiß ich nicht. Aber wer es einmal ausprobiert hat, kommt nicht so leicht davon los ...

Können Sie uns ein oder zwei Lieblings-Wortspiele nennen (eigene oder fremde) und umreißen, warum diese eine besondere Bedeutung für Sie haben?

Als ich einmal auf Klassenfahrt mit der Bahn unterwegs war, sagte eine Mitschülerin: „Puh, hier zieht's." Mir rutschte spontan raus: „Du sitzt ja auch im Zug." Sie fand das gar nicht lustig – ich kann mich bis heute wegschmeißen über diesen Moment. Weil es kein konstruiertes Wortspiel war, sondern einfach so in die Situation passte. Es war, als sei das Wortspiel bereits fertig und warte nur darauf, ausgesprochen zu werden. Das sind für mich die schönsten Wortspiele.

Toll ist auch der Kaskadeneffekt: wenn ein Wortspiel wie von selbst aufs andere folgt. Ich saß einmal mit einer Freundin auf dem Sofa und tippte auf ihrer Haxe herum wie auf einem Instrument. Als sie fragte, was das solle, sagte ich: „Ich spiele auf deinem Haxophon." Noch während sie lachte (hauptsächlich, weil sie kitzelig war), war ich schon an ihrer Fußsohle: „Und jetzt kommt ein Sohlo ... in Zeh-Dur!"

Können Sie uns an einem eigenen Beispiel erläutern, wie Ihre Wortspiele und wortspielerischen Werke entstehen?

Ganz unterschiedlich. Vieles passiert spontan, ohne Planung oder Absicht, zum Beispiel im Gespräch. Versprecher sind eine großartige Quelle für Wortspiele. Es kommt ein bisschen auf die Form an, schließlich gibt es Unmengen verschiedener Wortspiel-Techniken: das Spiel mit Doppelbedeutungen oder Gleichklängen, Anagramme, Schüttelreime, Wortschöpfungen, und, und, und. Schüttelreime finde ich am besten beim Rumjammen: möglichst viele Wörter schüttelreimen, und früher oder später stößt man auf eins, das Sinn ergibt. Ich habe das mal mit einer Freundin kurz vorm Schlafengehen gemacht, als sie gerade ihre Beißschiene einlegte. Ich kam bis: „Hast du da im Mund wieder deine Scheiß---", und bevor der Satz fertig war, musste ich schallend loslachen.

Welches waren oder sind für Sie wichtige Inspirationsquellen und Vorbilder im Bereich des Spielens mit Wörtern und Sprache?

Ich glaube, ich hatte schon sehr früh eine Veranlagung, mit Sprache zu spielen, aber spätestens nach meinem zehnten Lebensjahr gab es kein Zurück mehr. Da brachte mein Vater eine Platte der Ersten Allgemeinen Verunsicherung mit nach Hause. Deren Texte und Art, mit Sprache zu arbeiten, haben mich sehr geprägt. Genauso habe ich mir die alten Platten meines Vaters aus den Siebzigern reingezogen, Insterburg & Co., Schobert & Black, aber auch die sogenannten Blödelbarden der Achtziger, Otto Waalkes oder Mike Krüger. In der Jugendzeit setzte sich das fort mit dem von mir sehr geschätzten britischen Autor Terry Pratchett, der ein echtes Wortspiel-Genie ist.

Was ist für Sie bei Ihrer Arbeit mit Sprache und Wortspielen wichtig? Wie gehen Sie bei der Arbeit mit Sprache vor, wenn Sie Ihre Werke verfassen und wenn Sie diese vor einem Publikum präsentieren?

Ich habe Spaß. Das ist das Wichtigste – sonst geht es nicht. Wortspiele können, wenn sie zu gewollt sind, auch sehr anstrengend werden. Wenn ich mich beim Schreiben stundenlang an einer Strophe festbeiße, um partout das eine oder andere Wortspiel einzubauen, lese ich das Ergebnis am nächsten Tag meist unter Kopfschütteln: „Was hab ich denn da fabriziert? Das verstehe ja nicht mal ich ...?"

Solange ich aber Spaß an der Wortspielerei habe und sie leicht von der Hand bzw. Zunge geht, mich mitreißt, weil mir alle paar Sekunden noch ein passendes Wortspiel zum Thema einfällt und noch eins – dann ist die Chance groß, dass auch das Publikum diese Freude nachempfinden und mitgehen kann. Wenn ich in diesen Flow gerate, bin ich richtig aufgekratzt vor Spielfreude, und es gibt kaum etwas Schöneres, als dieses positive Gefühl der Liebe zur Sprache mit anderen zu teilen.

Hatten Sie schon immer ein besonderes Interesse an Sprache? Hat sich Ihr Verhältnis zum Wortspiel und zur Sprache im Laufe der Zeit verändert?

Ja, hatte ich. Sprache war immer meine Leidenschaft, von meinem ersten Satz an: „Großer Bagger, bumm-bumm, macht Loch" (über die Baustelle in unserer Straße). Wenn überhaupt, dann hat sich das Verhältnis intensiviert. Wir reden schon über eine feste Beziehung.

Wie wichtig schätzen Sie die Rolle von Wortspielen für den Erfolg Ihrer Werke ein?

Entscheidend! Ich weiß, dass es nicht nur Wortspiel-Freunde gibt da draußen. Aber die Menschen, die sich meine Shows anschauen, erwarten ein gewisses Maß an Sprachspielerei. Das ist so etwas wie meine Visitenkarte, meine künstlerische CI.

Teil II

Inwiefern hängt für Sie das Wortspiel mit einem allgemeinen Nachdenken über Sprache und Kommunikation zusammen? Inwiefern beinhalten Wortspiele eine Auseinandersetzung mit grundlegenden Eigenschaften der Sprache?

Absolut. Wortspiele sind meiner Meinung nach untrennbar mit dem Nachdenken über Sprache und sprachliche Strukturen verbunden, sie entspringen ihm. Deswegen gibt es auch Menschen, die Wortspiele nicht mögen oder als vermeintlich primitiv abtun: das Wortspiel irritiert sie, denn es zwingt sie, gedanklich auf die Metaebene, die sprachliche Ebene, zu wechseln.

Eine Pointe funktioniert ja immer durch den Bruch einer Erwartungshaltung, die zuvor aufgebaut worden ist. Bei einem ‚klassischen' Witz geschieht dieser Bruch auf der inhaltlichen Ebene. Indem ich die Pointe auf der sprachlichen Ebene setze, breche ich die Erwartungshaltung auch noch an unerwarteter Stelle. Das irritiert gleich doppelt, ist aber, strukturell betrachtet, ein Witz höherer Ordnung, ein Meta-Witz.

Somit stellt das Wortspiel immer eine sprachliche Reflexion dar, indem es daran erinnert, dass Sprache nur eine Denk-Sphäre ist, die man durchbrechen kann, und dass auch sie als Instrument der Kommunikation ihre Grenzen, ihre kleinen Stolperfallen und Ungenauigkeiten besitzt. Ich finde das durchaus philosophisch.

Gibt es Themenbereiche, die sich besonders gut für das Spielen mit Wörtern und Sprache eignen? Inwiefern berührt das Wortspiel auch ernste Bereiche und Themen?

Ich sehe das Wortspiel eher als Technik, als Werkzeug, das in die Reflexion über Sprache führt und damit unabhängig vom jeweiligen Inhalt funktioniert. Auch in ernsten Bereichen lässt es sich einsetzen, ja. Da es strukturell aber wie eine Pointe aufgebaut ist, bringt es immer einen humoristischen, auflockernden oder augenzwinkernden Aspekt mit sich. Da ist dann jeweils die Frage der Angemessenheit. Und Humor steht natürlich immer im gesellschaftlichen Kontext; die Meinungen darüber, welche Themen sich als Ziel von Humor eignen, gehen weit auseinander...

Inwiefern spielen andere Sprachen, Mehrsprachigkeit, Sprachenvielfalt und Übersetzungsprozesse in Ihren wortspielerischen Werken eine wichtige Rolle?

Leider relativ wenig, zu meiner eigenen Überraschung und aus mir unbekannten Gründen. Das merkwürdige neuzeitliche Business-Kreolisch namens Denglisch böte natürlich eine perfekte Angriffsfläche. Aber bisher habe ich mich meist nur innerhalb einer Sprachsphäre bewegt – mit Ausnahme von Rap-Texten. In denen reime ich sehr gerne englische und deutsche Wörter aufeinander.

Inwiefern sind Wortspiele für Sie ein Zeichen von Kreativität? Wo liegen Grenzen der Kreativität beim Spielen mit Wörtern und Sprache?

Ich finde, Wortspiele sind ein großes Zeichen von Kreativität, vor allem im Denken. Sprache gibt uns ja einen großen Katalog an Regeln mit, die man auch ganz stumpf befolgen könnte. Sie zu variieren, zu beugen und zu verbiegen, das zeugt von Kreativität. Ein tolles Beispiel ist die Jugendsprache, die ja per se kreativ sein muss, um sich gegen den etablierten Sprachgebrauch abzugrenzen.

Apropos abgrenzen: Die Grenzen setzt, denke ich, nur die Phantasie. Prinzipiell sind dem Wortspiel keine Grenzen gesetzt, weil Sprache ein dynamisches System ist, das sich in stetem Wandel befindet: neue Wörter werden gebildet, importiert, exportiert, Redegewohnheiten und Wendungen verändern sich. Genauso wechseln die Kontexte, in denen Wortspiele stehen, bieten der jeweilige Zeitgeist und kulturelle Strömungen immer neue Aufhänger und Möglichkeiten, Wortspiele zu bilden.

Inwiefern ergibt sich für Sie durch das Spielen mit Wörtern die Möglichkeit, die Ausdrucksmöglichkeiten der Sprache und des Wortschatzes zu erweitern?

Siehe oben: überall, wo sich Kreativität entfalten darf, kann Neues entstehen. Je nachdem, wie griffig dieses Neue ist, bleibt es oder wird wieder vergessen. Die Werbung, die ja sehr gern mit Wortspielen arbeitet, macht es vor – wie viele Werbeslogans und -ausdrücke haben nicht schon Einzug in unseren Sprachgebrauch gefunden? Fragen Sie mal einen Werbetexter, da werden Sie geholfen.

Aber auch unfreiwillige Wortspiele haben das Zeug zur festen Wendung. So, ich habe fertig.

Würden Sie das Wortspiel als kulturell und traditionell geprägt ansehen? Gibt es bestimmte Muster und Verfahren, mit denen Sie arbeiten, wenn Sie mit Wörtern und Sprache spielen? Ist für Sie beim Spielen mit Wörtern und Sprache wichtig, dass dieses Spiel in eine bestimmte Kultur oder Tradition (oder mehrere) eingebettet ist?

Ja, natürlich gibt es Muster. Eine beliebte und gängige Technik ist das Überlagern von Wort- bzw. Bildfeldern. Das funktioniert besonders gut, wenn man Gegenstände oder abstrakte Größen vermenschlicht. Eines meiner ersten Gedichte heißt „Von dem Verb, das ein Nomen sein wollte". Ab dem Moment, in dem mir klar wurde, dass ich eine Coming-Out-Geschichte schreiben wollte, lief der Text wie von selbst. Alles, was ich tun musste, war, die typischen Elemente einer Outing-Situation zusammenzusuchen, die zum Klischee verkrusteten Sätze, sie mit Begriffen aus dem Bereich Grammatik zu überlagern und dann die Übereinstimmungen zu suchen. So entstand die folgende Szene:

> Als es eines schönen Syntax
> Fröhlich futternd an der Eltern
> Tafel saß, rief Muttern: „Kind, sag 's
> Ehrlich, was ist los, was fällt an?"
>
> „Nichts", so sprach 's und fing kokett an,
> Seine Lettern zu entblättern,
> „Nur, dass mir vorm Verbsein graute
> Und ich mich als Nomen oute."
>
> Was die Mutter schlecht verdaute
> Und ihr echt den Tag versaute:
> „Großer Goethe, das ist herb!
> Kind, so sei ein starkes Verb!",
>
> So rief sie aus und schaute groß,
> „Was denken sonst die Laute bloß?!" –
> „Ey Mama, checkst du 's mal? Es geht
> Um meine Textualität!"
>
> Der Vater – Personalpronomen
> Dort am Hof des Paragrafen –
> Machte, da er dies vernommen,
> Einen Satz, und zwar 'nen scharfen:

„Jetzt ist aber Sense, Süße!
Setzt du deine Gänsefüße
Unter meinen Tisch, sei artig –
Halte dich an die Grammatik!"

„Nein! Und würd's dir *noch* so passen,
Ich werd' mich nicht beugen ... lassen!
„Du gehörst in eine Zelle –
Ab in die Excel-Tabelle!",

Schrie der Vater wahnsinnstriefend:
„Wirst schon seh'n, du findest dich
Bald wieder bei den transitiven
Transen – auf dem Bindestrich!"

(Veröffentlicht in Scharri, Philipp: *Der Klügere gibt Nachhilfe. Sprachakrobatik für alle Lebenslagen*. Ein Inspirations- und Bastelbuch mit Illustrationen von Volker Collmann. Frankfurt am Main: Fischer, 2012, S. 58–62.)

Welche Rolle spielt der Kontext bei der Verwendung von Wortspielen? In welchen Kontexten spielen Sie mit Wörtern und Sprache, in welchen Kontexten spielen Sie nicht mit Wörtern und Sprache? Gibt es Kontexte, in denen Wortspiele besonders gut funktionieren, oder umgekehrt Kontexte, in denen Wortspiele schwierig sind oder nicht funktionieren?

Kontext spielt eine elementare Rolle! Er bildet schließlich den Bezugsrahmen; ohne Kontext keine Erwartungshaltung. Ein Wortspiel ohne Kontext ist bloß ein Versprecher. Ich spiele gern in meinen Gedichten mit den Worten, weil dort allein die Form einen Kontext vorgibt, also Metrum, Reimschema, Silbenzahl, etc. Der Bezugsrahmen kann natürlich auch gesellschaftlicher oder situativer Natur sein. In der Rede bei einer Trauerfeier, zum Beispiel, *könnten* Wortspiele taktlos rüberkommen... Je nachdem, wer verstorben ist.

Das Prinzip lässt sich aber übertragen: wenn ich in einen Text, der eher emotional ist und viel Tiefgang hat, urplötzlich einen vermeintlich flachen Kalauer einbaue, sind die Publikumsreaktionen sehr spannend. Ähnlich, wenn ich das Publikum durch Anspielungen, die ein gewisses Bildungsniveau voraussetzen, zum Denken herausfordere, um es gleich danach unerwartet mit Wortspielen vom Sockel der intellektuellen Selbstgefälligkeit zu stoßen. So funktioniert mein Text „Kochen bei Kants": die Philosophen der Weltgeschichte wollen ganz profan ein Essen zubereiten und scheitern grandios, allen voran Platon:

„Sokrates", spricht er, „sage mir nun,
Würd'st du würzen das Huhn?" – „Ja, das würde ich tun."
Da rät Aristot'les: „Und macht es schön heiß!"
Drauf Platon: „Ach, *du* weißt doch gar nichts!" – „Ich weiß ..."

Nein, einzig in seiner rohen Form
Entspräche das Hühnchen der hohen Norm,
So Platon, ja, wer sie gare, die Pute,
Verhöhne das Schöne, Wahre und Gute!

Nietzsche hält all das für mystischen Spuk,
Das Huhn ist ihm nicht dionysisch genug –
So schüttet er Pfeffer auf das Filet,
Bis Kant ihn bittet: nur eine *Idee* ...

Man probiert, und Platon, der sichtlich erbleicht ist,
Spuckt Feuer und faselt vom Mundhöhlengleichnis,
Bis Wittgenstein tief in den Rachen ihm guckt
Und bekundet: „Das Huhn ist bloß Sprachkonstrukt!"

Nur Hegel missachtet die Schlegel der Henne –
Schmachtend betrachtet der Flegel die Penne
Und poltert nach dialektischem Raster:
„Wo 's Paschta hat, brauch 's au' Anti-Paschta!"
(Veröffentlicht in Scharri, Philipp: *Der Klügere gibt Nachhilfe. Sprachakrobatik für alle Lebenslagen*. Ein Inspirations- und Bastelbuch mit Illustrationen von Volker Collmann. Frankfurt am Main: Fischer, 2012, S. 78–89.)

Gibt es schlechte Wortspiele?

Ja, in den Namen von Friseurgeschäften. Sonst nicht.

Abschließende Frage: Gibt es im Bereich des Wortspiels noch etwas, das Ihnen wichtig ist, und das Sie noch anmerken möchten?

Nach der Lektüre der anderen Beiträge und Interviews kann ich gut verstehen, dass sich Michael Schönen keine zeitgenössischen Künstler oder Kollegen als Vorbilder nimmt. Allein bei Bodo Wartke habe ich einige Reime wiederentdeckt, die auf meiner To-Use-Liste standen, bis ich „Da muss er durch" zum ersten Mal hörte (Bundeswehr/gesundes Heer, Nabelschnur/Schnabel nur). Wer zuerst reimt, strahlt zuerst.

Am meisten aber hat mich überrascht, zu lesen, dass Franz Hohler eine Geschichte über „Made in Hongkong" geschrieben hat. Hätte ich das ein paar Wochen früher erfahren, hätte ich mein jüngstes, gerade fertiggestelltes Gedicht womöglich auf halbem Wege aufgegeben. Es ist eine Fortsetzung des Heinz-Erhardt-Klassikers „Die Made" und schickt die Titelfigur auf den Spuren eines Wäsche-Etiketts nach Shanghai bzw. Taiwan... Man sieht, wie naheliegend manche Wortspiele sind bzw. dass Wortspieler-Gehirne auf ganz ähnlichen Frequenzen empfangen.

Darin begründet sich ein Phänomen, das ich die ‚Obligation der Eingebung' nenne: Es empfiehlt sich nie, eine Inspiration – sei es ein Reim, ein Wortspiel oder die Grundidee für einen Text – zu lange in der Schublade warten zu lassen, sonst vernimmt man sie auf einmal aus dem Mund eines anderen. Wortspiele *wollen* hinaus ins Licht der Welt, und der Künstler dient lediglich als Medium. Welcher Künstler sie ausbrütet, ist den Wortspielen relativ egal. Manchmal ist ihre Zeit einfach reif...

Carlotta Posth
Von Retourkutschen, die über Wortfelder fahren: Bedeutungspotenzierung im Wortspiel

Nur einen Katzensprung vom Tübinger Hauptbahnhof entfernt steht das Epplehaus. Im kleinen Universum der Universitätsstadt ist das ehemalige Bankgebäude, das heute als selbstverwaltetes Jugendhaus genutzt wird, im wahrsten Sinne des Wortes ein bunter Hund. Die stetig anwachsende Zahl kreativer Graffitis hat ihm nicht nur lokale Berühmtheit, sondern auch das Interesse der Tübinger Germanistik eingebracht. Im Fokus steht der vieldeutige Slogan „Freiheit stirbt mit Sicherheit". Generationen von Studentinnen und Studenten haben sich den Kopf darüber zerbrochen, ob Freiheit und Sicherheit gemeinsam sterben, die Sicherheit der Freiheit Tod ist oder ob gar das Ableben der Freiheit als gewiss gelten muss. Selbst wenn vor dem Hintergrund des politisch aktiven Jugendhauses nicht alle Interpretationen gleich plausibel sind, eröffnet die Ambiguität des Satzes, die auf der möglichen lokalen und temporalen Lesart der Präposition *mit* basiert[1], ein erweitertes Bedeutungsspektrum, das prinzipiell nicht auf eine Ebene eingrenzbar ist. Durch seine überraschende Mehrdeutigkeit lädt der Slogan zum Spiel mit den Möglichkeiten sprachlicher Formen und zur Reflexion über die Sprache selbst ein.

Das Erreichen eines komischen Effekts durch die überraschende sprachliche Erzeugung verschiedener Bedeutungskomponenten ist ein zentrales Charakteristikum des Wortspiels (vgl. Winter-Froemel 2016, Winter-Froemel 2009). Es kann eine Vielzahl von Funktionen erfüllen, die von der Ausstellung eigener sprachlicher Fähigkeiten über die Erregung der Aufmerksamkeit der Adressaten bis hin zu sozialen Inklusions- und Exklusionsmechanismen reichen.[2] Tatsächlich hat der wortspielerische Slogan dem Epplehaus eine vielleicht unerwartete[3]

---

[1] Hinzu kommt die zu einem Phraseologismus verschmolzene Verbindung *mit Sicherheit*, die als sprachlicher Fertigbaustein Gewissheit ausdrückt.
[2] Eine (grundsätzlich erweiterbare) Liste der Funktionen des Wortspiels legt Thaler (2016) vor. Vgl. außerdem Winter-Froemel (2016), Winter-Froemel und Zirker (2015).
[3] Ob die Ambiguität des Slogans intendiert war, kann nicht nachgewiesen werden. Wortspiele werden zwar in der Regel als bewusste Bearbeitungen sprachlichen Materials verstanden, doch ließe sich der Slogan auch als spielerische Re-Interpretation (*ludic reinterpretation*) verstehen, wie Esme Winter-Froemel sie beschreibt (Winter-Froemel 2016): Die Adressaten einer ambigen

Aufmerksamkeit von Seiten der Tübinger Germanistik beschert und das Rätseln über die verschiedenen Bedeutungsebenen zeigte in den Reihen der Studierenden zweifellos einen inkludierenden bzw. exkludierenden Effekt (Wer hat's verstanden?). Ein zentraler funktionaler Aspekt, der im genannten Beispiel zutage tritt, ist darüber hinaus die Potenzierung von Bedeutung, die mit ihm einhergeht: Das vertikale Wortspiel bzw. Wortspiel *in absentia*, bei dem ausgehend von einem einzelnen Ausdruck mehrere Bedeutungen aktiviert werden, generiert einen Bedeutungszuwachs, der nicht mit einer Zunahme der verwendeten Sprachzeichen verbunden ist. Anders als horizontale Wortspiele bzw. Wortspiele *in praesentia*, die auf der Wiederholung formal identischer oder ähnlicher Sprachzeichen basieren, kommt das Wortspiel im ersten Fall durch ambige sprachliche Elemente zustande, die alternative Interpretationen zulassen (vgl. Hausmann 1974; Winter-Froemel 2016, 2009). Es eröffnet damit die Möglichkeit, dem Adressaten mehrere Bedeutungsebenen simultan zu vermitteln. Wie diese Funktion kreativ genutzt werden kann, zeigt eindrücklich das Gedicht „Von dem Verb, das ein Nomen sein wollte" des Poetry Slammers Philipp Scharrenberg.[4]

Bereits der Titel verweist auf zwei Ebenen, die im Gedicht verfolgt werden: die grammatische Kategorie des Verbs erhält einen Willen und wird damit personifiziert. Das Verb als metasprachlicher Begriff deutet auf Funktionsmechanismen der Sprache selbst hin und ist zugleich Protagonist einer Narration, die aus dem Problem seiner Identität entwickelt wird. „Ein Verb war in der Pubertät", heißt es im ersten Vers und damit – wie es sich für Teenager gehört – mitten in der Sinnkrise. In den Strophen zwei bis vier monologisiert das Verb über verschiedene grammatische Tempusformen und seinen Wunsch, ein Nomen zu sein. Doch nicht nur das. Die fortlaufende Personifikation der Verben bietet permanent eine weitere Lesart an, nach der der Protagonist über Vergänglichkeit und seinen Wunsch nach Beständigkeit reflektiert. Der Effekt kommt über die Verwendung ambiger Ausdrücke zustande, die sowohl im wörtlichen Sinne als auch in einer übertragenen Bedeutung verstanden werden können. Zudem spielt Scharrenberg mit Phraseologismen, die durch die Hinzufügung eines weiteren Lexems überraschend uminterpretiert werden müssen.[5] So klagt

---

Aussage können in dieser zusätzliche Bedeutungsebenen entdecken, die einen komischen Effekt erzeugen, ohne dem Sender bewusst gewesen zu sein.

4 Im Folgenden zitiert nach Böttcher und Hogekamp (2014).

5 Das Phänomen wird auch als Holzwegeffekt oder *garden-path sentence* bezeichnet und bezieht sich allgemein auf Sätze „mit einer lexikal. oder strukturellen Ambiguität, die durch den Satzkontext zunächst zu der einen, später zu der anderen Lesart disambiguiert wird" (Rehbock 2016).

das Verb (V. 6f.): „Kaum sind sie [die Verben, CP] im Imperfekt, / Lassen sie sich nieder ... schreiben." Der Ausdruck *sich niederlassen* muss hier zunächst im Sinne von ‚sich ansiedeln, sesshaft werden' interpretiert werden, was in dem durch die Personifikation gesetzten Verständnisrahmen durchaus plausibel erscheint: Zu einer bestimmten Lebenszeit (mittleres Alter) werden die Verben (im Sinne von Personen) sesshaft. Durch die zeitversetzte Hinzufügung[6] des Lexems *schreiben* wird eine Neuinterpretation des Satzes nötig. *Lassen* kann nun nicht mehr als konjugiertes Vollverb verstanden werden, sondern fungiert als Auxiliar in der Passiversatzform *sich niederschreiben lassen*. Die Uminterpretation bedeutet einen abrupten Wechsel des Verständnisrahmens. Die Verben können nun nicht mehr als Personifikationen aufgefasst werden, sondern müssen auf Worte referieren, von denen eine Niederschrift möglich ist. Damit befinden wir uns plötzlich auf der Ebene der Sprache selbst. Im Fall der Verse 10 bis 12 entsteht ein komischer Effekt dadurch, dass beide Verständnisrahmen simultan aufgerufen werden: „Doch komm ich ins Präteritum, / Dann werd ich schwach und lauf danach / im Perfekt nur mit Hilfsverb rum!". *Schwach werden* kann einerseits wörtlich aufgefasst und in Verbindung mit der Zeitangabe als Verlust der körperlichen Kräfte im Alter verstanden werden, der dazu führt, dass das personifizierte Verb zu diesem Zeitpunkt auf Hilfe (bzw. ein Hilfsverb) angewiesen ist.[7] Andererseits sind die Wendungen *schwaches Verb* und *Hilfsverb* Fachtermini für grammatische Kategorien und verweisen auf die Ebene der Sprache selbst. Wenn das Verb am Ende seines Monologs „aus tiefstem Silbenkern" (V. 17) wünscht, es wäre ein Nomen, um „unendlich Zeit" (V. 19) zu haben, werden auch hier beide Ebenen überblendet. Die unendliche Zeit des Nomens verweist auf die Spracheebene, da Nomina im Gegensatz zu Verben keiner Flexion nach dem Tempus unterliegen. Gleichzeitig erhält der geäußerte Wunsch des Verbs dessen Status als Personifikation aufrecht. Die Wendung *aus tiefstem Silbenkern* ist an den Phraseologismus *aus tiefstem Herzen* angelehnt, der dem Verb eine Gefühlsebene zuspricht und damit die Personifikation unterstreicht. Zugleich führt die Ersetzung des Lexems *Herz*, das traditionell für das Gefühlszentrum des Menschen steht, durch *Silbenkern* auf die Ebene der Spra-

---

6 Die Pause wird im gedruckten Text graphisch durch die drei Punkte markiert. An dieser Stelle darf nicht vergessen werden, dass das Gedicht für einen Poetry Slam, also einen mündlichen Vortrag, konzipiert ist, in dem der Effekt durch eine Sprechpause noch deutlicher zutage tritt.
7 Die phraseologische Bedeutung von *schwach werden* im Sinne von 'nachgeben, einen Vorsatz aufgeben' kann zwar ebenfalls aufgerufen werden, erscheint im gegebenen Kontext jedoch wenig plausibel.

che zurück, indem der Silbenkern analog zum Herzen als Zentrum bzw. akustisch wichtigster Teil der Silbe präsentiert wird.

Die auf den Monolog des Verbs folgenden Strophen etablieren das Narrativ einer Rebellion, die den Protagonisten von Gesellschaft und Familie entfremdet und schließlich zu sich selbst zurückbringt. Damit folgt es dem Schema des klassischen Bildungsromans, der den Weg „einer zentralen Figur durch Irrtümer und Krisen zur Selbstfindung und tätigen Integration in die Gesellschaft" (Jacobs 1997) beschreibt. Die Ebene der Entwicklungsgeschichte des personifizierten Verbs wird dabei stets von der zweiten Ebene einer metasprachlichen Reflexion begleitet. Möglich ist die Simultaneität beider Verständnisebenen durch die Wortspiele, die für den gesamten Text ein konstitutives Merkmal darstellen. Wenn das Verb im Bestreben, seinen Traum vom Nomen wahr werden zu lassen, „bei 'nem alten Drucker / Mit verbeulten Kupferblechen / Sich 'nen Großbuchstaben stechen" (V. 22ff.) lässt, werden die Ebenen der Narration und der metasprachlichen Reflexion erneut überblendet. Der Phraseologismus *sich [etwas] stechen lassen* verweist in der deutschen Umgangssprache auf die Kulturtechnik des Tätowierens, die mit einer bestimmten sozial-kulturellen Szene assoziiert und häufig als Zeichen der Rebellion gedeutet wird. Zugleich verweisen *Drucker* und *Großbuchstabe* auf die Materialität des gedruckten Wortes und die Regeln der deutschen Orthographie, denen zufolge Majuskeln für Nomina kennzeichnend sind. Auf das Verb wird so gleichzeitig als Person und als graphisches Sprachzeichen referiert. Die Inkongruenz beider Verständnisebenen, die simultan aufgerufen werden, erzeugt dabei einen komischen Effekt.

Die auf der Ebene der Narration nun folgende Auseinandersetzung des Verbs mit seinen Eltern beginnt „eines schönen Syntax" (V. 25), an dem das Verb sich als Nomen outet (vgl. V. 32). Die Wendung *sich outen* stellt einen Bezug zu Identitätsfragen homosexueller Personen her, da sie gewöhnlich das Bekenntnis zur eigenen Homosexualität bezeichnet. Durch die Verbindung mit der grammatischen Kategorie *Nomen* wird die Bedeutung jedoch hinsichtlich einer die Grammatik betreffenden Umorientierung interpretiert und führt so lebensweltliche Bezüge mit sprachwissenschaftlichen Kategorien zusammen. Im Gegensatz dazu funktioniert das Wortspiel in *eines schönen Syntax* nicht auf konzeptueller, sondern auf phonetischer Ebene. Ausgehend vom Phraseologismus *eines schönen Tages* kann die Wendung *eines schönen Sonntags* gebildet werden. Die große lautliche Übereinstimmung von *Sonntags* [zɔnta:ks] mit *Syntax* [zyntaks] erlaubt das Spiel mit der Paronymie, die auch an dieser Stelle die narrative Ebene mit der metasprachlichen verbindet. Auf gleiche Weise funktioniert das Wortspiel im Ausruf der entsetzten Mutter: „‚Was denken sonst die Laute [Leute] bloß?!'". Es folgen weitere, mit Wortspielen gespickte Streitgespräche, die schließlich dazu führen, dass der Vater – Personalpronomen am Hof des Paragrafen (vgl. V. 41f.) – das Verb „zum Tor des Satzbaus / Auf den Allgemeinplatz raus" (V. 57f.) treibt. Die Komposita *Personalpronomen, Paragraf, Satzbau* und *Allgemeinplatz* sind allesamt Fachtermini aus dem Bereich der Sprach- und Literaturwissenschaft. Indem im Rahmen der Narration einzelne Komponenten in ihrem wörtlichen Sinn aufgerufen werden, sind erneut beide Bedeutungsebenen simultan präsent und erzeugen einen komischen Effekt.

Nachdem das Verb aus der Sprachfamilie verbannt wurde (vgl. V. 60), beschließt es aus Verzweiflung, sich in den „Redefluss" (V. 64) zu stürzen. Es wird jedoch von einem angelnden Anglizismus aus dem Wasser gefischt (vgl. V. 65–71), der ihm von einem wunderbaren Ort berichtet: der Poesie. Die künstlerische Freiheit, die dort herrscht und es dem Verb erlaubt, jede Wortart zu sein (vgl. V. 78), wird auch auf sprachlicher Ebene umgesetzt. Die Strophen 20 bis 25, die die Beschreibung des verheißungsvollen Ortes wiedergeben, stellen den wortspielerischen Höhepunkt des Gedichts dar. Jeder Vers aktualisiert durch den spielerischen Gebrauch von Wortmaterial, das in das Feld sprachlicher Produktion gehört, die Bedeutungsebene einer idyllischen Landschaft und reflektiert zugleich über die Sprache selbst. So heißt es etwa in Strophe 21:

> In den Tropen, wo Honig und Met rumfließen,
> Wo Stilblüten zwischen den Kiefern sprießen,
> Retourkutschen über die Wortfelder fahren
> Und Reime sich zärtlich umarmen und paaren ...

Das Lexem *Tropen* aktualisiert sowohl die Bedeutung des geographischen Gebiets als auch des rhetorischen Begriffs;[8] seine nähere Bestimmung durch die folgende Phrase basiert auf der idiomatischen Wendung vom *Land, wo Milch und Honig fließen*. Die Homophonie, d. h. der lautliche Gleichklang, von *Met rumfließen* und *Metrum fließen* generiert einen komischen Effekt, indem sie gleichzeitig die Bedeutung des alkoholischen Heißgetränks und des poetischen Versmaßes aufruft. Das Sprießen von Stilblüten lässt sich einerseits botanisch, andererseits als ironischer Metakommentar verstehen, ist doch die Verwendung doppelsinniger Ausdrücke das leitende stilistische Prinzip des Gedichts. Das Spiel mit *Retourkutschen* und *Wortfeldern* basiert erneut auf der simultanen Aktualisierung ihrer idiomatischen Bedeutung und dem wörtlichen Sinn ihrer Teilkomponenten. Auch im letzten Vers wird Komik dadurch erzeugt, dass

---

[8] Der *Tropus* ist ein Überbegriff für die Klasse rhetorischer Figuren, die der uneigentlichen Rede dienen und auf einem Austausch von Wörtern beruhen (Drux 2009).

„Reime, die sich zärtlich umarmen und paaren", sowohl wörtlich, personifiziert, verstanden werden können als auch auf die gängigen Reimschemata (*umarmender Reim, Paarreim*) verweisen.

Die wortspielerische Ode an die Poesie ist zugleich ein Ausweis ihrer sprachlichen Möglichkeiten. Indem die Wortspiele zwei simultane Verständnisebenen etablieren, kann ein Narrativ konstruiert und gleichzeitig seine sprachliche Konstruktion reflektiert werden. Die Geschichte vom unglücklichen Verb wird so (auch) zu einer Geschichte über die Sprache selbst. Am Ende erfüllt sich die „Adverbialbestimmung" (V. 102) des Verbs folgerichtig in einem „Praktikum beim Lyriker" (V. 104). Der Schluss hält noch einen metafiktionalen Kommentar bereit, welcher uns von der Ebene der Narration auf die des Autors führt: Der Lyriker macht den Traum des Verbs vom Nomen wahr, indem er ihm das Gedicht widmet (vgl. V. 105ff.). In der Tat ist das Verb im gesamten Gedicht ein Nomen.

Literaturangaben

Böttcher, Bas & Wolf Hogekamp (Hgg.). 2014. *Die Poetry-Slam-Fibel*, 61–64. Berlin: Satyr.
Drux, Rudolf. 2009. Tropus. In Gert Ueding (Hg.), *Historisches Wörterbuch der Rhetorik*. Bd. 9, 809–830. Tübingen: Niemeyer.
Hausmann, Franz Josef. 1974. *Studien zu einer Linguistik des Wortspiels. Das Wortspiel im „Canard enchaîné"*. Tübingen: Niemeyer.
Jacobs, Jürgen. 1997. Bildungsroman. In Klaus Weimar, Harald Fricke, Klaus Grubmüller & Jan-Dirk Müller (Hgg.), *Reallexikon der deutschen Literaturwissenschaft*. Bd. 1, 230–233. Berlin & New York: De Gruyter.
Rehbock, Helmut. 2016. Gartenpfad-Satz. In Helmut Glück & Michael Rödel (Hgg.), *Metzler Lexikon Sprache*. 5. aktual. u. überarb. Aufl., 220. Stuttgart: Metzler.
Thaler, Verena. 2016. Varieties of Wordplay. In Sebastian Knospe, Alexander Onysko & Maik Goth (Hgg.), *Crossing Languages to Play with Words. Multidisciplinary Perspectives* (The Dynamics of Wordplay 3), 47–62. Berlin & Boston: De Gruyter.
Winter-Froemel, Esme. 2009. Wortspiel. In Gert Ueding (Hg.), *Historisches Wörterbuch der Rhetorik*. Bd. 9, 1429–1443. Tübingen: Niemeyer.
Winter-Froemel, Esme. 2016. Approaching Wordplay. In: Sebastian Knospe, Alexander Onysko und Maik Goth (Hgg.), *Crossing Languages to Play with Words. Multidisciplinary Perspectives*, 11–46. Berlin & Boston: De Gruyter.
Winter-Froemel, Esme & Angelika Zirker. 2015. Jeux de mots, enjeux et interfaces dans l'interaction locuteur-auditeur. Réflexions introductives. In Esme Winter-Froemel & Angelika Zirker (Hgg.), *Enjeux du jeu de mots. Perspectives linguistiques et littéraires* (The Dynamics of Wordplay 2), 1–27. Berlin & Boston: De Gruyter.

Carlotta Posth studierte Germanistik, Philosophie und Biologie an der Eberhard Karls Universität Tübingen und der Université Paris I Panthéon-Sorbonne. Seit 2015 ist sie als wissenschaftliche Mitarbeiterin im DFG-geförderten SFB 923 „Bedrohte Ordnungen" der Universität Tübingen tätig. Im Rahmen des Teilprojekts „Bedrohungskommunikation in Predigten und Schauspielen des Spätmittelalters und der Frühen Neuzeit" befasst sie sich unter literatur- und sprachwissenschaftlichen Gesichtspunkten mit dem geistlichen Schauspiel im deutsch- und französischsprachigen Raum des Spätmittelalters und der Frühen Neuzeit.

Franz Hohler
Interview

© Christian Altorfer

Geboren 1943 in Biel, aufgewachsen in Olten, Studium der Germanistik und Romanistik in Zürich, nach 5 Semestern abgebrochen, seither freischaffend. Schreibt Erzählungen, Romane, Gedichte, Kabarettprogramme, Theaterstücke und Kinderbücher, lebt mit seiner Frau in Zürich.

Teil I

Was sind für Sie wesentliche Merkmale des Wortspiels? Was macht für Sie den Reiz am Spielen mit Wörtern und Sprache aus? Würden Sie sich als Wortspiel-Künstler/in bezeichnen? Welche Bedeutung hat das Spielen mit Wörtern und Sprache für Sie?

Das Wortspiel verfremdet die Sprache. Man geht durch ein bekanntes Gelände und findet sich plötzlich auf einem unbekannten Gelände wieder. Man merkt, dass man das, was man zu kennen glaubte, gar nicht wirklich kennt. Das übliche Verständnis der Sprache wird sabotiert oder durch einen andern Sinn erweitert. Die Sprache wird auf einmal doppeldeutig. Das macht Spass, für den Autor, und wenn's klappt, auch für die Leser und Leserinnen.

In meinen Texten hatte das Sprachspiel von Anfang an einen Platz. In einem meiner Kabarett-Texte, den ich noch als Gymnasiast schrieb, beschrieb ich ein „Land ohne UN", in dem überall die negative Vorsilbe *un-* weggelassen wurde, in dem sich die Menschen flätig und gehobelt benehmen, wirsch lächeln, wenn sie sich gegenseitig verglimpfen, in dem man verglückt etc. Ein kleiner Reiz des Wortspiels besteht auch darin, dass man als Hörer herausfinden muss, mit welchem Original gespielt wird. Wenn Gerhard Polt als Tourismusdirektor eines Kurortes unter anderem das Pilzsammling anpreist, erscheinen in Gedanken sämtliche anglifizierten Partizipialformen von Trekking über Mountainbiking zu Riverrafting. Wortspiel und Parodie sind Geschwister.

Mich als Wortspiel-Künstler zu bezeichnen, würde, glaube ich, zu kurz greifen, aber das Spiel mit den Worten war immer ein Teil meiner Arbeit.

Können Sie uns ein oder zwei Lieblings-Wortspiele nennen (eigene oder fremde) und umreißen, warum diese eine besondere Bedeutung für Sie haben?

Eine meiner Kindergeschichten, auf die ich im Lauf der Jahre am meisten Reaktionen bekommen habe, heisst „Made in Hongkong". Sie erzählt von einer Made, die von den andern so lange ausgelacht wird, bis sie sich aus Trotz entschliesst, nach Hongkong auszuwandern, was ihr auch gelingt, und wo sie dann durch einen unerwarteten Zufall zu grossem Reichtum kommt. Da die andern Maden ihr nachgerufen hatten, sie solle sie wissen lassen, wenn sie in Hongkong angekommen sei, kauft sie alle Spielzeugfabriken in ganz Hongkong und befiehlt, auf jedes Spielzeug, das nach Europa verkauft wird, die Aufschrift „Made in Hongkong" zu drucken, damit sich die Nachricht bis zu den Daheimgebliebenen verbreitet.

Eines meiner Lieblingswortspiele ist von Ernst Jandl

lichtung

manche meinen
lechts und rinks
kann man nicht
velwechsern.
werch ein illtum!

Was für ein einfaches Wortspiel! Was für eine Perle des Nonsense! Und doch lauert wie hinter jedem Nonsense auch ein Sense dahinter, etwa wenn man an die politische Bedeutung des Links-Rechts-Schemas denkt.

Können Sie uns an einem eigenen Beispiel erläutern, wie Ihre Wortspiele und wortspielerischen Texte entstehen?

Mein bekanntester Text in der Schweiz ist „Es bärndütsches Gschichtli", eine Parodie auf den berndeutschen Dialekt aus lauter erfundenen Ausdrücken, die man zu verstehen glaubt. Einige meiner erfundenen Ausdrücke sind inzwischen in die Berner Alltagssprache eingegangen, etwa „es schnäggelet mi aa", „i d Chnöde glöötet", „desumeschirggele". Die beiden Hauptfiguren Schöppelimunggi und Houderebäseler haben im mittleren Schattegibeleggtäli eine unheimliche Begegnung mit einem Totemügerli. Die Geschichte ist inzwischen 50 Jahre alt und wird oft für eine alte schweizerische Volkssage gehalten. Eine Auslandbernerin in den USA sagte mir einmal bedauernd, sie lebe schon seit über 30 Jahren in Amerika und habe leider nicht mehr jedes Wort verstanden.

Zur Entstehung: Ich wollte eine Parodie auf den berndeutschen Dialekt schreiben, eine Art Urberndeutsch, und habe mir damals aus einem berndeutschen Wörterbuch im Deutschen Seminar seltene Wörter herausgeschrieben, war erstaunt über die grosse Menge und dachte dann, als ich nach mehreren Stunden beim Buchstaben B angelangt war, das hört ja nicht auf, die kann ich gerade so gut selber erfinden, und bediente mich einfach bei der Klangmasse des berndeutschen Dialekts.

Welches waren oder sind für Sie wichtige Inspirationsquellen und Vorbilder im Bereich des Spielens mit Wörtern und Sprache?

Christian Morgenstern war eine meiner ersten Begegnungen mit dem Wortspiel (Die Galgenlieder mit dem grossen Lalula: Kroklokwafzi? Sememeni! – Palmström mit seinem Gefährten Korf, den er nur aus reimtechnischer Notwendigkeit erfand: „Auch v. Korf (der nur des Reimes wegen / ihn begleitet) ist um Rat verlegen" – oder zur Frage, ob man sein Bett nach Norden oder nach Westen ausrichten soll: „Und so scherzt er kaustisch-köstlich: / Nein, m e i n Diwan – bleibt west-östlich!"), aber auch Ringelnatz („Ein männlicher Briefmark erlebte / Was Schönes, bevor er klebte", oder sein Gedicht „Heimatlose", in dem ihn ein Meerschweinchen fragt: Wo ist das Meer?, das wie die Made in Hongkong auf dem Hinterfragen eines bekannten Wortes beruht), dann auch die Dadaisten („sankt ziegenzack springt aus dem ei / rumsdiebums das gigerltum" von Hans Arp oder, auch von Arp, „Die schwalbenhode rollt heran / das dadahaus ist aufgetan!") Für die Dadaisten, die sich während des ersten Weltkriegs in Zürich versammelten, war das Wortspiel übrigens „unsere Antwort auf den Geschützdonner in Europa". Auf den blutigen Ernst antworteten sie mit Spiel, auf den Unsinn des Krieges mit dem Unsinn der Sprache. Wortspiel ist ja auch die Verweigerung des herkömmlichen Sinns, im Wortspiel lauert immer auch die Anarchie.

Wer das Spiel nicht kennt, dem fehlt etwas Wesentliches. Der Mensch sei nur da ganz Mensch, wo er spielt, schrieb Schiller (der übrigens selber kaum je spielte).

Was ist für Sie bei Ihrer Arbeit mit Sprache und Wortspielen wichtig? Wie gehen Sie bei der Arbeit mit Sprache vor, wenn Sie die Texte schreiben und wenn Sie diese vor einem Publikum präsentieren?

Nichts erzwingen. Schauen, was kommt. Ob etwas kommt. Dem, was kommt, vertrauen. In meinem Buch mit Kinderversen „Es war einmal ein Igel" stehen lauter Verse, die mit „Es war einmal" anfangen. Wenn ich sie vortrage und z. B. mit

„Es war einmal ein Fisch"

beginne, und dann langsam fortfahre

„Der saß bei mir am ...."

rufen unweigerlich Kinder und Erwachsene: „Tisch!".

Das heisst, sie haben sich auf das Spiel eingelassen, denn kein Fisch sitzt an einem Tisch. Der Sog des Reims hat sie in die Welt des Absurden gezogen.

„Es war einmal ein Dachs
Der aß am liebsten ..."

Richtig, Lachs! Ob je ein Dachs einen Lachs gefressen hat, ist vernachlässigbar, wichtig ist das Spiel mit dem Reim, und dieser zieht dann auch inhaltliche Konsequenzen nach sich:

Was mache ich nun mit dem Lachsliebhaber Dachs, diesem Gourmet des Tierreichs?

„Doch gab es das fast nie
Da sprach er: 'Irgendwie
Ist's ohne Lachs fast schöner.'
Jetzt aß er nur noch Döner."

Hatten Sie schon immer ein besonderes Interesse an Sprache? Hat sich Ihr Verhältnis zum Wortspiel und zur Sprache im Laufe der Zeit verändert?

Als 7-Jähriger begann ich Verse zu schreiben, die ich mit Zeichnungen illustrierte, nach dem Vorbild Wilhelm Buschs. Meine früheste Geschichte hieß „Das unglückliche Pferd". Es zeigte im ersten Bild einen Reiter auf einem Pferd, und darunter stand der Vers

> Mit seinem Pferd Herr Javian!
> Sich sieht die schöne Landschaft an.

Es ist ganz klar, dass ich mir einen Namen suchte der sich auf „an" reimte (Korf, den ich noch nicht kannte, lässt grüssen), und ruchlos erfand ich einen, den es gar nicht gibt. Und erkannt habe ich offenbar schon damals einen alten literarischen Trick: Wenn du ein seltenes Wort für einen Reim hast, nimm es in die erste Zeile, dann fällt es weniger auf.

Die Geschichte endete nach einem Bienenstich in den Hintern des Pferdes tragisch, indem das Pferd Herrn Javian abwarf und in eine Schlucht stürzte, wo es verendete, heftig beweint von seinem Besitzer, was der Dichter mit dem Vers abrundete

> Und die Moral von der Geschicht:
> Lass dich von Bienen stechen nicht.

Ob sich mein Verhältnis zum Wortspiel im Lauf der Jahre verändert hat?

Ja, ich bin eher etwas zurückhaltender geworden. In meinen frühen Geschichten „Das verlorene Gähnen und andere nutzlose Geschichten" wimmelt es von Wortspielen, was dann eher eine Übersättigung auslöst.

Wie wichtig schätzen Sie die Rolle von Wortspielen für den Erfolg Ihrer Texte/Werke ein?

Vor allem in meinen kabarettistischen Texten waren sie ein wichtiger Teil. Oft angesprochen werde ich z. B. immer noch auf meine Holländisch-Parodie „Hoe de bergen in Zwitserland kwamen", in der ich in einem Fake-Holländisch erkläre, wie die Berge in die Schweiz kamen, nämlich durch ein Tauschgeschäft der Holländer, die den Schweizern ihre Berge gegen Tulpen verkauften.

Für das Schweizerischen Jugendschriftwerk SJW habe ich 1983 ein Heft „Sprachspiele" geschrieben, mit Anleitungen zum Spielen mit der Sprache, das immer noch verkauft und benutzt wird. Ich rege darin zum Erfinden von Pilz- oder Vogelnamen an, zeige auch ein Foto eines Bergpanoramas, mit der Aufforderung, Namen für die Berggipfel zu erfinden.

Teil II

Inwiefern hängt für Sie das Wortspiel mit einem allgemeinen Nachdenken über Sprache und Kommunikation zusammen? Inwiefern beinhalten Wortspiele eine Auseinandersetzung mit grundlegenden Eigenschaften der Sprache?

In jedem Wortspiel ist ein Nachdenken über die Sprache enthalten. Es muss ja auf etwas anderes zurückgeführt werden, und dazu braucht es einen kleinen Gedankensprung.

Gibt es Themenbereiche, die sich besonders gut für das Spielen mit Wörtern und Sprache eignen? Inwiefern berührt das Wortspiel auch ernste Bereiche und Themen?

Das Erhabene, das Ideologische, das Religiöse, die Macht bieten sich für Wortspiele an, auch Anweisungen und Befehle. Mein Text „Instriktionen" ist eine Mischung aus Gebrauchsanleitung und Befehl:

> 1. Durch Beistab angewatzte Formzecke haben sich im Bezackschlirpf in die den Standklimmungen zugepflinzten Schmitzkuben zu hucken.
> 2. Harchen von den Worstpfetten schlierzen, wann quillschütter, sofont über Heckstipfel gorgeln." etc. bis zu Nr. 9: „Verandel?

Und was die ernsten Bereiche betrifft: Ernst Jandls onomatopoetisches Gedicht „schtzngrmm" ist nichts anderes als eine Kurzbeschreibung des Kriegsgrauens.

Inwiefern spielen andere Sprachen, Mehrsprachigkeit, Sprachenvielfalt und Übersetzungsprozesse in Ihren wortspielerischen Texten eine wichtige Rolle?

Berndeutsch und Holländisch habe ich erwähnt. Von meinem „bärndütsche Gschichtli" gibt es auch eine rätoromanische Kurzfassung, „Il malur da la fuorcla", ebenfalls in einem parodierten Rätoromanisch, das dem echten zum Velwechsern ähnlich ist, sowie eine französische Fassung mit dem Titel „Une anecdote".

„Il malur da la fuorcla" beginnt mit den Sätzen:

> Duraint üna not, schlorza da plondscher charbuns, duos tschaggelaris givettain aint illa stüvnaunca. Avaivan gradamaint pardats la fuorcla da Romadur, bestemmiand e malgridand sco il tüfel, cu splavettan ad ün plötz ün mortunzel, che spispigliaiva fast exactamaint suot illas s-chorazzlas.

Und der Anfang der „anecdote" lautet:

> Par l'aurocle d'un simifêtre deux achangeards givossèrent à chiquelotte brisquée.
> „Heu!" rignât le divisaire, en se reboutant le craquemoufle.
> „Hoche!" Siffe-toi le bibier dans la fulle, bascognât l'autre.
> Mais sur la minthe ils s'englînrent et se voucassassent gibieusement dans les perde-fiches.

Wortspiele sind übrigens eine hohe Hürde beim Übersetzen. „Made in Hongkong" kann nur mit einer Anmerkung übersetzt werden, welche die Homonymie des Originalausdrucks mit dem deutschen Wort Made erklärt. Eine Pointe, die man erklären muss, ist keine Pointe mehr.

Anregend können auch Verleser sein. Einmal las ich statt „Bratfett" „Bartfett", und machte daraus eine Kürzestgeschichte, die in meinen *Wegwerfgeschichten* steht.

> *Das Bartfett*
>
> Ein Mann, der den Namen Oskar Vandenbeuren trug, machte einmal eine Erfindung. Es gelang ihm nämlich, aus verschiedenen Substanzen ein Bartfett herzustellen. Dieses Fett bewirkte, dass ein Bart durch und durch fettig wurde, und zwar auf Jahre hinaus.
> Nach einem solchen Fett bestand aber überhaupt kein Bedürfnis, und so wandte sich Oskar Vandenbeuren wieder anderen Beschäftigungen zu.

In meinem neuen Gedichtband *Alt?* gibt es ein Gedicht „27 Verleser", beginnend mit

> Solbad – Sobald
> Verbandsorgan – Verbandsorkan
> Tarnfarben – Tranfarben
> Tauschhandel – Tauschhundel
> etc.

Inwiefern sind Wortspiele für Sie ein Zeichen von Kreativität? Wo liegen Grenzen der Kreativität beim Spielen mit Wörtern und Sprache?

Wortspiele *sind* Kreationen. Grenzen gibt es eigentlich keine, man muss einfach ausprobieren, was geht und was nicht.

Inwiefern ergibt sich für Sie durch das Spielen mit Wörtern die Möglichkeit, die Ausdrucksmöglichkeiten der Sprache und des Wortschatzes zu erweitern?

Ich kann das Wort „Semmelknödel" nicht lesen, ohne an Karl Valentins Dialog mit Liesl Karlstadt zu denken, in dem sie sich darüber unterhalten, ob es nicht

„Semmelnknödel" oder gar „Semmelnknödeln" heissen sollte, da es ja mehrere Semmeln zu deren Herstellung braucht.

Würden Sie das Wortspiel als kulturell und traditionell geprägt ansehen? Gibt es bestimmte Muster und Verfahren, mit denen Sie arbeiten, wenn Sie mit Wörtern und Sprache spielen? Ist für Sie beim Spielen mit Wörtern und Sprache wichtig, dass dieses Spiel in eine bestimmte Kultur oder Tradition (oder mehrere) eingebettet ist?

Man sollte die Tradition nicht überschätzen, sie kann auch eine Belastung sein. Gerade zum Wortspiel gehört ja die Respektlosigkeit, auch gegen eine Kultur oder eine Tradition. Ich habe auch keine bestimmten Muster oder Verfahren, auf die ich zurückgreife; Muster können sich im konkreten Fall ergeben. Wenn ich sehe, dass Pilze oft auf *-ling* enden, Kampfermilchling, Faltentintling, falscher Zunderporling, dann liegt es nahe, dass ich beim Parodieren von Pilznamen auf dieses Suffix zurückgreife: galliger Schwaberling, wohlriechender Stinkling, gemeiner Wüstling.

Welche Rolle spielt der Kontext bei der Verwendung von Wortspielen? In welchen Kontexten spielen Sie mit Wörtern und Sprache, in welchen Kontexten spielen Sie nicht mit Wörtern und Sprache? Gibt es Kontexte, in denen Wortspiele besonders gut funktionieren, oder umgekehrt Kontexte, in denen Wortspiele schwierig sind oder nicht funktionieren?

Ich wurde vor kurzem von der linguistischen Zeitschrift *Babylonia* gebeten, einen Artikel über die Entwicklung der Sprache in der Schweiz in den letzten Jahrzehnten zu schreiben und habe beschlossen, den ganzen Artikel als Wortspiel zu verfassen, unter dem Titel „Die Entwacklung der Sprüche". Für ein Fachpublikum ist es sicher einfacher, die Wortentstellungen auf ihre Originale zurückzuführen.

Gibt es schlechte Wortspiele?

Sicher. Oder solche, die sich abnützen. Etwas heikel ist immer, wenn Wortspiele für Titel verwendet werden, die länger halten sollten, also wenn sich ein Kabarettensemble „Die Poli(t)zisten" nennt. Schon dass sich „Das Kom(m)ödchen" mit dem m in der Klammer inzwischen in die Jubiläumsjahrgänge emporgehievt hat, ist eigentlich erstaunlich, ebenso ein Name wie „Lach- und Schießgesellschaft", dem die Wach- und Schliessgesellschaft Pate stand. Am Schweizer Radio gibt es seit Jahren eine Satiresendung mit dem Titel „Zweierleier". Wenn sich ein

Wortspiel einmal in die Sprache eingeschlichen hat, wird es von einem bestimmten Alter an gar nicht mehr als solches wahrgenommen.

Abschließende Frage: Gibt es im Bereich des Wortspiels noch etwas, das Ihnen wichtig ist, und das Sie noch anmerken möchten?

Vielleicht noch dies:
   Wortspiele können auch gefährlich sein:
   In einem Band mit Gedichten von Ernst Jandl, den der Verleger Otto F. Walter Ende der Sechzigerjahre im katholischen Walter Verlag Olten herausbringen wollte, stand unter anderem das Gedicht „fortschreitende räude", das mit den Worten begann „him hanfang war das wort hund das wort war bei gott", und das dann immer stärker „infiziert" wurde, bis zu „schim schanschlang schar das wort schlund schasch wort schar schlei schlott". Die Verlagsleitung weigerte sich, dieses Gedicht abzudrucken und verlangte vom Juniorverleger Otto F. Walter, es aus der Sammlung zu entfernen. Statt dessen entfernte sich Otto F. Walter vom Walter Verlag, nahm Ernst Jandl mit und ging als Programmleiter zum Luchterhand Verlag Neuwied.
   (Das Programm, das er dort entwickelte, gefiel mir so gut, dass ich dachte, da will ich auch hin, ich bot ihm mein Buchmanuskript „Idyllen" an, er nahm es an, und inzwischen bin ich der dienstälteste Autor des Luchterhand Verlags, zu dem ich letztlich nur wegen eines Wortspiels von Ernst Jandl gekommen war.)

Literaturangaben

Erwähnte Werke von Franz Hohler

Hohler, Franz. 1967. *Das verlorene Gähnen und andere nutzlose Geschichten*. Bern: Benteli Verlag (vergr.). Erzählungen.
Hohler, Franz. 1974. *Wegwerfgeschichten*. Bern: Zytglogge Verlag. Daraus: „Es bärndütsches Gschichtli", „Das Bartfett".
Hohler, Franz. 1979. *Sprachspiele*. Zürich: SJW Verlag. Daraus: „Es bärndütsches Gschichtli", „Il malur da la fuorcla" (rätoromanisch), „Instriktionen", „Pilznamen erfinden".
Hohler, Franz. 2009. „Made in Hongkong". In Franz Hohler, *Das grosse Buch. Geschichten für Kinder*. München: Hanser, Erstmals 1981 in: Franz Hohler, *Der Granitblock im Kino*. Darmstadt: Luchterhand.
Hohler, Franz. 1987. *Das Kabarettbuch*. Darmstadt und Neuwied: Luchterhand Verlag (vergr.). Daraus: „Im Land ohne UN", „Instriktionen".
Hohler, Franz. 2003. *Die Karawane am Boden des Milchkrugs. Groteske Geschichten*. München: Luchterhand Verlag. Daraus: „Hoe de bergen in Zwitserland kwamen".

Hohler, Franz. 2011. *Es war einmal ein Igel: Kinderverse*. München: Hanser Verlag. Daraus: „Es war einmal ein Fisch", „Es war einmal ein Dachs".

Hohler, Franz. 2015. *Ein Feuer im Garten*. München: Luchterhand Verlag. Daraus: „Die Entwacklung der Sprüche".

Hohler, Franz. 2016. „Das unglückliche Pferd" (Text und Bilder), in: *Narr / Das naarativistische Literaturmagazin* Nr. 20, Narrativistischer Verein Olten.

Hohler, Franz. 2017. *Alt? Gedichte*. München: Luchterhand Verlag. Daraus: „27 Verleser".

Zitierte Texte anderer Autoren

Jandl, Ernst. 1970. *Der künstliche Baum*. Neuwied: Luchterhand Verlag. Daraus: „fortschreitende Räude".

Jandl, Ernst. 1971. *Laut und Luise*. Neuwied: Luchterhand Verlag. Daraus: „lichtung" und „schtzngrmm".

Iris Schürmann-Mock
Interview

© Christian Daitche

Iris Schürmann-Mock wurde in Duisburg geboren. Seit elf Jahren lebt sie im rheinländischen Bornheim. Nach dem Studium arbeitete sie als Journalistin und Pressesprecherin unter anderem im Familienministerium. 1982 gründete sie die Zeitschrift „Eselsohr" für Kinder- und Jugendmedien. Seit 25 Jahren arbeitet Iris Schürmann-Mock als freiberufliche Autorin. Sie schreibt erzählende Sachbücher, Kinderbücher, Gedichte für Kinder und Erwachsene und gibt Anthologien heraus. Außerdem veranstaltet sie musikalisch-literarische Programme für Erwachsene und Kinder.

Teil I

Was sind für Sie wesentliche Merkmale des Wortspiels? Was macht für Sie den Reiz am Spielen mit Wörtern und Sprache aus? Würden Sie sich als Wortspiel-Künstler/in bezeichnen? Welche Bedeutung hat das Spielen mit Wörtern und Sprache für Sie?

Wesentlich an Wortspielen ist für mich die Kombination aus beidem: Wort und Spiel. Wörter werden nicht benutzt, um etwas auszudrücken, zu vermitteln, zu erklären oder zu überzeugen. Sie stehen ganz für sich und dürfen spielerisch zeigen, was in ihnen steckt. Das macht einen Teil des Reizes aus. Dazu kommt die Freude an der Kreativität, das Vordringen in ungedachte (Wort-)Schätze.

Auch der soziale Aspekt spielt eine Rolle: Man kann wunderbar zu zweit oder in der Gruppe mit Worten spielen. Das geht sogar schon mit Kindergarten-Kindern. Hier kann das Spiel mit Reimworten zünden.

Ob ich eine Wortspiel-Künstlerin bin, sollten andere beurteilen. Jedenfalls bin ich eine begeisterte Wortspielerin.

Für meinen Beruf als Autorin hat das Spiel mit Wörtern und Sprache deshalb eine zentrale Bedeutung.

Können Sie uns ein oder zwei Lieblings-Wortspiele nennen (eigene oder fremde) und umreißen, warum diese eine besondere Bedeutung für Sie haben?

Das ist eine schwierige Frage, weil ich sehr viele Lieblings-Wortspiele habe. Ich greife einfach mal zwei heraus.

Das eine ist ein Schüttelreim:

Ellabella Elefant
macht auf einem Schüsselrand
ihren schönsten Rüsselstand.

Dies entstand bei der Arbeit an meinem Kinderbuch „Wie Ellabella Elefant den Weg zu Oma fand" (Kerle im Verlag Herder, Freiburg 2018).

Eine besondere Bedeutung hat dieses Beispiel zum einem wegen des Schüttelreims. Diese gehören für mich zur Königsklasse der Wortspiele. Schon der Name beinhaltet das Spiel, lässt sofort an einen Würfelbecher denken. Zum anderen hat dieses Wortspiel eine persönliche Bedeutung für mich, da es meiner Arbeit an meinem Bilderbuch den kreativen Schub gegeben hat (obwohl ich es darin gar nicht verwendet habe). Plötzlich tauchten lauter Phantasie-Tiere auf, die die Geschichte vorantrieben.

Ein zweites Beispiel ist der Binnen-Reim. Auch er ist (wahrscheinlich wie alle Wortspiele) dazu geeignet, etwas anzustoßen, auszulösen. So sollte ich beispielsweise in einem Lyrik-Kreis ein Gedicht über den Nebel schreiben. Was kann man nicht im Nebel? Die eigenen Zehen sehen. So entstand das Gedicht:

Nebel im Wald

Wenn Rehe, die am Waldrand stehen,
nicht mehr die eignen Zehen sehen,

wenn kopfverletzte alte Eulen
Laut wegen ihrer Beulen heulen,

und viele von den wilden Schweinen
vor Angst schon fast zu weinen scheinen,

dann hat der Nebel Stadt und Land
In seiner weißen Geisterhand,

und jedes Tier hat sich verschreckt
In Höhle, Baum und Baut versteckt.

Nur eine schwarze Nebelkrähe
Tut so, als ob sie etwas sähe

Laut krächzend fliegt sie durch den Wald,
bis sie vor eine Eiche knallt.

Es brachte mir den zweiten Platz bei der Wachtberger Kugel 2017 ein, einem Wettbewerb für heitere Lyrik.

Können Sie uns an einem eigenen Beispiel erläutern, wie Ihre Wortspiele und wortspielerischen Texte entstehen?

Meine wortspielerischen Texte entstehen auf sehr unterschiedliche Art und Weise. Ich greife deshalb ein Beispiel heraus, das stellvertretend aber nicht unbedingt typisch für alle anderen ist. Ich habe dieses Gedicht für ein Buch mit Kindergedichten geschrieben: „In der Nacht, wenn der Hamster erwacht" (Knesebeck-Verlag, München 2018). Im Mittelpunkt steht das Spiel mit der Doppelbedeutung des Worts „Lampe", dessen eine Bedeutung ich auf den anderen Sachverhalt übertragen habe. Daraus ergab sich die Frage, warum ein Hase wohl eine echte Lampe am Hinterteil haben könnte. Dieser Frage bin ich in alle möglichen Deutungen gefolgt, bis ich das Wortspiel wieder zurück gedreht habe und den tatsächlichen Zusammenhang aufgeklärt habe.

Hasen-Rätsel

Vorne haben alle Hasen
kleine, feine Schnuppernasen.
Oben ragen hoch hinauf
ihre langen Ohren auf.

Unten Beine, stark und schnell.
Rundherum ein braunes Fell.
Und ganz hinten am Popo
eine Lampe. Echt? Wieso?

Hilft sie ihnen, gut zu sehen,
wenn sie einmal rückwärts gehen?
Oder können sie beim Rennen
hinter sich den Fuchs erkennen?
Soll das Licht, man könnt' es meinen,
hell auf ihre Köttel scheinen?

Nein, so heißt am Hasenschwanz
weißer Fleck mit hellem Glanz,
weshalb mancher, der sie kennt,
Hasen Meister Lampe nennt.

Welches waren oder sind für Sie wichtige Inspirationsquellen und Vorbilder im Bereich des Spielens mit Wörtern und Sprache?

Meine erste und wahrscheinlich wichtigste Inspirationsquelle war meine Familie. Mit Worten zu spielen, gehörte in meiner Kindheit zum Alltag und geschah ganz automatisch. Allerdings unter einem anderen Namen: Blödelei. Auf dieser Grundlage habe ich mich schon sehr früh zu berühmten Wortspielern hingezogen gefühlt: Christian Morgenstern, Joachim Ringelnatz, Heinz Erhardt, um nur einige zu nennen, von denen ich mich bis heute gern inspirieren lasse.

Was ist für Sie bei Ihrer Arbeit mit Sprache und Wortspielen wichtig? Wie gehen Sie bei der Arbeit mit Sprache vor, wenn Sie die Texte schreiben und wenn Sie diese vor einem Publikum präsentieren?

Es gibt zwei gegensätzliche Ansätze, die bei der Arbeit wichtig sind, und die gleichzeitig die Vorgehensweise erklären: Festhalten und loslassen. Das heißt zum einen gehört zur Arbeit Disziplin. Wenn ich beispielsweise an einem Gedichtbuch arbeite und konkrete Vorgaben für die Gedichte habe, wie im Fall des Hasen, dann muss ich über einem leeren Blatt Papier ausharren, selbst wenn mir zunächst nichts einfällt. Es gibt jedoch Momente, in denen die Arbeit total stagniert. Dann muss ich mich davon trennen und mich auf den kreativen Prozess verlassen. Beim Spazieren gehen, beim Autofahren, beim Bügeln oder auch mitten in der Nacht stellt sich die Lösung ein. Ein Schreibblock und ein Stift sind immer in Reichweite.

Beim Vortrag kommt es auf das Publikum an. Kinder oder Erwachsene? In jedem Fall ist es ein Spiel. Ich bleibe ernst, und überlasse es den Zuhörern, die Komik zu entdecken. Wenn man selbst das Beste weglacht, ist es nicht mehr komisch.

Hatten Sie schon immer ein besonderes Interesse an Sprache? Hat sich Ihr Verhältnis zum Wortspiel und zur Sprache im Laufe der Zeit verändert?

Wann beginnt „schon immer"? Ich war natürlich als Kind eine Leseratte wie viele andere Autoren auch. Meine erste bewusste Begegnung mit Wortspielen hatte ich jedoch an einem Samstagnachmittag im Jahr 1956. Damals gab es im Radio „Bunte Nachmittage" mit Musik- und Wortbeiträgen. Unter anderem trat ein Mann auf, der für jedes „a" in seinem Text ein „u" einsetzte. Das war der Beginn meiner Liebe zum Wortspiel.

Mein Verhältnis zum Wortspiel und zur Sprache hat sich nicht geändert. Die Art, wie ich damit als Autorin umgehe, unterscheidet sich natürlich stark von der kindlichen Begeisterung.

Wie wichtig schätzen Sie die Rolle von Wortspielen für den Erfolg Ihrer Texte/Werke ein?

Das kommt auf die Texte an. Wenn ich gereimte Gedichte schreibe, steht das Wortspiel naturgemäß im Mittelpunkt, da jeder Reim ein Wortspiel ist. Bei Prosa-Texten spielt es dagegen eine kleinere Rolle, da sich hier Wortspiele hauptsächlich in den Überschriften finden. Allerdings sind sie dabei als Leseanreiz durchaus am Erfolg beteiligt.

Teil II

Inwiefern hängt für Sie das Wortspiel mit einem allgemeinen Nachdenken über Sprache und Kommunikation zusammen? Inwiefern beinhalten Wortspiele eine Auseinandersetzung mit grundlegenden Eigenschaften der Sprache?

Das hängt für mich gar nicht zusammen. Auch wenn natürlich handwerkliches Können dazu gehört, kommen Wortspiele bei mir eher aus dem Bauch als aus dem Kopf. Am Anfang steht oft nur ein einzelnes Wort, zum Beispiel Ohr. Dann stellen sich Assoziationen ein zum Beispiel Ohrwurm. Was macht der Ohrwurm im Ohr? Er nistet sich ein. Das kann man aber auch netter ausdrücken. Ein Binnenreim kommt zu Hilfe: „Muscheln kuscheln". Am Ende steht ein Gedicht:

Ein Ohrwurm fleht

Lass mich in Deinen Muscheln kuscheln,
In Deinen Schnecken mich verstecken!

Ich will an Deinem Amboss geigen
und Deine Steigbügel besteigen,
auf Deinem Fell vor Glück zerspringen
und Dir in die Trompete singen!

Ich möchte in Dein Rauschen tauchen,
die zarten Härchen sanft behauchen,
Und endlich dann Dein Schmalz zerschmelzen,
um mich darin herumzuwälzen.

Ach, schönes Öhrchen, öffne Dich
mir, Deinem Wurm. Erhöre mich!

Gibt es Themenbereiche, die sich besonders gut für das Spielen mit Wörtern und Sprache eignen? Inwiefern berührt das Wortspiel auch ernste Bereiche und Themen?

Das kann ich nur für mich beantworten: Den Themenbereich „Tiere" finde ich besonders geeignet für das Spiel mit Worten. Das ist wahrscheinlich so, weil sich menschliche Eigenschaften gut in Tieren wiederfinden lassen und umgekehrt. Dadurch entsteht sozusagen ein „doppelter Boden", der ein idealer Nährboden für Wortspiele ist. Es gibt auch andere Themenbereiche, die reizvoll sind. Das Gedicht eines anderen Autors sprachspielerisch zu verwandeln gehört dazu. Aus dem Gedicht „Der Dinggang" von F. W. Bernstein wurde bei mir:

Das Gangding

Schmale und auch schwere Gänge
treiben Dinge in die Enge.
Wenn es nach den Gängen ginge,
gäb es keine dicken Dinge.

Gänge sind gern unbedingt,
auch wenn das nicht oft gelingt.
Denn wie leicht fällt es den Dingen,
in die Gänge einzudringen,

wo sie dann die Gänge drängen,
sie nicht länger zu beengen.
Dinge lassen sich nicht gängeln,
was die Gänge sehr bemängeln.

Jeder sagt, mit rechten Dingen,
sei ein Ding nie zu bezwingen,

und wenn etwas sie bedränge,
kämen Dinge in die Gänge.

Naht' jedoch ein Gang und gäbe
nichts mehr auf die Wertmaßstäbe,
hätte er schon kurzerhand
jedes Ding am Gängelband.

Inwiefern spielen andere Sprachen, Mehrsprachigkeit, Sprachenvielfalt und Übersetzungsprozesse in Ihren wortspielerischen Texten eine wichtige Rolle?

Die Aspekte können eine Rolle spielen, wenn etwa ein fremdsprachiges Wort zugunsten des Reims geschrieben wie gesprochen wird oder lautmalerisch benutzt wird. Meist jedoch spiele ich nicht zwischen den Sprachen.

Inwiefern sind Wortspiele für Sie ein Zeichen von Kreativität? Wo liegen Grenzen der Kreativität beim Spielen mit Wörtern und Sprache?

Wortspiele sind kein Zeichen für Kreativität. Sie sind Kreativität. Und die hat für mich keine Grenzen.

Inwiefern ergibt sich für Sie durch das Spielen mit Wörtern die Möglichkeit, die Ausdrucksmöglichkeiten der Sprache und des Wortschatzes zu erweitern?

Das geschieht automatisch. Mit jedem Wortspiel werden Sprache und Wortschatz erweitert, auch wenn nicht alle Wortspiele in die Alltagssprache übernommen werden. Ein Beispiel aus der Praxis ist wohl in jeder Familie bekannt: Wenn Kinder anfangen zu sprechen, geht das häufig mit Wortverdrehungen, Verballhornungen usw. einher, die dauerhaft in den Sprachschatz der Familie übernommen werden.

Würden Sie das Wortspiel als kulturell und traditionell geprägt ansehen? Gibt es bestimmte Muster und Verfahren, mit denen Sie arbeiten, wenn Sie mit Wörtern und Sprache spielen? Ist für Sie beim Spielen mit Wörtern und Sprache wichtig, dass dieses Spiel in eine bestimmte Kultur oder Tradition (oder mehrere) eingebettet ist?

Ich denke schon, dass das Wortspiel in der Dichtung besonders eng mit dem eigenen Sprachraum und mit der kulturellen Tradition zusammen hängt. Die Feinheiten der Sprache, die zum Verfassen von Wortspielen nötig sind, sind jedem vor allem in der Muttersprache geläufig. Dasselbe gilt für den kulturellen Hintergrund, der durchaus grenzübergreifend sein kann, und der zahlreiche Anspielungen aus Geschichte, Politik, Gesellschaft ermöglicht. Ein Beispiel: Mein folgendes Gedicht beruht auf der (ungefähren) Kenntnis der abendländischen Philosophie.

Philosophenball

Dreizehn Philosophen schwofen
um den alten Kachelofen
tanzen zum Geplärr von Klampfen
bis die Philosohlen dampfen.

Leibnizs nagelneue Schuhe
bringen ihn ganz aus der Ruhe.
Er verzweifelt an der Welt,
die er für die beste hält
Erst bleibt er am Ofen hocken
dann tanzt er auf Philosocken

Neben ihm Kollege Kant
hat sich fürchterlich verrannt.
Strahlend rein ist die Vernunft
dunkel lockend seine Brunft.
Die er dadurch kritisiert,
dass er laut phallosophiert.

Platon fühlt sich nicht platonisch,
sondern äußerst philharmonisch.
Und so fragt er sehr beredt
jede Frau, die er verdreht:
„Willst du, holdes Mägdelein,
Meine Philo-Sophie sein?"

Niemand achtet auf Descartes,
der in eine Ecke starrt.
Warum sich das Hirn verrenken?
Da-Sein geht auch ohne Denken.

Sartre, Hobbes und Schopenhauer
sind den ganzen Abend sauer.
Weil das Leben sinnlos ist
und der Mensch den Menschen frisst,
streiten sie im Nebenzimmer.
Alle haben recht – wie immer.

Hume und Aristoteles,
Kirkegaard und Sokrates
steh'n herum und schweigen Bände.
Langsam geht der Ball zu Ende.
Rousseau ging schon um zehn Uhr –
draußen ist doch mehr Natur.

Schließlich muss man Marx noch wecken,
der statt ganz im Sein zu stecken
bewusstlos in der Ecke schloff,
weil er zu viel philosoff.
Nietzsche stöhnt im Morgenrot:
„Nicht nur Gott auch ich bin tot".
Und Diogenes voll Wonne
haut sich gähnend in die Tonne.

Welche Rolle spielt der Kontext bei der Verwendung von Wortspielen? In welchen Kontexten spielen Sie mit Wörtern und Sprache, in welchen Kontexten spielen Sie nicht mit Wörtern und Sprache? Gibt es Kontexte, in denen Wortspiele besonders gut funktionieren, oder umgekehrt Kontexte, in denen Wortspiele schwierig sind oder nicht funktionieren?

Eigentlich kann man in jedem Kontext mit Wortspielen arbeiten. Viele sprichwörtliche Redensarten beruhen ja auf Wortspielen, und die haben sogar in einer Predigt Platz. Besonders geeignet sind jedoch andere Texte, für mich vor allem Gedichte, Aphorismen, Überschriften, Witze, Kinderbücher – kurz gesagt: die kleinen Formen.

Gibt es schlechte Wortspiele?

Keine Angst vor schlechten Wortspielen. Sie können sprachlich misslungen sein und daher gewollt und nicht gekonnt wirken. Sie können auch moralisch oder ethisch unter der Gürtellinie liegen und bösartig sein. Kreativ sind sie trotzdem und nicht selten besser als sie auf den ersten Blick scheinen. Bei einer Veröffentlichung sollte allerdings darauf geachtet werden, dass sie nicht unter irgendeinen Straftatbestand fallen.

Abschließende Frage: Gibt es im Bereich des Wortspiels noch etwas, das Ihnen wichtig ist, und das Sie noch anmerken möchten?

Es ist alles gesagt.

Veröffentlichungen (Auswahl)

Sing, Sang, Zwitscherklang: Die Vogelwelt in Versen. Freiburg: Christophorus Verlag, 2015.
In der Nacht, wenn der Hamster erwacht. München: Knesebeck-Verlag, Herbst 2018.

Angelika Braun
Willy Astors *Promi-WG*: Zur phonetischen Signalisierung von Wortspielen

1 Einleitung

Willy Astor gehört zweifellos zu den deutschsprachigen Kabarettisten mit einer besonders ausgeprägten Sensibilität für Sprache. Er hat sichtlich Freude am filigranen Spiel mit Sprachlautung. Ein Beispiel für seinen virtuosen Umgang mit Lautähnlichkeiten ist der Teil seines Programms, der unter dem Rubrum „Promi-WG" bekannt geworden ist. Der Beitrag besteht aus dem lautlichen Spiel mit den Namen von 51 Prominenten, die teils lautlich übernommen, aber rekontextualisiert und teils lautlich reinterpretiert werden. Ein Beispiel für ersteren Fall ist *Claus Theo Gärtner*, dessen Vorname beibehalten und Nachname zur Berufsbezeichnung umgedeutet wird („Der Claus Theo war unser Gärtner"). Der zweite Fall wird z. B. durch *Morgan Freeman* repräsentiert, dessen Name als „morgen früh mähn" uminterpretiert wird.[1]

Dieser Sketch wird im Folgenden unter zwei Aspekten analysiert. Zum einen geht es darum, welche Namensbestandteile (Vorname, Nachname, Vor- und Nachname) in welcher Weise „bespielt" werden, zum zweiten, was aus phonetischer Sicht mit den Namen passiert, d. h. konkret, welche Mechanismen bei der Umdeutung der Namen zur Anwendung kommen und wie stark die Namen verfremdet werden können, ohne dass die gewünschte Publikumsreaktion ausbleibt.

---

[1] Im Anhang findet sich eine komplette Verschriftung des Sketches. Die Darstellung stützt sich auf eine in Youtube veröffentlichte Fassung (vgl. die Quellenangabe im Anhang). Somit können sämtliche Analysen streng genommen nur für diese Vorstellung Gültigkeit beanspruchen. Andererseits sind die Ergebnisse so eindeutig, dass angenommen werden darf, dass sie sich so oder ähnlich auch bei anderen Auftritten finden.

2 Wortspiel-Strategien

2.1 Welche Namensbestandteile werden bespielt?

Drei verschiedene Strategien im Umgang mit den Namen der Prominenten lassen sich unterscheiden:

(a) Nur der Nachname wird in das Wortspiel einbezogen. In diesen Fällen behält der Vorname seine lautliche Form und seine Funktion, d. h. er wird als Name verwendet. Er dient dabei häufig als kataphorischer Hinweisreiz (*cue*) für die Re-Interpretation des Nachnamens und erleichtert diese durch die Schaffung von Kontext. Beispiele sind *Bruno Ganz* und *Günther Maria Halmer*. Diese Konstellation ist mit 38 von 51 Fällen die häufigste.

(b) Nur der Vorname wird in das Wortspiel einbezogen. In diesen Fällen behält der Nachname seine lautliche Form und seine Funktion, d. h. er wird als Name verwendet. Es fällt allerdings auf, dass dabei – anders als in (a) – der Nachname vor dem Vornamen eingeführt wird, so dass er wiederum als Hinweisreiz (*cue*) für die Interpretation des Vornamens dienen kann. Beispiele sind *Gwyneth Paltrow* und *Horst Seehofer*. Insgesamt ist diese Konstellation in dem untersuchten Sketch in drei von 51 Fällen gegeben und damit am seltensten.

(c) Vor- und Nachname werden in das Wortspiel einbezogen. Ein Beispiel ist *Anton, i hob kins* 'Anthony Hopkins' oder *schon penn* 'Sean Penn'. In diesen Fällen liefert weder der Vor- noch der Nachname Kontextinformation, so dass die Dekodierung höhere Ansprüche an das Publikum stellt, als dies bei kontextuell vorbereiteten Re-Interpretationen der Namen der Fall ist. Dies geschieht bei zehn der 51 Namen.

Anhand der Publikumsreaktionen soll nun untersucht werden, ob sich tatsächlich Hinweise auf einen erhöhten Dekodierungsaufwand bei denjenigen Sketches finden, die auf Vor- und Nachnamen zurückgreifen.

2.2 Was geschieht mit den Namensbestandteilen?

Insbesondere unter kognitionspsychologischem Aspekt ist jedoch auch die linguistisch-funktionale Ebene zu bedenken. Dabei geht es um die Frage, ob der Nachname als Substantiv erhalten bleibt, oder ob die Wortart verändert wird. Es liegen zahlreiche Studien vor, aus denen hervorgeht, dass Personennamen anders verarbeitet werden als Substantive (vgl. z. B. Brédart, Brennen und Valentine 1997; Hollis und Valentine 2001; Valentine, Moore und Brédart 1995; Proverbio et al. 2009, Semenza 2009). Letzterer fasst den Forschungsstand wie folgt zusammen (Semenza 2009: 364–365):

> [...] common names and proper names are shown to follow different processing pathways. These pathways are neurally distinct and differently sensitive to brain damage. However, their exact location, depending on specific tasks, is still partly unknown.
> The pathway followed by proper names seems to require additional cognitive and organic resources in different tasks, e.g. in lexical retrieval and in assigning the correct syntactical context. Functionally, these pathways are separate at different levels including the access to phonological forms.

Man könnte danach argumentieren, dass die Veränderung der Wortart eine erhöhte Anforderung an die kognitive Verarbeitung stellt, zumal ein Vermittlungsschritt zwischen Namen und (homophonem) Substantiv vollzogen werden muss. Hier werden drei Fälle unterschieden:
(a) Ein Namensbestandteil bleibt als Name erhalten; der zweite wird als Substantiv interpretiert (z. B. *Wencke Myhre, Cameron Diaz*).
(b) Ein Namensbestandteil bleibt als Name erhalten; der zweite verändert jedoch die Wortart (z. B. *Bruno Ganz, Jan-Josef Liefers, Ben Stiller*).
(c) Ein Namensbestandteil wird in mehrere Lexeme aufgespalten (*Robert Redford, Morgan Freeman*).

Der erstgenannte Fall tritt insgesamt 24 Mal auf, der zweite ist 18 Mal zu beobachten, und der dritte findet sich 14 Mal. Hier könnte man vermuten, dass die Umdeutung eines Namensbestandteils als Substantiv weniger komplexe Verarbeitungsprozesse erfordert als die Umdeutung zu einer anderen Wortart oder gar die lexikalische Reorganisation.

2.3 Wie ausgeprägt ist die phonetisch-phonologische Veränderung?

Eine weitere Frage, die Einfluss auf die Dekodierungsgeschwindigkeit haben könnte, ist der Grad der phonetischen Veränderung gegenüber dem Original. Dabei sollen hier vier Fälle unterschieden werden, weil sie möglicherweise den hörerseitigen Verarbeitungsprozess beeinflussen:
(a) Komplette Homophonie, d. h. Vor- und Nachname sind phonetisch und phonologisch auf segmenteller und suprasegmenteller Ebene vollkommen identisch mit der Ziel-Lautung, und die Reinterpretation geschieht durch Rekontextualisierung. Ein Beispiel dafür ist *Wencke Myhre*.

(b) Komplette Homophonie auf segmenteller Ebene, wobei die prosodische Ebene Unterschiede aufweist. Ein Beispiel ist *Harrison Ford*, der im Sketch abweichend als [ˈhɛɹɪsən fɔːt] betont wird.
(c) Quasi-Homophonie (Homoiophonie; cf. Braun 2018), bei der die phonologische Struktur erhalten bleibt, sich aber die phonetische Realisierung unterscheidet. Ein Beispiel ist *(ich) gwinn es* [ˈgvɪnəs] im Zusammenhang mit *Gwyneth* [ˈgwɪnəθ] (Paltrow), wobei die im Englischen bestehenden phonologischen Unterschiede zwischen dentalen und alveolaren Frikativen einerseits und zwischen labiovelaren Approximanten und labiodentalen Frikativen andererseits im Deutschen nicht phonologisch sind und daher der dentale Frikativ /θ/ problemlos durch artikulatorisch eng verwandtes [s] und der labiovelare Approximant [w] durch [v] ersetzt werden können (Braun 2018).
(d) Größere phonologische Unterschiede zwischen tatsächlichen Namen und rekontextualisierter Form (Beispiele sind *André Diarrhoe*: 'André Rieu' und *Morgan Freeman:* engl. [mɔːgən ˈfɹiːmən] vs. dt. [mɔɐgən ˈfɹyː mɛːn][2].

3 Pilotstudie

Eine ausführliche empirische Untersuchung der oben aufgeworfenen Fragen würde den Rahmen dieses Beitrags sprengen. Daher wird hier zunächst eine explorative Studie vorgestellt, die erproben soll, inwieweit die vorgeschlagenen Parameter überhaupt untersuchbar sind, und ob erste Ergebnisse weitere Untersuchungen sinnvoll erscheinen lassen.

3.1 Messgrößen

Als Maß für den Verarbeitungsaufwand seitens der Zuhörer wurden die Zeitspanne zwischen dem Ende der Namensäußerung bzw. der Pointe und dem Intensitätsmaximum[3] des Lachens (Latenzzeit) sowie die Dauer des Lachens gewählt. Erstere stellt ein Maß dafür dar, wie schnell ein Witz „zündet". Letztere ist dem Umstand geschuldet, dass Zuhörer, die den Witz erst später begreifen, auch später reagieren, wodurch die Gesamtdauer der Lacher ansteigen sollte. Aus Gründen der Vergleichbarkeit wurden dabei nur diejenigen Fälle berücksich-

---

2 Offenbar um das Verständnis zu erleichtern, spricht Astor das /r/ auch im Deutschen als alveolaren Approximanten [ɹ] aus.
3 Dies entspricht dem auditiven Lautstärkemaximum.

tigt, bei denen der Name zugleich die Pointe bildet[4], und es wurde das Zeitintervall zwischen dem Ende der Namensnennung und der maximalen Intensität der Lacher gemessen.

Die durchschnittliche Intensität der Lacher hingegen sollte sich nicht signifikant von der aus den übrigen Fällen unterscheiden, weil das Lachen sich auf einen längeren Zeitraum verteilt und folglich keinen deutlichen Intensitätsgipfel herausbildet.

3.2 Hypothesen

Für die empirische Untersuchung wurden daher die folgenden Hypothesen aufgestellt:

H1 Je komplexer die Dekodierungsaufgabe, umso länger die Latenzzeit. Dies würde bedeuten, dass die Latenzzeit signifikant länger wird, wenn sowohl der Vor- als auch der Nachname in das Wortspiel einbezogen werden.

H2 Je komplexer die Dekodierungsaufgabe, umso länger die Dauer der Publikumsreaktion. Es wird erwartet, dass die Dauer der Lacher im Publikum signifikant länger wird, wenn sowohl Vor- als auch Nachname in das Wortspiel integriert werden.

H3 Die durchschnittliche Intensität in solchen Fällen, in denen beide Namensbestandteile in das Wortspiel integriert sind, unterscheidet sich nicht signifikant von der in denjenigen Fällen, in denen nur ein Namensbestandteil für das Wortspiel Verwendung findet.

H4 Es wird erwartet, dass die Latenzzeit signifikant länger wird, wenn die Wortart verändert wird bzw. die Namen relexikalisiert werden.

H5 Es wird erwartet, dass die Dauer der Lacher im Publikum signifikant länger wird, wenn die Wortart verändert wird bzw. die Namen relexikalisiert werden.

H6 Die durchschnittliche Intensität in solchen Fällen, in denen der Nachname Substantiv bleibt, unterscheidet sich nicht signifikant von der in denjenigen Fällen, in denen die Wortart verändert wird bzw. die Namen relexikalisiert werden.

---

4 Dies ist bei 46 von 51 Namen der Fall. Es kommt jedoch auch vereinzelt vor, dass nach der Nennung des Namens (Pointe) noch weitergesprochen wird. Ein Beispiel ist *Dass der Jürgen an Vogel hat, war klar.* Diese Konstellation besteht lediglich fünf Mal. Da in solchen Fällen nicht klar entscheidbar war, ob der Beginn der Latenzzeit nach dem Namen oder am Äußerungsende angesetzt werden musste, wurden sie nicht in die Untersuchung einbezogen.

3.3 Ergebnisse

Die Hypothesen H1 bis H3 wurden unter Verwendung des Software-Pakets Systat 10 anhand von t-Tests (zweiseitig; separate Varianzen) untersucht. Die Hypothesen H4 bis H6 wurden mittels derselben Software anhand von Varianzanalysen (ANOVA) überprüft. Dabei kam ein Tukey post-hoc Test zur Anwendung, um paarweise Signifikanzen zu prüfen. Das Signifikanzniveau wurde auf 5 % festgelegt.

Die Mittelwertsdifferenz hinsichtlich der Latenz in Höhe von 361 ms erweist sich als hochsignifikant zwischen solchen Fällen, in denen ein Namensbestandteil in seiner Funktion erhalten bleibt, während der andere eine Re-Interpretation erfährt, und solchen, in denen beide Namensbestandteile Teil des Sketches sind und im Zuge dessen verändert werden (t-Test zweiseitig, separate Varianzen; p = 0,004; vgl. Abb. 1). Ein Beispiel für den ersteren Fall ist *Bruno Ganz*; ein Beispiel für den zweiten Fall ist *Alice Schwarzer*.

Hypothese #1 kann somit als bestätigt gelten.

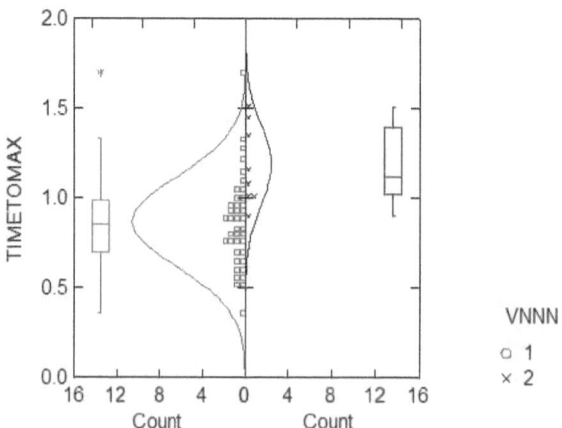

Abb. 1: Latenzzeit bis zum Erreichen des Intensitätsmaximums in Abhängigkeit vom betroffenen Namensbestandteil (1 = Vor- oder Nachname; 2 = Vor- und Nachname)

Die Dauer der Lacher in Abhängigkeit davon, ob beide Namensbestandteile durch das Wortspiel erfasst werden oder nicht, weist eine deutliche Tendenz in die erwartete Richtung auf (längere Dauer bei Veränderung beider Namensbestandteile). Der Unterschied erweist sich allerdings als nicht signifikant (t-Test einseitig; p = 0,180, vgl. Abb. 2).

Hypothese #2 muss somit verworfen werden.

Gleichermaßen erweist sich die mittlere Intensität der Lacher nicht als distinktiv zwischen beiden Fallgruppen (t-Test zweiseitig, separate Varianzen; p = 0,481).

Hypothese #3 kann somit als bestätigt gelten.

Die Latenzzeit bis zum Erreichen des Intensitätsmaximums nimmt mit dem Grad der Wortartveränderung tendenziell zu (vgl. Abb. 3), aber der Unterschied erreicht nicht das erforderliche Signifikanzniveau (p = 0,288 zwischen Adjektiv und Substantiv; Tukey post-hoc testing).

Hypothese #4 muss somit verworfen werden.

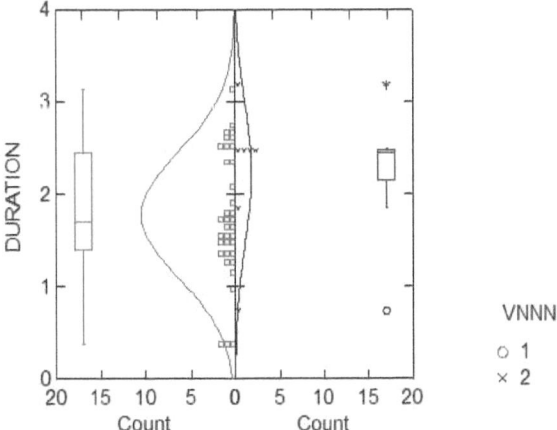

Abb. 2: Dauer der Lacher in Abhängigkeit vom betroffenen Namensbestandteil (1 = Vor- oder Nachname; 2 = Vor- und Nachname)

Die Dauer der Lacher wächst zwar mit der Komplexität der Dekodierungsaufgabe (vgl. Abb. 4), aber der Unterschied erreicht nicht das angestrebte Signifikanzniveau (p = 0,134 zwischen Adjektiv und Umformung in mehrere Lexeme; Tukey post-hoc testing).

Hypothese #5 muss somit verworfen werden.

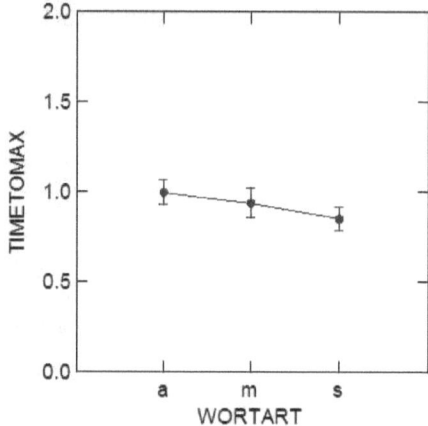

Abb. 3: Latenzzeit bis zum Erreichen des Intensitätsmaximums in Abhängigkeit von der lexikalischen Transformation (s = Substantiv; a = Adjektiv; m = mehrere Lexeme)

Hinsichtlich der mittleren Intensität der Lacher findet sich kein signifikanter Unterschied in Abhängigkeit von der Art der lexikalischen Transformation (p = 0,210 zwischen Substantiv und Aufspaltung in mehrere Lexeme; Tukey post-hoc testing).

Hypothese #6 kann somit bestätigt werden.

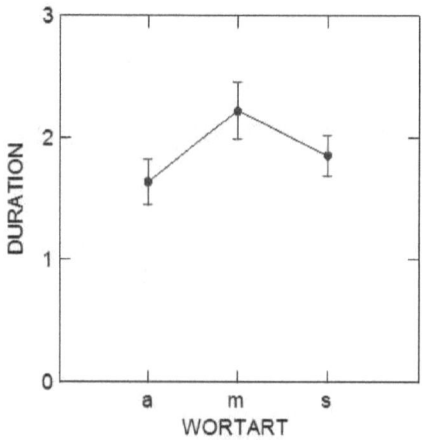

Abb. 4: Dauer der Lacher in Abhängigkeit von der lexikalischen Transformation (s = Substantiv; a = Adjektiv; m = mehrere Lexeme)

Was die phonetisch-phonologischen Veränderungen betrifft, so erfolgt die Auswertung qualitativ. Tab. 1 bietet einen Überblick über die Verteilung dieser Varianten in dem Sketch. Die Zahlen machen deutlich, dass je nach lexikalischer Umdeutung unterschiedliche phonetische Mechanismen präferiert werden.

Tab. 1: Lexikalische und phonetische Klassifikation der Wortspiele

Phonet. Form Lexikalische Transformation	Homophonie	Homophonie (nur segmentell)	Homoiophonie	Heterophonie
Substantiv (N=24)	17	-	5	2
Andere Wortart (N=18)	3	10	4	1
Aufsplitterung in mehrere Lexeme (N=14)[5]	1	2	9	2

Insgesamt wird am häufigsten mit der Substitution von (Nach-)Namen durch homophone Substantive gearbeitet (vgl. beispielsweise Claus Theo *Gärtner* oder *Wencke Myhre*). Dies kann als die aus der Perspektive des Autors „sicherste" Variante gelten, da sie keine lautliche Re-Interpretation durch das Publikum erfordert. Andererseits muss natürlich die Ambiguität der Formulierung erkannt werden. Ein wesentliches Hemmnis bei der erfolgreichen Dekodierung bildet die mangelnde Vertrautheit mit dem jeweiligen Namen. Dem wirkt Astor allerdings entgegen, indem er – zumindest bei den nicht-deutschen Namen – auf Weltstars zurückgreift.

Wenn der Nachname durch ein Lexem anderer Wortart ersetzt wird (vgl. z. B. durch Verben wie in *Andy Borg* oder *Jan Josef Liefers*, so bleibt zwar meist die segmentelle Struktur erhalten, aber die suprasegmentelle Ebene erfährt eine Veränderung. Wenn, wie in diesen Fällen, der Nachname zu einer homophonen Verbform umgedeutet wird, verlagert sich der Akzent auf den Vornamen. Insofern sind hier die segmentellen Homophone am häufigsten.

Als besonders komplexe lexikalische Transformation stellt sich die lexikalische Reorganisation dar, die allerdings hier nur entweder den Vor- oder den

---

5 Die Gesamtzahl von 56 kommt dadurch zustande, dass Vor- und Nachname, soweit beide einbezogen werden, unterschiedliche Wortarten annehmen können, z. B. *Kai Pflaume* (Pronomen + Substantiv).

Nachnamen einschließt (*Morgan Freeman* > *morgen früh mähn*; *Dépardieu* > *Depp adieu*; *Alice Schwarzer* > *All is schwarzer*). Angesichts einer Rekombination des Namens in mehrere Lexeme sinkt der Grad der phonetischen Ähnlichkeit weiter bis hin zur Heterophonie (z. B. *André Diarrhoe*). Diese Variante stellt die größten Anforderungen an die Dekodierungsfähigkeit des Publikums, zum einen, weil der Vorname als *cue* fehlt, zum anderen, weil mehr als ein Eintrag im mentalen Lexikon gesucht werden muss. Insofern verwundert es nicht, dass hier die Homoiophonie die häufigste Variante bildet. Wie weiter oben dargelegt, beansprucht diese erschwerte Aufgabe auch mehr Zeit zur Dekodierung als die einfacheren.

4 Signale an das Publikum

Angesichts der mit seinem dichten Spiel mit den Namen Prominenter verbundenen kognitiven Herausforderungen überlässt Willy Astor das Gelingen der Pointen nicht dem Zufall. Er verwendet eine breite Palette lexikalischer und phonetischer Hinweise an das Publikum, die der Signalisierung der jeweiligen Pointe dienen. Bereits beim ersten „Mitbewohner" werden die Zuhörer mit der lexikalischen Umdeutung von Vor- und Nachname konfrontiert (*Kai Pflaume*), wobei dieses Wortspiel gleich durch mehrere Mechanismen vorbereitet wird (s. u.). Auch in der Folge werden die Hinweise an das Publikum besonders zahlreich verwendet, wenn ein Themenwechsel stattfindet (z. B. von den Charakteren der Mitbewohner zur Gartenpflege und dann zur Politik). Diese Interpretationshilfen werden im Folgenden detaillierter vorgestellt.

4.1 Lexikalische Mittel

Lexikalische Mittel können in unterschiedlicher Weise verwendet werden, um das Publikum für eine bevorstehende Pointe zu sensibilisieren. Astor arbeitet hier hauptsächlich mit Antonymen und Wortfeldern des umgedeuteten Namens. Der erste Promi-Name (*Kai / kei Pflaume*) wird durch den antonymischen Ausdruck „nur gute Typen" sowie durch eine relativ lange (Atem-) Pause von über 500 ms Dauer sehr gut vorbereitet.

Häufiger ist die Einbeziehung von Wortfeldern: Der Name *Johann Lafer* wird durch die mehrfache Erwähnung des Lexems „Koch" gebahnt; *Liam Neeson* [ˈniːsən] durch ein vorangestelltes „hatschi", und der Begriff „Spieleabend" bereitet auf Günther-Maria Halmer [ˈhalmɐ] vor. Weitere Beispiele ließen sich nennen.

4.2 Pausen und Tempo

Durch Pausen und/oder Tempowechsel wird signalisiert, dass etwas Wichtiges bevorsteht bzw. gerade artikuliert wird, und die Aufmerksamkeit des Publikums wird auf die Pointe gelenkt. Pausen können dabei unterschiedliche Ausprägungen annehmen: Stille Pausen bedeuten einfach eine deutlich hörbare Unterbrechung des Redeflusses um mindestens 200 ms und erregen damit die Aufmerksamkeit der Zuhörer. Atempausen sind in der Regel deutlich länger und beinhalten nicht zuletzt durch das Atemgeräusch ein deutlicheres Signal an die Rezipienten. Gefüllte Pausen enthalten zusätzlich einen oder mehrere Häsitationslaute (*äh, äm* etc.) und bilden damit noch stärker ausgeprägte Hinweise auf das Folgende.[6] Diese Pausenformen können auch in Kombination auftreten, wie das folgende Beispiel zeigt: „[...] *und als ich im Gang* <I> *äh den John traf wollta* <P> *mitkommen*".[7] Das Beispiel zeigt auch, dass Pausen nicht nur vor, sondern auch nach der Pointe gesetzt werden können, um den Zuhörern mehr Zeit zu geben, diese als solche zu erkennen.

Auch punktuelle Verzögerungen des Sprechtempos verlangsamen den Redefluss gleichsam und motivieren das Publikum, innezuhalten und auf den Inhalt besonders konzentriert zu achten. Ein Beispiel ist das Kompositum „Stein-Maja" (*Steinmeier*), das sehr langsam und überdeutlich artikuliert wird.

Der Unterschied zwischen Pausen und verlangsamtem Sprechtempo besteht darin, dass erstere (meist) auf die Pointe vorausweisen oder (seltener) rückwirkend eingesetzt werden, während die Tempoveränderung die Pointe selbst betrifft.

4.3 *Tags*

Unter *tags* werden hier Partikeln wie *gell* und *ne* zusammengefasst. Sie unterbrechen den Redefluss und lenken den Fokus auf das Nachfolgende. Ein Beispiel ist folgende Sequenz: „[...] *und eins war klar,* <P> *ne:* <P> *Wenn ich mit der Jessica*

---

[6] Hierbei wird davon ausgegangen, dass gefüllte Pausen im Kabarett – anders als in der Alltagssprache – bewusst gesetzte Signale an die Zuhörer und keine Zeugnisse der kognitiven Planungstätigkeit des Sprechers darstellen.

[7] <P> steht für eine deutlich hörbare Pause; <I> steht für eine Atempause.

alber, <P> *ne,* <P> *dann brauch ich mich hinterher nimmer bei der Jennifer einnisten.*" Das Beispiel veranschaulicht ebenfalls das Zusammenspiel unterschiedlicher Mechanismen, hier *tags* und Pausen.

4.4 Kataphorische Nennung von Namensbestandteilen

Der am einfachsten zu realisierende Hinweisreiz auf eine konkrete Person ist zweifellos die kataphorische Nennung des Vornamens. Hierdurch wird Kontext geschaffen, so dass die Dekodierung des Nachnamens quasi vorgebahnt wird (*priming*). Hiervon macht Astor reichlich Gebrauch, ggf. unter Hinzufügung weiterer *cues* wie z. B. der Nennung des Berufes wie in „*Und der beste Koch bei uns, das muss ich wirklich zugeben, das war der Johann. Der Johann war ein so guter Koch, ehrlich, der hat das auch gelernt, ne, und wir haben alle gedacht, der Johann, der hat eine Freundin. Hat aber gar net gstimmt, der Johann hatte einen Lafer.*"

4.5 Wiederholungen der Pointe

Die Wiederholung einer Pointe kann als absolute „Notlösung" in solchen Fällen gelten, in denen das Publikum sie nicht auf Anhieb begreift. Willy Astor greift in einem Fall zu diesem Mittel: Als das Publikum auf das Spiel mit dem Namen *Meg Ryan* [mɛgəˈrɐɪn] („Meckereien") nicht reagiert, wiederholt Willy Astor diese Pointe kurzerhand, allerdings auch relativ (gemessen an den Lachern) erfolglos. Dies überrascht auf den ersten Blick, da die segmentellen Abweichungen vom Original [mɛgˈʀɛɪən] nicht extrem groß scheinen. Andererseits ist dies der einzige Fall im gesamten Sketch, bei dem die Silbenstruktur beider Namensbestandteile verändert wurde. Dies hat möglicherweise zu den Verständnisschwierigkeiten beigetragen.

5 Fazit

Kerngedanke der empirischen Pilotstudie war die Überlegung, dass komplexere Verarbeitungsprozesse seitens der Zuhörer längere Zeit beanspruchen, und dass sich diese durch Messung des Intervalls zwischen der Pointe und dem Erreichen des Lautstärkemaximums der Lacher und – indirekt – durch die Dauer der Lacher messen lässt.

Es wurde ferner angenommen, dass eine Einbeziehung von Vor- und Nachnamen in das Wortspiel schwieriger zu verarbeiten ist als die eines Namensbestandteils. Was die Re-Interpretation der Namen betrifft, so wurde vermutet, dass eine Relexikalisierung (Aufspaltung in mehrere Lexeme) eines Namensbestandteils eine längere Verarbeitungszeit erfordert als eine Umdeutung in ein Substantiv bzw. eine andere Wortart. Beim durchschnittlichen Pegel der Lacher wurde hingegen kein Unterschied erwartet.

Es konnten nicht alle Hypothesen statistisch signifikant bestätigt werden. Auch diejenigen, die das vorgegebene Signifikanzniveau nicht erreicht haben, wurden jedoch zumindest der Tendenz nach bestätigt (H2, H4, H5). Offenbar bindet die zusätzliche Verarbeitung der Vornamen bei gleichzeitiger Abwesenheit des *priming effects* durch die Vornamen „Rechenkapazität" auf Seiten der Zuhörer. Dadurch erklärt sich die längere Reaktionszeit. Weiterhin zeigt sich ein Trend dahingehend, dass die Latenzzeiten der Lacher kürzer sind, wenn die Namen zu Substantiven umgedeutet werden verglichen mit den Fällen, in denen mehrere Lexeme aufgespalten werden.

Als Erklärung für die Ergebnisse, die keine Signifikanz erreicht haben, können folgende Faktoren herangezogen werden:
- Die teilweise geringen absoluten Zahlen. (Auswertbar waren lediglich acht Fälle von Vor- und Nachnamen). Dies ist durch die Struktur des Sketches vorgegeben und somit nicht vermehrbar.
- Pragmatische Erfordernisse der Bühnenpräsenz. Der Künstler wartet nicht unbedingt das Ende der Lacher ab, sondern unterbricht sie zum Teil, um die Bühnenpräsenz aufrecht zu erhalten. Insofern bildet die Dauer der Lacher vielleicht keinen ideal geeigneten Parameter. – Entsprechend der Erwartung bildet die durchschnittliche Intensität keinen Parameter, mit dessen Hilfe sich die Reaktionen auf die unterschiedlichen lexikalischen Transformationen erklären lassen. Die hier gemachten Beobachtungen stützen jedenfalls die kognitionspsychologischen Annahmen zur unterschiedlichen Verarbeitung von Eigennamen und Substantiven.

Betrachtet man die lexikalische und phonetische Klassifizierung der Wortspiele, so bilden sich deutliche Muster heraus: Werden die Namen in Substantive umgedeutet, so handelt es sich in den meisten Fällen um komplette Homophone, werden sie in eine andere Wortart umgedeutet, so geht damit eine Restrukturierung der suprasegmentellen Ebene einher. Die Aufteilung in mehrere Lexeme bleibt in den meisten Fällen immer noch sehr nah an der ursprünglichen Lautung und behält vor allem die Anzahl der Silben sowie die Abfolge betonter und unbetonter Silben bei. Der einzige Fall von Diskrepanzen hinsichtlich der Silbenzahl führt zum „Flop" der Pointe. Schließlich konnte festgestellt werden, dass der Autor eine breite Palette von Möglichkeiten nutzt, um das Publikum auf die einzelnen Pointen vorzubereiten.

Literaturangaben

Braun, Angelika. 2018. Approaching wordplay from the angle of phonology and phonetics – examples from German. In Sabine Arndt-Lappe, Angelika Braun, Claudine Moulin & Esme Winter-Froemel (eds.), *Expanding the Lexicon. Linguistic Innovation, Morphological Productivity, and Ludicity* (The Dynamics of Wordplay 5), 173–202. Berlin & Boston: De Gruyter.

Brédart, Serge, Tim Brennen & Tim Valentine. 1997. Dissociations between the Processing of Proper and Common Names. *Cognitive Neuropsychology* 14(2). 209–217.

Hollis, Jarrod & Tim Valentine. 2001. Proper-Name Processing: Are Proper Names Pure Referencing Expressions? *Journal of Experimental Psychology: Learning, Memory, and Cognition* 27(1). 99–116.

Proverbio, Alice Mado, Serena Mariani, Alberto Zani & Roberta Adorni. 2009. How are 'Barack Obama' and 'President Elect' Differentially Stored in the Brain? An ERP Investigation on the Processing of Proper and Common Noun Pairs. *PLoS ONE* 4(9). e7126.

Semenza, Carlo. 2009. The Neurophysiology of Proper Names. *Mind & Language* 24(4). 347–369.

Valentine, Tim, Viv Moore & Serge Brédart. 1995. Priming Production of People's Names. *The Quarterly Journal of Experimental Psychology* 48A(3). 513–535.

Angelika Braun studierte Germanistische Linguistik und Phonetik an der Universität Marburg und wurde dort im Jahr 1988 promoviert. Von 1986 bis 2000 war sie als forensisch-phonetische Sachverständige am Bundeskriminalamt und am Landeskriminalamt Nordrhein-Westfalen tätig. Im Juli 2000 habilitierte sie sich an der Universität Marburg mit der venia legendi für Phonetik und Sprachverarbeitung. Im selben Jahr kehrte sie an die Universität Marburg zurück. Seit 2009 ist sie als Professorin für Allgemeine und Angewandte Phonetik an der Universität Trier tätig. Ihre Forschungsinteressen gelten Sprechermerkmalen sowie soziophonetischen Themen wie Sprache und Emotion, uneigentlichem Sprechen (Ironie), aber auch phonetischen Aspekten des Wortspiels. Während ihrer gesamten akademischen Karriere hat sie sich außerdem intensiv mit der Geschichte der Phonetik beschäftigt.

Anhang: Verschriftung des Sketches *Promi-WG* von Willy Astor

Quelle: https://www.youtube.com/watch?v=UD_mdj7zkdE (letzter Zugriff am 17.09.2018)

Für die Verschriftung gelten folgende typographische Konventionen:
- betonte Silben sind unterstrichen, sofern das Muster vom Hauptakzent im Nachnamen abweicht;
- Häsitationen sind mit <äh> gekennzeichnet; ggf. verbunden mit dem vorausgehenden Wort;
- Deutlich hörbare Atempausen sind mit <I> gekennzeichnet;
- Längere Pausen sind mit <P> gekennzeichnet;
- Zur Erleichterung des Mitlesens sind regionalsprachliche Charakteristika nach Möglichkeit durch die Schreibung repräsentiert.

Was die wenigsten wissen, ich hab tatsächlich vor <I> dreißig Jahren mal <P> vier Monate in Berlin gwohnt in einer WG, das war a riesen Altbauwohnung in Schöneberg <I> undääh warn <P> damals auch schon paar Prominente <P> mit dabei und <P> mir ham halt gsagt, bei uns dürfen nur gute <P> Typen wohnen <I> kei Pflaume [Kai Pflaume].

Drogen gab's bei uns natürlich keine, <P> gut, sicherlich ab und zu brachte die Wencke Myrrhe [Wencke Myhre].

Wir verreisten gerne, also einmal zum Beispiel fuhr ich mit dem Harrison fort [Harrison Ford], und als ich im Gang <I> äh den John traf wollta <P> [John Travolta] mitkommen.

Der Anton aus Tirol fragte mich oft, ob ich ein französisches Auto hab, sag ich: „Anton, i hob kins" [Anthony Hopkins]. Aber soweit ich weiß, fährt der Jean Renault [Jean Reno].

Ich weiß noch, einmal kam ich nach Hause, völlig fertig van der Fahrt [van der Vaart]. Ich war gerade eingeschlafen, plötzlich hörte ich: „Hatschi!" <P> Plötzlich hörte ich Liam niesen [Liam Neeson]. Der wusste ja nicht, dass ich schon penn [Sean Penn].

Spieleabend war bei uns sehr beliebt, also ab und zu spielte ich mit dem Günther Maria Halma [Günther Maria Halmer] oder schaute mal <P> mit der Cameron Dias [Cameron Diaz].

Um Mitternacht oft noch eine Partie Schach mit der Frau Paltrow. <P> Bevors losging, sagte sie: <P> „Ich g'winn es"! [Gwyneth Paltrow].

Dazu bestellten wir uns eine Pizza beim J J, <P> also beim <P> Jan Josef. Ich rief nur an und sagte: Jan Josef! <P> Liefers! [Jan-Josef Liefers].

Die Pizza war ja immer so groß, gell, <I> also äh <P> ich aß die ja nie auf, <I> aber der Bruno ganz [Bruno Ganz].

Meistens kochten wir, <P> stand da auf einer Tafel drauf, gell, so zum Beispiel: <P> „Heute brät Pitt" [Brad Pitt]. Und der beste <P> Koch bei uns, das muss ich wirklich zugeben, das war der Johann. <P> Der Johann war ein so <P> guter Koch, <P> ehrlich, der hat das auch gelernt, ne, <I> und wir haben alle gedacht, der Johann, <I> der hat eine Freundin. <P> Hat aber gar net gstimmt, <I> der Johann hatte einen lafer [Johann Lafer].

Also richtig aufgregt hab ich mich eigentlich nur über drei Typen bei uns, <I> und zwar, weil ich zum Beispiel einmal sah, wie mir <I> meinen Erdbeerjoghurt der Armin Müller stahl [Armin Müller-Stahl].

Ja undäh, <P> weißt Du, der Kühlschrank war sowieso unser begehrtestes Möbelstück, die Melanie wusste sofort, wo der Griff is [Melanie Griffith], und eins war klar:

Wenn der Karl in die Speisekammer geht, <P> ist klar, dass hinterher wieder was aus dem Lager fehlt [Karl Lagerfeld].

Am meisten nervte mich aber ehrlich gsagt der George, <P> der putzte das Klo nie [George Clooney].

Weißt, der hörte <P> auch immer heimlich <P> Wiener Walzer <P> auf dem Klo und bekam dann von diesem André Diarrhö [André Rieu].
Weißt, es gab aber im Grunde keinen, met dem man [Matt Damon] Probleme hatte, äh.

Es gab wenig Meckereien [Meg Ryan], <P> es gab wenig Meckereien, <I> obwohl die Charaktere ja verschieden warn.
Schau mal, <I> der Niki, <P> ja, <P> der war lauter [Niki Lauda]. <I> Der Ben stiller [Ben Stiller].

Gut, sicher, der Til <P> war der große Schweiger [Til Schweiger].

Dass der Jürgen an Vogel [Jürgen Vogel] hat, war klar. Und dass der Johnny a Depp [Johnny Depp] war, auch. Und als der dann auszog, <P> sag ich sogar noch zu dem Depp Adieu [Départdieu]. Obwohl er mir nicht so bescheuert wie der Charly schien [Charly Sheen].

Der Claus Theo war unser Gärtner [Claus Theo Gärtner]. Sie, der war so faul! <P> Der war so faul, einmal sagte er: <I> „Also die Balkonblumen vom Gregor gieß i [Gregor Gysi], aber den Rasen, den schaff ich heut nimmer gell, <P> den könnt ich doch auch morgen früh mähn [Morgan Freeman]".

Ein Stockwerk über uns wohnten ja die Politikstudenten <I> und äh, <I> ist jetzt vielleicht nur ganz am Rande, was ganz was ba-<I> äh-nales [Nahles], <P>

und zwar, äh, <P> die hatten nämlich auf dem Balkon eine Biene Maja aus Granit, <P> gell, <I> und äh drum ös die mir [Cem Özdemir] des aufgefallen <I> und äh <P> da sagt i: „Was machts ihr denn mit einer Biene aus Granit?" <P> Da sagen die: „Ja, das ist unsere Stein Maja" [Steinmeier]. <P> Und die gibt der Hannelore Kraft [Hannelore Kraft].

Und da hams a no <P> hams a no so an, <P> an Adler hams ghabt als Haustier, gell, den hams Seehofer genannt <I> und und der war so deppert, gell, der der ist am Abend ist er nie, hat er nie zurückgefunden in seinen Horst [Horst Seehofer]. Kurz <I> vielleicht noch <P> zu unseren Frauen, also <I> die Mädels waren echt okay, <I> also <P> manchmal störten mich beim Schmusen Giselles Bündchen [Giselle Bündchen], und eins war klar, <P> ne: <P> Wenn ich mit der Jessica alber [Jessica Alba], <P> ne, <P> dann brauch ich mich hinterher nimmer bei der Jennifer einnisten [Jennifer Aniston].

Ich hab auch öfter in der Badewanne, hab ich auch öfter mit der Kate gepläntschet [Kate Blanchett].

Wir saßen dann oft unter meiner Decke, und da sagte sie: „Mensch, hier ist aber ganz schön dunkel. <I>" Sag ich: „Ja, <P> nur im All is schwarzer [Alice Schwarzer].

Einmal klopfte Frau Fischer bei mir, sag ich: „Komm rein, mir gefällt deine Birne, Helene [Helene Fischer], wenn du willst, zeig ich dir mein Silbereisen [(Florian) Silbereisen]."

Also, am <P> am schönsten war's bei uns an Weihnachten, gell, weil wir spielten ja die Weihnachtsgeschichte selber nach, gell. <I> Und der Uwe, der war immer der Ochsenknecht [Uwe Ochsenknecht].

Und und der Robert zum Beispiel, <I> der wollt immer das Nikolausgedicht aufsagen, aber der war so nervös, der, <I> der hat das nie <P> ganz gschafft, der hat immer gsagt: <I> „Von drauß vom Walde komm, <I> ähm, <P> von drauß vom Walde komm <P>" Un mir ham immer gsagt: „Robert, <P> red fort [Robert Redford]"!

Ich war ja wirklich oft pleite, <P> gell in der <P> ich hatte nie Geld, in der Hoffnung, dass ich amal was vom Daniel kreig [Daniel Craig].
Oder klopfte bei meinem Zimmernachbarn und hab gsagt: <P> „Hast du vielleicht bissl an Kies, Richard [Keith Richards]? Weil ich mir sonst was vom Andy borg [Andy Borg].

„Nein", sagt er, „geh amal lieber zur Ursula, kannst dir auch mal was von der leihen [Ursula von der Leyen]".

Murmel Clausen
Interview

© privat

Murmel Clausen, Jahrgang 1973, begann nach dem Abitur bei Radio Energy für die Radioshow „Klub Ma:d" zu schreiben. Dort lernte er Michael „Bully" Herbig kennen, für den er an „die bullyparade" und „Der Schuh des Manitu" mitschrieb. Es folgten Comedyserien wie „Tramitz & friends", „Ladykracher" und „jerks!", sowie die Kinokomödie „Vaterfreuden", die auf seinem Roman „Frettsack" basiert. Mit Andreas Pflüger schuf er den Tatort Weimar, für den die beiden bereits acht Episoden verfasst haben.

Teil I

Was sind für Sie wesentliche Merkmale des Wortspiels? Was macht für Sie den Reiz am Spielen mit Wörtern und Sprache aus? Würden Sie sich als Wortspiel-Künstler/in bezeichnen? Welche Bedeutung hat das Spielen mit Wörtern und Sprache für Sie?

Grundsätzlich sehe ich mich nicht als Künstler, sondern als Erzähler. Ob es Kunst ist, was dabei herauskommt, sollen andere beurteilen. Mein Arbeitsprozess beginnt mit der Ideenfindung, gefolgt von der Suche nach einer dramaturgischen Struktur. Diese bildet dann die Spielwiese für mein Werkzeug: das Wort. Jeder Satz ist ein Spiel, ein Jonglieren mit der Sprache. Worte und Satzzeichen werden hin- und hergeschoben, bis sie genau das ausdrücken, was ich erzählen möchte. Dass dabei Doppeldeutigkeiten und andere Veränderungen des Sinns einzelner Worte eine wesentliche Rolle spielen, ist meines Erachtens selbstverständlich.

Das reine Wortspiel stellt für mich einen kreativen, assoziativen Umgang mit unserer Sprache dar und macht einen großen Teil unseres Humors aus. Jeder Humorschaffende ist dementsprechend auch ein Wortspiel-Künstler, wobei ich keinen nennen könnte, der sich auf dieses Gebiet beschränkt.

Können Sie uns ein oder zwei Lieblings-Wortspiele nennen (eigene oder fremde) und umreißen, warum diese eine besondere Bedeutung für Sie haben?

Der Name einer fiktiven, in Thüringen liegenden Westernstadt ist vielleicht eins meiner schönsten Wortspiele überhaupt. Es entstand während der Arbeit mit Andreas Pflüger an unserem letzten Tatort. Wir waren von unserer pferdevernarrten Hauptdarstellerin Nora Tschirner gebeten worden, einen Tatort im Western-Hobbyisten-Milieu anzulegen, und machten uns ans Werk. Bei den Recherchen in Thüringen stießen wir mal wieder auf sehr viele Dörfer mit der Ortsnamensendung *-roda*, die eigentlich nur dort geläufig ist. Und da schoss mir plötzlich der Name unserer Westernstadt durch den Kopf: „El Doroda".

Ein anderes Beispiel stammt aus unserem ersten Tatort „Die Fette Hoppe". In dem Film finden die Kommissare einen toten Marder unter der Motorhaube ihres Dienstwagens. Auf die etwas bemüht komische Drehbuchzeile „Der Marder hat einen Autoschaden." kommentierte Nora Tschirner damals spontan am Set den Fund mit: „Vermutlich ein Selbstmarder". Ihre Pointe kam ebenfalls in den Film und erntete sehr viel mehr Gelächter – sie war deutlich klarer als unser verkopftes Wortspiel.

Können Sie uns an einem eigenen Beispiel erläutern, wie Ihre Wortspiele und wortspielerischen Werke entstehen?

Vor rund zwanzig Jahren moderierte ich mit meinem Freund Max Witzigmann die Radiosendung „Klub Ma:d". Damals war der Film „Titanic" ein Eisberg, an dem alle bisher aufgestellten Rekorde zerschellten. Und ich dachte mir, dass ein Tscheche, dem der versunkene Kutter kein Begriff ist, den Titel vermutlich „Titanitsch" aussprechen würde. Um diese Idee zu transportieren, schuf ich kurz darauf die beiden tschechischen Filmkritiker Pavel Pipovič und Bronko Kulička für die Sketchsendung „die bullyparade". Die beiden ließ ich konsequent alles, was auf *-ic*, *-ig* und *-ich* endete, „veritschten". Natürlich legte ich ihnen auch die Begrüßung „Grüß ditsch" in den Mund und war sehr überrascht, als ich nach der Ausstrahlung der Sketche immer öfter dieses „Grüß ditsch" im Alltag hörte. Das kleine Wortspiel, das mit einer einfachen Idee begann, hält sich bis heute im Münchner Sprachgebrauch.

Welches waren oder sind für Sie wichtige Inspirationsquellen und Vorbilder im Bereich des Spielens mit Wörtern und Sprache?

Ganz klar die Herren und Hirne hinter Otto Waalkes: Robert Gernhardt und Bernd Eilert. Ich schätze, dass sie wie sonst kaum jemand eine ganze Generation humoristisch geprägt haben. Ihre Verdienste um die Komik und das Wortspiel sind unermesslich. Z. B. muss ich immer an den „Schwamm drüber Blues" denken, wenn jemand diese Floskel benutzt. Genauer gesagt huscht dann die Zeile „Jesus ging nicht übern See, nein er schwamm drüber" durch meinen Kopf. Aber auch der bayerische Liedermacher Fredl Fesl war stets eins meiner großen Vorbilder, da sein Dialekt noch ganz andere Felder öffnet.

Was ist für Sie bei Ihrer Arbeit mit Sprache und Wortspielen wichtig? Wie gehen Sie bei der Arbeit mit Sprache vor, wenn Sie Ihre Werke verfassen und wenn Sie diese vor einem Publikum präsentieren?

Grundsätzlich ist bei meinen Arbeiten das zugrundeliegende Thema der Texte sehr wichtig. Bei einer Reisereportage mit der Überschrift „Saufen trotz Kind" (jwd 04/18) suche ich natürlich Wortspiele, die Sonne, Alkohol und Verantwortung bedienen. Diese Themen werden dann unter einen Sonnenhut gebracht, gewisse Regeln destilliert, die Zeit vergeht im Rausch. Damit bleiben die Assoziationen in meiner Erlebniswelt und somit für das Publikum verständlich. Zudem bleibt alles homogen, man bleibt beim Lesen nicht hängen. Der Artikel endet folgendermaßen:

> Ich werde mit Wehmut an den Wermut denken, das Cin cin zum Gin vermissen und bis zum Brenner ein Wort suchen, das phonetisch Campari schmeichelt. Jetzt werfe ich mir erstmal eine Handvoll Paracetamol zum Wohl ein.

Hatten Sie schon immer ein besonderes Interesse an Sprache? Hat sich Ihr Verhältnis zum Wortspiel und zur Sprache im Laufe der Zeit verändert?

Mein größtes Interesse galt schon immer dem Humor und der komischen Assoziation. In meiner Jugend habe ich viele „lustige" Gedichte geschrieben. Limericks, Schüttelreime, Vierzeiler. Eins trägt den Titel „Ein dichtes Gedumm". Das ist mir erst jetzt wieder eingefallen. Insofern muss ich mich schon immer mit Möglichkeiten beschäftigt haben, der Sprache Spielerisches abzugewinnen. Das Dichten habe ich irgendwann aufgegeben. Es folgt eine Phase, in der ich gnadenlos jedes Wortspiel machte, das sich mir anbot – selbstverständlich waren diese vorrangig sexuell konnotiert.

Im Laufe der Zeit wurde ich dann sehr viel wählerischer. Von fünf Wortspielen, die mir heute durch den Kopf schießen, benutze ich höchstens noch eins in meinen Drehbüchern. Der Grund dafür ist, dass das Wortspiel fast jedem Zuschauer auffällt und dadurch feinere Pointen überschattet. Ich versuche stets, ein sehr breites Spektrum des Komischen anzubieten, damit jeder was zum Schmunzeln hat.

Wie wichtig schätzen Sie die Rolle von Wortspielen für den Erfolg Ihrer Werke ein?

Da es Künstler wie Willy Astor gibt, die für ihre Wortspielereien fast bekannter sind als für ihre eigentlichen Talente (Astor spielt unfassbar gut Gitarre), bin ich geneigt, die reinen Wortspiele meinem Restwerk etwas unterzuordnen. Wobei ich sicher bin, dass der Titel meines Romans „Frettsack" doch zum Verkaufserfolg beigetragen hat. Auch der wortspielerische Weimarer Tatort-Titel „Der wüste Gobi" bleibt bei den Zuschauern deutlich besser in Erinnerung als die reinen Alliterationen „Der scheidende Schupo" oder „Die robuste Roswita". Insofern darf man die Wortspiele nicht außer Acht lassen – aber eben auch nicht überbewerten.

Teil II

Gibt es Themenbereiche, die sich besonders gut für das Spielen mit Wörtern und Sprache eignen? Inwiefern berührt das Wortspiel auch ernste Bereiche und Themen?

Bei „die bullyparade" gab es ein Segment, in dem Michael "Bully" Herbig vor einer Tapete stand und ein Feuerwerk an Wortspielen zu einem bestimmten Thema ablieferte. Dabei wurden z. B. alle möglichen Autohersteller in eine Geschichte gepackt. Wenngleich die meisten Wortspiele nur phonetisch funktionierten, gab es in jeder „Tapete" mindestens ein kleines Juwel, das der jeweilige Autor (vorrangig Kai Vierck) in mühsamer Arbeit geschliffen hat. Hier hat sich eigentlich jedes Thema bewährt – der Wille muss nur vorhanden sein.

Doch auch wenn es ernst wird, und z. B. in einer humorigen Vorabendkrimiserie gerade Ernst bei einem Unfall ums Leben gekommen ist, lockert es die Szene auf, wenn die Polizei sich nach den Ernsthelfern erkundigt. Dies war ein erfundenes Beispiel. In unserem Western-Tatort allerdings, der 2019 ausgestrahlt wird, geht es u. a. um eine geothermische Bohrung und das dadurch verursachte Loch, das an Zweideutigkeit kaum zu überbieten ist. So wird auch die ernste Polizeiarbeit unterhaltsam.

Inwiefern spielen andere Sprachen, Mehrsprachigkeit, Sprachenvielfalt und Übersetzungsprozesse in Ihren wortspielerischen Werken eine wichtige Rolle?

Sie spielen keine wichtige Rolle, denn ich weiß nicht, welche Sprachen mein Publikum beherrscht. Es ist ja immer wieder erschreckend, wie schlecht die Deutschen z. B. Englisch sprechen. Und aus dem Italienischen „Buongiorno" macht man auch nur einmal den „John Porno", in Griechenland wird man nur einmal am Abend „Karl ist nicht da" rufen – dann hat es sich damit ausgescherzt.

Als ich vor zwei Jahren das Drehbuch *One Night Off* aus dem Englischen ins Deutsche übersetzt und teilweise adaptiert habe, lag mir natürlich auch daran, einzelne „puns" zu übertragen und ein entsprechendes Bild zu finden. Da es aber kein Synchronbuch war, hatte ich alle Freiräume und habe mir meist andere Sprüche und Witze einfallen lassen. Leider wurde der Film bislang nicht realisiert.

Inwiefern sind Wortspiele für Sie ein Zeichen von Kreativität? Wo liegen Grenzen der Kreativität beim Spielen mit Wörtern und Sprache?

Ich verfüge leider über keine Fachkenntnisse, wie Kreativität gemessen wird. Aber der spielerische Umgang mit allem um und in uns dürfte ein klares Anzeichen dafür sein. Allerdings gehört auch etwas Handwerk und Routine dazu. Den Rubikon überschreitet man da, wo das Publikum nicht mehr versteht, was man ausdrücken will.

Inwiefern ergibt sich für Sie durch das Spielen mit Wörtern die Möglichkeit, die Ausdrucksmöglichkeiten der Sprache und des Wortschatzes zu erweitern?

Es gibt immer wieder Spielereien wie das oben angeführte „Grüß ditsch" oder das legendäre „Kentucky schreit ficken" aus RTL Samstag Nacht, die Eingang in den alltäglichen Wortschatz finden. In meinem Umkreis nennen z. B. viele den Biomarkt „basic" „basitsch".

Würden Sie das Wortspiel als kulturell und traditionell geprägt ansehen? Gibt es bestimmte Muster und Verfahren, mit denen Sie arbeiten, wenn Sie mit Wörtern und Sprache spielen? Ist für Sie beim Spielen mit Wörtern und Sprache wichtig, dass dieses Spiel in eine bestimmte Kultur oder Tradition (oder mehrere) eingebettet ist?

Eher nicht. Das Wortspiel ist vermutlich so alt wie Sprache selbst. Begonnen hat alles – meiner Vorstellung nach – mit einem Missverständnis. Statt die Steppen zu entdecken, zog ein angesehener Homo Sapiens vor 300.000 Jahren los und kam zwei Jahre später als begnadeter Stepptänzer zurück zu seinem Klan. Er hatte das Steppen entdeckt. So schnell kann's gehen, und man wird vom Weisen zum Dorfdepp. Die Geschichte wurde herumerzählt, der erste Witz war geboren. Ein Wortwitz. Sofort suchten seine Mitmenschen nach anderen Tätigkeiten, die der Steppdepp wohl falsch verstehen würde. Das Wortspiel wurde zu einem festen Bestandteil der Sprache.

Eine bestimmte kulturelle Prägung kann ich auch nicht entdecken. Wortspiele finden sich überall. Sei's in der Werbung (z. B. Sixt, Lucky Strike) oder der katholischen Kirche („ora et labora" oder „urbi et orbi").

Welche Rolle spielt der Kontext bei der Verwendung von Wortspielen? In welchen Kontexten spielen Sie mit Wörtern und Sprache, in welchen Kontexten spielen Sie nicht mit Wörtern und Sprache? Gibt es Kontexte, in denen Wortspiele besonders gut funktionieren, oder umgekehrt Kontexte, in denen Wortspiele schwierig sind oder nicht funktionieren?

Als Bayer würde ich sofort sagen: „Koa Wortspiel, wann'st koan Text host." Auch wenn's beim zweiten Lesen nicht wirklich Sinn ergibt. Wichtig ist, dass das Wortspiel im Kontext und Thema bleibt. Wer bei jeder Verwendung des Worts „kommen" an einen sexuellen Höhepunkt denkt und kichert, wird es im Leben schwer haben. Womit ich auch schon bei meiner gewagten These wäre, dass anzügliche Wortspiele am häufigsten gemacht und ebenso verstanden werden. Sobald es subtiler wird, läuft man Gefahr, am Empfänger vorbeizuspielen. Ein gutes Beispiel war aus meinem Tatort „Der kalte Fritte". Fritjof „Fritte" Schröder moniert, ein „rechtschaffender" Bürger zu sein, worauf Kommissar Lessing erwidert: „Nein, das bin ich." Ich habe das später noch überarbeitet und deutlicher gemacht, den Witz quasi erklärt, womit ich im Nachhinein nicht so glücklich bin. Manchmal ist es ratsam, einem Blindgänger zu verwehren, das Licht der Welt zu sehen.

Gibt es schlechte Wortspiele?

Eine Wertung in „gut" oder „schlecht" würde ich nicht vornehmen, denn sie ist nicht zielführend. Das Spiel mit der Sprache ist grundsätzlich positiv. Ich würde sagen, dass es gute und bessere Wortspiele gibt. Und viele, die man nicht machen muss.

Wenn ein kleines Kind sich kringelig lacht, wenn man „Herzlichen Glühstrumpf" zum Geburtstag wünscht, hat ein vermeintlich „schlechtes" Wortspiel seinen Zweck erfüllt. Entscheidend ist allein, wen man anspricht. Sollte ich diesen Glückwunsch bekommen, unterstelle ich meinem Gegenüber entweder eine gehörige Portion Sarkasmus oder eine schwerwiegende Hirnunterfunktion. Der Deutsche urteilt allerdings sehr gerne und ordnet Wortspiele als Kalauer ab. In jeder zweiten Rezension unserer Tatorte kommt dieses Wort vor, subtilerer Humor wird von den Verfassern vermutlich nicht wahrgenommen.

Letztlich haben wir alle mit recht einfachen Wortspielen angefangen. Meine siebenjährige Tochter entwickelt z. B. gerade ihr Feingespür für Sprache. Während unseres letzten Urlaubs in Italien deutete sie auf eine Feige, die mitten auf der Straße lag, und sagte: „Guck mal, Papa, eine mutige Feige." Da muss man auch als abgebrühter Humorfacharbeiter lachen. Bleibt mir nur zu hoffen, dass sie noch was Anständiges lernt...

Jakob Nacken
Interview

© Guido Schröder

Jakob Nacken, geboren 1978 in Brühl bei Köln, Diplom-Erziehungswissenschaftler und Theaterpädagoge, steht seit ca. 15 Jahren hauptberuflich als Impro-Schauspieler, Performance-Poet und Musikkabarettist auf verschiedenen Bühnen, vor allem in und um seine Wahlheimat, die Dichterhochburg Tübingen. Als Solokünstler und mit verschiedenen Bühnenpartnern schrieb und spielte er neben verschiedenen Impro-Formaten bereits sieben abendfüllende Programme. Außerdem dichtet er für den SWR, textet auch für verschiedene Kollegen, präsentiert monatlich eine Offene Bühne und gehört zum Ensemble der Comedystube. Er lebt mit seiner Frau und zwei Kindern glücklich in einem kleinen Dorf im Schwabenland.

Teil I

Was sind für Sie wesentliche Merkmale des Wortspiels? Was macht für Sie den Reiz am Spielen mit Wörtern und Sprache aus? Würden Sie sich als Wortspiel-Künstler/in bezeichnen? Welche Bedeutung hat das Spielen mit Wörtern und Sprache für Sie?

Ich würde mich selbst nicht unbedingt als Wortspiel-Künstler bezeichnen. Wortspiele sind immer wieder Bestandteile meiner Arbeit, aber sind für mich eher ein Gestaltungsmittel unter vielen. Aber ich mag Wortspiele und arbeite sehr gerne damit.

Das Wortspiel ist immer ein Spiel mit Bedeutung und erinnert uns daran, dass wir diesen Klängen, aus denen unsere Sprache besteht, immer erst ihre Bedeutung geben. In der Regel geht es ja beim Wortspiel um eine doppelte Bedeutung oder Umdeutung. Und da liegt auch der Reiz. Das bewusste, spielerische Verändern von Bedeutung ist immer auch ein Aufbrechen von Denkmustern, von geistigen Routinen. Das Spielen mit der Sprache hat zur Folge, dass wir die Sprache und die Bedeutung der Worte in all ihrer Ernsthaftigkeit relativieren und damit auch all unsere Konventionen und Muster ein wenig in Frage stellen.

Ich stelle gerne Dinge in Frage, am liebsten bis hin zur eigenen Existenz. Wir versuchen ja stets, die Wirklichkeit mit Hilfe der Sprache zu strukturieren und zu verstehen, und wenn wir dann aber anfangen, mit der Sprache zu spielen, wirbeln wir gewissermaßen diese ganzen Strukturen wieder durcheinander. Das hat einerseits etwas Verwirrendes und gleichzeitig aber auch etwas Befreiendes. Diesen Zustand von Verwirrung, Freiheit und Kontrollverlust mag ich und halte ihn auch für wichtig, um sich bewusst zu machen, dass all unsere Gedanken, all unsere Glaubensmuster auf Sprache basieren, Sprache aber wiederum ein sehr instabiles, teilweise beliebiges Konstrukt ist und wir uns deshalb niemals irgendeines Denk- oder Glaubensmusters allzu zu sicher sein sollten, auch wenn es uns noch so sehr einleuchtet.

Können Sie uns ein oder zwei Lieblings-Wortspiele nennen (eigene oder fremde) und umreißen, warum diese eine besondere Bedeutung für Sie haben?

Schwierig. Eine besondere Bedeutung haben Wortspiele für mich meistens eben nicht. Sie sind in der Regel einfach nur erfrischend albern. Ich finde, wenn wir anfangen, Wortspielen zu viel Bedeutung zu geben, ist das nicht gesund. Natürlich ist es schön, wenn ein Wortspiel so richtig schön aufgeht. Wie damals, als die Piratenpartei mal viele Stimmen bekommen hat und jemand auf Facebook gepostet hat: „Die Piratenpartei dankt ihren W-Lan".

Aber es ist schwierig, da jetzt einzelne herauszupicken, die mir besonders wichtig wären, denn wichtig sind Wortspiele eigentlich nie, nur witzig, und das mal mehr und mal weniger.

Eine besondere Bedeutung hat vielleicht am ehesten folgendes Wortspiel, weil es dabei um meinen Namen geht und es vermutlich der Titel meines nächsten Solo-Programmes sein wird, der da lautet: „Nacken on heavens door"
Überhaupt finde ich es ja immer schön, wenn Wortspiele zweisprachig sind, wie z. B. der Tipp an alle Karrierebewussten: „Man muss beim Networken nett wirken".

Aber tatsächlich mag ich es auch gerne schön blöd. Deshalb hier ein Studentenwitz, den ich mir selbst ausgedacht habe:

> Treffen sich zwei Studenten. Sagt der eine: „Studieren ist echt anstrengend, ich habe die ganze Nacht ein Kopfkissen bestickt." Darauf der andere: „Warum das denn?" Erwidert der erste: „Der Dozent hat gesagt, er legt Wert darauf, dass wir bei unserer Hausarbeit einen Bezug zum Thema herstellen."

Können Sie uns an einem eigenen Beispiel erläutern, wie Ihre Wortspiele und wortspielerischen Texte entstehen?

Da gibt es verschiedene Ausgangspunkte. Oft ist der Zufall behilflich, das heißt, mir fällt irgendetwas auf oder ein, und dann notiere ich es mir. Ich glaube, es ist bei den meisten Wortspiel-Künstlern entscheidend, immer wachsam zu sein und seinen Alltag stets auf Wortspielpotential hin zu überprüfen. Das wird schnell zur Gewohnheit; unter Umständen auch zur Manie, die Mitmenschen wahnsinnig machen kann. Aber dieses alltägliche Sammeln von Wortspiel-Strandgut ist unverzichtbar. Daraus kann dann auch der Ausgangspunkt für einen Text entstehen.

Oft ist es aber auch umgekehrt; man hat ein Thema und sucht dann nach der Form. Dann kann man auch gezielt Wortspiele suchen. Auch ein schöner Reim ist ja im Grunde schon ein Wortspiel. Dabei kann dann ein Reimlexikon oder der digitale Duden helfen.

Aber egal, was der Ausgangspunkt ist, an der Phase des Tüftelns führt kein Weg vorbei. Da werden dann Wörter und Silben hin und her gerückt, bis Metrum, Sinn und Wortwitz die vermeintlich ideale Struktur bilden.

Manchmal sammele ich auch zunächst viele ähnlich klingende Wörter, um dann daraus einen Text zu basteln. Nach diesem Prinzip ist auch folgende Textpassage aus einem Liebesgedicht von mir entstanden, welches mir damals jedoch im Zustand erhöhter Inspiration relativ zügig aus der Feder floss:

> „... Allein sein ist mir zu trist,
> wenn ich weiß, dass da noch du bist,
> du bist, wenn du's nur zulässt,
> Nummer Eins meiner To do List!"

Welches waren oder sind für Sie wichtige Inspirationsquellen und Vorbilder im Bereich des Spielens mit Wörtern und Sprache?

Inspiration kommt meist irgendwann im Urlaub, wenn das Gehirn lange genug unterfordert war, dann geht es irgendwann von allein los. Davon abgesehen sind wir ja alle ständig von Sprache in gesprochener wie geschriebener Form umgeben, da muss man nur einigermaßen aufmerksam sein, und einem begegnet unweigerlich etwas Verwertbares. Grundsätzlich ist aber weniger die Inspiration entscheidend als der Entschluss, sich an die Arbeit zu machen.

Vorbilder sind selbstverständlich die großen Wortspiel-Helden Heinz Erhardt und Robert Gernhardt. Aber auch Timo Brunke und Bas Böttcher als Vertreter einer jüngeren Generation von Wortkünstlern haben mich inspiriert und beeinflusst.

Was ist für Sie bei Ihrer Arbeit mit Sprache und Wortspielen wichtig? Wie gehen Sie bei der Arbeit mit Sprache vor, wenn Sie die Texte schreiben und wenn Sie diese vor einem Publikum präsentieren?

Mir liegen verschiedene Aspekte am Herzen. Einerseits die ästhetische Freude an Klang und Rhythmus, also ein eher musikalischer, am Sound orientierter Sprachgebrauch. Zum anderen das Spielen mit Kontrasten wie z. B. Tiefsinn und Unsinn, gehobene Kunstsprache und Banalität. Auch das Spannungsverhältnis von Form und Inhalt ist in diesem Zusammenhang reizvoll; so können ganz alltägliche Dinge sprachlich mit Pathos und Dramatik aufgeladen werden. Und da kommt dann auch die Performance ins Spiel. Da habe ich oft beim Schreiben bereits die Sprechweise im Ohr und fühle schon körperlich die Spannung und die Emotion, die dann später auf der Bühne diesen Text transportieren wird.

Trotzdem ist es dann natürlich noch mal ein wichtiger Schritt, die Form der Präsentation zu entwickeln, und beim Ausprobieren verändere ich den Text fast immer noch an einigen Stellen. Und dann erfolgt der Publikumstest, und es zeigt sich, ob bzw. wie gut und auf welcher Ebene der Text funktioniert. Mit mehrmaliger Aufführung entwickeln sich Texte dann häufig noch weiter, wachsen oder schrumpfen, gedeihen oder gehen ein.

Hatten Sie schon immer ein besonderes Interesse an Sprache? Hat sich Ihr Verhältnis zum Wortspiel und zur Sprache im Laufe der Zeit verändert?

Ja, ich habe schon als Kind gedichtet. Ich habe immer sehr gerne Pumuckl-Kassetten gehört, und der ist ja bekanntlich auch ein begeisterter Reimer und war sicherlich eines meiner frühen Vorbilder.

Der Spaß am Wortspiel war, so weit ich mich erinnern kann, bei mir schon immer da und hat auch nicht nachgelassen. Allerdings ist für mich heute das Wortspiel weniger Selbstzweck, sondern eher das Sahnehäubchen. Wortspiele schaffen meist eine ironische Distanz und eignen sich selten, ein wahrhaftiges Gefühl oder eine klare Haltung auszudrücken, weshalb eine zu ausgeprägte Wortspiellastigkeit meiner Erfahrung nach dazu führen kann, dass das Ergebnis zwar sehr versiert und raffiniert daherkommt, aber gleichzeitig etwas blutleer und unpersönlich wirkt.

Wenn sich also etwas verändert hat, dann vielleicht, dass ich früher die Sprache mehr benutzt habe, um zu zeigen, was ich kann, und es mir heute mehr darum geht, zu zeigen, wer ich bin.

Wie wichtig schätzen Sie die Rolle von Wortspielen für den Erfolg Ihrer Texte/Werke ein?

Das ist schwer zu sagen. Dafür sind auch die Dinge, die ich produziere und aufführe, zu unterschiedlich. Es gibt Bereiche, die total über die Wortspielschiene funktionieren und andere, in denen das Wortspiel keine große Rolle spielt. Aber ich greife immer wieder gerne darauf zurück, insofern ist das Wortspiel wohl schon elementarer Bestandteil meines Schaffens.

Teil II

Inwiefern hängt für Sie das Wortspiel mit einem allgemeinen Nachdenken über Sprache und Kommunikation zusammen? Inwiefern beinhalten Wortspiele eine Auseinandersetzung mit grundlegenden Eigenschaften der Sprache?

Ich glaube nicht, dass Wortspiele zwangsläufig zum allgemeinen Nachdenken über Sprache und Kommunikation anregen. Das kann bestimmt passieren, muss aber nicht. Das Publikum kann sich darüber amüsieren, ohne zu wissen, warum es lacht, und der Künstler kann Wortspiele benutzen, weil die Leute sie lustig finden, und muss dabei aber auch nicht unbedingt über Kommunikation nachdenken. Sicherlich schadet es uns Wortkünstlern nicht, es zu tun, aber ich sehe da keinen zwingenden Zusammenhang und bin auch selbst, glaube ich, weit davon entfernt, Sprache und Kommunikation auch nur annähernd so differenziert zu analysieren, wie es Sprachwissenschaftler tun.

Dennoch führt das Arbeiten mit Wortspielen sicher dazu, dass einem die Mehrdeutigkeit und Vielschichtigkeit von Sprache und Kommunikation zunehmend bewusst wird. Für mich ist Sprache deshalb eben nicht nur ein Kommunikationsmittel, sondern auch ein Arbeitsmaterial, aus dem man die unterschiedlichsten Dinge herstellen und mit dem man experimentieren und vielfältige ästhetische Wirkungen erzielen kann.

Gibt es Themenbereiche, die sich besonders gut für das Spielen mit Wörtern und Sprache eignen? Inwiefern berührt das Wortspiel auch ernste Bereiche und Themen?

Es gibt so unendlich viele Themen, von denen sich manche mehr und manche weniger eignen. Aber ich glaube, das lässt sich kaum allgemein sagen. Dem einen fällt zu dem einen Thema etwas Tolles ein und dem anderen zu einem anderen Thema. Grundsätzlich ist es auf der Bühne aber immer wichtig, dass das Publikum mit dem Thema etwas anfangen kann. Deshalb kommen Computer-Wortspiele vor einem IT-Expertenpublikum natürlich gut an, während ein Senioren-Publikum sie vermutlich weniger feiern würde.

Ernste Themen würde ich eher nicht auf der Wortspiel-Ebene angehen, zumindest nicht, wenn es auch mein Anliegen ist, das Thema ernst zu nehmen. Mir fällt nämlich kein Wortspiel ein, das nicht auch irgendwie lustig ist. Insofern gibt es eher manchmal Wortspiele, die sich anbieten, um die man aber trotzdem einen Bogen machen sollte, weil es geschmack- oder taktlos wäre, über das entsprechende Thema ein Wortspiel zu machen.

Inwiefern spielen andere Sprachen, Mehrsprachigkeit, Sprachenvielfalt und Übersetzungsprozesse in Ihren wortspielerischen Texten eine wichtige Rolle?

Die Mehrsprachigkeit hatte ich ja bereits erwähnt. Sie ist immer wieder reizvoll und macht mir großen Spaß. Mehrsprachigkeit erweitert auch die Möglichkeiten zu Reimen, da auf einmal ein viel größerer Wortschatz zur Verfügung steht. Da fällt mir spontan ein Zweizeiler ein, den mein Vater früher gerne mal aufgesagt hat:

„Le bœuf – der Ochs, la vache – die Kuh,
fermez la porte – die Tür mach zu!"

So lernte ich meine ersten Französisch-Vokabeln.

Auch falsche Übersetzungen sind ja ein Klassiker und machen auch mir großen Spaß, z. B.:

„Das ist die Wurst- und Käseplatte – this ist the worst case scenario"

Inwiefern sind Wortspiele für Sie ein Zeichen von Kreativität? Wo liegen Grenzen der Kreativität beim Spielen mit Wörtern und Sprache?

Ein Wortspiel zu machen, setzt ja zunächst eine gewisse Sicherheit im Umgang mit der Sprache voraus und dazu eine Beobachtungsgabe. Das eigentlich Kreative ist dann vermutlich die neue überraschende Verknüpfung, die hergestellt wird und dem Wortspiel seinen Überraschungseffekt und damit auch seine komische Wirkung gibt. Insofern kann man wohl schon behaupten, dass man ohne eine gewisse Kreativität auch keine Wortspiele machen kann. Grenzen gibt es dabei im Grunde keine. Ich kann bis zur völligen Dekonstruktion der Sprache fortschreiten. Dadaistische Poesie hat da ja schon viele vermeintliche Grenzen überschritten und gezeigt, dass auch scheinbar sinnlose Wortfolgen und bedeutungslose Wortschöpfungen eine fulminante ästhetische Wirkung haben können und auch trotzdem noch Kommunikation stattfindet. Deshalb würde ich behaupten, dass es da nur selbstgemachte, aber keine objektiv vorhandenen Grenzen gibt.

Inwiefern ergibt sich für Sie durch das Spielen mit Wörtern die Möglichkeit, die Ausdrucksmöglichkeiten der Sprache und des Wortschatzes zu erweitern?

Diese Möglichkeit gibt es insofern, dass ich, wenn ich kreativ mit Sprache umgehe, mir auch die Freiheit nehme, neue Worte und Bedeutungen zu schaffen. Ich kann mir schöne neue Worte ausdenken und sie benutzen. Ich kann vorhandene Worte umdeuten und neu-definieren. Und ich kann veraltete, aus der Mode gekommene Worte und Formulierungen auffrischen und reanimieren. All das ergänzt und erweitert den alltäglichen Standard-Wortschatz, und dadurch entsteht ein neuer Sound, ein neues Sprachgefühl. Genau das macht ja auch jede neue Generation von Jugendsprache aus und wird leider auch inzwischen gnadenlos von der Werbung aufgegriffen.

Würden Sie das Wortspiel als kulturell und traditionell geprägt ansehen? Gibt es bestimmte Muster und Verfahren, mit denen Sie arbeiten, wenn Sie mit Wörtern und Sprache spielen? Ist für Sie beim Spielen mit Wörtern und Sprache wichtig, dass dieses Spiel in eine bestimmte Kultur oder Tradition (oder mehrere) eingebettet ist?

Mit der Tradition des Wortspiels habe ich mich bisher nicht beschäftigt und kann dazu nicht viel sagen. Natürlich gibt es klassische Formen, wie z. B. den Limerick oder den Schüttelreim, aber für meine Arbeit haben diese traditionellen Formen keine große Bedeutung. Bestimmt fließt da unbewusst einiges mit ein, und ich bin – wie wir alle – kulturell geprägt, aber es ist mir nicht wichtig, mich einer bestimmten Kultur oder Tradition zuzuordnen.

Welche Rolle spielt der Kontext bei der Verwendung von Wortspielen? In welchen Kontexten spielen Sie mit Wörtern und Sprache, in welchen Kontexten spielen Sie nicht mit Wörtern und Sprache? Gibt es Kontexte, in denen Wortspiele besonders gut funktionieren, oder umgekehrt Kontexte, in denen Wortspiele schwierig sind oder nicht funktionieren?

In erster Linie finde ich es wichtig, dass der Kontext eine gewisse Lockerheit zulässt. Das ist aber in den meisten Situationen gegeben, außer vielleicht in wirklich tragischen, dramatischen Momenten. Trotzdem ist es natürlich wichtig, dass eine grundsätzliche Bereitschaft der Zuhörer vorhanden ist, sich darauf einzulassen.

In sehr sachlich ausgerichteten Kontexten, wie bei einer Info-Veranstaltung, kann ein Wortspiel als Zeitverschwendung empfunden werden, es sei denn, es erfüllt selbst auch eine klare Funktion (viele Eselsbrücken sind ja z. B. auch wortspielbasiert).

Auch bei sehr feierlichen oder emotionalen Momenten sind Wortspiele wohl eher ungeeignet. Aber das hängt natürlich immer auch von der Art des Wortspiels ab und kann, glaube ich, nie so ganz verallgemeinert werden.

Sobald man sich in einem Unterhaltungs-Rahmen bewegt, ist es jedenfalls am einfachsten, mit Wortspielen zu punkten.

Gibt es schlechte Wortspiele?

Ja. Aber wenn sie gut präsentiert werden, kann man damit trotzdem viel Spaß haben.

Abschließende Frage: Gibt es im Bereich des Wortspiels noch etwas, das Ihnen wichtig ist, und das Sie noch anmerken möchten?

Da fällt mir jetzt nichts mehr ein. Ich habe noch nie zuvor so sehr über Wortspiele nachdenken müssen wie bei diesem Interview, und jetzt raucht mir der Kopf.

Helge Thun
Versteckt-Entdeckt-Erweckt

Am 15. April 2008 erschienen zwei Zeitungskritiken der Show „Bis einer heult!". Die eine ein Totalverriss, die andere eine Lobeshymne. Das Bemerkenswerte daran war: beide Kritiker hatten exakt dieselbe Vorstellung in der Stegwiesenhalle in Renningen gesehen!

Der Verriss machte das platte Niveau vor allem an den *„unsäglichen Reimen"* fest. Die Hymne gipfelte dagegen im Lob der *„unvergleichlichen Reime"*! Nach einigem Abwägen, welcher der Kritiken wir mehr Glauben schenken sollten, haben wir uns dann nach ehrlicher Selbsteinschätzung für letztere entschieden.

Niveau in Sachen Humor und Komik meint jeder objektiv beurteilen zu können, auch wenn unterschiedliche Menschen völlig verschiedene Dinge darunter verstehen. Oftmals sogar entgegengesetzte.

Reime und Wortspiele sind für die einen ein Ausdruck von feinsinnigem, intelligentem Humor, für die anderen jedoch nur platte Kalauer, die mit demonstrativ gequältem Stöhnen quittiert werden.

Ob dies eine Frage von fehlender Intelligenz oder von fehlgeleiteter, humor- und sprachtechnischer Sozialisation ist? Zumindest eines von beiden, wahrscheinlich aber eine Kombination.

Ein Kollege hat die Suche nach Wortspielen, Schüttelreimen oder Anagrammen einmal als „Dauerauftrag ans Gehirn" bezeichnet. Und wenn die Synapsen erst einmal falsch vernetzt sind, dann lässt sich das auch nicht mehr abstellen. Dann läuft die Suchmaschine immer weiter. Ob auf dem Bildschirm des Hauptrechners oder als verstecktes Suchprogramm im Hintergrund.

Man durchforstet die Sprache bewusst und unbewusst permanent nach unentdeckten Zufällen. Der Wortspieler oder komische Dichter ist nichts anderes als ein Entdecker.

Und wenn er mal zufällig keine Zufälle entdeckt, dann wird er zum Forscher, der die linguistische Gen-Mutation künstlich herbeimanipuliert, sie aktiv neu kombiniert, den Zufall tüftelnd provoziert. Ein Würfler, ein Alchimist, der Zutaten zusammenwirft, schüttelt und rührt und dann schaut, was für neue Zufälle ihm dabei zufallen.

Und das alles um dieses eine Wortspiel zu finden, welches sich irgendwo in der Sprache versteckt und das noch niemand zuvor gefunden hat. Welches das Gefühl in ihm weckt, die Sprache sei vielleicht nur deshalb entstanden, damit sich irgendwann einmal dieser eine, verborgene Witz ihm, dem Finder, offenbart. Diese eine Anomalie der Sprache, der Wort-Freak, der Buchstaben-Albino, der weiße Silben-Tiger, den man fasziniert anstarren muss, weil er so schön und sinnlos ist. Der einen beglückt auflachen lässt, weil er nicht vorgesehen war von der Natur.

Der Mathematiker sucht den Sinn in Zahlen, der Dichter sucht den Sinn in Worten. Diesen merkwürdig sinnlosen Sinn im Unsinn.

Dem Wort einen neuen Sinn zu geben, der schon selber in ihm schlummert, ihm den komischen Geist einzuhauchen – das ist vielleicht nicht spirituell aber immerhin geistreich! Und auf keinen Fall platt.

Der Witz findet hier nur zwei Abstraktionsebenen höher statt als die konkret erzählte Geschichte. Situationskomik, Beobachtungen, Slapstick, Character Comedy oder politische Satire brauchen das Wortspiel nicht. Der Witz ist im Konkreten angesiedelt. Manchmal kommt noch die nächsthöhere Ebene der Ironie dazu. Aber um das Wortspiel genießen zu können muss man sich auf die Ebene der Sprache selbst begeben.

Und wer auf eine konkrete, handfeste Pointe wartet, auf die Torte im Gesicht oder die Bananenschale auf der Straße, der ist natürlich enttäuscht, wenn sich herausstellt, dass die Geschichte „nur" als Vehikel für einen Wortdreher oder Nonsense-Reim herhalten musste.

Bedauernswert!

Helge Thun
Interview

© Reiner Pfisterer

Geboren 1971 in Kiel. Highschooljahr in den USA, Abitur in Eutin, Studium der Germanistik/Amerikanistik in Tübingen. Seit 1995 erfolgreicher Studienabbrecher: u. a. Schauspieler (Landestheater Tübingen 1995–98), mehrfacher internationaler Preisträger der Zauberkunst, professioneller Improspieler, Comedian, Kabarettist und komischer Dichter.

Welches waren oder sind für Sie wichtige Inspirationsquellen und Vorbilder im Bereich des Spielens mit Wörtern und Sprache?

Die üblichen Verdächtigen, aber speziell drei:
- Heinz Erhardt: genial, wie er in seinen Gedichten die Fallhöhe zwischen hohem, pathetischem oder lyrischem Tonfall mit umgangssprachlichen, banalen Pointen („Das Gewitter") oder Themen („Die Made") kontrastiert. Und sein meisterhafter Vortrag ist in Rhythmus, Timing und Ausdruck bis heute unübertroffen!
- Robert Gernhardt: durch Otto Waalkes bin ich früh mit seinen genialen Wortspiel-Gedichten wie dem „Inselpfarrer" oder grandiosen absurdalbernen Sketchen („Das Wunder des Ärgerns") in Berührung gekommen.
- Erich Kästner: unglaublich, wie sachlich und lakonisch-umgangssprachlich er in perfektem Versmaß und Reimschema schreiben konnte. Als wäre es Prosa, die sich zufällig, ja fast beiläufig reimt. Die Gleichzeitigkeit von Tragik und Komik wie in „Die Ballade vom Nachahmungstrieb" gelingt niemandem so unangestrengt wie ihm.

Inwiefern spielen andere Sprachen, Mehrsprachigkeit, Sprachenvielfalt und Übersetzungsprozesse in Ihren wortspielerischen Werken eine wichtige Rolle?

Inspiriert durch Otto Waalkes' „English for runaways" entstanden vor allem zwei Bühnensketche mit falscher Wortspiel-Übersetzung, eine französische Szene „Tour de France" und ein italienischer Sketch „Lucky Luciano". Da es sich bei beiden Sketchen um begleitende Texte für Zaubernummern handelt, die sich ohne die entsprechenden Kunststücke nicht von alleine erklären, hier nur zur Verdeutlichung des Prinzips zwei kurze Beispiele:

Tour de France

[...]
Ich mache einen Knoten hier – je fais une Knot' couture
– und einen Knoten hier – et une Knot' Azur
[...]

Lucky Luciano

[...]
Sind sie bereit fürs Schießen? – Cinquecento prosciutto?
– Mortadella! – Tod durch Cellulite!

Inwiefern ergibt sich für Sie durch das Spielen mit Wörtern die Möglichkeit, die Ausdrucksmöglichkeiten der Sprache und des Wortschatzes zu erweitern?

Eigene Wortschöpfungen oder Abwandlungen können das Reimspektrum erweitern und ein Gedicht unvorhersehbarer und überraschender machen:

> *Romeo und Julia*
>
> [...]
> Sie war verknallt und er <u>verknällter</u>
> und sie wurden auch nicht älter
> [...]

Können Sie abschließend ein Beispiel für einen eigenen wortspielerischen Text geben?

Da ein Wortspiel immer ein Spiel mit der Sprache selbst ist, üben ganze Texte bzw. komplette Szenen und Sketche, die sich auf einer selbstbezüglichen Ebene um die Sprache selbst drehen, schon immer einen besonderen Reiz auf mich aus. Der Text um eine „schwere Geburt", in dem das „Schwanger Gehen" mit einer Idee und die „Geburt" eines Textes wörtlich genommen werden, ist daher schon länger einer meiner persönlichen Favoriten:

> *Die schwere Geburt* (Auszüge)
>
> ZWEI: Sag mal, hast Du zugenommen?
>
> EINS: Was?
>
> ZWEI: Ich seh' da grad' so'n Bauchansatz
> und ich merk's ja auch am Platz,
> den du auf der Bühne brauchst,
> dass du in der Mitte „bauchst".
>
> EINS: Und? Bin ich jetzt vom Umfang her
> für den Herrn kein Umgang mehr?
> Ist ihm der Partner jetzt zu dicklich?
>
> ZWEI: Ach fi ... vielleicht! Jetzt komm und krieg Dich
> wieder ein! Du stehst ja nicht am Pranger!
>
> EINS: Ich bin nicht dick, ich bin bloß schwanger.
>
> ZWEI: Sehr witzig! Du bist also jetzt 'ne Frau!?

EINS: Genau! Ach Quatsch. Mein Körperbau
hat sich nun mal leicht erweitert,
was dich scheinbar leicht erheitert,
weil ich seit längerem mit 'ner Idee
zu 'ner Geschichte schwanger geh.

[...]

ZWEI: Presse! Presse! Presse!
Raus mit der Sprache! Du schaffst es!
Das wird ein ganz, ganz zauberhaftes
Sonett, ein Gedicht, ein poetisches Lied!
Ein Sketch, ein Rap mit Beatbox-Beat.

EINS (*holt Blatt Papier hervor*): Mensch, jetzt laber hier nicht voll mich!
Aaaaaaarghhh!!!

ZWEI: Ach guck mal süß! Wie goldig!
Gratuliere! Das hast Du toll gemacht!
'Nen gesunden Text zur Welt gebracht.

EINS: Was ist es? Hellblau oder Rosa?
Ein junger Text, ein Mädchen in Prosa?

ZWEI: Es sieht ganz danach aus als wär's 'n
Geburtsgedicht in Knittelversen.
Die Reime mal männlich mal weiblich,
da wird es dann aber auch Zeit, sich
zu überlegen, wie es heißen soll.
Ob Nils, ob Niko oder Nicole,
ob Kathrin, ob Katja, ob Kurt?

EINS: Nee, das nenn' ich „Ne schwere Geburt"!

(zuerst erschienen in: Helge Thun, *Wollte Waldemar wegen Wetter warnen*. Tübingen: Klöpfer & Meyer, 2015, 114–118)

Esme Winter-Froemel
Horizontale und vertikale Wortspiele in der Sprecher-Hörer-Interaktion: Textuelle Signalisierung und Auffälligkeit von Wortspielen

In der Forschungsliteratur zum Wortspiel wird sehr häufig eine Unterscheidung zwischen horizontalen und vertikalen Wortspielen getroffen; synonym dazu finden sich auch die Begriffe des Wortspiels *in praesentia* bzw. *in absentia* (vgl. Wagenknecht 1965: 21–22; Hausmann 1974; Winter-Froemel 2009: 1429, 2016: 29–30). Die Abgrenzung zwischen den beiden Kategorien ist dabei zunächst rein strukturell konzipiert: Das horizontale Wortspiel wird dahingehend definiert, dass hier das entsprechende Redezeichen mehrfach in der Äußerung erscheint, während beim vertikalen Wortspiel das Redezeichen, mit dem gespielt wird, nicht wiederholt wird (zum Prinzip der Wiederholung vgl. auch meinen Beitrag „Das Spiel mit Wiederholung und Variation bei Bodo Wartke und Christian Hirdes – *durch müssen* oder *es einfach laufen lassen*" sowie den Beitrag von Robert Kirstein im vorliegenden Band).

Das genannte Kriterium zur Unterscheidung dieser Subkategorien des Wortspiels erscheint in vielen Fällen einfach anwendbar. So liegt im ersten der folgenden Beispiele ein horizontales Wortspiel vor (Wiederholung von *tragisch – trag' isch*), im zweiten Fall ein vertikales (die Zuhörer müssen verschiedene Interpretationsmöglichkeiten des Ausdrucks *Reis(s)verschluss* erkennen, der nur ein Mal in der Äußerung genannt wird):

> Deswegen hab' ich ungefähr 800 Gedichte geschrieb'n, alle *tragisch*... äh, alle *trag' isch* heute nich' vor (Michael Schönen, https://www.youtube.com/watch?v=P7Lt5VMxDJI, 2:57–3:07, Zugriff 06.09.2018, Kursivierung EWF)

> Außerdem hab' ich festgestellt, ich krieg Verstopfung von dem Essen [Essen in chinesischen Restaurants]. Oder wie die Medizin ja sagt, *Reisverschluss* [Reißverschluss]. (Michael Schönen, https://www.youtube.com/watch?v=P7Lt5VMxDJI, 3:35–3:46, Zugriff 06.09.2018, Kursivierung EWF)

Trotz dieser sehr klar erscheinenden Zuordnungen können sich bei der Analyse konkreter Textbeispiele hinsichtlich der genannten Unterscheidung Schwierigkeiten ergeben. Diese resultieren zum einen daraus, dass eine Wiederholung sprachlicher Einheiten in realen Äußerungskontexten von verschiedenen Typen der Variation begleitet sein kann, die unterschiedlich stark ausgeprägt sein können. Zu entscheiden ist demnach, wann noch eine Wiederholung vorliegt und wann etwas Neues. Zu denken ist hier beispielsweise an Variationen in der Aussprache der Wortformen, an unterschiedliche Schreibungen von Ausdrücken mit übereinstimmender Lautform oder auch an unterschiedliche morphosyntaktische Strukturen der gleichklingenden Zeichensequenzen im Sprachsystem (vgl. das Beispiel *tragisch – trag' isch*). Ebenso zeigen viele der im vorliegenden Band besprochenen Beispiele Manipulationen in der Aussprache einzelner Formen um des Wortspiels willen und Spiele mit bloßer lautlicher Ähnlichkeit (Paronymie). Ferner können die Wiederholungen auch von Umstellungen begleitet sein wie im folgenden Beispiel *Kloß[-]königin – Königin [der] Klos*:

> von der Kloßkönigin zu der Königin der Klos
> (aus: *Die robuste Roswita*, Tatort [Weimar], Drehbuch: Murmel Clausen und Andreas Pflüger, vgl. http://murmelclausen.de/?project=tatort-die-robuste-roswita, Zugriff 27.09.2018)

Darüber hinaus besteht eine grundsätzliche Schwierigkeit in der Eingrenzung der jeweiligen Einheit, innerhalb der das Kriterium der Wiederholung / Nichtwiederholung des Redezeichens zu bewerten ist: So erscheint beispielsweise in Franz Hohlers Text „Die kranken Schwestern" (Hohler 2009: 262–263) am Ende das Kompositum *Krankenschwestern*, und im Titel und im gesamten Text finden sich mehrere Wiederholungen des Ausdrucks *die kranken Schwestern*. Trotz dieser Wiederholungen durch den Text hindurch rückt die Schlusspointe in die Nähe der vertikalen Wortspiele, insofern als im letzten Satz für das (eine) Redezeichen die Interpretation zwischen beiden Optionen – der im Wortschatz konventionalisierten Interpretation und der im Text motivierten kompositionalen Interpretation – oszilliert:

> Das gab ihnen so viel zu tun, dass sie gar nicht mehr merkten, dass sie eigentlich krank waren, und ihr Ruf verbreitete sich so weit, dass man die Frauen, welche die Kranken pflegen, noch heute die Krankenschwestern nennt, obwohl sie weder Schwestern noch krank sind, wenigstens die allermeisten von ihnen. (Hohler 2009: 263)

Damit deutet sich ein alternativer Zugang zur genannten Unterscheidung an: Diese kann nicht nur rein strukturell von den sprachlichen Fakten her betrachtet werden, sondern auch mit Blick auf die kommunikative Handlung zwischen Sprecher und Hörer (bzw. Textproduzent und Textrezipient). Die eigentliche Bedeutung der Unterscheidung ergibt sich meiner Meinung nach erst hier, bei einer Betrachtung der entsprechenden Äußerungen im Kommunikationszusammenhang:[1] Bei horizontalen Wortspielen erhält der Rezipient durch die formal auffällige Wiederholung bereits einen Interpretationshinweis, der sowohl die potentiell komische Dimension der Äußerung anzeigt als auch einen konkreten Hinweis darauf gibt, an welcher konkreten Stelle der Äußerung und mit welchen sprachlichen Formen gespielt wird.

Bei vertikalen Wortspielen, bei denen das betreffende Redezeichen nicht wiederholt wird, lässt sich hingegen ein erhöhter Verarbeitungsaufwand beobachten. Sprecherseitig findet dabei häufig eine Kommentierung der Schwierigkeit des Wortspiels statt, hörerseitig oft eine ungewöhnlich stark ausgeprägte Reaktion auf das dann verstandene Wortspiel, z. B. durch lautes Lachen, Aufstöhnen usw.[2] (oder in anderen Fällen explizite Kommentierungen). Dies ist im oben bereits kommentierten Beispiel klar erkennbar:

> Außerdem hab' ich festgestellt, ich krieg Verstopfung von dem Essen [Essen in chinesischen Restaurants]. Oder wie die Medizin ja sagt, *Reisverschluss* [Reißverschluss]. ... (*verzögerte, deutlich hörbare Publikumsreaktion*) ... Ja, der hat bei mir auch länger gedauert. (Michael Schönen, https://www.youtube.com/watch?v=P7Lt5VMxDJI, 3:35–3:47, Zugriff 06.09.2018, Kursivierung EWF)

Ein weiteres Beispiel liefert der Auftritt von Martin Reinls Puppe der *Grippe im Anzug*, bei deren Selbstvorstellung mehrere Bedeutungen des Ausdrucks überlagert werden, indem die Puppe im Anzug gekleidet erscheint:

> Ich bin eine Grippe im Anzug. (*lautes Lachen, Kichern, Applaus*)
> (Martin Reinl, https://www.youtube.com/watch?v=oWbJx5Fc71o, 0:33–0:35, Zugriff 27.09.2018)

Der zu erwartende Verarbeitungsaufwand ist bei der Performanz sprachspielerischer Texte einzukalkulieren, was sich unmittelbar z. B. in der Setzung von Sprechpausen widerspiegelt (vgl. hierzu auch den Beitrag von Angelika Braun im vorliegenden Band). Einen sehr klaren Beleg für die kommunikative Bedeutung der Unterscheidung von vertikalen und horizontalen Wortspielen liefern auch von den Sprachkünstlern geplant oder ad hoc eingesetzte Wiederholungen, durch die vertikale zu horizontalen Wortspielen transformiert werden, wie etwa im obigen Beispiel „alle *tragisch*... äh, alle *trag' isch*" (vgl. auch das im Beitrag

---

1 Vgl. das Forschungsprojekt „Dynamik des Wortspiels", das die Verwendung des Wortspiels in der Sprecher-Hörer-Interaktion fokussiert (siehe die Projektbeschreibung unter wortspiel.uni-trier.de, Zugriff 06.09.2018).
2 Vgl. hierzu auch Freuds ([1905] 2012) Analyse der Triebabfuhr beim Witz, die weiterführend einbezogen werden könnte.

von Angelika Braun besprochene Beispiel von Willy Astor, bei dem der Ausdruck *Meg Ryan / Meckereien* wiederholt wird, um das Verstehen der Pointe zu ermöglichen).

Mit Blick auf die Interaktion zwischen den Gesprächspartnern erscheint ferner auch eine Einbeziehung von Fällen bloßer formaler Ähnlichkeit sinnvoll, da hier wiederum ein unterschiedliches Funktionieren der Wortspiele beobachtet werden kann: Während die horizontalen Wortspiele klar erkennbar signalisiert werden, entsteht für vertikale Spiele mit Paronymen (vgl. etwa den im Interview von Murmel Clausen kommentierten *Selbstmarder [Selbstmörder]* oder Martin Reinls *Horst [horse]-Pferdinand* usw.) für die Gesprächspartner bzw. Zuhörer oder Zuschauer auch hier ein erhöhter Verarbeitungsaufwand, der sehr häufig aus entsprechenden sprachlichen oder nichtsprachlichen Reaktionen erschließbar ist.

Das grundlegend unterschiedliche Funktionieren horizontaler und vertikaler Wortspiele lässt sich abschließend sehr gut auch anhand von Textbeispielen aus Fremdsprachen belegen, in denen der Rezipient eingeschränkte sprachliche Kompetenzen besitzt: Während sich die komische Dimension von vertikalen Wortspielen in anderen Sprachen ggf. gar nicht erschließt, wenn der Rezipient nicht alle relevanten Bedeutungen und Verwendungsweisen der sprachlichen Einheit kennt, mit der gespielt wird (vgl. frz. *pointe* im nachfolgenden Beispiel), geben horizontale Wortspiele zumindest einen Hinweis darauf, wo sich in der Äußerung ein Wortspiel „versteckt", und sie ermöglichen, die weitere Bedeutung ggf. mit Hilfe eines Wörterbuchs zu recherchieren. Die unterschiedliche Schreibung der gleich ausgesprochenen, d. h. homophonen, Formen kann dabei die Erkennung der Wortspiele erleichtern: *vint / vingt, disparut / dix parut*.

> Le problème avec les cours de danse c'est qu'il faut y aller aux heures de pointe. (Laurent Ruquier, zit. nach Bailly 2006: 35)
> 'Das Problem mit den Tanzkursen ist, dass man zu den Stoßzeiten / Spitzenzeiten hingehen muss.' (frz. *heures de pointe* 'Stoßzeiten', *pointe* 'Spitze, Spitzentanz')

> Minuit vint
> Minuit disparut
> Minuit dix parut
> Minuit vingt.
> (André de Richaud, zit. nach Bailly 2006 : 70)
> 'Mitternacht kam / Mitternacht verschwand / 10 Minuten nach Mitternacht erschien / 20 Minuten nach Mitternacht.'

Bei vertikalen Wortspielen mit homophonen Formen kann die Schreibung diese hingegen maskieren. So besteht in den folgenden Beispielen bei schriftlicher Rezeption die vom Leser zu meisternde Aufgabe darin, jeweils die zusätzliche

Interpretationsmöglichkeit zu entdecken (*Qu'a Membert* → *camembert, Qu'a Momille* → *camomille, Qu'a Outchou* → *caoutchouc*). Abgesehen von den ungewöhnlichen Eigennamen – sowie dem textuellen Muster, das durch die Reihung erkennbar wird – sind die Äußerungen im Einzelnen völlig unauffällig, und es ergibt sich auch ohne die Entdeckung der Wortspiele eine völlig kohärente Interpretation.

> Appétit vigoureux, tempérament de fer,
> Membert languit, Membert se meurt – ami si cher...
> Qu'a Membert ?
>
> Hé, Momille bonjour ! Comment va la famille ?
> Le papa, la maman... Tu pleures, jeune fille ?
> Qu'a Momille ?
>
> Je viens de rencontrer, allant je ne sais où,
> Outchou, le professeur qui courait comme un fou.
> Qu'a Outchou ?
> (Franc-Nohain, zit. nach Bailly 2006: 88)
> 'Gesunder Appetit, eisernes Temperament, Membert siecht dahin, Membert stirbt – ein so teurer Freund... Was hat Membert? / Camembert – He, Momille, guten Tag! Wie geht es deiner Familie? Dem Vater, der Mutter... Du weinst, junges Mädchen? Was hat Momille? / Kamille – Ich habe gerade Outchou getroffen, den Professor, der wie ein Verrückter rannte, ich weiß nicht wohin. Was hat Outchou? / Kautschuk'

Zentral für die Analyse von Wortspielen erweist sich somit ihre Einbettung in konkrete Äußerungskontexte, in denen die spezifischen Produktions- und Rezeptionsbedingungen (einschließlich des sprachlichen Wissens und Weltwissens, das bei den Adressaten vorausgesetzt werden kann) einzukalkulieren sind. Auf der Grundlage dieser Antizipationen wird sprecherseitig dosiert, wie stark das Wortspiel signalisiert wird und auf welche auffälligen Marker hierbei zurückgegriffen wird. Bei der direkten Sprecher-Hörer-Interaktion können die entsprechenden Hörerreaktionen und -signale aufgegriffen und die Signalisierung ggf. angepasst werden; gleichzeitig kann hierbei auch gezielt mit entsprechenden Interpretationsschwierigkeiten gespielt werden.

Literaturangaben

Bailly, Sébastien. 2006. *Le meilleur des jeux de mots*. Paris: Mille et une nuits.
Freud, Sigmund. [1905] 2012. Der Witz und seine Beziehung zum Unbewußten. In Sigmund Freud, *Der Witz und seine Beziehung zum Unbewußten. Der Humor. Einleitung von Peter Gay*, 23–249. Frankfurt a. M.: Fischer.
Hausmann, Franz Josef. 1974. *Studien zu einer Linguistik des Wortspiels. Das Wortspiel im „Canard enchaîné"* (Beihefte zur Zeitschrift für romanische Philologie 143). Tübingen: Niemeyer.
Hohler, Franz [& Nikolaus Heidelbach]. 2009. *Das grosse Buch. Geschichten für Kinder*. München: Carl Hanser Verlag.
Wagenknecht, Christian. 1965. *Das Wortspiel bei Karl Kraus*. Göttingen: Vandenhoeck & Ruprecht.
Winter-Froemel, Esme. 2009. Wortspiel. In Gert Ueding (Hg.), *Historisches Wörterbuch der Rhetorik*. Vol. 9, 1429–1443. Tübingen: Niemeyer.
Winter-Froemel, Esme. 2016. Approaching Wordplay. In Sebastian Knospe, Alexander Onysko & Maik Goth (Hgg.), *Crossing Languages to Play with Words. Multidisciplinary Perspectives* (The Dynamics of Wordplay 3), 11–46. Berlin & Boston: De Gruyter.

Maik Goth
Typologie des Wortspiels.
Ein Lehrgedicht *to go*

et quod temptabam scribere bogus erat
poeta ignotus

PROÖMIUM

Dass Wortspiel nicht gleich Wortspiel ist,
Das lehrt Euch jetzt der Anglizist,
Und zwingt in holprige Knittelverse
Die Linguistenkontroverse.

LIBER I: DE SONIS VERBORUM

Wer mit dem **Klang der Wörter** frei jongliert,
Damit erfreut, begeistert, irritiert,
Der spielt mit Wörtern – wie poetisch! –
Phonetisch.
Als *pun* kennt man die munt're Spielerei;
An Klassen gibt es dreierlei.

(1) Ein Wortspiel nennt man **homophon**
Bei Wörtern mit dem **gleichen Ton.**

(2) Jedoch, die Homophone weichen,
Wenn sich die Töne nicht ganz gleichen.
Homoiophone sind es nämlich,
Klingen Wörter **nur so ähnlich.**

(3) Wird der Gleichklang ungenauer,
Wird das Wortspiel zum **Kalauer**:
Je mieser der infame Scherz,
Je größer der erlitt'ne Schmerz.

EXCURSUS: LUDORUM CONTROVERSIA

Wer solch **Geklingel** gar nicht mag,
Weil es ja nur am Zufall lag,
Dass Worte gleich und gleich erklingen,
Der muss das **Wörterbuch** herbringen.

LIBER II: DE SIGNIFICATIONIBUS VERBORUM

Wer **lexikalisierte Sinne** nutzt,
Und uns damit entzückt, vergnügt, verdutzt,
Der spielt mit Phrasen – wie pedantisch! –
Semantisch.
Solch *double entendre* ist oft **obszön**,
D'rum darf auch hier kein Beispiel steh'n.

Doch sollt Ihr, wenn Ihr mal eins seht,
Wissen, wie es darum steht.
So merkt Euch, **Arten gibt es vier**,
Und sie alle nenn' ich hier.

(1) Mehrdeutigkeit heißt, akademisch,
Bei Wort und Phrase: **polysemisch**.

Dazu gesell'n sich normativ
Drei Arten des **Figurativ**:

(2) In der **Metapher** steh'n vereint,
Was wörtlich und als Bild gemeint;

(3) Manch Bild, ins Lemma integriert,
Bleibt stumm – neu **literalisiert**
Wird's dann besonders raffiniert;

(4) Zuletzt liegt Ambiguität
Im Spiel der **Kontiguität**.

CONCLUSIO

Ich komme nun zum Schluss der Stunde.
Geht heim und lernt schön Wortspielkunde.
Damit ich seh', was Euch geblieben,
Wird morgen fix ein Test geschrieben.
Und denkt daran: Mein Stift schreibt rot!

Es grüßt Euch alle
        Dr. Goth

Robert Kirstein
Machtverhältnisse und Wortspiele. Yōko Tawada und Plinius der Jüngere

1 Yōko Tawada: *Von der Muttersprache zur Sprachmutter* (1996)

Dass Machtverhältnisse im Schreib- und Kommunikationsprozess des literarischen Kunstbetriebs eine wichtige Rolle spielen, ist so alt wie die Literatur selbst. Mitunter begegnen sie an erwarteten, mitunter an überraschenden Stellen. In ihrem Essay *Von der Muttersprache zur Sprachmutter* legt Yōko Tawada einen Aspekt von Macht und Machtmetaphern frei, der erst im Licht von Mehrsprachigkeit und Translation klar hervortritt:

> Das ist der deutsche Animismus, dachte ich mir. Zuerst war ich nicht sicher, ob die Frau ihre Wut scherzhaft übertrieb oder ob sie wirklich so wütend war, wie sie aussah. Denn es war für mich nicht vorstellbar, so ein starkes Gefühl für einen so kleinen Gegenstand empfinden zu können. Ich bin zum Beispiel noch nie in meinem Leben über mein Schreibzeug wütend geworden. Die Frau schien aber – soweit ich es beurteilen konnte – ihre Worte nicht als Scherz gemeint zu haben. Mit einem ernsthaften Gesicht warf sie den Bleistift in den Papierkorb und nahm einen neuen in die Hand. Der Bleistift, der in ihrem Papierkorb lag, kam mir plötzlich merkwürdig lebendig vor.
> Das war die deutsche Sprache, die der für mich fremden Beziehung zwischen diesem Bleistift und der Frau zugrunde lag. Der Bleistift hatte in dieser Sprache die Möglichkeit, der Frau Widerstand zu leisten. Die Frau konnte ihrerseits über ihn schimpfen, um ihn wieder in ihre Macht zu bekommen. Ihre Macht bestand darin, dass sie über den Bleistift reden konnte, während der Bleistift stumm war. (1996: 10)

Die metaphorische Verdinglichung der im Schreibprozess gegebenen Prozesse von Widerständigkeit und Überwindung im Objekt des Bleistifts, ist, wie Tawada im Folgenden ausführt, in ihrer Muttersprache von vornherein unmöglich, weil ‚Bleistift' dort wie andere Worte auch kein grammatisches Geschlecht annehmen kann („Grammatikalisch ist im Japanischen nicht einmal der Mann männlich", 1996: 11). Tawadas Anmerkungen zum ‚deutschen Bleistift-Animismus' laden dazu ein, nach literarischen Machtverhältnissen an unerwarteten Orten zu suchen. Ein solcher findet sich im Briefwechsel des antiken Schriftstellers und Senatsaristokraten Plinius des Jüngeren (61–115 n. Chr.) mit Kaiser Trajan (53–117 n. Chr.).

2 Eco, Plinius und Trajan

In einem Beitrag über Plinius den Jüngeren unter dem Titel *How to build fame* schließt Umberto Eco seine semiotische Analyse mit der folgenden Überlegung zur Funktion des ‚idealen Lesers':

> Fortunately every text is always, more or less consciously, for two kinds of Model Reader. The first is supposed to cooperate in actualizing the content of the text; the second is supposed to be able to describe – and enjoy – the way in which the first Model Reader has been textually produced. (1985: 302)

Jüngst ist Plinius' zehnbändige Briefsammlung, nicht zuletzt im Gefolge Ecos, einer Vielzahl von Studien unterworfen worden, in denen sich ein wachsendes Interesse an Aspekten der literarischen Qualität abzeichnet.[1] In Bezug auf die ersten neun Bücher der Sammlung dürfen wir annehmen, dass Auswahl, Zusammenstellung und Edition auf Plinius selbst zurückgehen. Sie umfassen insgesamt rund 247 Briefe, die sich über einen Zeitraum von mehr als zehn Jahren erstrecken (96–109 n. Chr.; vgl. Gibson und Morello 2012: 266). Dieses Korpus weist eine Reihe von Besonderheiten auf, so enthält sie nur die Briefe von Plinius' eigener Hand und lässt die Briefe der jeweils anderen Korrespondenzseite aus. Zur Gruppe der Adressaten zählt eine nicht unbedeutende Anzahl von Mitgliedern der senatorischen Elite seiner Zeit, darunter etwa der berühmte Historiker Publius Cornelius Tacitus (ca. 58–120 n. Chr.; vgl. Eco 1985; Gibson und Morello 2012: 161–168).[2] Die Briefe bieten ein breites Themenspektrum, das von Einladungen über Empfehlungsschreiben zur literarischen Beschreibung von Villen und der Großkatastrophe des ersten Jahrhunderts, dem Ausbruch des Vesuvs im August 79 n. Chr., reicht, letzteres ein Ereignis, an dem auch Plinius' hochvermögender Onkel, Plinius der Ältere, den Tod fand. Sherwin-White hat acht typische Themenfelder identifiziert: zeitgenössische Politik, Charakterskizzen, Netzwerk und Patronage, moralische Ermahnungen und Ermunterungen, häusliche Angelegenheiten, Literatur, Ortsbeschreibungen (*laus locorum*) und soziale Höflichkeit (1966: 43–44; vgl. Gibson und Morello 2012: 293–307). Das zehnte Buch, worum es im Folgenden vor allem gehen soll, ist in mancherlei Hinsicht anders.

---

[1] Vgl. zum Beispiel Marchesi (2008: XI): „Pliny's epistles are neither a treatise nor a novel, nor even a dialogue in the classical sense; however, they are also far from being a chaotic assemblage of casually collected fragments", Barchiesi (2005: 332), Ludolph (1997), Henderson (2002), Gibson und Morello (2012: 234–264), Marchesi (2015).
[2] Zu den Adressaten s. Syme (1985), Sherwin-White (1966: 65–69), Birley (2000: 17–21), Gibson und Morello (2012: 136–168, 274–292).

Hier finden sich beide Seiten der Korrespondenz, und Plinius' Briefpartner ist kein geringerer als der römische Kaiser Trajan selbst. Ungewiss ist, ob Plinius selbst eine Ausgabe auch dieser Briefe geplant hat oder ob die überlieferte Fassung erst nach seinem Tod von anderer Seite besorgt worden ist. Das Buch enthält insgesamt 121 Briefe, die sich in zwei Gruppen gliedern lassen: die erste enthält die Korrespondenz der Jahre 98 bis 102 n. Chr., die übrigen 107 Briefe sind ungefähr ein Jahrzehnt später verfasst worden und stammen aus der Periode, in der Plinius als kaiserlicher Statthalter der Provinz *Bithynia et Pontus* tätig war (heutige Nordwesttürkei, 109 / 112 n. Chr.). Themen sind Verwaltungsangelegenheiten, in denen Plinius in seiner öffentlichen Funktion als Statthalter verschiedene Entscheidungen treffen musste, die eine Konsultation des Kaisers in Rom erforderten.[3]

3 Literarische Techniken in Plinius' Kaiserkorrespondenz

Im Folgenden möchte ich die These aufstellen, dass Plinius in seiner Korrespondenz mit Kaiser Trajan teilweise dieselben literarischen Techniken anwendet, die jüngst vor allem in Bezug auf die Bücher eins bis neun diskutiert worden sind.[4] Damit folge ich einem Ansatz, der generell eine engere Verbindung zwischen den ersten neun und dem zehnten Buch postuliert (Stadter 2006; Noreña 2007; Gibson und Morello 2012: 251–253; Woolf 2015). Unter diesen Techniken des zehnten Buches finden wir auch eine Art von Wortspiel, die man in einer offiziellen Korrespondenz zwischen Kaiser und Statthalter zunächst vielleicht nicht erwarten würde. Als Untersuchungsgegenstand für Wortspiele erscheint dieses Textcorpus gerade deshalb besonders reizvoll, weil es an der Schnittstelle zwischen Alltagskommunikation und Literatur steht (Zirker und Winter-Froemel 2015b: 1).[5] Denn dass die Briefe über ihren unmittelbaren Alltagszweck hinaus

---

3 Einzelkommentare zu Buch 10: Williams (1990), Bracci (2011); das Buch ist auch berücksichtigt in dem Gesamtkommentar von Sherwin-White (1966). S. weiter Noreña (2007), Woolf (2015), Millar (2016a, 2016b), zur Provinz *Bithynia et Pontus* s. Woolf (2016).

4 Die hier behandelten Techniken sind gleichermaßen in Rhetorik und Literatur verankert. Im Folgenden wird etwas vereinfachend die literarische Seite betont, da die Briefe in ihrer vorliegenden Fassung einen Buchcharakter aufweisen, wie er auch sonst für den literarischen Kunstbrief der Antike typisch ist.

5 Zu Wortspielen in der lateinischen und griechischen Literatur des Altertums s. Ahl (1985), O'Hara (1996), Winter-Froemel (2009: 1433–1435), Mitsis und Ziogas (2016).

auch einen literarischen Charakter aufweisen, wird an vielen Details deutlich, nicht zuletzt und für die hier behandelte Technik des Wortspiels von besonderer Relevanz an den intertextuellen Bezugnahmen einzelner Briefe und Briefsequenzen untereinander (Sherwin-White 1966: 533–535).

Bevor wir auf Plinius' Wortspielkunst näher eingehen, lohnt sich ein kurzer Blick auf die bisherige Bewertung seiner Rolle als Provinzstatthalter. Hier überwiegt eine Interpretationsrichtung, die in Plinius vor allem eine hochgradig unsichere und entscheidungsschwache Person sieht, die in allen wichtigen und auch weniger wichtigen Angelegenheiten Vorgaben aus Rom erbittet. Eine typische Stimme für diese Richtung ist Soverini (1989: 553), der Plinius als „un funzionario imprigionato in una completa dipendenza dalle direttive imperiali" charakterisiert. Ähnlich urteilt auch Ludolph (1997: 53–54):

> Fast scheint es erstaunlich, wie denn ein so desinteressierter Mann überhaupt eine doch beachtliche öffentliche Karriere machen konnte. Buch X gibt die Antwort auf diese Frage, denn in ihm erscheint Plinius als ein äußerst gewissenhafter, ja mitunter pedantischer Verwaltungsbeamter. [...] Mit Plinius' Pedanterie geht eine eklatante Entscheidungsschwäche einher – auch das ganz im Gegensatz zu den literarischen Briefen. Erscheint er dort als ‚wise counsellor', so ist er im Buch X selbst derjenige, der ständig um Rat nachfragen muß.[6]

Eine solche Insekurität in der Amtsführung wird beispielhaft deutlich in Briefen wie 10.68-69, in denen Plinius beim Kaiser anfragt, wie er mit dem Wunsch der Lokalbevölkerung nach Umbettung ihrer Verstorbenen umgehen solle:

> 10.68 C. PLINIUS TRAIANO IMPERATORI
> Petentibus quibusdam, ut sibi reliquias suorum aut propter iniuriam vetustatis aut propter fluminis incursum aliaque his similia quocumque secundum exemplum proconsulum transferre permitterem, quia sciebam in urbe nostra ex eius modi causa collegium pontificum adiri solere, te, domine, maximum pontificem consulendum putavi, quid observare me velis.
>
> [Mehrere Personen haben mich gebeten, ihnen nach dem Vorbild der Prokonsuln zu gestatten, die Gebeine ihrer Angehörigen wegen der Schädigung durch das Alter des Grabes,

---

[6] Etwas positiver urteilt Sherwin-White (1966: 547). Die Arbeit von Hoffer (1999) bietet eine Interpretation ausgewählter Briefe des ersten Buches, die diese unter dem Aspekt der Angst (*anxiety*) und ihrer Unterdrückung liest, vgl. S. 1: „The leading trait in Pliny's epistolary self-portrait is his confidence: confidence in himself and his friends, in their writings and activities, in the Roman government, and in the emperor [...] This very absence of anxiety invites us to look at the opposite side of the picture, at Pliny's anxieties, to help us understand his aims in putting together and publishing the letters."

wegen der Überschwemmungen des Flusses und aus allen möglichen andern Gründen umzubetten. Da ich weiß, daß man sich in unsrer Stadt bei derartigen Fragen an das Kollegium der Pontifices zu wenden pflegt, glaube ich, Dich, Herr, als Pontifex Maximus fragen zu müssen, wie ich mich verhalten soll. (Kasten 1968: 619)]

10.69 TRAIANUS PLINIO
Durum est iniungere necessitatem provincialibus pontificum adeundorum, si reliquias suorum propter aliquas iustas causas transferre ex loco in alium locum velint. Sequenda ergo potius tibi exempla sunt eorum, qui isti provinciae praefuerunt, et ut causa cuique, ita aut permittendum aut negandum.

[Es wäre hart, wollte man den Provinzialen den Zwang auferlegen, sich an die Pontifices zu wenden, wenn sie aus irgendwelchen triftigen Gründen die Gebeine ihrer Angehörigen von einem Ort an einen andern umbetten wollen. Du wirst Dich also besser an das Vorbild der früheren Statthalter Deiner Provinz halten und je nachdem, welche Gründe jeweils vorliegen, die Erlaubnis erteilen oder versagen. (Kasten 1968: 619)]

Ganz ähnlich verhält es sich mit den im Sommer des Jahres 110 n. Chr. verfassten Briefen 10.15–17a. In ihnen informiert Plinius den Kaiser ausführlich über seine Antrittsreise in die Provinz, hält ihn über jede Station in Kenntnis, einschließlich der aktuellen Wetterbedingungen und des persönlichen Gesundheitszustandes:

10.15 C. PLINIUS TRAIANO IMPERATORI
Quia confido, domine, ad curam tuam pertinere, nuntio tibi me Ephesum cum omnibus meis ὑπὲρ μαλέαν navigasse quamvis contrariis ventis retentum. Nunc destino partim orariis navibus, partim vehiculis provinciam petere. Nam sicut itineri graves aestus, ita continuae navigationi etesiae reluctantur.

[Weil ich überzeugt bin, Herr, daß Du Wert darauf legst, melde ich Dir, daß ich mit allen meinen Leuten zu Schiff an Kap Malea vorbei, obwohl durch widrige Winde aufgehalten, nach Ephesus gelangt bin. Jetzt beabsichtigte ich, teils mit Küstenfahrzeugen, teils zu Wagen meine Provinz zu erreichen. Denn wie die drückende Hitze die Reise zu Lande erschwert, so die Passatwinde eine ununterbrochene Seefahrt. (Kasten 1968: 573)]

10.16 TRAIANUS PLINIO
Recte renuntiasti, mi Secunde carissime. Pertinet enim ad animum meum, quali itinere provinciam pervenias. Prudenter autem constituis interim navibus, interim vehiculis uti, prout loca suaserint.

[Es war recht, mein Secundus, daß Du mir Meldung gemacht hast; natürlich interessiert es mich, wie Deine Reise in die Provinz verläuft. Dein Entschluß, Dich je nach den Örtlichkeiten zeitweise der Schiffe, zeitweise der Wagen zu bedienen, ist vernünftig. (Kasten 1968: 573)]

10.17a C. PLINIUS TRAIANO IMPERATORI
Sicut saluberrimam navigationem, domine, usque Ephesum expertus ita inde, postquam vehiculis iter facere coepi, gravissimis aestibus atque etiam febriculis vexatus Pergami substiti. Rursus, cum transissem in orarias naviculas, contrariis ventis retentus aliquanto tardius quam speraveram, id est XV Kal. Octobres, Bithyniam intravi. Non possum tamen de mora queri, cum mihi contigerit, quod erat auspicatissimum, natalem tuum in provincia celebrare. [...] Haec tibi, domine, in ipso ingressu meo scripsi.

[Herr, wenn mir die Seereise bis Ephesus sehr gut bekommen ist, so habe ich, seit ich im Wagen reise, sehr unter der drückenden Hitze und auch an leichten Fieberanfällen gelitten und deshalb in Pergamum haltgemacht. Als ich dann auf Küstenschiffe übergestiegen war, wurde ich wieder durch Gegenwinde festgehalten und gelangte so wesentlich später als erwartet, das heißt: erst am 17. September nach Bithynien. Trotzdem brauche ich die Verzögerung nicht zu bedauern, denn ich durfte – ein sehr gutes Omen! – Deinen Geburtstag bereits in der Provinz feiern. [...] Dies schreibe ich Dir, Herr, unmittelbar nach meinem Eintreffen. (Kasten 1968: 573)]

Die beiden Beispiele geben einen Einblick in Thematik und Stil der Korrespondenz zwischen Plinius und Trajan, deren Hauptkennzeichen das allgemein konstatierte Mitteilungs- und Absicherungsbedürfnis des Statthalters ist (oder zu sein scheint). Ist dies unsere moderne Reaktion auf vormoderne Praktiken von Herrschaftskommunikation oder mag der Kaiser ähnlich gedacht haben wie wir heute? Eindeutig beantworten lässt sich diese Frage nicht, doch könnte man geneigt sein, in Trajans Antwortschreiben *epist.* 10.16 – „Es war recht, mein Secundus, daß Du mir Meldung gemacht hast; natürlich interessiert es mich, wie Deine Reise in die Provinz verläuft" – einen Hauch von Ironie in der Stimme des Kaisers zu entdecken.

Aber ist dies schon das ganze Bild? Betrachtet man die Briefe etwas genauer und unterstellt ihnen ein Mehr an Literarizität als bisher zugestanden, wird man mit einem anderen Plinius konfrontiert, einem Plinius, der wesentlich weniger passiv und unsicher agiert, als es scheint. Einen ersten Hinweis liefert die Beobachtung, dass insbesondere die einleitenden Briefe des zehnten Buches in auffälliger Dichte eine Reihe von römischen sogenannten ‚Wertbegriffen' fallen lassen, die zum Kern von Trajans Selbstdarstellung als ‚gutem Kaiser' gehören, darunter *pietas*, *clementia* und *iustitia* (vgl. Eck 2010: 116). Begriffe wie ‚Frömmigkeit, Milde und Gerechtigkeit' sind dabei nicht auf Trajan beschränkt, sondern gehören zur Hochsemantik römischen Selbstverständnisses überhaupt und sind in der Kaiserzeit insbesondere mit Kaiser Augustus (63 v. Chr.–13 n. Chr.) verbunden, der in der Traditionsbildung schon früh zum idealen und vorbildlichen Kaiser par excellence avancierte (Galinsky 1996: 80–140; Noreña 2001; Christ 2009: 168–171). Die genannten Begriffe stellen Trajan aber nicht nur auf die Seite einer positiven Augustus-Tradition, sondern heben ihn zugleich von ‚schlechten

Kaisern' wie Nero oder Domitian ab (Witschel 2010: 110). Domitian, 96 n. Chr. unter teilweise unklaren Umständen im eigenen Palast ermordet, verfiel sofort nach seinem Tod einer ‚Erinnerungsverdammung' (*damnatio memoriae*) und wurde zu einem der am meisten verhassten Kaiser, besonders unter Mitgliedern der senatorischen Elite, zu der auch Plinius und Tacitus gehörten. Auf Domitian folgte zunächst Marcus Cocceius Nerva (30–98 n. Chr.), der die Macht durch Adoption an Trajan übergab (Regierungszeit 98–117 n. Chr.). In seiner Korrespondenz macht sich Plinius dieses offizielle Werteschema strategisch zunutze, um Trajan lobend als ‚guten Kaiser' zu charakterisieren, in deutlicher Abgrenzung zum ‚schlechten Kaiser' Domitian, dessen als tyrannisch empfundener Regierungsstil vielen seiner Zeitgenossen noch lebendig vor Augen stand. Ein Beispiel für diese Technik findet sich bereits im ersten Brief des Buches *epist.* 10.1:

> 10.1 C. PLINIUS TRAIANO IMPERATORI
> [1] Tua quidem *pietas*, imperator sanctissime, <u>optaverat</u>, ut quam tardissime succederes patri; sed di immortales festinaverunt *virtutes tuas* ad gubernacula rei publicae quam susceperas admovere. Precor ergo ut tibi et per te generi humano prospera omnia, id est digna caeculo tuo contingant. Fortem te et hilarem, imperator optime, et privatim et publice <u>opto</u>.
>
> [In Deiner <u>Sohnesliebe</u> hattest Du, hocherhabener Kaiser, <u>gewünscht</u>, Deinem Vater so spät wie möglich zu folgen, aber die unsterblichen Götter haben es eilig gehabt, *Deine Fähigkeit* ans Ruder des Staates zu bringen, zu dessen Führung Du Dich bereit erklärt hattest. Ich bete also, daß Dir und durch Dich der ganzen Menschheit lauter Segen, und das heißt: alles, was Deiner Zeit würdig ist, beschieden sein möge. Gesundheit und Frohsinn <u>wünsche</u> ich Dir, bester Kaiser, für mich persönlich und im Namen des Staates. (Kasten 1968: 559)]

Mit der Wendung ‚Deinem Vater so spät wie möglich zu folgen' bezieht sich Plinius auf den unerwarteten Tod Nervas Anfang 98 n. Chr., der den Weg für Trajans Herrschaft ebnete. Betrachtet man diesen Brief nicht isoliert, sondern im Buchkontext, verwundert es nicht, dass Plinius den Briefwechsel so eröffnet, dass das zentrale Thema ‚Tugenden' (*virtutes*) gleich zu Beginn Erwähnung findet (*virtutes tuas* – ‚Deine Tugenden'). Im Lateinischen bezeichnet *virtus* zunächst allgemein „the qualities typical of a true man, manly spirit, resolution, valour, steadfastness or sim". In einem engeren Sinne steht *virtus* für „excellence of character or mind, worth, merit, ability, etc." oder für „a particular excellence of character, ability, etc." (OLD 1988: 2073). Angesichts dieses lexikalischen Bedeutungsspektrums kann der Gebrauch von *virtus* an der vorliegenden Stelle als eine strategisch eingesetzte Polysemie (durch Spezialisierung) verstanden werden, mit der Plinius einerseits die allgemeinen Verdienste und Talente des neuen Kaisers lobend hervorhebt und sich zugleich einen Ausgangspunkt schafft, um im Weiteren diejenigen unter *virtus* subsumierten Wertbegriffe ins

Spiel zu bringen, die für Trajans Selbstrepräsentation als Kaiser eine zentrale Rolle spielten. Im selben Brief kommt Plinius bereits auf eine besondere *virtus* zu sprechen, wenn er eingangs Trajans Frömmigkeit (*pietas*) hervorhebt, die ihn davon abhalte, die Macht in übermäßiger Eile zu suchen. Trajans Tugenden werden dann in den Briefen immer wieder thematisiert (z. B. *epist.* 10.14, 10.88, 10.100). In Brief 10.14 preist Plinius den Kaiser beispielsweise für einen Sieg gegen die Daker 112 n. Chr. mit den folgenden Worten:

> 10.14 C. PLINIUS TRAIANO IMPERATORI
> Victoriae tuae, optime imperator, maximae, pulcherrimae, antiquissimae et tuo nomine et rei publicae gratulor, deosque immortales precor, ut omnes cogitationes tuas tam laetus sequatur eventus, cum *virtutibus tantis* gloria imperii et novetur et augeatur.
>
> [Zu Deinem überwältigenden, herrlichen, bedeutsamen Siege beglückwünsche ich Dich, bester Kaiser, in Deinem und des Staates Namen und bitte die unsterblichen Götter, daß allen Deinen Unternehmungen ein ebenso glücklicher Erfolg beschieden sei, denn *durch solche Heldentaten* wächst und erneuert sich unsres Reiches Ruhm. (Kasten 1968: 571)]

4 Wortspiele ‚at work'

Möchte man diese Analyse einen Schritt weiterführen, kann eine zweite Beobachtung hinzugefügt werden. Plinius lässt nicht nur einfach eine Reihe römischer Wertbegriffe und -konzepte fallen, die in Einklang mit Trajans Herrschaftsrepräsentation stehen. Vielmehr spielt er mit diesen Begriffen, indem er sie nicht einfach auf Trajan anwendet, sondern sie – auf subtile Weise und unter strategischer Nutzung lexikalischer Ambiguitäten – auch auf die eigene *persona* bezieht. Damit schafft er über den Weg der Sprache eine atmosphärische Nähe, die die politische Schwelle zwischen Kaiser und Senator geschmeidig überspannt. Ein markantes Beispiel für diese Technik findet sich in den Briefen acht und neun des zehnten Buches, in denen Plinius den Herrscher um Gewährung eines Urlaubes von 30 Tagen bittet. Die geplante Reise soll Plinius nach *Tifernum Tiberinum* (heute *Città di Castello* in Umbrien) führen, wo er einen Tempel mit einer Gruppe römischer Kaiserstatuen errichten möchte. Zu den vorhandenen Statuen soll aus eigenem Bemühen eine Statue des aktuellen Herrschers Trajan hinzugefügt werden. Der zweite Teil der Reise dient der Visitation von Ländereien, die sich im Besitz seiner Familie befinden und die im Jahr eine Rendite von mehr als 400.000 Sesterzen erwirtschaften (Seelentag 2004: 183–197). Dass die Reise öffentliche Pflicht (Tempelbau) und private Angelegenheiten (Vermögensverwaltung) verbindet, diskutiert der Senator offen in seinem Brief. Er schließt ihn mit den Worten:

> 10.8.6. C. PLINIUS TRAIANO IMPERATORI
> *Debebo ergo, domine, indulgentiae tuae et pietatis meae celeritatem et status ordinationem, si mihi ob utraque haec dederis commeatum XXX dierum. Neque enim angustius tempus praefinire possum, cum et municipium et agri de quibus loquor sint ultra centesimum et quinquagesimum lapidem.*
>
> [*Also Deiner Huld, Herr, werde ich die alsbaldige Ausführung meines pietätvollen Wunsches und die Ordnung meiner Vermögensverhältnisse zu danken haben*, wenn Du mir aus diesen beiden Gründen einen einmonatigen Urlaub bewilligst. Eine kürzere Frist kann ich nämlich nicht ansetzen, da das Städtchen und die Besitzungen, von denen ich spreche, jenseits des 150. Meilensteins liegen. (Kasten 1968: 567)]

Elegant verbindet Plinius hier Trajans ‚Huld' (*indulgentia tua*) mit dem eigenen ‚pietätsvollen Wunsch / Frömmigkeit' (*pietas mea*) in einem einzigen Satz. Cotton (1984) hat die zentrale Rolle herausgestellt, die *indulgentia* in Plinius' Haltung gegenüber dem Kaiser spielt und Seelentag (2004: 196) weist zurecht darauf hin, dass *indulgentia* und *pietas* an der vorliegenden Stelle eine klare Hierarchie zwischen Kaiser und Senator markieren. Was diese Partie aber besonders interessant macht, ist die Tatsache, dass der Begriff ‚Frömmigkeit' (*pietas*) hier nicht zum ersten Mal innerhalb des Briefwechsels ins Spiel kommt. Denn schon im allerersten Brief lobt Plinius die Tugenden des Kaisers im Allgemeinen (*virtutes tuas*; *epist.* 10.1) und seine besondere Frömmigkeit im Besonderen (*tua quidem pietas*). Über die Technik der – auf den ersten Blick unauffälligen und geradezu natürlich wirkenden – Wortwiederholung gelingt es Plinius, das Thema ‚Frömmigkeit' vom Kaiser (*epist.* 1) auf sich selbst zu übertragen (*epist.* 8). Wie im Falle von *virtus* macht sich Plinius auch bei *pietas* lexikalische Polysemie zunutze. Denn im Lateinischen kann *pietas* „the relationship between human beings" wie beispielsweise „of children to parents" bezeichnen (in *epist.* 1: Trajans Verhältnis zu seinem Vorgänger und Adoptivvater Nerva). Zugleich wird es aber auch verwendet, wenn es um die Haltung „of citizens towards a State or ruler" geht (*epist.* 8: Plinius' Verhältnis zu Trajan; vgl. OLD 1988: 1378). Genau in dieser zweiten Bedeutung verwendet Trajan *pietas* selbst in seinem Antwortschreiben:

> 10.9 TRAIANUS PLINIO
> Et multas et omnes publicas causas petendi commeatus reddidisti; mihi autem vel sola voluntas tua suffecisset. Neque enim dubito te, ut primum potueris, ad tam districtum officium reversurum. Statuam poni mihi a te eo quo desideras loco, quamquam eius modi honorum parcissimus tamen patior, ne impedisse cursum erga me *pietatis tuae* videar.

[Du führst viele persönliche und eine Reihe allgemeiner Gründe für Dein Urlaubsgesuch an; mir hätte allein Dein Wunsch genügt. Denn ich zweifle nicht, daß Du so bald wie möglich zu Deinem so arbeitsreichen Amte zurückkehren wirst. Damit, daß Du mir an dem in Aussicht genommenen Platze eine Statue errichten willst, bin ich, obwohl sonst sehr sparsam mit der Bewilligung derartiger Ehrungen, trotzdem einverstanden, um nicht den Anschein zu erwecken, als wollte ich die Äußerungen *Deiner Ergebenheit* gegen mich verhindern. (Kasten 1968: 569)]

Zwischen Brief eins und acht finden wir das Motiv der Frömmigkeit (*pietas*) noch einmal in Brief vier, wo diese einem gewissen Voconius Romanus zugeordnet wird, einem Bekannten des Plinius, der häufiger auch in den ersten neun Büchern des Gesamtkorpus vorkommt (Birley 2000: 101; Fein 1994: 104–105; Gibson und Morello 2012: 149–154). Plinius empfiehlt den Freund mit großer Emphase beim Kaiser und charakterisiert ihn als einen Mann, der durch exzellente Bildung und außerordentliche Frömmigkeit (*pietas*) hervorrage („... *non sine magna fiducia subsigno apud te fidem pro moribus Romani mei, quos et liberalia studia exornant et eximia pietas*" [... verbürge ich mich bei Dir nicht ohne große Zuversicht für die Persönlichkeit meines Romanus, den Vorliebe für die freien Künste und eine außergewöhnliche Anhänglichkeit auszeichnet], *epist.* 10.4, Üb. Kasten 1968: 563). Betrachtet man die Sequenz der ersten Briefe des zehnten Buches, so sieht man das zentrale Wort ‚Frömmigkeit' unauffällig vom Kaiser über eine dritte Person (Voconius Romanus) zu Plinius selbst übergleiten. Diese Beobachtung ist umso interessanter, als *pietas* eines der wichtigsten römischen Wertekonzepte überhaupt darstellt, das aufs engste mit dem Idealbild römischer Herrschaft in der Augustus-Tradition zurückgeht (Galinsky 1996: 86–88; für Trajan s. Seelentag 2004: 65). Nicht zufällig ist *pius* auch die Haupteigenschaft des Helden Aeneas in Vergils *Aeneis*, einem Werk, das auf einer mythisch-historischen Verknüpfung der Aeneas-Figur mit Augustus beruht. In diesem im weiteren Sinne ‚politischen' Gebrauch des Wortes steht der (kultische oder religiöse) Aspekt der Frömmigkeit gegenüber Ahnen und Göttern im Zentrum (vgl. OLD 1988: 1378, nr. 2).

Die Technik, die Sphäre des Kaisers durch Wortwiederholung mit der eigenen Person zu verknüpfen, ist nicht auf ein Beispiel beschränkt. Wiederum im ersten Brief des zehnten Buches finden wir eine funktional vergleichbare Wiederholung des Verbs *optare* (‚wünschen'). Im ersten Fall bezieht sich *optare* auf Trajan („In Deiner Sohnesliebe hattest Du [...] gewünscht"), im zweiten auf Plinius („Gesundheit und Frohsinn wünsche ich Dir [...]"). Was auf den ersten Blick unauffällig erscheint, gewinnt im Kontext der oben beschriebenen Wortwiederholungstechnik an Bedeutung. Wieder wird ein Wort zunächst im Zusammenhang mit Trajan und dann mit Bezug auf Plinius selbst verwendet, diesmal sogar nicht über Briefgrenzen hinweg, sondern innerhalb ein und desselben kurzen

Briefes. Die zitierten Beispiele erzeugen eine Einheit oder Gleichklang zwischen Kaiser und Senator, im Fall von *pietas* über gemeinsame Werte und im Falle von *optare* über den Freundschaftsgedanken gemeinsamen Strebens. Letzteres erinnert an die in der antiken Tradition geläufige Definition von *amicitia* als ein ‚dasselbe wünschen und dasselbe nicht wünschen'. So schreibt der römische Historiker Sallust: *nam idem velle atque idem nolle, ea demum firma amicitia est* (Sallust, *Catilina* 20.3).[7]

Die bisher beschriebenen Wortspiele beruhen im Kern auf kontextueller Integration und machen sich zugleich Eigenschaften der sprachlichen Einheiten wie Polysemie zunutze (Definitionen bei Winter-Froemel 2009 und 2016; Zirker und Winter-Froemel 2015b: 5 mit weiterer Lit.). Das Hauptmerkmal ist die Wiederholung derselben lexikalischen Einheit in verschiedenen Zusammenhängen, um zwei gegebene Textelemente miteinander zu verknüpfen (Winter-Froemel 2016: 18), in unserem Fall Trajan und Plinius. Nicht unwichtig, aber sekundär ist die Frage, ob die Wiederholung eine Bedeutungsverschiebung bewirkt, wie im Fall von *pietas*, einem Wort, das auf ganz verschiedene Arten sozialer Relationen angewendet werden kann und das je nach Kontext von Beziehungen zwischen gleichrangigen Personen zu solchen Verhältnissen reicht, in denen eine Seite über oder unter der anderen steht. Um diese Verschiebung der lexikalischen Bedeutung auszudrücken, übersetzt Kasten *pietas* in *epist.* 1 in Bezug auf Trajan mit ‚Sohnesliebe' (d. h. zu seinem Vorgänger Nerva) und später in *epist.* 8 und 9 in Bezug auf Plinius mit ‚pietätsvoller Wunsch' (d. h. zu seinem Kaiser Trajan).

Wortspiele können in der Alltagskommunikation und in literarischen Texten unterschiedliche Funktionen erfüllen. Oft haben sie eine unterhaltsame oder komische Wirkung, manchmal werden sie verwendet, um eine Figur zu charakterisieren oder die Aufmerksamkeit des internen oder externen Lesers oder Hörers zu erregen. Wortspiele können auch der Strategie eines Redners dienen „to present him-/herself in a positive, creative way" (Zirker und Winter-Froemel 2015b: 7). Diese Funktion des *self-fashioning* bietet eine Kategorie, die der kommunikativen Situation in Plinius' zehntem Buch entspricht. Die Wortspiele schaffen eine Einheit zwischen dem Kaiser und dem Senator mit dem Effekt, dass beide Seiten, trotz aller verbleibender Unterschiede in Rang und Macht, fast gleichwertig und nahezu als Freunde erscheinen. Die spielerische Sprachmanipulation dient dann auch der Manipulation der sozialen Ordnung. Aber wie weit reicht diese Manipulation? Betrifft sie nur den internen Leser und Dialogpartner Trajan oder reicht es darüber hinaus bis zum externen Leser einer

---

7 Zum Thema Freundschaft bei Plinius s. Gibson und Morello (2012: 347 s. v. *friendship*), Konstan (1997: 147–148), Castagna (2003).

erst später angefertigten und veröffentlichten Briefsammlung? Über die Absichten und Strategien des Autors zu sprechen, ist bei antiken Schriftstellern besonders schwierig, über die Hintergründe des zehnten Briefbuches ist so gut wie nichts bekannt. Dennoch findet sich an anderer Stelle im Werk des Plinius ein signifikanter Beleg für die hier postulierte bewusste Strategie, eine Nah- oder Freundschaftsbeziehung zwischen Kaiser und Senatorenstand zu etablieren. Am 1. September 100 n. Chr. hielt Plinius eine feierliche Rede im Senat und in Anwesenheit des Kaisers. Dieser erhaltene sogenannte *Panegyricus Traiani* erlangte in der Antike schnell große Bekanntheit und avancierte in der Spätantike zum Vorbild vergleichbarer Lobreden auf den Kaiser (Rees 2011). In dieser Rede preist Plinius nicht nur Trajan als ‚besten Herrscher' (*optimus princeps*), sondern bezieht sich unmittelbar auf die Freundschaft, die Trajan den Senatoren anbiete, die unter der Herrschaft des ‚schlechten Herrscher' (Domitian) gelitten hätten (Roche 2011b: 18–22). Gegen Ende seiner Rede hebt Plinius das Freundschaftsmotiv noch einmal mit großer Emphase hervor (Noreña 2011: 31–32):

> [85] Iam etiam et in privatorum animis exoleverat priscum mortalium bonum amicitia, cuius in locum migraverant adsentationes blanditiae et peior odio amoris simulatio. Etenim in principum domo nomen tantum amicitiae, inane scilicet inrisumque manebat. [...] Tu hanc pulsam et errantem reduxisti: habes amicos quia amicus ipse es. [...] Diligis ergo cum diligaris, et in eo quod utrimque honestissimum est, tota gloria tua est; *qui superior factus, descendis in omnia familiaritatis officia, et in amicum ex imperatore submitteris, immo tunc maxime imperator cum amicum agis.*

> [Ein altehrwürdiges Gut der Menschen, die Freundschaft, war längst in den Herzen auch der einfachen Bürger verkümmert, und an seine Stelle traten Anbiederung, Schmeichelei und, schlimmer noch als Haß, geheuchelte Liebe. Ja, im Kaiserpalast blieb nur das Wort ‚Freundschaft' noch übrig, ein leerer, verspotteter Begriff, sonst nichts. [...] Du warst es, der diese vertriebene, heimatlos umherirrende Freundschaft wieder zurückgeführt hat; du nennst gute Freunde dein eigen, weil du selbst ihnen ein guter Freund bist. [...] Da du also geliebt wirst, liebst du wieder – ein Verhältnis, das beiden Seiten hohe Ehre macht, Ruhm aber ganz allein dir bringt. *Denn du stehst höher und lässest dich dennoch herab, alle Pflichten der Freundschaft zu erfüllen, legst den Kaiser ab und wirst schlicht nur ein Freund – doch nein, gerade dann bist du am meisten Kaiser, wenn du dich als Freund gibst.* (Kühn 2008: 164–167)]

Es darf als wahrscheinlich gelten, dass Plinius das hier formulierte Ideal der Freundschaft im pragmatischen Kontext seines Briefwechsels mit dem Kaiser fortsetzt.[8] Es ist auch wahrscheinlich, dass er dasselbe Publikum im Auge hat wie

---

8 Vgl. Konstan (1997: 148) mit Bezug auf einen früheren Passus des *Panegyricus*, in dem Plinius ebenfalls über Freundschaft spricht: „[...] Pliny also implies (44.7) that friendship with Trajan

beim Anlass des *Panegyricus*, nämlich Kaiser Trajan selbst und zugleich seine römischen Mit-Senatoren.

5 Kaiser Trajan als ‚Model Reader'

Abschließend können noch zwei Aspekte hinzugefügt werden. Die Art des hier besprochenen Wortspiels verlangt vom Leser eine sorgfältige und genaue Lektüre des Textes. Einige Merkmale treten nur durch Prozesse von Zweitlektüre (*rereading*) und ständiges Hin- und Herblättern hervor. Dieses Phänomen von (intentionalen) Wortspielen, die nicht auf direktes Verstehen abzielen, hat Bauer (2015) als „secret wordplay" beschrieben:

> Wordplay frequently aims at effects that go along with a certain processing effort: the reader or hearer must notice that there is a play on words intended, must realize its meaning, and will, as a rule, take pleasure in the discovery. Wordplay thus establishes a bond between speaker and hearer: the speaker assumes that the hearer will be able to get it and thus pays his audience a compliment, which is returned by their appreciation and expression of delight. Authors, however, may wish to heighten the pleasure by deferring it, or they may have other reasons for raising the hurdles, turning the play on words into a mystery that is only to be solved by a select, knowledgeable audience. (Bauer 2015: 269–270)

Bauers Beobachtung, dass geheime Wortspiele vor allem in literarischen Texten zuhause sind (2015: 270), bietet darüber hinaus ein Argument für die Diskussion über die literarische Eigenart des zehnten Buches und ihren Bezug zu den ersten neun Büchern. Denn wenn man solche ‚geheimen Wortspiele' in der offiziellen Korrespondenz zwischen Plinius und Trajan beobachten kann, sagt dies auch etwas über den im Text konstruierten Modell-Leser aus. Es handelt sich um einen Leser, der derartige Wortspiele zu entdecken vermag, der mit derartigen Techniken rechnet und die dadurch ausgesprochene „invitation to metalinguistic reflection" akzeptiert (Zirker und Winter-Froemel 2015b: 10). In diesem Sinne erzeugt Plinius nicht nur eine Atmosphäre der Verbundenheit und Freundschaft mit Trajan, sondern er macht – indem er seinen Briefen eine spielerische Dimension hinzufügt – auch den Kaiser zu einem ‚Model Reader'. Und dies sagt uns schließlich auch etwas Entscheidendes über Plinius selbst: Als ‚literarischer Wortspieler' präsentiert er sich auch in Buch 10 als ein weit weniger unsicherer und schwacher Mensch als bisher angenommen, die Machtverhältnisse zwischen ihm und

---

depends on the moral equality between the emperor and those who are, by reason of their virtue, similar (*similes*) to him."

dem Kaiser zeigen sich nicht grundlegend gewandelt, aber doch anders und vielschichtiger disponiert.

Ähnlich wie das ‚animistische Potential' des Bleistifts bei Yōko Tawada durch die Brechung einer Mehrsprachenperspektive hervortritt, gewinnt Plinius' Strategie an Kontur, wenn seine Briefe an den Kaiser als ein Text wahrgenommen werden, der auf der Schnittstelle zwischen Alltagskommunikation und Literatur liegend sich Ausdrucksmöglichkeiten zunutze macht, die man in einer Verwaltungskorrespondenz zunächst nicht erwartet.

Literaturangaben

Zitierte Primärtexte

Glare, Peter G. W. 2012. *Oxford Latin Dictionary. Second Edition*. 2 Vol. Oxford: Oxford University Press. [= OLD]

Kasten, Helmut. 1968. *C. Plini Caecilii Secundi Epistularum libri decem. Gaius Plinius Caecilius Secundus, Briefe. Lateinisch–deutsch*. München: Heimeran.

Kühn, Werner. ²2008. *Panegyrikus. Lobrede auf den Kaiser Trajan / Plinius der Jüngere*. Herausgegeben, eingeleitet und übersetzt von Werner Kühn, Darmstadt: Wissenschaftliche Buchgesellschaft.

Mynors, Roger A. B. 1963. *C. Plini Caecili Secundi epistularum libri decem. Recognovit brevique adnotatione critica instruxit*. Oxford: Oxford University Press.

Mynors, Roger A. B. 1964. *XII Panegyrici Latini*. Oxford: Clarendon Press.

Tawada, Yōko. 1996. *Talisman. Literarische Essays*. Tübingen: Konkursbuchverlag Claudia Gehrke.

Weitere zitierte Literatur

Ahl, Frederick. 1985. *Metaformations. Soundplay and Wordplay in Ovid and other Classical Poets*. Ithaca: Cornell University Press.

Barchiesi, Alessandro. 2005. The Search for the Perfect Book. A PS to the New Posidippus. In Kathryn Gutzwiller (Hg.), *The New Posidippus. A Hellenistic Poetry Book*, 320–340. Oxford: Oxford University Press.

Bauer, Matthias 2015. Secret Wordplay and What It May Tell Us. In Angelika Zirker & Esme Winter-Froemel (Hgg.), *Wordplay and Metalinguistic / Metadiscursive Reflection. Authors, Contexts, Techniques, and Meta-Reflection* (The Dynamics of Wordplay 1), 269–288. Berlin & Boston: De Gruyter.

Birley, Anthony R. 2000. *Onomasticon to the Younger' Pliny. Letters and Panegyric*. Berlin: De Gruyter.

Bracci, Francesco. 2011. *Plinio il Giovane. Epistole, Libro X. Introduzione, traduzione e commento*. Pisa: Pisa University Press.

Castagna, Luigi. 2003. Teoria e prassi dell'amicizia in Plinio il Giovane. In Luigi Castagna & Eckard Lefèvre (Hgg.), *Plinius der Jüngere und seine Zeit*, 145–172. München: Saur.
Castagna, Luigi & Eckard Lefèvre (Hgg.). 2003. *Plinius der Jüngere und seine Zeit*. München: Saur.
Christ, Karl. 2009. *Geschichte der römischen Kaiserzeit. Von Augustus bis Konstantin*. 6. Auflage. München: C. H. Beck.
Cotton, Hannah. 1984. The Concept of *indulgentia* under Trajan. *Chiron* 14. 245–266.
Eck, Werner. 2010. Trajan. 98–117. In Manfred Clauss (Hg.), *Die römischen Kaiser*. 4., aktualisierte Auflage, 110–124. München: C. H. Beck.
Eco, Umberto. 1985. A Portrait of the Elder as a Young Pliny. How to build Fame. In Marshall Blonsky (Hg.), *On Signs*, 289–302. Oxford: Blackwell.
Fein, Sylvia. 1994. *Die Beziehungen der Kaiser Trajan und Hadrian zu den 'litterati'*. Stuttgart: Teubner.
Galinsky, Karl. 1996. *Augustan Culture. An Interpretative Introduction*. Princeton / Chichester: Princeton University Press.
Gibson, Roy K. & Ruth Morello. 2012. *Reading the Letters of Pliny the Younger. An Introduction*. Cambridge: Cambridge University Press.
Gibson, Roy K. & Christopher Whitton (Hgg.). 2016. *The Epistles of Pliny*. Oxford: Oxford University Press.
Henderson, John. 2002. *Pliny's Statue. The Letters, Self-Portraiture and Classical Art*. Exeter: University of Exeter Press.
Hoffer, Stanley E. 1999. *The Anxieties of Pliny the Younger*. Atlanta: Scholars Press.
Konstan, David. 1997. *Friendship in the Classical World*. Cambridge: Cambridge University Press.
Ludolph, Matthias. 1997. *Epistolographie und Selbstdarstellung. Untersuchungen zu den 'Paradebriefen' Plinius des Jüngeren*. Tübingen: Narr.
Marchesi, Ilaria. 2008. *The Art of Pliny's Letters. A Poetics of Allusion in the Private Correspondence*. Cambridge: Cambridge University Press.
Marchesi, Ilaria (Hg.). 2015. *Pliny the Book-Maker. Betting on Posterity in the Epistles*. Oxford: Oxford University Press.
Millar, Fergus. 2016a. Imperial Letters in Latin. Pliny and Trajan, Egnatius Taurinus and Hadrian. *Scripta Classica Israelica* 35. 65–83.
Millar, Fergus. 2016b. Trajan. Government by Correspondence. In Roy K. Gibson & Christopher Whitton (Hgg.), *The Epistles of Pliny*, 419–441. Oxford: Oxford University Press.
Mitsis, Philip & Ioannis Ziogas (Hgg.). 2016. *Wordplay and Powerplay in Latin Poetry*. Berlin: De Gruyter.
Noreña, Carlos F. 2001. The Communication of the Emperor's Virtues. *The Journal of Roman Studies* 91. 146–168.
Noreña, Carlos F. 2007. The Social Economy of Pliny's Correspondence with Trajan. *American Journal of Philology* 128. 239–277.
Noreña, Carlos F. 2011. Self-Fashioning in the Panegyricus. In Paul Roche (Hg.), *Pliny's Praise. Panegyricus in the Roman World*, 29–44. Cambridge: Cambridge University Press.
O'Hara, James J. 1996. *True Names. Vergil and the Alexandrian Tradition of Etymological Wordplay*. Ann Arbor: The University of Michigan Press.
Rees, Roger. 2011. Afterwords of Praise. In Paul Roche (Hg.), *Pliny's Praise. The Panegyricus in the Roman World*, 175–188. Cambridge: Cambridge University Press.

Roche, Paul. 2011a. (Hg). *Pliny's Praise. The Panegyricus in the Roman World.* Cambridge: Cambridge University Press.
Roche, Paul. 2011b. Pliny's Thanksgiving. An Introduction to the Panegyricus. In Paul Roche (Hg.), *Pliny's Praise. The Panegyricus in the Roman World*, 1–28. Cambridge: Cambridge University Press.
Seelentag, Gunnar. 2004. *Taten und Tugenden Traians. Herrschaftsdarstellung im Principat.* Stuttgart: Franz Steiner Verlag.
Sherwin-White, Adrian N. 1966. *The Letters of Pliny. A Historical and Social Commentary.* Oxford: Clarendon Press.
Soverini, Paolo. 1989. Impero e imperatori nell'opera di Plinio il Giovane. Aspetti e problemi del rapporto con Domiziano e Traiano. *Aufstieg und Niedergang der römischen Welt*, II 33.1, 515–554. Berlin: De Gruyter.
Stadter, Philip A. 2006. Pliny and the Ideology of Empire. The Correspondence with Trajan. *Prometheus* 32. 61–76.
Syme, Ronald. 1985. Correspondents of Pliny. *Historia. Zeitschrift für Alte Geschichte* 34. 324–359.
Williams, Wynne. 1990. *Correspondence with Trajan from Bithynia (Epistles X). Translated, with Introduction and Commentary.* Warminster: Aris & Phillips.
Winter-Froemel, Esme. 2009. Wortspiel. In Gert Ueding (Hg.), *Historisches Wörterbuch der Rhetorik*, Bd. 9, 1429–1443. Tübingen: Niemeyer.
Winter-Froemel, Esme. 2016. Approaching Wordplay. In Sebastian Knospe, Alexander Onysko, & Maik Goth (Hgg.), *Crossing Languages to Play with Words. Multidisciplinary Perspectives* (The Dynamics of Wordplay 3), 11–46. Berlin & Boston: De Gruyter.
Witschel, Christian. 2010. Trajan. 81–96. In Manfred Clauss (Hg.), *Die römischen Kaiser. 4.*, aktualisierte Auflage, 98–110. München: C. H. Beck.
Woolf, Greg 2015. Pliny / Trajan and the Poetics of Empire. *Classical Philology* 110. 132–151.
Woolf, Greg 2016. Pliny's Province. In: Roy K. Gibson & Christopher Whitton (Hgg.), *The Epistles of Pliny*, 422–460. Oxford: Oxford University Press.
Zirker, Angelika & Esme Winter-Froemel (Hgg.). 2015a. *Wordplay and Metalinguistic/Metadiscursive Reflection. Authors, Contexts, Techniques, and Meta-Reflection* (The Dynamics of Wordplay 1). Berlin & Boston: De Gruyter.
Zirker, Angelika & Esme Winter-Froemel. 2015b. Wordplay and Its Interfaces in Speaker-Hearer Interaction: An Introduction. In Angelika Zirker & Esme Winter-Froemel (Hgg.), *Wordplay and Metalinguistic/Metadiscursive Reflection. Authors, Contexts, Techniques, and Meta-Reflection* (The Dynamics of Wordplay 1), 1–22. Berlin & Boston: De Gruyter.

Prof. Dr. Robert Kirstein (Tübingen) lehrt Lateinische Philologie am Philologischen Seminar der Eberhard Karls Universität Tübingen. Er ist u. a. Mitglied im Graduiertenkolleg 1808 „Ambiguität. Produktion und Rezeption". Studium der Klassischen Philologie in Bonn, Oxford und Münster. Promotion mit einer Arbeit zum spätantiken Dichter Paulinus von Nola, Habilitation zur Bukolik in der Hellenistischen Literatur. Forschungsschwerpunkte: Dichtung der Hellenistischen und Augusteischen Zeit, Ovid, Narratologie, Raum in der Literatur, Ambiguität, Geschichte der Klassischen Philologie im 19. und 20. Jahrhundert.

Martin Reinl
Interview

© bigSmile

Martin Reinl, geboren 1975 in Mainz, ist Puppenspieler, Autor, Regisseur und Produzent. Er steckt unter anderem hinter dem Hund Wiwaldi, dem alten Zirkuspferd Horst-Pferdinand, Charming Traudl, dem betrunkenen Hai, Pitbull Purzel und den Erdmännchen Jan & Henry. 2002–2016 war er mit seinen selbstkreierten Figuren fester Bestandteil der Sendung „Zimmer frei!" (WDR). Mit seiner eigenen Produktionsfirma bigSmile steckt Martin Reinl hinter den preisgekrönten Kinder-Serien „Jan & Henry" (NDR / RBB), „Ein Fall für die Erdmännchen"(NDR), „Haselhörnchen", „Peb & Pebber" und „Woozle Goozle" (alle Super RTL), sowie dem Grimmepreis-nominierten Late Night-Format „Die Wiwaldi Show" (WDR, Co-Produktion mit EndemolShine), der Neuauflage von „Ronny's Pop Show" (RTLNitro, Co-Produktion mit Seapoint). 2016 und 2017 war Martin Reinl Juror bei den „Puppenstars" (RTL). Als Puppenspieler & Autor arbeitet er außerdem für die legendäre „Sesamstraße" und übernahm dort 2012 exklusiv für Deutschland die Figuren Elmo und Grobi. Als Synchronsprecher lieh er u. a. der Zeichentrickversion von „Mr. Bean" seine Stimme. Mit dem Bühnenprogramm „PFOTEN HOCH!" entwickelte Martin Reinl Deutschlands erste Puppen-Impro-Show, mit der er

2011–2017 auf Tour war. Seit 2017 ist er mit seiner neuen Live Show „Unter Puppen" auf Tournee.

Das Interview fand am 19.9.2018 als Telefoninterview statt. Wir danken herzlich Andreas Gülden für die technische Unterstützung bei der Aufnahme. Die Fragen stellte Esme Winter-Froemel. Der Text wurde von Birgit Imade transkribiert und von Martin Reinl und Esme Winter-Froemel nachbearbeitet.

Eine Nähe zum Wortspiel ist für viele Ihrer Puppen unmittelbar erkennbar: Vielfach sind bereits deren Namen wortspielbasiert – man denke an Wiwaldi, Horst-Pferdinand, den Zugvogel, den Jammerlappen, die Kuh Nigunde, Ali Gator, die Bundeshamsterin, die Grippe im Anzug, Dennis Socke oder den Polizeisig. Gleichzeitig verwenden auch einige Ihrer Puppen wie etwa Wiwaldi selbst häufig Wortspiele, wenn sie mit Prominenten sprechen. Würden Sie sich als Wortspiel-Künstler bezeichnen?

Ich habe mich selbst so nie tituliert, aber tatsächlich ist das Wortspiel ein Mittel, das ich gerne benutze, mal zur Freude, mal zum Schrecken anderer. Ich bin ein großer Freund des Wortspiels, ich setze es auch gerne ein, sofern ich darf. Bei der Wiwaldi-Show zum Beispiel gab es immer Vorgesetzte oder Menschen vom Sender, die es hassten, dass ich das machte, aber ich habe es trotzdem gemacht, weil es mich irgendwie auszeichnet, und ich finde, dass es gerade mit den Figuren auch sehr vertretbar ist und sehr gut funktioniert.

Ihre langjährige Mitwirkung bei der WDR-Sendung „Zimmer frei!", durch die viele Ihrer Puppen auch einem größeren Fernsehpublikum bekannt geworden sind, geht ja auf einen Auftritt der vier „anspruchsvollen Rollen" im Jahre 2002 zurück, der zunächst als einmaliges Zimmer frei-Bilderrätsel geplant war. Können Sie das näher erzählen?

Da sind wir schon wieder beim Thema, dass ich im Grunde meine Karriere im Fernsehen als Wortspiel begonnen habe, nämlich eben als Bilderrätsel. Bei „Zimmer frei!" gab es in jeder Sendung diesen gespielten Begriff, das Zimmer frei-Bilderrätsel, und ich bin darüber in die Sendung hineingekommen. Ich kannte um drei Ecken einen der Autoren der Sendung, und sie hatten dieses Bilderrätsel vorbereitet, „anspruchsvolle Rollen". Man hatte die Idee, dass dann da irgendwelche Klorollen und Küchenrollen und Rollmöpse sitzen, die sehr anspruchsvolle Befindlichkeiten haben, und man suchte eigentlich nur jemanden, der das synchronisiert. Man wollte eine echte Klorolle hinlegen, und ich sollte aus dem Off dieser Klorolle eine Stimme geben. Ich habe eigentlich so mehr aus Spaß gesagt, ich kann euch auch eine Figur mitbringen oder eine Puppe bauen, die so aussieht, vielleicht hat die Klorolle auch noch ein Gesicht und kann sich ein bisschen bewegen, und das wäre doch lustiger. Ich glaube, sie haben gar nicht genau gewusst, was ich meine, als ich mit ihnen telefoniert habe. Sie haben einfach gesagt „Ja, ja, machen Sie, was Sie wollen, Hauptsache, Sie kommen an dem Tag." Und dann bin ich da hingekommen und habe diese Figuren in Eigendisposition mitgebracht. Ich habe das gespielt, und es funktionierte ganz gut und gefiel auch ganz gut. Es gab immer so eine Kabarettistenposition in der Sendung, und da hatte gerade jemand aufgehört, und man suchte ohnehin nach etwas Neuem. So habe ich diese Sendung quasi gemacht und habe gedacht, na ja, ich mach' das ein Mal, und das war's, und ein paar Tage später rief man mich an und fragte, ob ich nicht Lust hätte wiederzukommen. Und dann bin ich ungefähr 14½ Jahre, also bis zum Ende der Sendung überhaupt, dageblieben. Ich habe mich reingewanzt und am Anfang diese Klorollen gemacht – drei Jahre, glaube ich –, und dann kamen Wiwaldi und viele andere Figuren und viele andere schlimme Wortspiele mit Puppen.

Abb. 1: Die anspruchsvollen Rollen (© bigSmile)

Wie sind Sie zur Wortspiel-Kunst gekommen?

Dazu bin ich nicht wirklich gekommen, es war einfach schon immer so, dass ich Sprache ein sehr spannendes Mittel fand, und ich fand es schon immer spannend, mit Sprache zu arbeiten. Das habe ich als Kind schon gerne gemocht, diese Wortverdrehereien – Heinz Erhardt, solche Sachen, diese Leute, die mit Sprache arbeiten und eine Doppeldeutigkeit in Wörtern finden. Ich hatte immer Spaß daran, das zu verbildlichen. Ich bin zu allem, was ich mache, immer durch Spaß gekommen, und durch die Liebe dazu. Und ich habe es einfach gemacht, es war plötzlich da. Das war wahrscheinlich, weil man sich als Kind schon für so etwas interessierte, man entwickelt eine Denke dafür oder dieses ‚Um-die-Ecke-denken', was manche Menschen auch gar nicht haben; es gibt Leute, die können damit nichts anfangen und die kommen gar nicht auf solche Gedankengänge.

Gab es oder gibt es noch andere Vorbilder und Inspirationsquellen im Bereich des Wortspiels für Sie?

Wie gesagt, Heinz Erhardt ist, glaube ich, ein großer Vorläufer überhaupt. Ansonsten gab es natürlich früher auch diese *Mad*-Comic-Hefte von Herbert Feuerstein, aber es gab niemanden, den ich gezielt verfolgt hätte. Ich bin nie unter dem Aspekt durch die Welt gewandert, wer macht mir denn jetzt die lustigsten Wortspiele, den verfolge ich jetzt oder dem eifere ich hinterher. Es entstand. Man ist natürlich sensibler und beobachtet auch andere eher, die so etwas machen, und nimmt es dann wahr, aber ich habe kein konkretes Vorbild in dem Sinne.

Welche Bedeutung haben Wortspiele für Sie im Rahmen Ihrer künstlerischen Tätigkeit heute?

Wie gesagt, das Wortspiel wird gerne verpönt, oft erntet man erst einmal so eine Reaktion wie „Ehöö?" (*lacht*). Ich finde immer, ein Wortspiel ist nicht eine große Pointe, das ist nicht der große Lacher. Wenn ich einen Sketch schreibe, ist das Wortspiel meistens nicht die Hauptpointe, sondern es amüsiert einen eher, es ist mehr ein Kichern, das so nebenbei passiert. Es tut nicht weh, in der Regel, aber es macht irgendwie jedem Spaß. Jeder, der es versteht, kichert. Wenn eine meiner Figuren so einen Namen hat, dann lacht jeder, wenn ich die Puppe hochhalte und sage „Das ist der Jammerlappen", dann freuen sich alle. Es sind Bildwitze, die ich da mache. Wenn ich eine Puppe hochhalte, ist es nichts anderes als eine Karikatur, ein Cartoon, den ich da quasi zeige.

Können Sie uns an einigen Beispielen erläutern, wie Sie Ihre wortspielerischen Puppen konzipieren, und wie sich entscheidet, ob das Spielen mit Sprache auch einen Wesenszug der Puppen selbst darstellen wird?

Ich tue mich grundsätzlich schwer mit Namen. Ich finde es immer eine schwere Entscheidung, wenn ich eine Figur habe, mir auszudenken, wie sie heißt – heißt sie Fritz, heißt sie Heinrich, heißt sie Fiffi? –, und deswegen gehe ich oft einfach über den Wortspiel-Weg. Ich hätte mir auch für die Figur des Jammerlappens etwas ausdenken können, dass er Walter heißt oder sonst irgendwie, aber oft bleibe ich einfach bei dem hängen, was es ist. Da denke ich, es ist ein jammernder Lappen, also ist es der Jammerlappen. Wir haben auch einmal einen Sketch geschrieben, in dem ein Reporter vorkam. Am Anfang gab es noch gar keine Figur dazu, sondern wir wussten nur, dass ein Reporter reinkommt, der ein Interview führt. Wir haben überlegt, was das für eine Figur sein kann, und ich dachte, na ja, Reporter – es ist ein Reh Porter. Dann war es einfach ein Reh. So. Und es gibt dann Menschen, die das schrecklich finden, ich habe auch viel für diesen Gag kämpfen müssen, aber er blieb in dem Sketch drin, und so hatte die Figur schon ihren Namen. Genauso wie die Kuh Nigunde, da wusste ich, es ist eine Kuh, wie heißt sie denn, na ja. Es muss ja da drin sein, genauso wie das Zirkuspferd Horst-Pferdinand, da war das Pferd schon drin, und das „Horst" kommt eigentlich vom englischen *horse*, ‚Pferd', so setzt sich der Name zusammen.

Abb. 2: Jammerlappen (© bigSmile)

Können Sie uns auch erzählen, wie das halbe Hähnchen entstanden ist?

Es war irgendwie da. Manches läuft gar nicht über das Wortspiel, sondern es ist die Frage, was man als Figur herstellen oder machen kann, das etwas völlig Absurdes wäre. Und so kam ich auf das halbe Hähnchen. Und das geht in die vorherige Frage noch einmal hinein: Wenn ich eine Figur habe wie zum Beispiel das halbe Hähnchen, dann dekliniere ich auch gerne erst einmal alles durch, was mir zu diesem Thema einfällt. Also jedes Wortspiel, das zum Thema passieren kann, also „ich suche die bessere Hälfte", „ich hab' nur mit 'nem halben Ohr hingehört", auf dieser Ebene. Ich versuche erst einmal, alles abzuhandeln, das mir dazu einfällt. Das ist erst einmal ein Brainstorming, was man dazu machen kann. Genauso hatten wir einmal die Figur „die Grippe im Anzug". Es gab die Bezeichnung, es gibt die Grippe im Anzug, und daraus machte ich eine Figur. Das war dann ein kleiner Grippevirus, der einen kleinen Smoking trug, der reinkam, und mit dem haben wir wirklich auch alles durchdekliniert, was uns zum Thema Grippe einfiel. Dass er einen Konkurrenten hatte, Andi Biotikum, und dass er irgendwie mit jeder Frau im Bett landet, die er trifft, und solche Geschichten. Manchmal entsteht dadurch auch eine ganze Nummer, wenn man alles sammelt und dann merkt, dass man eine kleine Geschichte daraus erzählen kann, die am Ende tatsächlich nur aus Wortspielen besteht: Früher wohnte er in einer Zelle, aber er hatte einen ganz schlechten Wirt.

Abb. 3: Grippe im Anzug (© bigSmile)

Ich würde jetzt gerne auch noch auf Wiwaldi zu sprechen kommen. Wiwaldi zeichnet sich ja unter anderem durch seine Schlagfertigkeit und sprachliche Gewandtheit aus. Welche Einstellung zur Sprache haben Sie Wiwaldi zugewiesen?

(*lacht*) Meine eigene. Ich improvisiere relativ viel, ich denke mir kein großes Konzept davor aus. Natürlich schreibt man manchmal eine Nummer oder einen Sketch oder eine Pointe, aber gerade mit Wiwaldi war sehr vieles frei entstanden, einfach dadurch, dass wir die Nummer und diese Geschichten, die wir mit ihm gemacht haben, wirklich improvisiert haben. Es war nicht abgesprochen mit den Gästen, die wir hatten, und da steckte dann auch sehr viel Persönliches von mir drin. Ich glaube, ich bin da relativ schnell, auch ein Wort im Mund zu verdrehen oder eben mit Wörtern sehr schnell zu spielen oder sehr schnell zu assoziieren und daraus eine Pointe zu basteln.

Abb. 4: Wiwaldi (© bigSmile)

Wie bereiten Sie sich auf Gespräche mit Prominenten wie bei Zimmer frei! oder der Wiwaldi-Show vor? Entwickeln sich die Wortspiele immer spontan im Gespräch, oder sind sie auch geplant?

Teils, teils. Einige sind tatsächlich geplant, das ist Hausaufgaben machen, dann sitze ich wirklich da und lese ich mir meistens etwas über die Gäste durch, und im Bestfall fällt mir dazu etwas ein. Vieles passiert aber auch wirklich währenddessen, im Gespräch. Ich versuche dann immer, einfach nur artig zuzuhören und das erste, was einem einfällt, das greift man und verdreht es irgendwie.

Wo ergeben sich bei entsprechenden Auftritten besondere Herausforderungen?

Das ist das Zuhören, man muss immer versuchen, ein bisschen wach zu bleiben und dabei zu bleiben. Es sind ja immer zwei Ebenen: Erst einmal muss ich zuhören, was der andere sagt und was da inhaltlich passiert, aber gleichzeitig versuche ich auch noch, im Kopf ein bisschen zu überlegen, wie ich das von ihm Gesagte auch noch nutzen kann, um daraus vielleicht eine Pointe oder ein Wortspiel zu basteln. Das ist, glaube ich, schon eine relativ große Transferleistung (*lacht*), aber man nimmt es nicht wahr. Es ist eine Denke oder eine Art, die ich wahrscheinlich auch im Alltag mit mir rumschleppe und habe. Ich erlebe das häufiger, dass ich auch mal beim Bäcker stehe und ein Brötchen bestelle, und die Verkäuferin fragt, „Geht das so mit?" Und dann erwische ich mich dabei, dass ich auch vor dem Brötchen stehe und sage, „Das weiß ich nicht, wir probieren es aus. Kommst du mit, Brötchen? Nein, es kommt so nicht mit."

Sie sind ja bei den Auftritten in der Regel unsichtbar. Inwiefern ist es schwierig, dann auch auf Gestik und Mimik der Gesprächspartner zu reagieren und selbst Gestik und Mimik in die Puppen zu legen?

Das ist Handwerk. Ich sehe ja, was die Leute machen oder welche Mimik und Gestik sie haben. Ich arbeite über die Fernsehkamera, über Bildmonitore, das heißt, wenn ich mit den Figuren spiele, habe ich in der Regel eine Kamera, die auf die Puppe zeigt oder auf mein Gesprächsgegenüber, und ich liege oder stehe oder knie irgendwie unten und sehe das Ganze auf einem Fernsehmonitor und kann auf alles reagieren, was da passiert. Und selbst das, was ich mit den Puppen mache, ist wiederum mein Handwerk, ein lebloses Objekt so zu bewegen, dass es einen Ausdruck hat, auch wenn es nicht viel kann.

Ist es in den Shows einfacher für Sie, mit Gästen zu sprechen, die selbst gerne mit Sprache spielen?

Das muss schon eine Herausforderung sein. Leute müssen auch so eine Affinität dazu haben oder auch allgemein so einen Spieltrieb. Es gibt natürlich auch Leute, die mit Wortspielen vielleicht nicht unbedingt etwas anfangen können, aber die trotzdem diese Verspieltheit haben, dass sie sich mit den Figuren unterhalten können. Wir versuchen immer auch im Vorfeld ein bisschen, die Leute abzuklopfen, mit denen wir etwas machen. Man hat da mittlerweile einen ganz guten Riecher dafür, wer wahrscheinlich affin dafür ist und wer nicht. Und wie gesagt, es gibt natürlich auch Menschen, die mit Wortspielen nichts anfangen können, die erst einmal die Augen rollen und das ganz schrecklich finden und dann sind das für sie platte, plumpe Kalauer. Das gibt es auch. Es gibt auch Witze, bei denen wahrscheinlich ich die Augen rolle, ich kann jetzt keinen benennen, aber es muss eben immer in die jeweilige Situation passen.

Würden Sie sagen, dass sich Ihr Verhältnis zum Wortspiel und zur Sprache im Laufe der Zeit verändert hat?

Ja, ich glaube, ich bin da etwas sensibler dafür geworden, oder ich versuche das. Ich nehme es mittlerweile etwas bewusster wahr und versuche, es auch bewusster einzusetzen. Irgendwer sagte einmal – ich weiß nicht mehr, wer es war, vielleicht Billy Wilder –, dass man keine Witze mit Namen macht. Das ist immer die einfachste und plumpeste Art, wenn einer ankommt und Hasenkötter heißt, dass ich dann sage „Herr Hasenköttel". Ich versuche, das ein bisschen zu vermeiden. Ab und zu mache ich es auch einmal, aber es hat sich in mir festgesetzt, keine Witze mit Namen, und dann lässt man das draußen.

Ich würde Ihnen jetzt gerne noch einige Fragen zu Ihrer Einschätzung des Wortspiels stellen. Diese Fragen knüpfen an Überlegungen zum Wortspiel im Rahmen unseres wissenschaftlichen Forschungsprojekts „Dynamik des Wortspiels" an. Inwiefern hängt für Sie das Wortspiel mit einem allgemeinen Nachdenken über Sprache und Kommunikation zusammen?

Sehr eng. Wie ich schon angemerkt hatte, ist Wortspiel ja schon eine gewisse Denkweise, die nicht jeder hat, aber es ist sprachlich hoch interessant, was da passiert. Man muss natürlich sprachlich sensibel sein und sich damit auskennen und kucken, wie man Wörter durcheinanderwürfelt oder manchmal auch Buchstaben, um da einen doppelten oder einen neuen Sinn herauszubekommen. Warum das auch lustig ist, kann ich selbst noch nicht beantworten, ich habe selbst noch nicht ergründet, warum das auch Leute amüsiert.

Gibt es Themenbereiche, die sich besonders gut für das Spielen mit Wörtern und Sprache eignen?

Eignen tut sich alles, ich glaube, da gibt es keine Grenzen. Ich mache das manchmal unbewusst. Ich habe einen Freund, der auch Autor ist, der aber ganz andere

Sachen schreibt, Romane, Fernsehserien und Liebesgeschichten und so etwas, und ab und zu passiert es, dass wir uns Wortspiele hin und her schicken, dass man sich hochstachelt und kuckt, wer als erstes aufgibt. Gestern Abend habe ich das zufälligerweise mit einem anderen Freund gemacht. Er machte gerade Urlaub, irgendwo am Meer, wo er Walfische beobachtet hat, und ich schrieb, „Na, wie waren denn die Walfische?", und er schrieb „Ja, ich habe versucht, die anzulocken mit Bananen". Und dann schrieb ich „Bananen, das ist Blödsinn, da musst du was anderes nehmen", und dann fingen wir an, alle Lebensmittel mit Fischen aufzuzählen, von der Seegurke bis zum Meerrettich und den Walnüssen und so etwas. Und dann geht das immer so Ping Pong hin und her. Das mache ich ganz gerne mit ein paar Freunden, dass wir uns wie so eine Wortspiel-Battle geben und schauen, wem das Dümmste einfällt. Und der eine schrieb gestern, es gibt jetzt ein Restaurant hier in Köln, wo nur Knödel serviert werden, und dann haben wir uns Sätze geschrieben wie „da ist bestimmt richtig was Kloß" und „auf Kloß geht's Kloß" und was weiß ich. „Da wird man Kloß gestellt."

Inwiefern würden Sie sagen, dass das Wortspiel auch ernste Bereiche und Themen berühren kann?

Das ist das, was ich eben meinte, ich glaube, es gibt da keine Grenzen. Es ist immer eine Geschmacksfrage, wie man das findet, grundsätzlich kann man aus jedem Bereich einen Witz oder ein Wortspiel machen. Komik hat ja immer mit Tragik zu tun. „Ein Mann fällt vom Empire State Building... er fiel unangenehm auf." Das ist eigentlich eine tragische Geschichte, aber wenn man einen Satz doppeldeutig hinten dranhängt, kann das trotzdem lustig sein.

Wie schätzen Sie die Bedeutung von anderen Sprachen bei Wortspielen ein, wie sehen Sie das Verhältnis von Wortspiel und Übersetzung?

Bis auf wenige Ausnahmen wahrscheinlich funktioniert das Wortspiel nur in der eigenen Sprache. Ein Kalauer, ein Wortspiel lässt sich ja nicht ohne Weiteres übersetzen. So gesehen ist es immer etwas, das nur in einer Sprache verhaftet ist. Selbst meine Figuren kann ich nicht großartig übersetzen. „Der Jammerlappen", diesen Begriff gibt es im Englischen zum Beispiel nicht, und von daher ist es tatsächlich etwas sehr Regionales. Umgekehrt geht es natürlich in den anderen Sprachen auch. Es gibt ja auch gewisse Fernsehserien, gerade auch Unterhaltungssachen, wo man immer sagt, das ist auf Deutsch so schlecht synchronisiert oder übersetzt. Man kann es gar nicht großartig übersetzen, sondern man muss sich etwas Neues ausdenken. Ich bin aufgewachsen mit diesen ganzen alten

Trickfilmserien wie „Rosaroter Panther", wo die Dialogautoren fürs Deutsche komplett neue Sachen gemacht haben, Gedichte darauf getextet und ganz eigene Wortspiele kreiert haben, die es im Original gar nicht gab. Also, das ist schon etwas, was es nur in einer Sprache geben kann, so ein Wortspiel.

Inwiefern sind Wortspiele für Sie ein Zeichen von Kreativität?

In hohem Maß. Wie schon gesagt, es gibt Menschen, die können das nicht. Zum Beispiel bei „Wer wird Millionär": Die einfachsten Fragen, die da gestellt werden, die 50-Euro-Fragen, sind oft ganz plumpe Wortspiele, und ich finde es hochinteressant, wie es Menschen gibt, die da scheitern. Die da sitzen und nicht kapieren, was diese Frage soll, und die versuchen, es wissenschaftlich auseinander zu dröseln, wo ich davor sitze und denke, da hat doch einer einfach nur die Wörter verdreht oder die Buchstaben vertauscht, das ist doch ganz simpel. Ich glaube, es gehört schon eine kreative Denke dazu – oder eine kranke. Wir hatten einmal Herbert Feuerstein bei uns in der Sendung, und wir haben ihn mit so einem Spiel belagert, wo es nur um Wortspiele ging und um Bilderrätsel, die gelöst werden mussten, weil ich dachte, der wird das alles als Erster lösen, und er hat das erst einmal gar nicht kapiert. Und irgendwann brüllte er nur heraus: „Jetzt weiß ich, wie diese Show funktioniert. Man muss krank denken!" Und ab da hat er jedes Rätsel gelöst. Das ist vielleicht das Geheimnis und die Quintessenz von Wortspiel: krank denken.

Das heißt, es gibt einen Wortspiel-Schalter?

Wahrscheinlich, ja. Manche können den sofort aktivieren und manche wissen gar nicht, wo sie den haben.

Wo liegen denn Grenzen der Kreativität beim Spielen mit Wörtern und Sprache?

Grenzen? Ich wüsste keine. Das sind vielleicht Geschmacksgrenzen, wenn es irgendwie unanständig ist oder in einen sehr verbotenen Bereich gehört, aber das sind immer nur Grenzen, die man sich selbst setzt. Ich würde auch nicht jeden Witz und jedes Wortspiel machen, aber da kann ich keines klar definieren, manchmal sagt man, „nein, das ist so pfui, so bah, oder so verboten, das bringen wir lieber nicht".

Inwiefern erlaubt das Spielen mit Wörtern für Sie, die Ausdrucksmöglichkeiten der Sprache und des Wortschatzes zu erweitern?

Das ist auch eine gute Frage, über die ich noch nie so nachgedacht habe. Natürlich gibt es Wortspiele, die sich in den Sprachschatz einbürgern, und wenn es nur so ganz schlimme sind, irgendwelche Floskeln oder Sätze, sei es, dass man zur Verabschiedung sagt „Wirsing" statt „Wiedersehen" oder so etwas. Es gibt manchmal diese ganz schlimmen Sachen, „an und Pfirsich" oder solche Sätze, wo man sich fragt, wer sich das ausgedacht hat und wo das herkommt. Aber es gibt Menschen, die das benutzen, und das ist dann in den Sprachschatz irgendwie eingegangen.

Gibt es bestimmte Muster und Verfahren, mit denen Sie arbeiten, wenn Sie mit Wörtern und Sprache spielen?

Nein, krank denken. Das hatten wir schon eben, ich lege einfach den Schalter um. Ich bin tatsächlich so, ich erarbeite das richtig, ich mache da Hausaufgaben. Ich sitze da und schreibe Listen oder schreibe erst einmal alles runter, was mir zu einem Thema einfällt, zum Beispiel, wenn ich um eine Figur herum etwas mache. Zum Beispiel, wenn ich noch einmal die Geschichte mit dem Virus aufgreife, der „Grippe im Anzug": Da hatte man erst nur die Idee für eine Figur, und dann fange ich an, mir alles auszudenken und runterzuschreiben oder kleine Brainstorming-Listen zu machen, und dann würfelt man ein bisschen herum und kuckt, was dadurch entsteht, was am Ende passiert, ob daraus eine Geschichte entsteht oder es nur eine einzige Pointe ist, die man da hat.

Gibt es Kontexte, in denen Wortspiele besonders gut funktionieren, oder umgekehrt Kontexte, in denen Wortspiele schwierig sind oder nicht funktionieren?

Von meiner Seite aus *(lacht)* funktionieren die immer. Wenn ich natürlich vor lauter Engländern auftrete, kapiert das keiner.

Als letzte Frage noch: Gibt es im Bereich des Wortspiels noch etwas, das Ihnen wichtig ist, und das Sie noch anmerken möchten?

Ich denke, dass man sich doch immer mit Sprache gerne auseinandersetzen und ab und zu vielleicht einmal ein Buch oder die Zeitung lesen sollte. Manchmal verkommt die Sprache ein bisschen, und ich freue mich immer, wenn ich eine schöne Sprache mitkriege, gar nicht so sehr an Wortspiele gehängt, aber ich glaube, wenn man sich ein bisschen mit Sprache auseinandersetzt, dann machen Wortspiele umso mehr Spaß, dann ist man auch sensibler dafür, sie wahrzunehmen. Ich höre mir auch immer gerne zum Beispiel Übersetzungen an. Wenn ich mir irgendwelche synchronisierten Filme ankucke, gibt es Sachen, die wunderschön übersetzt sind, und manche Sachen sind einfach sehr schlampig.

Vielen Dank für das Interview!

Esme Winter-Froemel
Deutungsspielräume – Ambiguität und Motivation sprachlicher Zeichen als Quellen des Wortspiels

> [...] wie schön, dass die Sprache noch nicht zu Ende erfunden ist. Wir können alle an ihr weiter erfinden, wir können etwas dazutun oder etwas wegnehmen oder etwas umdrehen, und schon können wir uns etwas anderes vorstellen.
>
> (Hohler [1982] 2010: 5)

1 Deutungsspielräume

Wortspiele zeigen unerwartete Deutungen auf und nutzen Deutungsspielräume der Sprache. Dies soll einleitend an drei Beispielen veranschaulicht werden, in denen mit verschiedenen idiomatischen Ausdrücken des Deutschen gespielt wird.[1] In Bodo Wartkes „Die Schlange" werden Schwierigkeiten des Tiers bei seiner anstehenden Häutung beschrieben, und der Text gipfelt in der Pointe „Sie kam halt nicht aus ihrer Haut." Der zugrunde liegende Ausdruck *nicht aus seiner Haut können (kommen)* lässt sich dabei ganz wörtlich interpretieren, wobei auch die idiomatische Bedeutung im konkreten Äußerungszusammenhang ihre Berechtigung behält. Damit kann das Vorliegen einer Mehrdeutigkeit oder Ambiguität konstatiert werden; sowohl die wörtliche als auch die idiomatische Bedeutung stehen als mögliche Interpretationen im Raum. Gleichzeitig wird die idiomatische und im alltäglichen Sprachgebrauch übliche Bedeutung des Ausdrucks durch den die Pointe vorbereitenden Text, der die kompositionale wörtliche Interpretation stützt, für die Zuhörer (wieder) motiviert oder durchsichtig gemacht.[2]

Ebenso beruht auch Christian Hirdes' Lied „Milder Vater und hilfloser Henker" auf der Ausnutzung eines Deutungsspielraums; auch hier wird in der Schlusspointe die wörtliche Bedeutung eines idiomatischen Ausdrucks spiele-

---

[1] Zum Spiel mit idiomatisierten Bedeutungen vgl. auch meinen Beitrag „Das Spiel mit Wiederholung und Variation bei Bodo Wartke und Christian Hirdes – *durch müssen* oder *es einfach laufen lassen*" im vorliegenden Band.
[2] Zum Begriff der Durchsichtigkeit vgl. auch Gauger (1971) und den Beitrag von Hans-Martin Gauger „Elazar Benyoëtz – der Wortspieler" im vorliegenden Band.

risch in den Vordergrund gerückt (wobei diese mit dem tabuisierten Konzept des TODES in Verbindung gebracht wird):

> Dasselbe sprach ein milder Vater zum geliebten Spross,
> dem wegen der Latein-Fünf Wasser in die Augen schoss,
> wie jener Henker, der hilflos mit Schlinge in der Hand,
> vorm Delinquenten, der zum Doppelkinn tendierte, stand:
> „Kopf hoch!"

Ein weiteres Beispiel liefert der folgende Dialog zwischen Meister Eder und Pumuckl, in dem es darum geht, eine Erkältung des Kobolds zu diagnostizieren:

> Meister Eder: „Halt den Mund und tu die Zung 'raus!"
> Pumuckl (*sich den Mund zuhaltend und durch die Finger der zuhaltenden Hand sprechend*): „Aber wenn ich den Mund zuhalte, kann ich die Zunge doch nicht raustun!"
> Meister Eder: „Also bitt'schön, Pumuckl, heraus."
> Pumuckl: „Aber wenn die gar nicht wehtut!"
> Meister Eder: Mhmm, belegt."
> Pumuckl: „Belegt – wie deine Wurstsemmel belegt, mit Wurst?"
> Meister Eder: „Na."
> Pumuckl: „Wer hat denn mir meine Zunge belegt, also, ich hab' das g-gar nicht bemerkt, also, also so was, also, oh!"
> (Ellis Kaut, *Pumuckl und der Schnupfen*, 7:54–8:17)

Um das hier vorliegende Spiel zu analysieren, müssen mehrere Kommunikationsebenen unterschieden werden. Auf der Ebene der Figurenkommunikation zwischen Pumuckl und Meister Eder ergeben sich verschiedene Missverständnisse: Pumuckl (er-)kennt nicht die idiomatische Bedeutung verschiedener Ausdrücke des Deutschen (*den Mund halten, eine belegte Zunge*, vgl. darüber hinaus in derselben Episode auch *die Nase läuft*); Meister Eder klärt diese zum Teil auf, indem er die konventionelle Bedeutung der Ausdrücke erläutert. Auf der Ebene der Kommunikation zwischen der Autorin Ellis Kaut und den Fernsehzuschauern (bzw. den Hörern der Hörspielfassung oder den Lesern der Buchfassung) – und nur auf dieser Ebene – liegen Wortspiele vor: Spielerisch werden verschiedene Interpretationsmöglichkeiten für einzelne formgleiche Ausdrücke gegenübergestellt, wobei die Textrezipienten dazu eingeladen sind, die Fehlinterpretationen des Kobolds zu beobachten und sich darüber zu amüsieren. Damit das Spiel auf dieser Kommunikationsebene funktioniert, müssen die Rezipienten die angemessene Interpretation der Ausdrücke entsprechend der konventionalisierten Bedeutungen selbst bereits kennen, so dass sie eine überlegene Perspektive einnehmen können. Sofern diese Voraussetzung erfüllt ist, sind sie eingeladen, die Aufmerksamkeit auf die Ebene des sprachlichen Ausdrucks zu richten und von den wörtlichen Bedeutungen ausgehend mit Pumuckl eine alternative „logische" Interpretationsmöglichkeit (wieder) zu entdecken. Dies kann auch mit einer Erinnerung daran verbunden sein, dass die Rezipienten selbst die idiomatischen Bedeutungen erst im Zuge des Spracherwerbs lernen mussten; gerade für Kinder als Adressaten des Textes kann diese Erinnerung noch sehr lebendig sein (ebenso die Erinnerung an sich nicht erschließende Zusammenhänge wie den zwischen Zungenbelag und der Diagnose eines Infekts – vgl. Pumuckls Entgegnung auf Meister Eders Handlungsanweisung: „Aber wenn die gar nicht wehtut!").

Entsprechende Interpretationsspielräume und die Schwierigkeit, die im allgemeinen Sprachgebrauch konventionalisierte oder kontextuell angemessene Interpretation abzuleiten, werden im Spracherwerb immer wieder deutlich. Ebenso kann die Auslegung bestimmter Ausdrücke auch in der Kommunikation und im Handeln Erwachsener relevant werden (man denke beispielsweise an juristische oder medizinische Kontexte und Begriffe wie *Hausfriedensbruch* oder *Tod / Herztod / Hirntod*). Sprachspielerische Texte, in denen die Interpretation vorgegebener Ausdrücke thematisiert wird oder in denen entsprechende Interpretationsspielräume ausgelotet werden – um zum zitierten Beispiel zurückzukehren: „Wieso heißt X [eine belegte Zunge usw.] so?" bzw. „Was bedeutet das Wort / der Ausdruck X ['eine belegte Zunge' usw.]?" –, knüpfen damit potentiell auch an sehr ernste Fragemuster an.

Die zitierten Textbeispiele illustrieren Phänomene einer potentiellen Mehrdeutigkeit und werfen die Frage nach der Motivation und der „Richtigkeit" der sprachlichen Zeichen auf. In den Beispielen zeigt sich, dass das Wortspiel eine Irritation erzeugen kann, in deren Rahmen der in der Alltagskommunikation in der Regel nicht reflektierte Übergang vom sprachlichen Ausdruck zur Interpretation des Inhalts des Gesagten ins Stocken gerät. Nachfolgend soll untersucht werden, welche Formen dieses Spiel mit Ambiguität und Motivation annehmen kann bzw. wie Ambiguität und Motivation als Quellen des Wortspiels fungieren können. Hierzu werden zunächst die Begriffe der Motivation sprachlicher Zeichen und der Ambiguität unter sprachwissenschaftlicher und sprachphilosophischer Perspektive kurz umrissen. Im Anschluss daran werden sechs grundlegende Arten des Spielens mit der Mehrdeutigkeit und Motivation sprachlicher Zeichen unterschieden. Die sich ergebenden unterschiedlichen kommunikativen Dynamiken werden dabei jeweils anhand von Beispieltexten illustriert und kommentiert. Abschließend wird auf dieser Grundlage ein kurzes Fazit zur potentiellen erkenntnisstiftenden und subversiven Funktion des Wortspiels gezogen.

2 Zur Motivation sprachlicher Zeichen

Einer der noch immer wichtigsten Grundlagentexte für sprachwissenschaftliche und sprachphilosophische Überlegungen zur Motivation der sprachlichen Zeichen ist der Dialog *Kratylos* des antiken Philosophen Platon (428/427 v. Chr.-348/347 v. Chr.), in dem die Frage der „Richtigkeit der Benennungen" (Platon, *Kratylos*, 384a) zwischen Sokrates, Hermogenes und Kratylos diskutiert wird. Hierbei vertritt Kratylos, nach dem der Dialog benannt ist, die Auffassung, die Richtigkeit der Namen sei von Natur aus gegeben, d. h. die Form der Zeichen sei natürlich motiviert, während Hermogenes keine natürliche Richtigkeit anerkennt, sondern die Namen als willkürlich und vom Menschen gesetzt ansieht, so dass sich ihre Richtigkeit nur durch die Konvention herleite:

> HERMOGENES: Kratylos hier; o Sokrates, behauptet, jegliches Ding habe seine von Natur ihm zukommende richtige Benennung, und nicht das sei ein Name, wie einige unter sich ausgemacht haben etwas zu nennen, indem sie es mit einem Teil ihrer besonderen Sprache anrufen; sondern es gebe eine natürliche Richtigkeit der Wörter, für Hellenen und Barbaren insgesamt die nämliche. (Platon, *Kratylos*, 384a)

> HERMOGENES: Ich meines Teils, Sokrates, habe schon oft mit diesem und vielen andern darüber gesprochen und kann mich nicht überzeugen, daß es eine andere Richtigkeit der Worte gibt, als die sich auf Vertrag und Übereinkunft gründet. [...] Denn kein Name irgendeines Dinges gehört ihm von Natur, sondern durch Anordnung und Gewohnheit derer, welche die Wörter zur Gewohnheit machen und gebrauchen. (Platon, *Kratylos*, 384c–d)

Welche der beiden Auffassungen als die richtige(re) anzusehen ist, wird am Ende des Dialogs nicht eindeutig geklärt; dies soll hier nicht weiter vertieft werden – unabhängig davon lässt sich aber feststellen, dass dem Dialog eine zentrale Bedeutung für die weiteren Diskussionen der Thematik zukommt, insofern als die beiden grundlegenden Positionen klar benannt und die Argumente für und gegen sie jeweils ausführlich erörtert werden. Die Wirkungsgeschichte von Platons Dialog hält bis heute an, und dem Kratylismus kommt noch immer eine große Aktualität als Grundposition in entsprechenden Debatten zu.

Blickt man in die neuere Geschichte der Sprachwissenschaft, so ist vor allem Ferdinand de Saussures *Cours de linguistique générale* für die Thematik der Motivation sprachlicher Zeichen grundlegend. Hierbei betont Saussure gerade die Bedeutung des Prinzips der Arbitrarität der sprachlichen Zeichen, das der Motivation entgegengesetzt ist; dieses Prinzip stellt eine der Kernthesen seiner Theorie dar: „*Le signe linguistique est arbitraire.*" ('Das sprachliche Zeichen ist arbiträr.'; Saussure [1916] 1969: 100, Hervorhebung im Original). Für Saussure ist das sprachliche Zeichen demnach ein willkürlich gesetztes, das nur innerhalb des Zeichensystems, das von einer Sprachgemeinschaft geteilt wird, seine Gültigkeit bzw. seinen Wert (frz. *valeur*) erhält. Damit wird Hermogenes' Position wiederaufgegriffen, wobei sich Saussure bezüglich der Kontroverse klar positioniert. Er diskutiert verschiedene Aspekte einer potentiellen Motivation der sprachlichen Zeichen, stuft deren Bedeutung allerdings als marginal ein, so dass die Auffassung von der grundsätzlichen Arbitrarität der sprachlichen Zeichen beibehalten wird.

Von Interesse für die Fragestellung des vorliegenden Beitrags ist, welche Formen einer (partiellen) Motivation Saussure dabei diskutiert (Saussure [1916] 1969: 101–102). Es handelt sich erstens um lautmalerische Formen oder Onomatopoetika, die ein außersprachliches Geräusch nachahmen; ihre sprachliche Form ist daher zumindest teilweise durch dieses motiviert. Noch genauer kann unterschieden werden zwischen Formen, die das Geräusch selbst bezeichnen (dt. *wauwau, kikeriki*), und lautsymbolischen Formen (dt. *knistern, rascheln, säuseln, klappern*), bei denen der ausgedrückte Inhalt durch lautliche Merkmale symbolisiert wird. In beiden Fällen hebt Saussure hervor, dass entsprechende Zeichen nur einen geringen Anteil des Wortschatzes ausmachten und zudem auch hier allenfalls eine partielle Motivation vorliege und das Merkmal der Arbitrarität der sprachlichen Zeichen keineswegs aufgehoben sei. Zur Stützung dieser Auffassung werden zunächst diachrone Entwicklungen angeführt. So geht etwa das frz. *fouet* 'Geißel, Peitsche', das als lautsymbolisch (einen Peitschenschlag suggerierend) erscheinen kann, auf das lat. *fagus* 'Buche' zurück, das nicht als lautmalerisch einzustufen ist. Für die „echten" Onomatopoetika lässt sich nach Saussure anhand von Übersetzungsäquivalenten belegen, dass auch hier die Motivation allenfalls eine partielle ist und es einen wichtigen Anteil an einzelsprachlichen Festlegungen gibt (vgl. frz. *ouaoua, cocorico*, engl. *bow-wow, cock-a-doodle-doo* als Entsprechungen von dt. *wauwau, kikeriki*).

Zweitens diskutiert Saussure die Existenz von Ausrufen wie dt. *Au!* als möglichen Einwand gegen die These der Arbitrarität der Zeichen; auch diesen weist er jedoch mit analogen Argumenten wie für die Onomatopoetika zurück (Vergleich mit Übersetzungsäquivalenten wie frz. *Aïe!*, Verweis auf nicht entsprechend motivierte diachrone Vorgänger der Formen, geringe quantitative Bedeutung im Wortschatz insgesamt).

Ein weiterer grundlegender Falltyp einer relativen Motiviertheit, der von Saussure an anderer Stelle diskutiert wird, ist hingegen morphologisch fundiert. Er ergibt sich demnach im Rahmen der Kombination der kleinsten bedeutungstragenden Einheiten der Sprache zu größeren Einheiten (vgl. das Kapitel zur absoluten und zur relativen Motiviertheit bei Saussure [1916] 1969: 180–184): Für zusammengesetzte Wörter wie frz. *dix-neuf*/dt. *neunzehn* lässt sich feststellen, dass diese nicht völlig arbiträr gewählt sind, sondern in einer (teil-)motivierten Beziehung zu den einzelnen Komponenten und ihren Bedeutungen stehen (*dix, neuf* bzw. *neun, zehn*; die Bedeutung der Komposita entspricht der mathematischen Summe der Komponenten). Daher können Formen wie frz. *dix-neuf* '19' im Vergleich zu Formen wie *vingt* '20' als teilmotiviert angesehen werden. Ähnliches gilt für frz. *poirier* 'Birnbaum', das das Wort *poire* 'Birne' evoziert. Auch hier zeigen sich jedoch nach Saussure wiederum Grenzen der Motiviertheit: Nicht immer kann den Wortbildungselementen eine klare Bedeutung zugewiesen werden, und die Bedeutung des Gesamtausdrucks geht stets über die der einzelnen Komponenten hinaus.[3] Die relative Motiviertheit kann nach Saussure dennoch als ein Ordnungsprinzip eingestuft werden, das der völligen Arbitrarität entgegenwirkt; sie fungiert als 'partielle Korrektur eines natürlicherweise chaotischen Systems' („une correction partielle d'un système naturellement chaotique", Saussure [1916] 1969: 182–183).

Hierbei ist auch eine Dynamik in der Entwicklung der Wortformen erkennbar: Eine ursprüngliche Motiviertheit der sprachlichen Zeichen kann verloren gehen, es können aber auch neue motivationelle Bezüge geschaffen werden. Dies lässt sich an dt. *-zig* belegen, das aus dem germanischen **teg(u)-* 'Dekade' (vgl. EWDS) stammt, in den Zahlwörtern (*zwanzig, vierzig, fünfzig* usw.) aber so mit den anderen Komponenten verschmolzen ist, dass es nicht mehr als motiviert einzustufen ist. Aus entsprechenden Zahlwörtern wurde das Element *zig* dann jedoch „neu" isoliert, so dass es heute auch (wieder) als freies Element vorkommen kann. Gleichzeitig hat dabei eine Innovation hinsichtlich seiner Bedeutung stattgefunden; bei entsprechenden Verwendungen 'steht [es] anstelle einer nicht genau bekannten, aber als sehr hoch angesehenen Zahl' (*Duden*).

Die Bedeutung der dynamischen Entwicklung der sprachlichen Zeichen im Lauf der Zeit verweist auf den Bereich der Etymologie, der Wissenschaft von der Herkunft und Entwicklung der Wörter. Hierbei zeigt die Komponente griech. *étymos* 'wahr', dass entsprechenden Betrachtungen der Wörter immer

---

[3] Ergänzend zeigt der Vergleich von Übersetzungsäquivalenten auch hier bestimmte Festlegungen der Einzelsprachen, etwa bezüglich der Reihenfolge der Komponenten (frz. *dix-neuf* vs. dt. *neunzehn*) sowie bezüglich divergierender inhaltlicher Beziehungen (frz. *quatre-vingts* 'achtzig', wörtlich 'vier-[mal]zwanzig') – diese lassen sich zwar in vielen Fällen aus der Sprachgeschichte heraus erklären (im genannten Beispiel als Relikt einer Vigesimalzählung), erscheinen aber dennoch mit Blick auf das aktuelle System des Französischen sowie im Übersetzungsvergleich allenfalls als teilmotiviert.

wieder ein Erkenntnisgewinn über ihre „wahre" und evtl. im aktuellen Sprachgebrauch verborgene Bedeutung zugeschrieben wurde.[4]

Wichtig ist ferner das Phänomen der Volksetymologie, bei der die Sprecher üblicherweise nicht (mehr) motivierbare Formen (nach Andreas Blank 1993 auch „verwaiste" Wörter, vgl. auch Blank 1997: 391-392) an bestehende Wörter oder Wortfamilien anbinden, zu denen kein etymologischer Zusammenhang besteht, die aber in formaler und semantischer Hinsicht eine hinreichend plausible Verknüpfungsmöglichkeit darstellen. Ein Beispiel liefert dt. *Friedhof*, bei dem die Komponente *Fried-*, die eigentlich in etymologischer Beziehung zu *einfrieden* steht, durch den Anschluss an dt. *Friede* neu motiviert wird und der Friedhof dadurch als 'Immunitätsland' aufgefasst wird (vgl. EWDS). Ebenso geht das dt. *Hängematte* auf ein karibisches Wort *hamáka* zurück, das ins Deutsche entlehnt wurde; diese im Deutschen nicht motivierbare Form wurde dann als „Hängematte" interpretiert, wodurch ein formaler und semantischer Anschluss an *hängen* und *Matte* hergestellt wird. Wichtig ist in diesem Zusammenhang zu betonen, dass Phänomene der Volksetymologie aus sprachwissenschaftlicher Sicht in der Synchronie (d. h. mit Blick auf die Sprache zu einem bestimmten Zeitpunkt in ihrer Geschichte) als kreative Leistung der Sprecher anzusehen sind, die Einblicke in die im Sprachgebrauch stattfindenden Interpretationsleistungen gewähren.

Aussagen zur Motivation und Motiviertheit sprachlicher Zeichen sind damit stets auch im Sinne der Motivierbarkeit für die Sprecher zu denken, wobei sich die Möglichkeit divergierender Einschätzungen innerhalb einer Sprachgemeinschaft ergibt. Dies kann anhand des Wortes dt. *Schimmel* veranschaulicht werden: Zwischen den Bedeutungen 'Belag auf feuchten oder faulenden organischen Stoffen' und 'weißhaariges Pferd' wird aktuell von manchen Sprechern eine inhaltliche Beziehung gesehen, andere hingegen interpretieren die Formen als zwei getrennte, nur zufällig gleichlautende Einheiten. In etymologischer Hinsicht leitet sich die zweitgenannte Bedeutung aus der ersten ab (die Form wird zunächst adjektivisch verwendet für ein Pferd, das wie Schimmel aussieht, vgl. EWDS); diese motivationelle Beziehung wird jedoch nicht mehr von allen Sprechern intuitiv gesehen – wobei sie aber unter Umständen im Rahmen einer bewussten Reflexion noch immer nachvollziehbar sein kann.

Hier deuten sich somit bereits mögliche Übergänge zwischen sprachlichen Innovationen in der Alltagssprache und spielerischen Verwendungen an, bei

---

4 Dies gilt insbesondere für das Etymologieverständnis der Stoa in der Antike sowie die daran inhaltlich anknüpfende mittelalterliche Etymologie (zur Etymologie vgl. auch Rettig 1981: 185-198).

denen entsprechende motivationelle Beziehungen wieder in den Vordergrund gerückt werden oder neue motivationelle Beziehungen vorgeschlagen werden; dies kann dabei in einem mehr oder weniger unernsten Ton geschehen bzw. es können mehr oder weniger ernste Gedanken mitschwingen. Die große Nähe zwischen Sprachspiel und den skizzierten sprachwissenschaftlichen und sprachphilosophischen Überlegungen zur Motivation sprachlicher Zeichen lässt sich beispielsweise anhand der Überlegungen illustrieren, mit denen Bas Böttcher seinen Text „Doppelwörter" einleitet: Hier ergibt sich eine direkte Verbindung zu Saussures Überlegungen zur relativen Motivation der sprachlichen Zeichen (frz. *poirier* usw.):

> Komposita, ist Ihnen das ein Begriff? Wörter, die zusammengesetzt werden und dadurch größere Wörter ergeben. Die sind in Deutschland nicht logisch. Es gibt zum Beispiel das Wort *Apfelbaum*, aber man sagt nicht *Eichelbaum*, sondern *Eiche*. Mit der gleichen Logik müsste man in Deutschland *Apfe* sagen, macht man aber nicht. Diese Komposita, die sind nicht logisch, aber ich habe ihnen eine Hymne gewidmet. […] (Bas Böttcher, „Doppelwörter", Video der Performance, 0:00–0:25)

Die Nähe zwischen alltäglichen Interpretationsprozessen und wortspielerischen Verwendungen wird auch in der Forschungsliteratur zum Wortspiel verschiedentlich hervorgehoben, wenn dieses innerhalb einer kratylistischen Sprachauffassung verortet wird[5] – Catherine Kerbrat-Orecchioni beschreibt diese Denkfigur in Anknüpfung u. a. an Lecolle (2015) wie folgt:

> […] je sais bien que les signes sont arbitraires, mais quand même, je ne puis m'empêcher de penser que ce n'est pas tout à fait un hasard si par exemple, « s'excuser » et « s'accuser » se ressemblent, ressemblance qui donne plus de « poids » à l'aphorisme « qui se ressemble, s'assemble ». (Kerbrat-Orecchioni im Druck: 35; vgl. darüber hinaus auch Attardo 2018: 100)
> '[…] ich weiß wohl, dass die Zeichen arbiträr sind, aber dennoch kann ich nicht umhin zu denken, dass es kein völliger Zufall ist, wenn zum Beispiel *s'excuser* [sich entschuldigen] und *s'accuser* [sich einer Sache bezichtigen] sich ähneln, eine Ähnlichkeit, die dem Aphorismus „qui se ressemble, s'assemble" [wer sich ähnelt, kommt zusammen / Gleich und gleich gesellt sich gern] mehr „Gewicht" gibt.'

Genau hier liegt demnach ein wesentliches Merkmal vieler wortspielerischer Texte: Unabhängig von der Frage, wie es sich in der „realen" Sprache mit der natürlichen Richtigkeit der sprachlichen Zeichen verhält, tut das Wortspiel so,

---

[5] Zum Kratylismus vgl. auch Genette (1976), zur sprachlichen Motivation insgesamt und mit Bezug zum Wortspiel vgl. Rettig (1981); zur Nähe des Wortspiels zur Reflexion über grundlegende Merkmale sprachlicher Zeichen und kommunikativer Handlungen vgl. auch den Sammelband Zirker und Winter-Froemel (2015b).

als gebe es eine natürliche und „richtige" Beziehung zwischen Zeichen und Sachen bzw. zwischen Ausdruck und Inhalt, die dann jedoch häufig ad absurdum geführt wird. So führt Bas Böttcher die formale Diskrepanz der Zeichen vor Augen, die der inhaltlich gestützten Analogie widerspricht; dementsprechend erweisen sich beide Analogieschlüsse als ungültig, da sie zu keinem im Sprachsystem existenten Zeichen führen:

> Apfel : Apfelbaum = Eiche : *Eichelbaum
>
> Eichel : Eiche = Apfel : *Apfe.

In anderen Fällen wird im Wortspiel von formähnlichen oder formgleichen Ausdrücken ausgegangen, deren inhaltliches Verhältnis zueinander – typischerweise ein Kontrastverhältnis – dadurch in den Vordergrund gerückt wird (vgl. z. B. „das vermutlich analphabetische Alphatierchen", Clausen 2012: 85).

In der Wortspielforschung werden in diesem Zusammenhang drei grundlegende Realisationsformen unterschieden, die vielfach belegt sind (vgl. zu den nachfolgenden Ausführungen u. a. Käge 1980 und Heibert 1993: 62–66). Erstens handelt es sich um wortspielerische Remotivationen, bei denen ausgehend von Ausdrücken mit einer idiomatisierten Bedeutung die wörtliche Lesart wieder akzentuiert bzw. aktiviert wird. Damit wird der üblichen, spontanen Interpretation der Ausdrücke eine alternative gegenübergestellt; vielfach ist die wörtliche Bedeutung dabei im aktuellen Sprachgebrauch gegenüber der idiomatischen Bedeutung verblasst. Dieser Fall lässt sich durch die in der Einleitung zitierten Texte von Bodo Wartke (*nicht aus seiner Haut können*), Christian Hirdes (*Kopf hoch!*) und Ellis Kaut (*den Mund halten, eine belegte Zunge*) illustrieren.

Im Fall einer Transmotivation hingegen wird eine von den Strukturen und Regeln des Sprachsystems her denkbare alternative Lesart für einen konventionellen komplexen Ausdruck aufgezeigt. Dies lässt sich anhand des folgenden Witzes und der folgenden Scherzfrage veranschaulichen:

> „Ich bin Straßenhändler." – „Interessant! Und was kostet bei Ihnen eine Straße?"
>
> Was ist weiß und schaut durchs Schlüsselloch? – Ein Spannbettlaken.

Bei der Pseudomotivation schließlich wird ebenso ein bestehender komplexer Ausdruck „gegen den Strich" gelesen; zusätzlich zur semantisch unüblichen Interpretation kommt gegenüber der Transmotivation hier hinzu, dass auch Konstituentengrenzen verletzt werden. Dieses Verfahren erscheint bereits im Zusammenhang mit der ersten Verwendung des Begriffs 'Wortspiel' im Deutschen bei Harsdörffer (*Frauenzimmer Gesprächspiele*, 1647):

> Faſt dergleichen Wortſpiel findet ſich in Theilung etlicher Wörter. Als wann jener etliche alte Jungfren geſehen / und geſagt / daß ſie mit Recht Jungfern ʒu neñen / weil ſie ferne von Jung verſtehend der Jugend. (Harsdörffer [1647] 1969: 427)

Auch in neueren wortspielerischen Texten sind Pseudomotivationen vielfach belegt, vgl. etwa Hans Arps „klavier klasechs klaacht klazehn" (Arp 1963: 107), Heinz Erhardts „Kolum hieß der Bus, der Kolum-Bus" („Das Ei des Kolumbus") sowie Texte von Christian Morgenstern und Joachim Ringelnatz, z. B.:

> *Der Werwolf*
>
> [...]
> 'Der Werwolf' – sprach der gute Mann,
> 'des Weswolfs, Genitiv sodann,
> dem Wemwolf, Dativ, wie man's nennt,
> den Wenwolf, – damit hat's ein End.'
> (Morgenstern [1914] 1990: 87)

> *Abendgebet einer erkälteten Negerin*
>
> [...]
> Drüben am Walde
> Kängt ein Guruh – –
> Warte nur balde
> Kängurst auch du.
> (aus: *Kuttel Daddeldu*, Ringelnatz [1920] 1924)

Ebenso finden sich Pseudomotivationen in der aktuellen Sprachspielkunst vielfach wieder, vgl. etwa die in Michael Schönens Interview erwähnten Reinterpretationen von „Audi Q" als „Au! Die Kuh!" und „alternieren" als „Altern Iren?". Bas Böttcher erwähnt in seinem Interview die Entdeckungen der Wörter *Beach* und *Mensch* in „Beachten Sie bitte den folgenden Hinweis." bzw. *Blumenstrauß* (bei langsamer Aussprache) und *Zusammenschlagen*. Weitere Beispiele liefern Astrid Poier-Bernhards „3 Reflex-Ionen zum potentiellen Leben" (Poier-Bernhard 2013) und ihre Entdeckung eines *Gemein-Schafs* (hier verbunden mit einer unbeabsichtigten, durch einen Schreibfehler bedingten formalen Abweichung; vgl. hierzu auch Poier-Bernhard 2018) sowie Philipp Scharrenberg:

> Merke:
> Der Hippocampus ist keine Universität für Nilpferde.
> (Scharri 2012: 21)

Insgesamt zeigt sich bei den verschiedenen Beispielen neben der grundlegenden Bedeutung der Motivation der sprachlichen Zeichen, dass immer wieder für gegebene Ausdrücke alternative Interpretationsmöglichkeiten zur konventionellen Lesart durchgespielt werden. Dieses Verfahren verweist auf die Mehrdeutigkeit der Zeichen als weitere zentrale Quelle des Wortspiels, die nachfolgend kommentiert werden soll.

3 Ambiguität als Grundlage spielerischer Verfahren

In der klassischen Ambiguitätsforschung werden lexikalische und syntaktische Ambiguität als Haupttypen angesetzt. Die ersteren sind die Grundlage für die folgenden wortspielerischen Witze, bei denen mit der Mehrdeutigkeit von dt. *Arme* bzw. dt. *Herr* gespielt wird:

> Anna und Bernd sind im Varieté. Ein Artist wirbelt seine Partnerin herum, wirft sie in die Luft und fängt sie wieder auf.
> Anna: – „Die Arme!"
> Bernd: – „Hm, aber erst die Beine!"
> (Koch, Krefeld und Oesterreicher 1997: 24)

> Ein frommes junges Ehepaar setzte folgende Geburtsanzeige in die Zeitung:
> „Endlich hat unsere Silke das lang ersehnte Brüderchen bekommen. Dank sei dem Herrn, der über uns wohnt."
> (Koch, Krefeld und Oesterreicher 1997: 25)

Ebenso kann syntaktische Ambiguität als Quelle wortspielerischer Witze dienen:

> Policeman:
> „Excuse me, Sir, your dog's been chasing a man on a bicycle."
> Man:
> „Ridiculous, constable, my dog can't ride a bicycle."
> [„Entschuldigen Sie, Ihr Hund jagt einen Mann mit einem Fahrrad." – „Blödsinn, Wachtmeister, mein Hund kann gar nicht Rad fahren."]
> (Koch, Krefeld und Oesterreicher 1997: 33 [engl. Text und Übersetzung])

Das Spiel beruht dabei auf unterschiedlichen möglichen Interpretationen der Beziehungen der Konstituenten des Satzes zueinander. Die Bedeutung der hierarchischen Struktur des Satzes kann auch sprachspielerisch aufgezeigt werden, indem einzelne Wörter umgestellt werden wie im folgenden Beispiel, wo sich durch die Überführung der Struktur ABCD in eine Struktur CBED gleichzeitig eine Veränderung der Wortart von „macht" / „Macht" ergibt:

> Das macht die Sprache – die Macht der Sprache (aus Bas Böttcher, „Die Macht der Sprache")

In der neueren Ambiguitätsforschung wird dafür plädiert, neben den wichtigen Grundtypen der lexikalischen und syntaktischen Ambiguität weitere Phänomene der Mehrdeutigkeit zu berücksichtigen, die weitere Ebenen der Sprache sowie andere Zeichensysteme einschließen (vgl. u. a. die Forschungsarbeiten des Tübinger Graduiertenkollegs 1808: „Ambiguität – Produktion und Perzeption"[6]). Ein solches erweitertes Verständnis von Ambiguität erweist sich auch für die Analyse sprachspielerischer Texte als hilfreich, da so eine Reihe von weiteren Spiel-Arten mit in die Betrachtung hineingenommen werden kann; dies soll hier anhand einiger Beispiele aufgezeigt werden.

Im Zusammenhang mit der Motivation der sprachlichen Zeichen wurde bereits auf Interpretationsspielräume bei Komposita verwiesen[7]: Auch bei Komposita, bei denen die Komponenten in ihrer jeweiligen Ausgangsbedeutung zur Bedeutung des Kompositums beitragen (d. h. bei denen keine idiomatisierte oder teilidiomatisierte Bedeutung vorliegt), bestehen grundsätzlich verschiedene Möglichkeiten der Auslegung der Beziehung, in der die Komponenten zueinander stehen, und dementsprechend prinzipiell Möglichkeiten für Uminterpretationen, die von der konventionalisierten abweichen. Dies kann sehr gut an bestimmten lexikalischen Paradigmen veranschaulicht werden, die in sprachwissenschaftlichen Einführungsveranstaltungen gerne zur Erläuterung dieses Phänomens angeführt werden: So ist für engl. *olive oil* – *baby oil* ('Olivenöl' – 'Babyöl') allein aus der Form der Komposita nicht ableitbar, dass es sich im ersten Fall um ein *aus* Oliven hergestelltes Öl, im zweiten Fall dagegen um ein Öl *für* Babys handelt. Analoge Beobachtungen lassen sich für die folgenden Beispielreihen anstellen (wobei sich ein Potential für bewusste sprachspielerische Umdeutungen ergibt, die in alltäglicher Scherzkommunikation immer wieder beobachtbar sind):

> Apfelkuchen – Birnenkuchen – Kirschkuchen – Hundekuchen – Sandkuchen – Napfkuchen – Marmorkuchen usw.

---

6 Vgl. https://uni-tuebingen.de/forschung/forschungsschwerpunkte/graduiertenkollegs/grk-1808-ambiguitaet-produktion-und-rezeption.html (Zugriff 08.10.2018).
7 Vgl. hierzu auch den Beitrag von Stefan Engelberg und Irene Rapp im vorliegenden Band sowie Onysko (2014, 2017).

Kalbsschnitzel – Schweineschnitzel – Jägerschnitzel – Seniorenschnitzel – Kinderschnitzel – Hackschnitzel – Holzschnitzel usw.

Interpretationsspielräume bei Komposita stehen auch im Mittelpunkt von Bas Böttchers Text „Doppelwörter" (für die er auch die Bezeichnungen „Huckepacktermini" oder „Sprachdoppelwhopper" einführt):

So wird der Wortkoitus kurios:
Aus Wollust wird Lustwolle
Aus Rollmops wird Mopsrolle
Aus Spieltrieb wird Triebspiel
Aus Stilblüte wird Blütenstiel

Durch die verkuppelten, gekoppelten, angedockten und verdoppelten Worte

Da wird aus Ober plus Affe Direktor
Da werden Katzen durch Auge Reflektor
Der Fuchs wird durch Schwanz eine Säge
Der Tiger durch Balm eine Creme

Es werden Sonnen durch Bank ein Gerät
und Vater durch unser Gebet
Es wird der Vogel durch frei eine Strafe
Und Brenner plus Pass eine Straße

Das Ass wird durch best was Schlechtes
Geschichten durch Erzähler was Echtes

Durch die verkuppelten, gekoppelten, angedockten und verdoppelten Worte
Jetzt auch als Konzentrat:
Blockschokolade in Kurzform Blockade
Der Schweinehund wird Schwund
Und Schlüsselbund wird Schlund

Studentenjob wird Stop
Der Snackshop Snob
Der Flashmob wird Flop

Durch die verkuppelten, gekoppelten, angedockten und verdoppelten Worte

Knusperhaus – Perhaus-Knuss
Schluss-Applaus – Applaus-Schluss.
(Bas Böttcher, „Doppelwörter", nach der auf der Homepage des Künstlers verfügbaren Textfassung; vgl. das Video der Performance, 1:47–3:00)

Vorgeführt wird hier zunächst, wie sich aus der Umstellung der Komponenten neue, überraschende Sinneffekte ergeben (*Wollust – Lustwolle* usw.). Darüber hinaus werden Komposita unterschiedlicher Idiomatisierungsgrade vorgestellt, bei denen sich dementsprechend ein mehr oder weniger großer Abstand zur Ausgangsbedeutung der Komponenten ergibt (vollständig idiomatisiert z. B. *Katzenauge, Fuchsschwanz, vogelfrei*; teilidiomatisiert *Brennerpass, Sonnenbank*); zusätzlich werden hierbei auch okkasionelle Bedeutungen (*Oberaffe* für 'Direktor') und pseudomotivationelle Bezüge (*Asbest – As(s) best*) in die Aufzählung integriert. Am Ende des Textes werden ferner Wortverschmelzungen, die ein weiteres Wortbildungsverfahren neben der Komposition darstellen (vgl. dt. *Motel*/engl. *motel* aus *motor* und *hotel*, dt. *Smog*/engl. *smog* aus *smoke* und *fog*, dt. *jein* aus *ja* und *nein* usw.), einbezogen.[8]

Eine andere Form des Spiels mit dem Prinzip der Komposition liegt vor, wenn neue Zusammensetzungen gebildet werden, indem zwei bereits existierende Komposita verbunden werden, die eine übereinstimmende Komponente aufweisen; in den komplexen dreiteiligen Formen kann daher eine (unauflösbare) Ambiguität bezüglich der Zugehörigkeit der mittleren Komponente festgestellt werden. Dieses Verfahren findet sich beispielsweise in Hans Arps „kruzifixundfertig" (Arp 1963: 106); ausführlich wird es von Philipp Scharrenberg kommentiert und illustriert:

> Auch die Sprache ist ein Steckspiel, ein Brutkasten, in dem man neue Wortformen züchten kann. Zum Beispiel indem man zusammengesetzte Substantive ihrerseits zusammensetzt – zu Mutanten-Substantiven, kurz: zu Mutantiven! [...] Nehmt zum Beispiel die Worte 'Widersacher' und 'Sachertorte' – zusammen ergeben sie eine 'Widersachertorte'! Was meint ihr, wie der Bäcker guckt, wenn ihr die bestellt? Oder 'Kompromiss' und 'Promiskuität' – ergibt 'Kompromiskuität'! Nach dem Motto: 'Eigentlich gefällste mir nicht, aber ich nehm' dich trotzdem mit!' Auch schön ist es, sich beim Service der Deutschen Bahn zu erkundigen, ob die 'Atemzugbegleiter' 'Sauerstoffhosen' tragen! Oder bei der Krankenkasse anzurufen und zu sagen, man sei 'geisteskrankenversichert' und verlange 'Dachschadenersatz'! („Mein Tipp", Scharri 2012: 76).

Die bereits besprochenen Beispiele für Pseudomotivationen zeigen darüber hinaus das Vorliegen von Ambiguität auf einer weiteren Ebene auf: Die Wortspiele beruhen darauf, dass an „falschen" Stellen Segmentierungen vorgenom-

---

[8] Für dieses Verfahren und die daraus resultierenden Wortformen werden in der sprachwissenschaftlichen Forschung verschiedene Termini verwendet, u. a.: Kontamination, Blending/Blend, Port(e)manteau-Wort, Kofferwort, Wortkreuzung, Wortmischung, Amalgamierung/Amalgam, Teleskopierung/Teleskopwort, haplologische Zusammensetzung (vgl. Bußmann 2008, s. v. *Kontamination*).

men werden. Hierbei kann eine Verschiebung von Morphemgrenzen vorliegen, etwa wenn *Wachs-Tube* in *Wach-Stube* oder *Nach-Teile* in *Nacht-Eile* überführt wird. Bei Bas Böttchers *Asbest* wird hingegen eine zusätzliche Morphemgrenze eingeführt (*As(s)+best*). Dieses Verfahren lässt sich ebenso an Willy Astors Liedtext „Ich bin ein Hängereh" illustrieren, in dem sich durch die Hinzufügung des Namens *Gista* eine überraschende Interpretation bzw. Auflösung (*Hängereh Gista / Hängeregister*) ergibt (vgl. darüber hinaus im selben Text das Spiel mit *Gitter-Reh / Gitarre*). Ebenso basieren die Pointen am Ende der einzelnen Strophen des Reggaes „In Afrika, in Afrika" auf dem Prinzip der Pseudomotivation:[9]

In Afrika, in Afrika, da gibt es einen See
Da muss ich hin, da muss ich hin, da muss ich hin.
In-Afrika-see [Hühnerfrikassee], In-Afrika-see [...]

In Afrika, in Afrika wohnt eine schöne Fee
Die schöne Fee heißt Bonenka aus der Ukraine
[...] Das ist die Bohnenka-Fee [Bohnenkaffee] [...]

[...] In Afrika, in Afrika, hab' ich das schon gesagt?
Sind momentan gut angezog'ne Liebhaber gefragt.
Liebhaber in Langarmshirts und Streifen sind modern
Die Frauen mögen Liebhaber mit Ringelstreifen gern
Sie mögen: Ringelpullover, Lover, Lover, Lover [...]

In das Spiel mit Pseudomotivationen reiht sich auch Christian Hirdes mit seinem Lied „Kläuschen, Dornröschen und Schneeweischen" ein.[10]

---

9 Dieselbe Grundtechnik findet sich auch in den Rätselwitzen oder Scherzfragen des folgenden Typs, die im Französischen aufgrund der umfassenden Möglichkeiten des Spiels mit Homophonie (oder Quasi-Homophonie) sehr verbreitet sind: „M. et Mme Brosse ont un fils, comment s'appelle-t-il? – Adam." [Herr und Frau Brosse haben einen Sohn, wie heißt er? – [Brosse] Adam / *brosse à dents* 'Zahnbürste']; „M. et Mme Dœuf ont un fils. Comment s'appelle-t-il? – John." [Herr und Frau Dœuf haben einen Sohn. Wie heißt er? – John [Dœuf] / *jaune d'œuf* 'Eigelb']. Die sich ergebenden „Lösungen" sind hierbei häufig auch ganze Äußerungen: „Monsieur et Madame Versaire ont quatre filles, comment s'appellent-elles? – Elsa, Rose, Laure, Annie." [Herr und Frau Versaire haben vier Töchter, wie heißen sie? Elsa, Rose, Laure, Annie [Versaire] / *Elles arrosent leur anniversaire* 'Sie begießen ihren Geburtstag']; „M. et Mme Dalors ont un fils. Comment s'appelle-t-il? – Homère." [Herr und Frau Dalors haben einen Sohn. Wie heißt er? – Homer [Dalors]. / *Oh, merde alors!* 'Oh, so ein Scheiß'].
10 Vgl. ebenso das Spiel mit unterschiedlichen Ausspracheregeln für *durch* vs. *Church* bei Bodo Wartke (siehe dazu meinen Beitrag „Das Spiel mit Wiederholung und Variation bei Bodo Wartke und Christian Hirdes – *durch müssen* oder *es einfach laufen lassen*" im vorliegenden Band).

[...]

Warum heißt es *Häus-chen* und nicht *Häuschen*?
Warum heißt es *Kläus-chen* und nicht *Kläuschen*?
Warum heißt es *panschen* und nicht *pans-chen*?
Warum heißt es *planschen* und nicht *plans-chen*?

[...]

Warum heißt es *Häns-chen* und nicht etwa *Hänschen*?
Warum heißen wir dann and'rerseits nicht *Mens-chen*, sondern *Menschen*?
Warum gibt's kein *Blüschen*, sondern lediglich ein *Blüs-chen*?
Und warum heißt's dann *Rüschen* und nicht *Rüs-chen*?

[...]

Fährt ein kleiner Bus in einen Busch, ist das *Büs-chen* in den *Büschen*,
gerät ein kleines Los in Brand, muss man das *Lös-chen löschen*,
wie kommt es, dass Kreissägen bei ganz winz'gen *Kreis-chen kreischen*?
Und warum heißt *Schneeweiß-chen* nicht *Schneeweischen*?

[...]
(Christian Hirdes, „Kläuschen, Dornröschen und Schneeweischen")[11]

Hier wird mit zwei Reihen von Wörtern des Deutschen gespielt, die beide die Buchstabenfolge «schen» enthalten, die jedoch jeweils unterschiedlich zu interpretieren ist: Die erste Gruppe bilden Wörter, bei denen «sch» ein Graphem darstellt (im nachfolgend zitierten Textauszug *panschen*, *planschen*, *Menschen*, *Rüschen*, *[in den] Büschen*, *löschen*, *kreischen*); in der zweiten hingegen liegt eine Morphemgrenze zwischen «s», das noch zum vorangehenden Morphem gehört, und «ch», das zum folgenden Verkleinerungssuffix -*chen* gehört. Der Unterschied zwischen beiden Wortgruppen zeigt sich dabei in der abweichenden Aussprache, d. h. hier liegt eine Ambiguität im Übergang von der Ebene der einzelnen Buchstaben «schen» zur Ebene der bedeutungsunterscheidenden Grapheme des Deutschen (<sch> bzw. <s> + <ch>) sowie zur Ebene der jeweils zugeordneten Aussprache vor. Die grundsätzliche Uneindeutigkeit der Buchstabenfolge «sch(en)» – die durchaus ein ernstes Problem darstellen kann, z. B. wenn Kinder lesen lernen – wird zunächst über eine Reihe von Fragen explizit thematisiert. Hierbei wird durch Realisierung der jeweils „falschen" Aussprache Komik

---

[11] Die Bindestrichschreibungen und Kursivierungen wurden zur Verbesserung der Lesbarkeit eingefügt.

erzeugt; durch den ständigen Wechsel zwischen beiden Wortgruppen sowie die Umkehrung der Reihenfolge der Nennung der „richtigen" und „falschen" Formen (*Häus-chen – Häuschen, ... Häns-chen – Hänschen, Mens-chen – Menschen, Blüschen – Blüschen, Rüschen – Rüs-chen*) wird gleichzeitig ein erhöhter Verarbeitungsaufwand für die Rezipienten erzeugt, die jeweils das passende Interpretationsprinzip nachverfolgen müssen. Während in den ersten der zitierten Strophen noch eine Hilfestellung gegeben wird, indem jeweils eine Interpretation als falsch bzw. inexistent ausgewiesen wird (vgl. die Vorkommen von „warum heißt es [...] nicht...?" und ähnlicher Formulierungen), werden in der dritten Strophe jeweils beide Varianten als zulässige realisiert und hierbei in unmittelbarer Folge oder großer Nähe zueinander präsentiert.

Die Beispiele zeigen, dass Phänomene der Mehrdeutigkeit auf unterschiedlichen Ebenen der Sprache lokalisiert sein können. Darüber hinaus stellt die parallele Einbeziehung mehrerer Sprachen und allgemeiner, unterschiedlicher Zeichencodes, eine wichtige Quelle des Sprachspiels dar. So beruht etwa der Text von Franz Hohler „Made in Hongkong" (Hohler 2009: 184–186) darauf, dass diese Äußerung sowohl als Deutsch als auch als Englisch interpretiert werden kann (zu „Made in" vgl. auch das Interview von Philipp Scharrenberg im vorliegenden Band sowie Heinz Erhardt, „Die Made"). Das Spiel mit Fremdsprachen kann sich wiederum ebenso auf die Ebenen der Schreibung und Aussprache gründen wie im folgenden Text, der eine von Raymond Queneaus „Stilübungen" darstellt.

> Poor lay Zanglay. Ung joor vare meedee ger preelotobüs poor la port Changparay. Eel aytay congplay, praysk. [...]
> (Queneau 1947: 129)

Das grundlegende Textprinzip bei dieser Variante der Erzählung besteht darin, dass eine französische Äußerung unter Rückgriff auf Schreib- und Ausspracheregeln des Englischen (<oo> ↔ [ʊ], <ay> ↔ [eɪ] usw.) so maskiert wird, dass der Text auf den ersten Blick als englisch erscheint. Dabei wird bevorzugt auf Grapheme zurückgegriffen, die im französischen Sprachsystem nicht vorkommen (übrigens einschließlich von Graphemen wie <ü>, die auch im englischen Sprachsystem nicht vorkommen), um einen möglichst starken Verfremdungseffekt zu erzielen. Ebenso werden Wortgrenzen teilweise nicht respektiert, was sich dadurch erklären lässt, dass in der Französischen Aussprache zahlreiche *liaisons* vorgenommen werden (*les* [-z] *Anglais*, vgl. im Text „Zanglay") und Wörter, die eine Sinneinheit oder syntaktische Einheit bilden, zu einem *mot phonique* zusammengezogen werden, das nur einen Gruppenakzent trägt (vgl.

"preelotobüs").[12] Erst bei der lautlichen Realisierung erschließt sich der eigentliche (auf Französisch ausgedrückte) Inhalt[13]; eine zusätzliche Quelle der Komik liegt dabei darin, dass die sich ergebende Äußerung bei Aussprache nach den Regeln des Englischen durch einen starken englischen Akzent charakterisiert ist ([pʊə] statt [puʀ], [leɪ] statt [le] usw.). Das Grundprinzip, das Queneau hier anwendet, wird auch in der italienischen Übersetzung des Textes von Umberto Eco deutlich, in der eine analoge Maskierung einer italienischen Textversion vorgenommen wird:

> Perlee Englaysee. Oon jornow versaw matzodjornow soola peattaphormah pawstareoray dee oon howtoboos da li leenea S veedee oon johvanay dull calloh trop-o-loongo [...].
> (Queneau [und Eco] 1983: 193)[14]

Neben fremden Sprachen können auch andere Zeichensysteme beim Spiel mit Sprache einbezogen werden. Zu nennen sind hier beispielsweise Traditionen wie der Rebus oder das Figurengedicht, bei denen auf unterschiedliche Weise die visuelle Dimension einbezogen wird.

Weitere Beispiele für entsprechende multimodale oder multimodal unterstützte Sprachspiele liefern Robert Gernhardts zeichnerische Remotivation des Ausdrucks *ein fesselndes Buch* (vgl. die Umschlagzeichnung von Gernhardt 2006) sowie zahlreiche Sprachspiele bei Martin Reinl, dessen Puppen und Zeichnungen vielfach Bilderrätsel darstellen (der Jammerlappen, der Zugvogel, das halbe Hähnchen usw., vgl. das Interview von Martin Reinl sowie den zeichnerischen Gruß von Wiwaldi im vorliegenden Band). Ebenso wird in der Wiwaldi Show mit dem visuellen Kanal gearbeitet, wenn beispielsweise im Vorspann zur Sendung mit Bernhard Hoëcker Schleichwerbung dadurch präsentiert wird, dass verschiedene Produkte unten durchs Bild „schleichen" oder eine mögliche „Reise mit einer Ente nach Wuppertal" durch das Erscheinen einer Entenpuppe ambiguiert

---

12 Dieses Merkmal stellt für Muttersprachler einer Sprache mit Wortakzent im Übrigen häufig eine Schwierigkeit beim Erlernen des Französischen als Fremdsprache dar, was in einer erkennbar abweichenden Aussprache resultiert.
13 Pour les Anglais. Un jour vers midi je pris l'autobus pour la porte Champerret. Il était complet, presque. 'Für die Engländer. Eines Tages nahm ich den Bus zur Porte Champerret. Er war voll, fast.'
14 Per gli Inglesi. Un giorno verso mezzogiorno sulla piattaforma posteriore di un autobus della linea S vidi un giovane del collo troppo lungo. 'Für die Engländer. Eines Tages gegen Mittag sah ich auf der hinteren Plattform (Bodenplatte) eines Busses der Linie S einen jungen Mann mit einem zu langen Hals.'

wird.¹⁵ Ferner kann hier auf die Tradition des Zimmer frei-Bilderrätsels verwiesen werden, bei dem die Gäste der Sendung – oder die Moderatoren – einen szenisch dargestellten Begriff erraten mussten, der auf einem Wortspiel basierte (*die anspruchsvollen Rollen, Tierhaltung, Wunderbar, Missverhältnis, Kugelschreibär* usw.; vgl. hierzu auch das Interview von Martin Reinl im vorliegenden Band). Bei entsprechenden Verwendungen bleibt die Sprache stets ein zentraler Bestandteil des Spiels, was sich auch daran zeigt, dass die zitierten Sprachspiele häufig nicht ohne Weiteres übersetzbar sind¹⁶ und nur innerhalb eines bestimmten Sprachsystems funktionieren.

Die Beispiele zeigen den vielseitigen Einsatz von sprachlichen und sprachbezogenen Ambiguitäten. Darüber hinaus deutet sich an, dass entsprechende wortspielerische Verwendungen mit unterschiedlichen kommunikativen Absichten verwendet werden und die Rezipienten auf unterschiedliche Weise angesprochen und einbezogen werden. Diese Dimension wird auch in neueren Forschungsarbeiten in den Vordergrund gerückt, die das Funktionieren von Ambiguitätsphänomenen in der Interaktion zwischen Textproduzent und Textrezipient analysieren (vgl. u. a. Winter-Froemel 2013; Winter-Froemel & Zirker 2010, 2015a; für die Einforderung einer sprecherbezogenen Perspektive bei der Untersuchung von Wortspielen vgl. bereits auch Rettig 1981: 204–208).

4 Zum Spiel mit Motivation und Ambiguität in der Sprecher-Hörer-Interaktion

Ausgehend von den bisherigen Überlegungen sollen nachfolgend einige grundlegende Formen des Einsatzes entsprechender Wort- und Sprachspiele in der Sprecher-Hörer-Interaktion charakterisiert werden (wobei ich diesen Begriff

---

15 Vgl. https://www.youtube.com/watch?v=yV1xVMlS2vM und https://www.youtube.com/watch?v=THekZBr4-io (Zugriff jeweils 10.10.2018).
16 Es können jedoch ähnliche sprachliche Strukturen und Bildlichkeiten in anderen Sprachen vorliegen, die eine relativ textnahe Übersetzung unter Beibehaltung des Sprachspiels ermöglichen (vgl. z. B. für das zitierte Beispiel dt. *fesselnd* 'spannend': engl. *captivating* 'bezaubernd' / *captive* 'gefangen', frz. *captivant* 'spannend, mitreißend' / *captiver* 'gefangen halten', it. *avvincente* 'packend, spannend' / *avvincere* '[poet.] packen, umschlingen', span. *cautivador* 'fesselnd' / *cautivo* 'gefangen' – hierbei gibt es aber dennoch gewisse semantische Abweichungen, und die Ausgangsbedeutung ist für die einzelnen Ausdrücke noch unterschiedlich stark verfügbar; dementsprechend kann der Effekt der Remotivierung stärker oder schwächer empfunden werden).

in einem weiten Sinn auffasse und auch Schreiber und Leser einschließe). Die Liste der sechs Grundformen, die hierbei angesetzt werden, ist dabei nur als Grobkategorisierung zu verstehen; bei der Betrachtung einzelner Beispiele zeigen sich immer wieder Übergänge, und es bleibt der weiteren Forschung vorbehalten, ggf. weitere Formen des Spiels mit Motivation und Ambiguität ausfindig zu machen.

4.1 Spiele mit der lautlichen Form

Eine erste Art des spielerischen Umgangs mit der Motivation der sprachlichen Zeichen liegt vor, wenn mit der Klanglichkeit der Wörter gespielt wird. Entsprechende Verwendungen werden teilweise auch als Klangspiele von den „eigentlichen" Wortspielen (bei denen mit unterschiedlichen Bedeutungen formähnlicher Ausdrücke gespielt wird; vgl. Winter-Froemel 2009, 2016) abgegrenzt. Die sprachspielerischen Texte beinhalten demnach eine Einladung an den Rezipienten, gemeinsam mit dem Textproduzenten die Materialität der Sprache wiederzuentdecken. Bei dieser Form des Spiels kommen keine zusätzlichen Bedeutungen ins Spiel. Durch die Verwendung sprachlicher Zeichen, die als lautmalerisch oder lautsymbolisch interpretiert werden können (im nachfolgenden Beispiel etwa *Korax!* bzw. *kreischen, krächzen, krakeelen, knisternd, knacken* usw.), wird die Textbedeutung vielmehr ergänzt und unterstützt. Hierbei wird die Bedeutung der lautlichen Dimension zusätzlich durch die zahlreichen Alliterationen im Text gestärkt:

Papageien

Wenn die bunten Papageien
tief im Urwald lauthals schreien,
wollen sie aus vollen Kehlen
kreischen, krächzen und krakeelen.
Unsinn, Quatsch und Firlefax.
Korax!

Wenn die Papageien hacken,
Kern und Körner knisternd knacken,
greifen sie mit krummen Zehen,
die sie bis zum Schnabel drehen.
Eine Frage des Geschmacks?
Korax!

Wenn die Papageien brüten,
später dann die Jungen hüten,

schrei'n sie nicht mehr, sondern tuscheln,
kosen, knabbern, kraulen, kuscheln.
Leise gicks und zärtlich gacks.
Korax, korax.
(Schürmann-Mock 2015 [o. S.])

Der Storch

Welch ein Krach
hoch auf dem Dach!
Was ist denn da so laut?

Da rattert es,
da knattert es,
da klappert es,
da plappert es.
[...]
(Schürmann-Mock 2015 [o. S.])

4.2 Spiele mit Brüchen und falschen Fährten

Für das Wortspiel im „eigentlichen" Sinn wird häufig das Spiel mit unterschiedlichen Bedeutungen der sprachlichen Zeichen als ein definitorisches Merkmal angesetzt; viele Standarddefinitionen charakterisieren das Wortspiel dahingehend, dass die Bedeutungen in überraschender Weise gegenübergestellt werden (vgl. Winter-Froemel 2009, 2016). Ebenso wird in vielen Humortheorien das Merkmal der Inkongruenz der Interpretationen (oder der Interferenz unterschiedlicher Prinzipien) sowie deren Verdichtung und Engführung als wesentliches Merkmal herausgestellt. Dies zeigt sich klar an der Textsorte Witz, die durch das Vorhandensein einer überraschenden Pointe charakterisiert ist; bei wortspielerischen Witzen ergibt sich diese sehr häufig aus einer lexikalischen Mehrdeutigkeit innerhalb der Pointe.

Demnach kann eine zweite wichtige Gruppe von Verwendungen angesetzt werden, bei denen ein semantischer Kontrast zwischen konkurrierenden Interpretationen grundlegend ist; gleichzeitig geht es hier darum, plötzlich eine unerwartete Interpretationsmöglichkeit aufscheinen zu lassen. Der Hörer (oder Leser) ist herausgefordert, diese zu entdecken; in vielen Fällen leitet der Sprecher (oder Schreiber) dabei den Rezipienten bewusst zunächst in eine falsche Richtung. Dieses Grundprinzip lässt sich anhand des folgenden Beispiels veranschaulichen, wo zunächst eine Parallelität der koordinierten Sätze suggeriert wird, die sich dann jedoch als falsch erweist:

> Der Vati packt das Auto und die Mutti packt die Lust [...].
> (Willy Astor, „Mir ist so langweilig")

Die Fehlleitung liegt hier im Bereich der syntaktischen Struktur der Sätze, die unterschiedlich konstruiert sind; der Hörer muss demnach die nahe liegende und vermutlich bei der großen Mehrzahl der Rezipienten zuerst gewählte Interpretation (*der Vati* = Subjekt, *das Auto* = Objekt, analog dazu *die Mutti* = Subjekt, *die Lust* = Objekt) verwerfen und die syntaktische Struktur des zweiten Satzes neu konstruieren (*die Mutti* = Objekt, *die Lust* = Subjekt). Entsprechende Sätze, bei denen eine zuerst naheliegende syntaktische Interpretation im Verlauf der Verarbeitung korrigiert werden muss, werden in der Sprachwissenschaft auch als *garden path sentences* ('Holzwegsätze') oder frz. *phrases labyrinthes* ('Labyrinthsätze') bezeichnet, womit das Merkmal der Irreleitung ausgedrückt werden soll.

Ähnliche Fehlleitungen lassen sich auch rein auf semantischer Ebene beobachten. So evoziert der Einleitungssatz von Yoko Tawadas Festrede anlässlich der Verleihung des Internationalen Literaturpreises / Haus der Kulturen der Welt an Dany Laferrière im Juli 2014 in Berlin zunächst den semantischen Bereich von Kunst und Kultur, der dann aber durch das Kompositum *Joghurtkultur* durchbrochen wird, das eine weitere Bedeutung von *Kultur* aktualisiert und auf einen völlig anderen Bereich (Lebensmittel und Gastronomie) verweist.

> Ich möchte zuerst über eine spezifische Form der Kultur sprechen, nämlich die Joghurtkultur. (Tawada 2014)

In der Fortsetzung der Rede wird immer wieder mit der hierdurch angelegten Doppeldeutigkeit gespielt, wobei durch eine Reihe von Assoziationen und neu gebildeten Komposita mit der Komponente *Milch* immer wieder Bezüge auch zum Bereich von Kunst / Kultur / kulturellem Erbe / Sprache / Literatur hergestellt werden:

> [...] Die europäische Kultur wurde ausschließlich aus Bulgarien nach Japan importiert, ich meine die Joghurtkultur. [...]
> Der Joghurt ist ein Sauermilchprodukt, eine Art Dickmilch. Die Wörter „Sauermilch" oder „Dickmilch" werden selten verwendet, denn man soll heutzutage weder sauer noch dick sein.
> [...] Die Wörter „Sauermilch" oder „Dickmilch" sind noch nicht vergessen, während das Wort „Setzmilch" kaum noch verwendet wird. Ich habe es in einem Wörterbuch gefunden und las zuerst „Satzmilch". Als Folge entstanden im Sprachzentrum meines Gehirns Wörter wie Wortmilch, Sprachmilch, Prosamilch, Haikuhmilch, Nachlassmilch, Übersetzungsmilch. Es gibt auch Wörter, die neu geboren werden. (Tawada 2014)

Das Spiel mit Brüchen einer erzeugten Erwartungshaltung zeigt sich auch systematisch bei der Stilfigur des Zeugma, etwa bei Heinz Erhardt:

> Ich brach nicht nur 'n Arm, sondern auch 'n Urlaub ab.
> (Heinz Erhardt, „Noch 'n Gedicht (1. Teil)")

Der zusätzliche Verarbeitungsaufwand, der von den Rezipienten zu leisten ist, wird beim Vortrag entsprechender wortspielerischer Texte immer wieder durch verzögerte (oder ausbleibende) Publikumsreaktionen deutlich, was bei der Performanz der Texte häufig kommentiert wird.[17] Grundlegend für das Funktionieren entsprechender Texte ist hierbei das von Sprecher und Hörer geteilte sprachliche und außersprachliche Wissen, das sowohl die stattfindende Fehlleitung steuert als auch Voraussetzung für die Ermittlung der letztlich richtigen Interpretation ist.

4.3 Ver- und Enträtselungen

In großer Nähe zu den eben beschriebenen Wortspielen, bei denen falsche Fährten gelegt werden, lassen sich Formen der Verrätselung beschreiben, bei denen der Rezipient in noch direkterer Weise aufgefordert ist, sich auf das Spiel einzulassen und die Äußerung zu enträtseln. Im Unterschied zur vorangehenden Gruppe muss hierbei die falsche Fährte nicht unbedingt plausibilisiert werden; vielmehr gibt sich das Rätsel als solches zu erkennen. Dieser Gruppe lassen sich beispielsweise wortspielerische Rätseltexte wie das in Abschnitt 3 besprochene Zimmer frei-Bilderrätsel zuordnen, darüber hinaus die folgenden Beispiele von Heinz Erhardt, bei denen benachbarte Begriffe assoziiert werden müssen (*Hose – Hemd, Cognac – Rum*) bzw. eine „Rückübersetzung" angewandt werden muss (*Gesäß – Arsch, Nährgarn – Zwirn*), um zur richtigen Interpretation zu kommen:[18]

> Ich wollte durch mein Erscheinen gar nicht erst herkommen, weil ich so scheu von Hause aus bin, nich, aber der Chef des Hauses meinte: „Och, Mensch, Heinz, komm, wirf alles von

---

17 Vgl. auch die Überlegungen zur phonetischen Signalisierung von Wortspielen im Beitrag von Angelika Braun sowie meinen Beitrag „Horizontale und vertikale Wortspiele in der Sprecher-Hörer-Interaktion: Textuelle Signalisierung und Auffälligkeit von Wortspielen" im vorliegenden Band.

18 Klassische Scherzfragen sind hingegen nicht diesem Bereich zuzurechnen, da sie üblicherweise nicht vom Rezipienten lösbar sind; es handelt sich demnach um Scheinfragen, durch die der Sprecher lediglich die Legitimation vom Hörer erbittet, die Auflösung der Frage selbst zu ergänzen.

dir, was dich host! Was dich hemmt, hemmt, hat er gesagt, hemmt [Hemd], ja. Na ja, ich wusste, irgend so 'n Kleidungsstück war's. Und jetzt steh' ich hier Cognac, ne. Rum, rum, jetzt steh' ich hier rum. [...]
(Heinz Erhardt, „Noch 'n Gedicht (1. Teil)")

Himmel, Gesäß und Nähgarn! (Heinz Erhardt, u. a. in „Das Ei des Kolumbus")

Der Grad der Verrätselung und die Schwierigkeit der Auflösung (die sich etwa auch daraus ergibt, welche Wissensbestände – hinsichtlich sprachlichen und außersprachlichen Wissens – hierfür eingesetzt werden müssen) können stark variieren, ebenso die Deutlichkeit, mit der der Rätselcharakter der Äußerung signalisiert wird. Verrätselungen, die nur schwach (oder gar nicht) signalisiert werden, können als 'geheimes Wortspiel' (*secret wordplay*, Begriff nach Bauer 2015) eingestuft werden, und es ergeben sich fließende Übergänge zwischen ludischen und kryptischen Funktionen sprachspielerischer Texte (vgl. etwa auch den Bereich der Geheimsprachen).

Im Erfolgsfall, d. h. bei einer erfolgreichen Dekodierung des Rätsels, resultiert auf Seiten des Rezipienten eine Selbstbestätigung und die Erfahrung einer *connivence* mit dem wortspielenden Sprecher; Sprecher und Hörer bilden eine gemeinsame Rätselgemeinschaft. Wie auch bei der im vorangehenden Abschnitt besprochenen Gruppe ergeben sich auch hier durch die prinzipiell bestehende Gefahr eines Scheiterns der erfolgreichen Dekodierung fließende Übergänge zur folgenden Kategorie, bei der das unterschiedliche Textverständnis verschiedener Adressatengruppen im Vordergrund steht.

4.4 Spiele mit verschiedenen Adressatengruppen

In einigen Fällen kommt bei der Produktion und Rezeption der wortspielerischen Texte der sozialen Dimension eine zentrale Bedeutung zu. So zeichnen sich ironische Äußerungen vor einem gemischten Adressatenkreis sehr häufig dadurch aus, dass erwartet wird, dass nicht alle Adressaten die ironische Dimension der Äußerung erkennen. Die ironische Verrätselung der eigentlichen Aussageabsicht kann damit eine Spaltung der Adressaten in eine Gruppe der verstehenden Adressaten und eine Gruppe der nicht verstehenden Adressaten bewirken; für den Textproduzenten und die Gruppe der verstehenden Adressaten ergibt sich die Wahrnehmung oder Bestärkung einer Gruppenidentität, die gleichzeitig mit einer Abgrenzung gegenüber der Gruppe der Außenstehenden verbunden ist.

Noch eindeutiger ist das Spiel mit Ein- und Ausgrenzung in Fällen des *double entendre*, die etwa in dramatischen Texten inszeniert werden:

Squeam. [Miſtreſs Squeamiſh.] Oh Lord, I'll have ſome China too, good Mr. *Horner*, don't think to give other People China, and me none, come in with me too.
Hor. [Horner.] Upon my Honour I have none left now.
Squeam. Nay, nay, I have known you deny your China before now, but you ſhan't put me off ſo, come—
Hor. This Lady had the laſt there.
La. Fig. [Lady Fidget.] Yes indeed Madam, to my certain Knowledge he has no more left.
Squeam. O, but it may be he may have ſome you could not find.
La. Fig. What d'ye think if he had any left, I would not have had it too, for we Women of Quality never think we have China enough.
Hor. Do not take it ill, I cannot make China for you all, but I will have a Rol-waggon for you too, another time.
Squeam. Thank you dear Toad.
La. Fig. [*To* Horner *aside*] What do you mean by that Promiſe?
Hor. [*Apart to Lady* Fidget] Alas, ſhe has an Innocent, literal Understanding.
Old L.[ady] Squeam. Poor Mr. *Horner*, he has enough to do to pleaſe you all, I ſee.
(Text zit. nach W. Wycherley, *The Country Wife* [1675] 1736: 74–75, 4.3.180–192)

Im Gespräch wird eine systematische Doppeldeutigkeit angelegt und entfaltet (wobei eine der Interpretationen auf sexueller Ebene angelegt ist), d. h. die Doppeldeutigkeit erstreckt sich grundsätzlich auf alle Gesprächsbeiträge der am Spiel beteiligten Kommunikationspartner. Im Beispiel dreht sich das Spiel vor allem um den Ausdruck *China*, für den eine zusätzliche Interpretation im Sinne von 'Geschlechtsverkehr / Phallus / Sperma' erzeugt wird, die sich durch das gesamte Gespräch zieht. Gleichzeitig ist wesentlicher Teil des Spiels, dass weitere Kommunikationsteilnehmer anwesend sind, die diese Doppeldeutigkeit nicht wahrnehmen und nur die „harmlose" Ebene erkennen, die eine vollständige und in sich stimmige Interpretation liefert (vgl. den „naiven" Kommentar der Old Lady Squeamish am Ende des Textauszugs; für eine ausführlichere Analyse des *double entendre* in englischen Komödien der Restaurationszeit und des frühen 18. Jahrhunderts vgl. Goth 2015).

Ein aktuelles Beispiel für fortgesetztes *double entendre* findet sich im Lied „Radieschen" der Kleinen Tierschau. Zwar zielt der Text nicht auf eine Ausgrenzung konkreter Adressatengruppen ab, es ist aber durchaus feststellbar, dass sich die zusätzliche sexuelle Interpretation und die spezifische Metaphorik der einzelnen Ausdrücke nicht für alle Adressaten gleichermaßen schnell und vollständig erschließen; für die Gruppe der „Verstehenden" ergibt sich eine Selbstbestätigung und der Effekt einer *connivence* mit den Textproduzenten.[19]

---

[19] Der Text des Refrains stellt im Übrigen eine Übersetzung des ab der Mitte des 20. Jahrhunderts von zahlreichen Künstlern performten – ebenfalls *double entendre*-basierten –

> Du mein kleines Radieschen,
> folge mir mit in mein Paradieschen.
> Bin so scharf wie ein Rettich,
> und ich denke immer, könnt' ich, dürft' ich, hätt' ich.
> Und ich schwöre bei meiner Möhre,
> dass ich immerzu nur dir gehöre.
>
> Ja, wenn Bananenschalen fallen, Kleines,
> komm' ich noch auf einen Rutsch zu dir.
> [...]
> (Die Kleine Tierschau, „Radieschen")

Insgesamt lässt sich für diese Gruppe sprachspielerischer Verwendungen festhalten, dass sich hier eine klare Trennung zwischen einem unvollständigen / nicht angemessenen und einem vollständigen / angemessenen Verständnis der Äußerung ergibt; hierbei wird das Spiel in der Regel nur bedingt signalisiert.

4.5 Spiele mit tieferen Wahrheiten

Eine grundlegend anders akzentuierte Verwendung des Wortspiels liegt vor, wenn dessen Erkenntnisfunktion in den Vordergrund gerückt wird. In der Forschung wird immer wieder auf die Nähe von Wortspiel und ernster Argumentation auf der Grundlage der sprachlichen Zeichen und ihrer Bedeutungen hingewiesen; die ernste Argumentation lässt sich dabei wie folgt charakterisieren:

> Für die Erkenntnis und Argumentation mit der Motivierbarkeit werden im Denken oder in der Rede der Sprecher Lexikoneinheiten aufeinander bezogen, die einander lautlich ähnlich sind. Aufgrund der lautlichen Ähnlichkeit wird eine semantische Ähnlichkeit unterstellt und deshalb ein Zusammenhang der Sachverhalte angenommen. (Rettig 1981: 199)

Teilweise wird jedoch eine scharfe Grenzziehung zwischen beiden Bereichen vorgenommen. So sieht etwa Hausmann (1974: 14–15) einen entscheidenden Unterschied darin, dass beim Wortspiel im Kontext bestimmte „Signale" gegeben werden, mit denen das Wortspiel angezeigt wird, während entsprechende Signale in der ernsten Argumentation fehlten. Rettig (1981) dagegen nuanciert dies und betont die Schwierigkeit einer eindeutigen Grenzziehung:

„When banana skins are falling (I'll come sliding back to you)" dar; für Zuhörer, die diesen Bezug erkennen, kann dies eine zusätzliche Selbstbestätigung bewirken.

> Ein Wortspiel ist nicht von vornherein und vollständig unernst; es ist nicht immer in gleichem Maß eine Aufhebung der Richtigkeit der Zeichen. Darüber hinaus ist vielmehr davon auszugehen, daß es prinzipiell zu gleicher Zeit sowohl ernsthafte Argumentation sein kann, die aus der Motivierbarkeit der Zeichen einen Zusammenhang der Sachverhalte ableitet, als auch unernstes Gegenteil von Argumentation durch eine logisch nicht nachvollziehbare Verbindung von Sachverhalten oder Aufhebung der Richtigkeit der Zeichen. (Rettig 1981: 200–202)

Dementsprechend plädiert Rettig für einen Anschluss des Wortspiels „an die Motivierung von Lexikoneinheiten für Erkenntnis und Argumentation" (Rettig 1981: 204). Für diese Einordnung lassen sich auch eine Reihe von stützenden Positionierungen, etwa von A. F. Bernhardi oder Jean Paul, anführen (vgl. hierzu Winter-Froemel 2009: 138–139; siehe auch Wagenknecht 1965: 114–169, der die „Beglaubigungskraft des Wortspiels" am Beispiel von Karl Kraus bespricht).

Eine Nähe der Phänomene und die Schwierigkeit einer scharfen Grenzziehung zwischen Wortspiel und ernster Argumentation lässt sich auch anhand zahlreicher Textbeispiele belegen. Zunächst kann hier auf biblische „Wortspiele" verwiesen werden, etwa die Mehrdeutigkeit von *Petrus* / griech. πετρος – πετρα bzw. aramäisch *kephas* 'Stein, Felsen' (vgl. Winter-Froemel 2009: 1433). Ebenso noch klar im Bereich einer ernsthaften philosophisch-theologischen Argumentation steht Claudels „Abhandlung über das Mitsein mit der Welt und mit sich selbst", in der das Verb *connaître* 'erkennen, begreifen' als *con-naître* 'mitgeboren werden' reinterpretiert wird (für ähnliche Reinterpretationen im Dienste der Vermittlung bestimmter Erkenntnisse vgl. auch die Schriften Martin Heideggers, siehe hierzu insgesamt auch den Beitrag von Hans-Martin Gauger im vorliegenden Band). Interessant ist, dass Claudel in diesem Zusammenhang die erkenntnisstiftende Funktion der Wörter explizit thematisiert:

> Nous ne naissons pas seuls. Naître, pour tout, c'est connaître. Toute naissance est une connaissance.
> Pour comprendre les choses, apprenons les mots qui en sont dans notre bouche l'image soluble. Ruminons la bouchée intelligible.
> 'Nichts wird für sich allein. Werden heißt zuletzt: miteinander werden. Jedes Werden ist ein Inne-Werden. Alles Sein ist Mitsein.
> Um die Dinge zu begreifen, lernen wir die Wörter, die deren ablösbares Bild in unserem Mund darstellen. Kauen wir diesen verständlichen Bissen durch.'
> (Claudel 1904: 149; Übers. R. Grosche in Claudel 1958: 30)

Was die Struktur der beteiligten Zeichen und ihrer Bedeutungen angeht, die in der Äußerung mit einer bestimmten persuasiven Zielsetzung eingesetzt werden, so unterscheidet sich diese nicht von den bisher besprochenen klaren Fällen von

Wortspielen: Gespielt wird mit formgleichen oder formähnlichen Formen, denen unterschiedliche Interpretationen zugeschrieben werden können.

Abstufungen und fließende Übergänge zwischen ernsthafter und spielerischer Reflexion zeigen sich auch in den folgenden literarischen Texten der Autorin Yoko Tawada. Im ersten Text wird eine motivationelle Beziehung zwischen den Ausdrücken *ins Auge fallen* und *augenfällig* aufgerufen; dabei wird gleichzeitig das Verb *fallen* wieder im Sinne der konkreten Ausgangsbedeutung verstanden. Hierdurch werden die Konzepte der TIEFE und des EINDRINGENS evoziert, der Akt des Betrachtens wird demnach interpretiert als ein Sich-Öffnen, bei dem das betrachtende Subjekt die Wahrnehmung in sich eindringen lässt und diese in sich aufnimmt:

> Was ist eine Blume? Etwas, das ins Auge fällt. Aus den Augen Löcher machen, um das Augenfällige zu sehen. (Tawada 2010: 59)

Ebenso zeigen sich die Übergänge zwischen Spiel und Reflexion in den folgenden Passagen aus Yoko Tawadas dritter Vorlesung im Rahmen der Tübinger Poetik-Vorlesungen, „Gesicht eines Fisches oder das Problem der Verwandlung":

> Hier [in Walter Benjamin, *Einbahnstraße*] wird nicht etwa gesagt, daß das Gesicht eines Sammlers seine Leidenschaft ausdrücken würde, sondern umgekehrt zeigt die Leidenschaft an dem Sammler ihr Gesicht. Dabei fungiert der menschliche Körper als Medium, durch das die Leidenschaft überhaupt sichtbar werden kann. Ein Gesichtsfeld, das frei von Menschen bleibt, kann wie eine Leinwand viele Bilder empfangen und zeigen. So kam ich zu einer neuen Definition des Gesichtes: Ein Gesicht ist etwas, das sichtbar geworden ist. (Tawada 1998: 46)

> Ein Gesicht, ein Geräusch, ein Geruch, ein Geschmack, ein Gefühl. Seltsam erschienen mir schon immer die deutschen Wörter, die sinnliche Wahrnehmungen bezeichnen. Das Gehör ist die Fähigkeit zu hören, während mit dem Geruch nicht etwa die Fähigkeit zu riechen, sondern der gerochene Duft gemeint ist. Was bedeutet der Satz „Ich rieche"? Kommt der Geruch von mir oder empfange ich den Geruch? Genauso zweideutig verhält es sich mit dem Geschmack. Ich schmecke. Schmecke ich einen Geschmack oder schmecke ich einem Raubtier? Wenn das Gerochene der Geruch heißt und das Geschmeckte der Geschmack, könnte das Gesehene das „Gesicht" heißen. Das, was ich an den anderen Menschen sehe, bezeichne ich als Gesicht. Es geht beim Gesicht also nicht um einen anatomisch fixierbaren Körperteil, denn man kann ein Gesicht auch auf einer Hand sehen oder in einer Handschrift oder in einer Kopfbewegung. (Tawada 1998: 48)

> Als ich inmitten des Wortes „Gesicht" das Wort „ich" entdeckte, kam ich auf die Idee, daß das Gesicht die Perfektform des Verbs „ich" sein könnte: „Ich habe es gesicht." Was könnte dieser Satz bedeuten? (Tawada 1998: 50)

In anderen Texten steht die Bedeutung der sprachlichen Ausdrücke nicht als Frage im Raum, sondern das Wortspiel deutet die enge Aufeinanderbezogenheit (oder Aufeinanderbeziehbarkeit) bestimmter Vorstellungen an. Dies kann beispielsweise an Helge Thuns Text „Die schwere Geburt" aufgezeigt werden, in der das Hervorbringen eines Texts systematisch in Analogie zum Geburtsvorgang interpretiert wird:

> EINS: [...] Mein Körperbau
> hat sich nun mal leicht erweitert,
> was dich scheinbar leicht erheitert,
> weil ich seit längerem mit 'ner Idee
> zu 'ner Geschichte schwanger geh.
>
> [...]
>
> ZWEI: Presse! Presse! Presse!
> Raus mit der Sprache! Du schaffst es!
>
> [...]
>
> ZWEI: Ach guck mal süß! Wie goldig!
> Gratuliere! Das hast Du toll gemacht!
> 'Nen gesunden Text zur Welt gebracht.
>
> [...]
>
> ZWEI: Es sieht ganz danach aus als wär's 'n
> Geburtsgedicht in Knittelversen.
> Die Reime mal männlich mal weiblich,
> da wird es dann aber auch Zeit, sich
> zu überlegen, wie es heißen soll.
>
> [...]

Damit wird eine auch im alltäglichen Sprachgebrauch anzutreffende Konzeptualisierung bzw. nach Lakoff und Johnson ([1980] 2003) eine konzeptuelle Metapher (*Conceptual Metaphor*) hervorgehoben, nach der WERKE als NACHKOMMEN aufgefasst werden (vgl. neben der konventionalisierten Verwendung von *schwanger mit einer Idee gehen* Ausdrucksweisen wie „mein Baby" für „mein (Lieblings-)Projekt"). Neben der Erzeugung einer komischen Wirkung lädt der Text damit auch dazu ein, Muster der Konzeptualisierung der Welt, die in der Alltagssprache verankert sind, zu erkennen.

Insgesamt ergeben sich als grundlegende Merkmale des Spiels mit tieferen Wahrheiten, dass der Fokus auf die semantische Nähe der Bedeutungen gelegt wird und dabei eine persuasive Zielsetzung vorliegt, die meist durch eine klare Erläuterung des Spiels verfolgt wird; Ziel des Spiels ist nicht die Ausgrenzung bestimmter Adressaten, sondern die Inklusion; dementsprechend findet hier keine Verrätselung statt. Grundsätzlich steht dabei ferner nicht ein Kontrast an unvereinbaren Interpretationen im Vordergrund wie im Falle des Spiels mit Brüchen und falschen Fährten, sondern es besteht eine grundsätzliche Vereinbarkeit der Interpretationen. Dabei wird über die referentielle Funktion der Zeichen hinaus eine zusätzliche Bedeutungsdimension erschlossen. Dies stellt ein gemeinsames Merkmal mit der Gruppe der Spiele mit der lautlichen Form dar, anders als bei der zuletzt genannten Gruppe steht aber nun die inhaltliche Argumentation im Vordergrund.

Gleichzeitig ist darauf hinzuweisen, dass sich innerhalb dieser Gruppe unterschiedliche Modalitäten der Verwendung der Wortspiele beobachten lassen. Diese können *en passant* eingeflochten werden, aber auch den Ausgangspunkt einer ausführlichen Reflexion über das Verhältnis Sprache und Welt darstellen – diese Reflexion kann wiederum im Text nur angedeutet und letztlich dem Rezipienten überlassen oder aber im Text signalisiert (etwa durch Bindestrichschreibungen oder metasprachliche Äußerungen) und explizit entwickelt werden. Die Wahrheit, die durch das Wortspiel offengelegt wird, kann daher mehr oder weniger stark verborgen sein, der Erkenntnisgewinn mehr oder weniger stark ausgeprägt. Gleichzeitig wird immer wieder der Bereich der Etymologie berührt, wobei sowohl historische Vorgängerformen der betrachteten Zeichen als auch nur konstruierte (vielfach auch pseudomotivierende) Etymologien relevant sind. Ferner zeigen sich hier Übergänge zwischen Wortspiel und Sprachmagie sowie Wortspiel und Sprachkritik – im Vordergrund steht insgesamt jeweils, mit unterschiedlichen Akzentuierungen, das Verhältnis von Sprache und Welt (vgl. hierzu u. a. auch das Interview von Bas Böttcher im vorliegenden Band).

4.6 Spiele des Verdrehens und Gegen-den-Strich-Lesens

Die letzte Gruppe wortspielerischer Verwendungen, die hier besprochen werden soll, vereinigt grundlegende Merkmale der bisher besprochenen Kategorien: Sie verbindet (in unterschiedlichen Gewichtungen) die spielerische Erzeugung eines überraschenden Bruchs mit einem Evozieren von unter der Oberfläche der Sprache verborgenen Erkenntnissen, die in der Regel gemeinsam zwischen Sprecher und Hörer nachvollzogen werden (wobei Ausnahmen von diesem Prinzip auftreten können). Die gemeinsame Aufmerksamkeit richtet sich damit letztlich auf die Sprache selbst: So kann das Wortspiel etwa aufzeigen, wie riskant Kommunikation ist, wenn sich aus kleinen formalen Verschiebungen große inhaltliche Veränderungen ergeben können (etwa bei Buchstabendrehern wie „ein furchtbarer wissenschaftlicher Ansatz" anstelle von „ein fruchtbarer wissenschaftlicher Ansatz"; zur spielerischen Reinterpretation von Tippfehlern in der Sprecher-Hörer-Interaktion vgl. auch Rabatel im Druck).

Ebenso können Interpretationsschwierigkeiten bzw. „-fehler" vorgeführt werden, wobei sich die Frage der „Richtigkeit" bzw. „Falschheit" der Interpretation, die dabei implizit angesprochen wird, als durchaus legitim erweist. Dies zeigt etwa der folgende Textauszug, in dem der „tiefbegabte" Junge Rico den im heutigen Sprachsystem des Deutschen für viele Sprecher nicht mehr motivierbaren Ausdruck *Schlamassel* neu interpretiert:

> Asseln sind Tierchen mit grauen Panzern. Ich hab mal welche im Hinterhof gesehen, als der Mommsen dort aufräumte. Sie haben kurze Beine und noch kürzere Fühler, und sie leben unter dicken Steinen, denn sie mögen es dunkel und feucht. Wenn man so einen Stein umdreht, werden sie schrecklich aufgeregt, rasen wie winzige Kettenfahrzeuge durch die Gegend und suchen nach einem neuen Versteck. Mit etwas Pech fallen sie dabei in ein Schlammloch, und dann war's das. Ihr schwerer Panzer zieht sie erbarmungslos nach unten, so sehr sie auch strampeln. Sie winken ihren Asselkumpels noch ein letztes Mal mit einem Fühlerchen zu, und dann saufen sie ab. Deshalb nennt man jemanden, der in einer schwierigen oder ausweglosen Lage steckt, eine Schlammassel. (Steinhöfel 2009: 77)

In ganz ähnlicher Weise wird eine von der Ausgangsbedeutung der Bestandteile des Kompositums *Meeresfrüchte* her denkbare Interpretation vorgestellt; im Hintergrund kann dabei an ernste Kinderfragen des Typs „Warum heißen Meeresfrüchte 'Meeresfrüchte'?" gedacht werden:

> Meeresfrüchte sind total leckeres Fischzeug, aber das weiß jeder. Man müsste schon ziemlich tiefbegabt sein, um zu denken, dass es sich dabei um Unterwasseräpfel oder Strandpflaumen oder dergleichen handelt. (Steinhöfel 2009: 56)

Die teilweise Willkürlichkeit der Festlegungen der Sprachen in Bezug darauf, welche Ausdrücke als Einheiten des Wortschatzes konventionalisiert sind und welche Bedeutungen ihnen zugewiesen wird, zeigt sich auch bei Franz Hohler, wenn er seine Leser zu dem Sprachspiel „Leben erfinden" einlädt. Das Spiel besteht darin, durch das Verfahren der Komposition Vogelnamen zu erfinden, deren Bedeutung dann zu interpretieren ist. Im Einleitungstext wird dieses Spiel dabei aus den realen Strukturen der Sprache heraus motiviert:

> Für den Kenner gibt es nicht einfach die Meise, sondern mindestens die Blaumeise, die Schwarzmeise, die Sumpfmeise und die Haubenmeise. Und ein Fink ist natürlich ein weiter Begriff – soll es ein Buchfink oder ein Grünfink oder ein Gelbfink oder ein Bergfink oder ein Schmutzfink sein? Oder ist ein Schmutzfink kein Vogel? Warum sollte er eigentlich keiner

> sein, schliesslich gibt es bei den Geiern auch den Schmutzgeier, das ist der, der das Allerübelste von den Tierkadavern noch frisst, das, was Hyänen, Schakale und Lämmergeier übrig gelassen haben, weil es ihnen zu ekelhaft ist. Gibt es den Schmutzfink, oder gibt es ihn nicht? Das ist eine schöne Frage, ich hoffe, dass man sie auch bei den Vogelnamen stellen muss, die ihr jetzt erfindet. (Hohler [1982] 2010: 22)

Die Berechtigung der hier aufgeworfenen Fragen zeigt sich bereits darin, dass der in der Aufzählung enthaltene Ausdruck *Gelbfink* im heutigen Sprachgebrauch laut *Duden* nicht existiert – die Existenz eines entsprechenden Tiers erweist sich aber, nicht zuletzt durch das Vorhandensein des *Grünfinks*, als sehr gut vorstellbar. Interessanterweise offenbart ein Blick in das *Grimmsche Wörterbuch* (DWB, Bd. 5, 1882, Sp. 2885), dass der Ausdruck *Gelbfink* in der deutschen Sprache durchaus eine gewisse Zeit existiert hat. Darüber hinaus zeigt der Text sodann eine unvorhersehbare Asymmetrie zwischen der Interpretation der Ausdrücke *Schmutzgeier* und *Schmutzfink* auf und lädt dazu ein, neben der idiomatischen Bedeutung 'schmutzige Person' über eine alternative Interpretation in Analogie zum Ausdruck *Schmutzgeier* nachzudenken.

Eine weitere Asymmetrie im Sprachsystem, die sich nun auf den Bereich der Personaldeixis bezieht, wird bei Yoko Tawada offengelegt:

Die zweite Peron Ich

> Als ich dich noch siezte,
> sagte ich ich und meinte damit
> mich.
> Seit gestern duze ich dich,
> weiß aber noch nicht,
> wie ich mich umbenennen soll.
> (Tawada 2010: 8)

Darüber hinaus kann hier noch einmal der in Abschnitt 3 bereits teilweise besprochene Text von Christian Hirdes „Kläuschen, Dornröschen und Schneeweischen" erwähnt werden. Nach der oben kommentierten Vorstellung der Problematik der Uneindeutigkeit der Schrift gipfelt der Text in einer wortspielerischen Abkehr von den konventionellen Realisierungen der Wortformen. Damit stehen die Rezipienten des Textes nun vor der Aufgabe, die deformierten Wortformen jeweils in die „richtigen" zurückzuübersetzen, wobei sich immer wieder Überraschungseffekte ergeben. Die Rezipienten werden damit sehr aktiv in das Spiel einbezogen, wobei sie zunehmend mehr gefordert werden, indem im weiteren Verlauf des Textes bis zu fünf «schen»-Formen innerhalb eines Verses untergebracht werden.

Meine Sprache, die verwirrt mich. Ich frage mich: Warum?
Warum spricht man es so, wie man es spricht?
Warum probieren wir's nicht einmal andersherum?
Das klingt doch sicher lustig, oder nicht?

Ich seh' den Jäger *pirs-chen* auf der Suche nach den *Hirs-chen*
Er pflückt ein schönes *Röschen* und auch ein *Mimöschen*.
Am Boden Äste *knirs-chen*, und am Baum, da wachsen *Kirs-chen*,
da trifft er auf *Dornröschen* – ohne *Höschen*.

[...]
(Christian Hirdes „Kläuschen, Dornröschen und Schneeweischen")

Das Spiel einer bewussten Erschwerung des Textverständnisses zeigt sich auch sehr deutlich in Christian Hirdes „Lisa"-Texten. Hier werden im Rahmen eines Kunstgriffs fünf Namen eingeführt (*Lisa, Li, Si, Tsi, Tsu*), die vielfältige Möglichkeiten zum Spiel mit homophonen Einheiten der deutschen Sprache bieten (vgl. die Verbformen *lieh, sieh, zieh*, die abtrennbare Verbalpartikel *zu* sowie die Personalpronomina der 3. Person Sg. und 3. Person Pl. *sie* in unterschiedlichen Flexionsformen).

Bei mündlichen Präsentationen ergeben sich im Verlauf der Verarbeitung der linearen Äußerungen, die vorrangig aus einsilbigen Wörtern aufgebaut sind, immer wieder Probleme. Hierbei handelt es sich oft um *garden path sentences* (vgl. hierzu Abschnitt 4.2); die auftretenden Verarbeitungsschwierigkeiten lassen sich sehr gut an verzögerten Publikumsreaktionen ablesen. Ein Beispiel hierfür liefern die Sätze [lizazali lizaliza]: Der erste Satz beginnt eindeutig mit dem Namen „Lisa" (dies kann aus dem folgenden [za] rückerschlossen werden); dementsprechend wird hörerseitig die Erwartung erzeugt, dass dieser Name auch als Subjekt des folgenden Satzes beibehalten wird. Dies erweist sich jedoch als Fehlannahme, da „*Lisa Lisa" keine sinnvolle Interpretation darstellt; dementsprechend muss die Interpretation hin zu „Li sah Lisa" korrigiert werden.

Ebenso kann bei „doch die anderen sahen Si zu" zunächst eine Interpretation von „Si" (oder auch „sie") als Akkusativobjekt angenommen werden (vgl. das vorangehende „Aber Lisa sah Si.", in dem „Si" eindeutig als Akkusativobjekt verwendet wird). Diese Interpretation erweist sich wiederum aufgrund der Hinzufügung von „zu" als korrekturbedürftig dahingehend, dass „Si" als Dativobjekt zu verstehen ist. Beim Vortrag des Textes werden von Christian Hirdes immer wieder kurze Pausen eingebaut, um etwas Zeit für entsprechende Uminterpretationsprozesse zu geben; insgesamt sind die Uminterpretationen aber in kurzer Zeit zu leisten, während der Textvortrag evtl. schon weitergeht.

Nach dem eben kommentierten Satz enthält der Text immer weniger Wortformen, die kontextunabhängig eindeutig interpretierbar sind und dadurch für die Hörer willkommene Verstehensinseln bereitstellen. Dadurch ergibt sich eine zunehmende Verdichtung und Erhöhung des (Re-)Interpretationsaufwands, bei gleichzeitiger Steigerung des Sprechtempos. Dies führt dazu, dass zunehmend mehr Hörer „aussteigen"; am Ende des Textes scheitern viele daran, noch sinnvolle Sätze des Deutschen zu dekodieren, und sie sind dann auf die reine Klanglichkeit der Silben zurückgeworfen. (Um diesen Effekt nachzuvollziehen, empfiehlt es sich, den nachfolgend präsentierten Textauszug nicht zu oft zu lesen und zunächst eine Videofassung einer mündlichen Darbietung des Texts zu betrachten – oder natürlich einen Liveauftritt des Künstlers zu besuchen.)

> In der Boutique begegnete Lisa zufällig ihren vier chinesischen Freundinnen Li, Si, Tsi und Tsu.
> Lisa sah Tsi. Tsi sah Lisa.
> Lisa sah Li. Li sah Lisa.
> Lisa, sieh Tsu!
> Lisa sah Tsu nicht.
> Aber Lisa sah Si. Si stand in einer Umkleidekabine, suchte eine Bluse für einen besonderen Anlass – und hatte den Vorhang offen gelassen. Lisa war das unangenehm, Lisa sah nicht hin, doch die anderen sahen Si zu.
> Tsu sah Si zu.
> Lisa sagte: Zieh den Vorhang zu, Si!
> Tsi sah Si zu.
> Lisa sagte: Zieh, zu, Si!
> Li sah Si zu.
> Lisa sah Si nicht zu.
> Lisa, sieh zu!
> Doch Lisa sah Si nicht zu.
> Sieh Si zu, Lisa!
> Doch Lisa sah Si nicht zu.
> Lisa, sieh zu!
> Nun sah Lisa Tsu.
> [...]
> (Christian Hirdes, *Lisa und ihre vier chinesischen Freundinnen* – „Blusenverleih")

Insgesamt zeigen sich damit in dieser Gruppe von Spielen des Verdrehens und Gegen-den-Strich-Lesens verschiedene Variationen einer Offenlegung des Funktionierens von Sprache und Interpretation selbst. Zwar gibt es auch hier in der Regel klar „falsche" Interpretationen – die der sprachlichen Konvention widersprechen –, gleichzeitig erweisen sich diese aber als weit weniger eindeutig falsch, als es zunächst erscheinen könnte.

5 Fazit: Potentiale des Sprachspiels

Motivation und Ambiguität stellen sich auf der Grundlage der vorangehenden Reflexionen als wichtige und gleichzeitig extrem vielseitig einsetzbare Quellen des Wortspiels dar. Die Bezugnahme auf die Motivation der sprachlichen Zeichen im Wortspiel kann eine Anregung zum Nachdenken über Sprache und Welt beinhalten, die durch das Aufzeigen von etymologisch korrekten oder auch nur denkbaren Motivationen der Zeichen erfolgt. Hierbei kann dem Wortspiel sowohl eine erkenntnisstiftende oder erkenntnisunterstützende als auch eine subversive Funktion zukommen – das Spiel mit Mehrdeutigkeiten kann auch eingesetzt werden, um potentiell problematische Interpretationsspielräume aufzuzeigen und die Sprache zu hinterfragen. Gleichzeitig wird erkennbar, dass das Spiel sowohl die Materialität der Sprache, der Buchstaben und Laute als auch den Inhalt und die mit den sprachlichen Ausdrücken verbundenen Vorstellungen einbezieht.

Literaturangaben

Zitierte Werke

Arp, Hans. 1963. *Gesammelte Gedichte. Gedichte 1903–1939*. Wiesbaden: Limes Verlag.
Astor, Willy. 2014. Ich bin ein Hängereh. Aus dem Album *Kindischer Ozean*.
Astor, Willy. 2014. Mir ist so langweilig. Aus dem Album *Kindischer Ozean*.
Astor, Willy. 2015. In Afrika, in Afrika. Aus dem Album *Reimtime*.
Böttcher, Bas. Die Macht der Sprache. Textfassung:
    http://www.basboettcher.de/?page=Die_Macht_der_Sprache# (Zugriff 08.10.2018).
Böttcher, Bas. Doppelwörter. Textfassung:
    http://www.basboettcher.de/?page=verkuppelte_Woerter. Performance:
    https://www.youtube.com/watch?v=FDcrvmKMRCY (Zugriff jeweils 08.10.2018).
Claudel, Paul. 1904. Traité de la co-naissance au monde et de soi-même. In *Œuvre poétique*.
    Hg. v. Jacques Petit. Paris: Gallimard, 1967.
Claudel, Paul. 1958. *Kritische Schriften*. Heidelberg: F. H. Kerle / Einsiedeln, Zürich & Köln:
    Benzinger.
Clausen, Murmel. 2012. *Frettsack. Roman*. München: Wilhelm Heyne Verlag.
Die Kleine Tierschau. 1987. Radieschen. Aus dem Album *Wenn ich vergnügt bin...*
Erhardt, Heinz. Das Ei des Kolumbus. https://www.youtube.com/watch?v=HyBZYo3C8TQ
    (Zugriff 10.10.2018).
Erhardt, Heinz. Noch 'n Gedicht (1. Teil). Aus dem Album *Das gibt's gar nichts zu lachen* (1993).
Gernhardt, Robert. 2006. *Hier spricht der Zeichner. Bildwitze, Cartoons, Comics,*
    Bildergeschichten, Bildgedichte, Photogedichte. Stuttgart: Reclam.

Harsdörffer, Georg Philipp. [1647] 1969. *Frauenzimmer Gesprächspiele*. VII. Teil. Hg. von Irmgard Boettcher, Neudruck der Ausgabe Nürnberg 1647. Tübingen: Niemeyer.
Hirdes, Christian. 2008. Milder Vater und hilfloser Henker. Aus dem Album *Lieder wo am Ende jemand stirbt*.
Hirdes, Christian. Kläuschen, Dornröschen und Schneeweischen. Vom Künstler zur Verfügung gestellte Textfassung.
Hirdes, Christian. *Lisa und ihre vier chinesischen Freundinnen* – Blusenverleih. Vom Künstler zur Verfügung gestellte Textfassung.
Hohler, Franz. [1982] 2010. *Sprachspiele*. Schweizerisches Jugendschriftenwerk, SJW Nr. 1485 (5. Aufl.).
Hohler, Franz [& Nikolaus Heidelbach]. 2009. *Das grosse Buch. Geschichten für Kinder*. München: Carl Hanser Verlag.
Kaut, Ellis. 1998. *Pumuckl und der Schnupfen*. Folge 2.11 der Fernsehserie. Erstausstrahlung ARD, 10.12.1988. https://www.youtube.com/watch?v=7zqmnoWGNl8 (Zugriff 06.10.2018).
Morgenstern, Christian. [1914] 1990. Der Werwolf. In Christian Morgenstern, *Werke und Briefe*. Kommentierte Ausgabe. Bd. 3: *Humoristische Lyrik*. Unter der Leitung von Reinhardt Habel hrsg. von Maurice Cureau, 87–88. Stuttgart: Urachhaus.
Poier-Bernhard, Astrid. 2013. 3 Reflex-Ionen zum potentiellen Leben. In Ilse Kilic (Hg.), *Werkstatt für potentielles Leben. OUVIEPO. Ouvroir de vie potentielle*, 37–39. Wien: Das fröhliche Wohnzimmer.
Poier-Bernhard, Astrid. 2018. Wor(l)dplay: Reflections on a writing experience. In Esme Winter-Froemel & Verena Thaler (Hgg.), *Cultures and Traditions of Wordplay and Wordplay Research* (The Dynamics of Wordplay 6), 75–85. Berlin & Boston: De Gruyter.
Queneau, Raymond. 1947. *Exercices de style*. Paris: Gallimard.
Queneau, Raymond. 1983. *Esercizi di stile*. Traduzione di Umberto Eco. Torino: Einaudi.
Reinl, Martin. Wiwaldi-Show (verschiedene Aufzeichnungen): https://www.youtube.com/watch?v=yV1xVMlS2vM, https://www.youtube.com/watch?v=THekZBr4-io; Puppen: https://www.bigsmile-entertainment.de (Zugriff jeweils 10.10.2018).
Ringelnatz, Joachim. [1920] 1924. *Kuttel Daddeldu*. München: Kurt Wolff Verlag. http://gutenberg.spiegel.de/buch/kuttel-daddeldu-2719/6 (Zugriff 10.10.2018).
Scharri, Philipp. 2012. *Der Klügere gibt Nachhilfe. Sprachakrobatik für alle Lebenslagen*. Frankfurt am Main: Fischer.
Schürmann-Mock, Iris [& Christiane Fürtges]. 2015. *Sing, sang, Zwitscherklang: Die Vogelwelt in Versen*. Freiburg: Christophorus Verlag.
Steinhöfel, Andreas. 2009. *Rico, Oskar und das Herzgebreche*. Hamburg: Carlsen.
Tawada, Yoko. 1998. *Verwandlungen. Tübinger Poetik-Vorlesungen*. Tübingen: konkursbuch Verlag Claudia Gehrke.
Tawada, Yoko. 2010. *Abenteuer der deutschen Grammatik*. Tübingen: konkursbuch Verlag Claudia Gehrke.
Tawada, Yoko. 2014. Lust auf Haikuhmilch. Über die Poesie von Akzenten und Konsonanten und von Wörtern, die neu geboren werden: Yoko Tawadas Rede zum Internationalen Literaturpreis Berlin. https://www.tagesspiegel.de/kultur/yoko-tawadas-rede-zum-internationalen-literaturpreis-lust-auf-haikuhmilch/10147918.html, 04.07.2014, 10:39 Uhr (Zugriff 10.10.2018).

Wartke, Bodo. 2006. Die Schlange. Aus dem Album *Noah war ein Archetyp*. Textfassung vgl. auch: https://www.bodowartke.de/medien (Zugriff 06.10.2018).

Wycherley, William. [1675] 1736. *The country wife, a comedy. As it is acted at the Theatres.* London. Reproduction of original from British Library. Farmington Hills, Mich Cengage Gale 2009 Eighteenth Century Collections Online Online-Ressource (Zugriff 10.10.2018).

Weitere zitierte Literatur

Attardo, Salvatore. 2018. In Esme Winter-Froemel & Verena Thaler (Hgg.), *Cultures and Traditions of Wordplay and Wordplay Research* (The Dynamics of Wordplay 6), 89–109. Berlin & Boston: De Gruyter.

Bauer, Matthias. 2015. Secret Wordplay and What It May Tell Us. In Angelika Zirker & Esme Winter-Froemel (Hgg.), *Wordplay and Metalinguistic / Metadiscursive Reflection. Authors, Contexts, Techniques, and Meta-Reflection* (The Dynamics of Wordplay 1), 269–288. Berlin & Boston: De Gruyter.

Blank, Andreas. 1993. Das verwaiste Wort. Zum Bedeutungswandel durch Volksetymologie. In Christian Foltys & Thomas Kotschi (Hgg.), *Berliner Romanistische Studien. Für Horst Ochse* (Neue Romania 14), 43–61. Berlin: Institut für Romanische Philologie der FU.

Blank, Andreas. 1997. *Prinzipien des lexikalischen Bedeutungswandels am Beispiel der romanischen Sprachen* (Beihefte zur Zeitschrift für romanische Philologie 285). Tübingen: Niemeyer.

Bußmann, Hadumod. 2008. *Lexikon der Sprachwissenschaft*. 4. Aufl. Stuttgart: Kröner.

Duden = Duden online. https://www.duden.de/woerterbuch (Zugriff 06.10.2018).

DWB = Deutsches Wörterbuch von Jacob und Wilhelm Grimm. 16 Bde. in 32 Teilbänden. Leipzig 1854–1961. Quellenverzeichnis Leipzig 1971.
http://www.woerterbuchnetz.de/DWB?lemma=gelbfink (Zugriff 01.10.2018).

EWDS = Kluge, Friedrich. ^{24}2002. *Etymologisches Wörterbuch der deutschen Sprache*. Bearbeitet von Elmar Seebold. Berlin & New York: De Gruyter.

Gauger, Hans-Martin. 1971. *Durchsichtige Wörter. Zur Theorie der Wortbildung*. Heidelberg: Winter.

Gauger, Hans-Martin. 1976. *Sprachbewußtsein und Sprachwissenschaft*. München: Piper.

Genette, Gérard. 1976. *Mimologiques. Voyage en Cratylie*. Paris: Seuil.

Goth, Maik. 2015. *Double Entendre* in Restoration and Early Eighteenth-Century Comedy. In Angelika Zirker & Esme Winter-Froemel (Hgg.), *Wordplay and Metalinguistic / Metadiscursive Reflection. Authors, Contexts, Techniques, and Meta-Reflection* (The Dynamics of Wordplay 1), 71–94. Berlin & Boston: De Gruyter.

Hausmann, Franz Josef. 1974. *Studien zu einer Linguistik des Wortspiels. Das Wortspiel im „Canard enchaîné"* (Beihefte zur Zeitschrift für romanische Philologie 143). Tübingen: Niemeyer.

Heibert, Frank. 1993. Das Wortspiel als Stilmittel und seine Übersetzung: Am Beispiel von sieben Übersetzungen des „Ulysses" von James Joyce. Tübingen: Narr.

Käge, Otmar. 1980. *Motivation: Probleme des persuasiven Sprachgebrauchs, der Metapher und des Wortspiels*. Göppingen: Kümmerle.

Kerbrat-Orecchioni, Catherine. Im Druck. Heurs et malheurs du jeu de mots. In Esme Winter-Froemel & Alex Demeulenaere (Hgg.), *Jeux de mots, textes et contextes* (The Dynamics of Wordplay 7), 25–48. Berlin & Boston: De Gruyter.

Koch, Peter, Thomas Krefeld & Wulf Oesterreicher. 1997. *Neues aus Sankt Eiermark. Das kleine Buch der Sprachwitze*. München: Beck.
Lakoff, George & Mark Johnson. [1980] 2003. *Metaphors We Live By*. Chicago & London: The University of Chicago Press.
Lecolle, Michelle. 2015. Jeux de mots et motivation: une approche du sentiment linguistique. In Esme Winter-Froemel & Angelika Zirker (Hgg.), *Enjeux du jeu de mots. Perspectives linguistiques et littéraires* (The Dynamics of Wordplay 2), 217–244. Berlin & Boston: De Gruyter.
Onysko, Alexander. 2014. Figurative processes in meaning interpretation: A case study of novel English compounds. *Yearbook of the German Cognitive Linguistics Association* 2. 69–88.
Onysko, Alexander. 2017. Conceptual metaphor variation in meaning interpretation: Evidence from speakers of New Zealand English. *Cognitive Linguistic Studies* 4(1). 7–36.
Platon, *Kratylos*. In Ursula Wolf (Hg.), *Platon: Sämtliche Werke*. Bd. 3. Übersetzt von Friedrich Schleiermacher und Hieronymus und Friedrich Müller, 11–89. Reinbek bei Hamburg: Rowohlt, 1994.
Rabatel, Alain. Im Druck. À quelles conditions les lapsus clavis sont-ils des jeux de mots? In Esme Winter-Froemel & Alex Demeulenaere (Hgg.), *Jeux de mots, textes et contextes* (The Dynamics of Wordplay 7), 49–76. Berlin & Boston: De Gruyter.
Rettig, Wolfgang. 1981. *Sprachliche Motivation. Zeichenrelationen von Lautform und Bedeutung am Beispiel französischer Lexikoneinheiten*. Frankfurt a. M. & Bern: Lang.
Saussure, Ferdinand de. [1916] 1969. *Cours de linguistique générale*. Publié par Charles Bally et Albert Sechehaye. Paris: Payot.
Wagenknecht, Christian. 1965. *Das Wortspiel bei Karl Kraus*. Göttingen: Vandenhoeck & Ruprecht.
Winter-Froemel, Esme. 2009. Wortspiel. In Gert Ueding (Hg.), *Historisches Wörterbuch der Rhetorik*. Bd. 9, 1429–1443. Tübingen: Niemeyer.
Winter-Froemel, Esme. 2013. Ambiguität im Sprachgebrauch und im Sprachwandel: Parameter der Analyse diskurs- und systembezogener Fakten. *Zeitschrift für französische Sprache und Literatur* 123(2). 130–170.
Winter-Froemel, Esme. 2016. Approaching Wordplay. In Sebastian Knospe, Alexander Onysko & Maik Goth (eds.), *Crossing Languages to Play With Words. Multidisciplinary Perspectives* (The Dynamics of Wordplay 3), 11–46. Berlin & Boston: De Gruyter.
Winter-Froemel, Esme & Angelika Zirker. 2010. Ambiguität in der Sprecher-Hörer-Interaktion. Linguistische und literaturwissenschaftliche Perspektiven. *Zeitschrift für Literaturwissenschaft und Linguistik* 158. 76–97.
Winter-Froemel, Esme & Angelika Zirker. 2015a. Ambiguity in speaker-hearer interaction: a parameter-based model of analysis. In Susanne Winkler (ed.), *Ambiguity: Language and Communication*, 283–339. Berlin & New York: Mouton de Gruyter.
Zirker, Angelika & Esme Winter-Froemel (Hgg.). 2015b. *Wordplay and Metalinguistic / Metadiscursive Reflection. Authors, Contexts, Techniques, and Meta-Reflection* (The Dynamics of Wordplay 1). Berlin & Boston: De Gruyter.

Wiwaldis Wort zu Wortspielen

Dies ist das perfekte Buch für mich! Schließlich leide ich unter Spielsucht... Wortspielsucht.

Das scheint bei uns Hunden im Blut zu liegen. Mein Onkel war ebenfalls spielsüchtig. Er war ein Zocker-Spaniel! Oje... ich merke, es geht schon wieder los! Die meisten meiner Wortspiele entstehen übrigens nicht durch Wörter, sondern durch Zeichnungen... hier die schlimmsten Wortspiel-Kritzeleien aus meinem Skizzenbuch...

Wortspielhölle (© Martin Reinl)

Wiwaldi (© bigSmile)

Personenindex

Aischylos 77
Alan, Ray 98
Aristoteles 145, 174
Arp, Hans 187, 294, 298
Astor, Willy 7, 12, 107, 117, 205, 208, 213f., 216, 226, 250, 299, 306

Bachtin, Michail 125
Bailly, Sébastien 250f.
Ball, Hugo 57, 61ff.
Benyoëtz, Elazar 12, 143ff., 148ff., 285
Bernstein, F. W. 72, 200
Böttcher, Bas 5, 9, 45ff., 234, 292ff., 296f., 299, 314
Breton, André 18
Bruegel, Pieter 18
Brunke, Timo 234
Busch, Wilhelm 189

Claudel, Paul 311
Clausen, Murmel 5, 9f., 223ff., 248, 250, 293
Conti, Nina 101

Dostojewski, Fjodor 22
Dunham, Jeff 96, 98

Eco, Umberto 256, 302
Eilert, Bernd 225
Erhardt, Heinz 7, 70, 106f., 117, 140f., 158f., 175, 198, 234, 244, 274, 294, 301, 307f.

Fesl, Fredl 225
Feuerstein, Herbert 274, 281, 274, 281
Fontane, Theodor 73
Franc-Nohain 251
Freud, Sigmund 22, 249

George, Stefan 143
Gernhardt, Robert 8f., 48, 67, 69f., 74, 119, 141, 158f., 225, 234, 244, 302
Gide, André 129
Goethe, Johann Wolfgang von 18, 147, 149f.
Grammel, Sascha 95f., 98, 100ff.
Grass, Günter 21

Grimm, Jacob und Wilhelm 5, 77, 86, 316

Harsdörffer, Georg Philipp 293
Hartling, Pit 116
Hausmann, Raoul 60
Haydn, Joseph 147
Hegel, Georg Wilhelm Friedrich 174
Heidegger, Martin 143, 311
Herbig, Michael „Bully" 223, 227
Hieronymus 149
Hippocrates 95
Hirdes, Christian 5ff., 9, 12, 105ff., 121, 123, 127f., 133ff., 139ff., 247, 285, 293, 299f., 316ff.
Hoffmann, E. T. A. 22
Hogekamp, Wolf 45
Hohler, Franz 5, 7, 9, 174, 185ff., 248, 285, 301, 315
Huelsenbeck, Richard 60f., 63
Humboldt, Wilhelm von 149
Hüsch, Hanns Dieter 77

Insterburg & Co. 169

Jandl, Ernst 21f., 46, 48, 68, 186, 190, 193
Jará, Jörg 95, 98, 100ff.
Jelinek, Elfriede 28
Joyce, James 69

Kant, Immanuel 173f.
Karlstadt, Liesl 191
Kästner, Erich 244
Kaut, Ellis 286, 293
Keller, Gottfried 149
King, Kolby 97f.
Kishon, Ephraim 141
Kraus, Karl 71, 311
Kreisler, Georg 117
Krüger, Mike 107, 169
Kulička, Bronko 225

Luther, Martin 144, 149, 154

Malmsheimer, Jochen 5, 11, 75ff., 86, 88ff., 92
Mann, Thomas 19f.
Marley, Bob 142
Marx, Karl 18
Moreno, Peter 98
Morgenstern, Christian 48, 70, 123, 159, 187, 198, 294
Moszkowski, Alexander 67

Nacken, Jakob 5, 9, 231ff.
Nietzsche, Friedrich 174

Ono, Yoko 112

Paul, Hermann 121
Pflüger, Andreas 9, 223, 248
Pipovič, Pavel 225
Platon 95, 145, 173f., 288
Plinius der Jüngere 13, 255ff.
Plutarch 95
Poier-Bernhard, Astrid 294
Polt, Gerhard 186
Pratchett, Terry 169
Pumuckl 235, 286f.

Queneau, Raymond 301f.

Reinl, Martin 5, 10, 13, 249f., 271ff., 271ff., 302f.
Richaud, André de 250
Richter, Adrian Ludwig 82
Ringelnatz, Joachim 46, 48, 70, 159, 187, 198, 294
Roche, Paul 266
Rückert, Friedrich 88, 92
Rühm, Gerhard 70
Rühmkorf, Peter 21
Ruquier, Laurent 250

Sachs, Hans 149
Saussure, Ferdinand de 145, 288ff., 292
Scharrenberg (Scharri), Philipp 5, 7, 9, 12, 117, 167ff., 178, 294, 298, 301

Schiller, Friedrich 132, 188
Schindler, George 97
Schobert & Black 169
Schönen, Michael 5, 8, 12, 67, 117, 157ff., 174, 247, 249, 294
Schürmann-Mock, Iris 5, 8, 114, 195ff., 305
Schwitters, Kurt 57ff., 62, 64f.
Seidel, Heinrich 70
Shakespeare, William 22, 31f., 42, 48
Sokrates 174, 288
Sommerstorff, Otto 68
Sophokles 22
Spencer, Bud 157
Steinhöfel, Andreas 315

Tabori, George 77
Tacitus, Publius Cornelius 256, 261
Tawada, Yoko 4, 8, 11, 13, 17ff., 32, 35, 255, 268, 306, 312, 316
Thun, Helge 5, 9f., 117, 241ff., 313
Till & Obel 107
Tomkins, Benjamin 95, 100ff.
Tschirner, Nora 224
Tzara, Tristan 60f., 65

Valentin, Karl 191
Valéry, Paul 152f.
Vierck, Kai 227

Waalkes, Otto 48, 107, 141, 169, 225, 244
Walter, Otto F. 193
Wartke, Bodo 5, 8f., 12, 115ff., 123, 129, 133, 135, 174, 247, 285, 293, 299
Wilder, Billy 279
Wittgenstein, Ludwig 174
Witzigmann, Max 225
Wiwaldi 271ff., 277, 271ff., 277, 302, 324f.
Wollschläger, Hans 69, 72
Wycherley, William 309

Zehrer, Klaus Cäsar 5, 8f., 67ff.

Sachindex

Abweichung 22, 31, 37, 98, 102, 208, 216, 219, 294
– semantische Abweichung 34, 303
Agon 55
Akronym 52
Akrostichon 70
Alliteration 9, 37, 160, 226, 304
Alltagskommunikation 1f., 6, 106, 141, 187, 198, 201, 215, 225, 257, 265, 268, 278, 285, 287, 291, 296, 313
Alltagssprache *Siehe* Alltagskommunikation
Ambiguität 3, 9f., 12f., 22, 49, 52, 56, 60, 65, 69, 71, 93, 108, 116, 118, 126, 137, 161, 163, 168, 177f., 181, 185, 197, 213, 224, 227, 232, 236, 254, 262, 270, 274, 279f., 285, 287, 295f., 298, 300ff., 309, 311f., 319
Anagramm 9, 59, 72, 168, 241
Angemessenheit 1, 10, 132, 141, 171, 286f., 310
Anspielung 133, 173, 202
Aphorismus 12, 143f., 146, 149f., 153f., 203, 292
Arbitrarität 288ff., 292
Artikulation 12, 96ff., 101f., 215
Assonanz 52, 107
Assoziation 31, 49, 149, 180, 199, 224ff., 277, 306f.

Battle 55, 280
Bauchreden 12, 95ff.
Bibel 117, 143f., 150, 153, 311
Bilderrätsel 272, 281, 302f., 307
Bildwitz 274
Binnenreim 135, 196, 199
Brief 13, 146, 149f., 187, 255ff.

Cartoon 2, 274
Comedy 2, 5, 49, 105, 139, 157, 160, 223, 231, 242f.
connivence 123, 308f.

Dadaismus, Dada 11, 55, 57, 60f., 64f., 187, 237

Deidiomatisierung 42, 128
Deutungsspielräume 13, 126, 285
Dialekt 71, 102, 132, 136, 146, 159, 174, 187, 225
Doppelbedeutung *Siehe* Ambiguität
Doppeldeutigkeit *Siehe* Ambiguität
Doppelsinnigkeit *Siehe* Ambiguität
Doubletime 55
Durchsichtigkeit 144ff., 152, 285

Etymologie 90, 143, 147, 152, 290f., 314, 319
Expressionismus 48, 55, 58

Figurengedicht *Siehe* Gedicht
Frame 127
Fremdsprache 3f., 7f., 25, 52f., 62, 71f., 102, 111, 118f., 134, 159, 161, 165, 171, 189ff., 201, 227, 236, 244, 250, 275, 280, 301f.

garden-path sentence Siehe Gartenpfadsatz
Gartenpfadsatz 178, 306, 317
Gedicht 12, 19, 21f., 31f., 34ff., 40, 42, 45, 50, 56f., 59, 61, 64f., 67f., 70, 106f., 140f., 143f., 146, 148, 152, 159f., 165, 167, 172ff., 178f., 181f., 185, 187, 190f., 193, 195ff., 202f., 226, 234, 244ff., 253, 281, 307f., 313
– Figurengedicht 302
– Lautgedicht 64
Gleichklang *Siehe* Homophonie

Homoiophonie, Homoiophon 208, 213f., 253
Homonymie, Homonym 28, 144, 159, 191
Homophonie, Homophon 130, 159, 168, 181, 207, 213, 217, 250, 253, 299, 317
Humor 76, 78, 111, 121, 123, 139, 158, 170f., 224ff., 229, 241, 305

Idiom, idiomatisch 12, 123f., 126, 133, 181, 285ff., 293, 296, 298, 316
Improvisation 5, 231, 243, 271, 277
Inspiration 20, 48f., 53, 70, 77, 107, 117, 139, 141, 159, 167, 169, 173ff., 187, 198, 225, 234, 244, 274

Intertextualität 42, 91, 133
inventio 82
Ironie 2, 90, 121, 125f., 130, 136, 181, 218, 235, 242, 260, 308
Irritation 82, 119, 170, 253, 287

Jargon 47

Kabarett 2, 5, 71, 75, 83, 86, 90, 95, 102, 105f., 113ff., 139f., 157, 161, 167, 185f., 189, 192, 205, 215, 231, 243, 273
Kalauer 2, 74, 163, 173, 229, 241, 253, 279f.
kataphorisch 206, 216
Kinderbuch, Kinderliteratur 2, 5, 185f., 188, 195ff., 203
Klang 1, 8, 21, 26, 47ff., 59, 72, 76, 118, 158f., 161, 165, 168, 187, 232, 234, 253, 304, 318
Klangfigur 4
Klangspiel 304
Knittelvers 12, 246, 253, 313
Komik 12, 67f., 70, 72ff., 106f., 110f., 121ff., 130ff., 136, 143, 157ff., 177ff., 198, 224ff., 237, 241ff., 249f., 265, 280, 300, 302, 313
– Situationskomik 242
Kommunikation 3, 6, 10, 13, 24, 51, 78, 105, 110ff., 118, 123, 141, 161, 170, 183, 190, 199, 235ff., 248f., 255, 260, 279, 286f., 292, 303, 309, 315
Kompositum 35ff., 41f., 52, 111, 121, 146, 148, 150, 181, 215, 248, 290, 292, 296ff., 306, 315
Kontext 1f., 6, 10ff., 28, 33ff., 40, 42, 52, 55, 72f., 80, 114, 118f., 123ff., 135f., 161, 163, 171, 173, 178f., 192, 203, 206, 216, 228f., 238, 251, 261, 264ff., 282, 287, 310, 318
Konzeptbereich 127
Kratylos 288, 292
Kreativität 3, 8, 26f., 31f., 39f., 54, 72, 79, 106, 112, 119, 140, 162, 171, 177f., 191, 195f., 198, 201, 203, 224, 228, 237, 281, 291

Lautgedicht *Siehe* Gedicht
Lautmalerei *Siehe* Onomatopoesie, Lautmalerei

Layout 61, 63, 65
Lettrismus 65
Lexikalisierung 36f., 39, 41f., 124, 127, 146, 254
Lied 9, 12, 48, 50, 105ff., 115f., 118, 123, 125, 128ff., 135, 139, 142, 160, 167, 225, 246, 285, 299, 309
Limerick 226, 238
Literalisierung 254

Macht 13, 29, 87, 190, 255, 261f., 265, 267
Manipulation 1, 12f., 51f., 54, 96, 98, 131f., 248, 265
McGurk-Effekt 101
Mehrdeutigkeit *Siehe* Ambiguität
Mehrfachreim 9, 55
mehrsprachiges Wortspiel *Siehe* Wortspiel
Mehrsprachigkeit 7f., 25f., 52, 71, 79, 111, 118, 161, 171, 190, 201, 227, 233, 236, 244, 255, 268
Meistersinger 55, 149
Metapher 11, 31ff., 38ff., 56, 111, 149, 254f., 309, 313
Metaphernkomplex 40
metasprachliche Reflexion 180
Metrum, Metrik 54, 173, 181, 233
mise en abyme 129
Missverständnis 19, 25, 83, 111, 228, 286
Model Reader 256, 267
Motivation, Motivierung 13, 126, 145, 285, 287ff., 295f., 304, 311f., 315, 319
– Motivierbarkeit 13, 129, 145, 248, 291, 310f.
– Pseudomotivation, Pseudomotivierung 9, 293f., 298f., 314
– Remotivation, Remotivierung 126, 293, 302f.
– Transmotivation, Transmotivierung 293
Mundart *Siehe* Dialekt

Name, Eigenname 12, 25, 121, 205ff., 213f., 216f., 219, 224, 233, 251, 275, 279, 288, 299, 315, 317
– Markenname 46
Narration 178, 180ff.
Narrativ 82, 93, 180, 182
Neologismus 48, 54, 143, 149, 151

Onomatopoesie, Lautmalerei 64, 190, 201, 289, 304
Opakisierung 146f., 151

Palindrom 28, 72
Parodie 57, 83, 142, 160, 186f., 189f., 192
Paronymie 130, 180, 248, 250
Pathos 234
Pause *Siehe* Sprechpause
Performance 45, 112, 163, 231, 234, 292, 297
Personifikation 85, 178ff., 182
Phonetik 11f., 64, 103, 107, 112, 159, 180, 205, 207, 213f., 217f., 226f., 253, 307
Phraseologismus 122ff., 177ff.
Poetry Slam 5, 9, 55, 167, 178f.
Pointe 68, 73, 91, 106ff., 110, 114, 119f., 128, 135f., 139, 170, 191, 208f., 214ff., 224, 226, 242, 244, 248, 250, 274, 277f., 282, 285, 299, 305
Polyphonie 125ff., 131
Polysemie 144, 148, 150, 254, 261, 263, 265
Publikum 3, 5, 8, 15, 22, 48ff., 68, 71, 73, 75, 77, 84, 91, 101f., 106, 108, 110, 117, 120, 130, 134, 142, 158f., 161, 163, 169, 173, 188, 192, 198, 206, 209, 213ff., 218, 225, 227f., 234, 236, 266, 272
- Publikumsreaktion 13, 110, 127, 132, 136, 173, 205f., 209, 249, 307, 317
pun 227, 253

Rap 9, 55, 171, 246
Reim 67ff., 72f., 107, 112, 116ff., 129ff., 139, 141, 143, 149, 157ff., 171, 174f., 181f., 187ff., 196, 199, 201, 233, 235f., 241f., 245f., 313
Reimschema 173, 182, 244
Reklame *Siehe* Werbung
Rekontextualisierung 205, 207f.
Relexikalisierung 209, 217
Rhetorik 11, 66, 87, 150, 257
rhetorische Figur 55, 181
Rhythmus 22, 67ff., 234, 244

Satire 2, 71, 141, 192, 242
Schüttelreim 46, 52, 72, 117, 130, 168, 196, 226, 238, 241
Semiotik, semiotisch 61, 64, 66, 137, 256

Situationskomik *Siehe* Komik
Sketch 46, 205f., 208, 210, 213, 216f., 225, 244ff., 274f., 277
Slam Poetry 49, 167
Sonett 9, 12, 246
Song *Siehe* Lied
Spitten 55
Spracharbeit 6f., 22, 49, 77, 107f., 117, 139, 141, 159, 169, 188, 198, 225, 234, 274
Sprachartistik *Siehe* Sprachkunst
Sprachexperiment 20
Sprachjonglage 49, 68, 76, 157, 165, 224, 253
Sprachkritik 314
Sprachkunst 4ff., 11f., 15, 22, 68, 139ff., 249, 294
Sprachmagie 314
Sprachspiel 1ff., 10ff., 15, 21, 31, 48, 53, 57, 67ff., 81, 85, 88, 91f., 102, 122f., 131, 136, 141, 154, 186, 189, 200, 249, 287, 292, 294ff., 301ff., 308, 310, 315
Sprecher-Hörer-Interaktion 2f., 6, 13f., 137, 249ff., 303, 307, 315
Sprechpause 110, 132, 136, 179, 215f., 219, 249, 317
Strategie 13, 97f., 101, 139, 206, 261f., 265f., 268
- Interpretationsstrategie 11
- Sprecherstrategie 3
Subversion, subversiv 287, 319

Tabu 7, 111, 127f., 130, 134, 136, 286
Textualität 11, 57, 62, 65, 172
Tradition 28, 54f., 71, 73, 79, 81f., 95, 112ff., 119, 121, 141, 145, 162, 172, 179, 192, 201, 228, 238, 260, 264f., 302f.
Twitter 1, 54
- Live-Tweet 5
Typographie 63, 65, 82, 219

Übersetzung 3, 7f., 21, 23, 25, 32, 52, 69, 71f., 79, 111, 118, 149, 153, 161, 171, 190f., 201, 227, 236f., 244, 280, 283, 289f., 295, 302f., 306f., 309
Unverträglichkeit, Unvereinbarkeit 33, 35, 130, 314

Variation 12, 97, 122f., 129f., 134, 136, 171, 247f., 285, 299, 318
Verfremdung 1, 8, 122, 148, 185, 205, 301
Versmaß 107, 181, 244
Vieldeutigkeit *Siehe* Ambiguität

Wahrheit 56, 58, 83, 313f.
Werbung 1, 48, 56, 73, 171, 228, 238, 302
Wiederholung 12, 47, 98, 102, 110, 121ff., 125, 127, 129ff., 134, 136, 152, 178, 247ff., 263ff., 285, 299
Witz 1f., 46, 69, 71f., 76, 121f., 142, 159, 161ff., 170, 203, 208, 227ff., 233, 241f., 249, 279ff., 293, 295, 299, 305
Wörterbuch 5, 7, 20f., 27, 77, 85f., 187, 250, 253, 306, 316
Wortfeld 12, 129, 181, 214
Wortkunst 55, 234, 236
Wortschatz 9, 12, 27, 54, 71, 86, 88, 112, 117, 119, 124, 161f., 171, 191, 201, 228, 236f., 245, 248, 282, 289, 315

Wortschöpfung 52, 81, 153, 162, 168, 237, 245
Wortspiel
– geheimes Wortspiel 267, 308
– horizontales Wortspiel, Wortspiel in praesentia 13, 135, 178, 247, 249f., 307
– mehrsprachiges Wortspiel 3
– schlechtes Wortspiel 2, 10, 29, 46, 56, 74, 80, 114, 120, 163, 174, 192, 203, 229, 239
– vertikales Wortspiel, Wortspiel in absentia 13, 133, 178, 247ff., 307

Zeugma 307
Zufall 26, 49, 116, 186, 233, 241, 244, 253, 264, 291f., 318
Zweideutigkeit *Siehe* Ambiguität
Zweisprachigkeit *Siehe* Mehrsprachigkeit

www.ingramcontent.com/pod-product-compliance
Lightning Source LLC
Chambersburg PA
CBHW051207300426
44116CB00006B/468